普通高等教育"十三五"规划教材

大学生创业基础

主　编　任　军　　王　清　　郭　超
副主编　周　峰　　曹布仁　　王春伟
　　　　关历恒　　栾　涛　　李　吟
编　委　蒙　博　　齐宝海　　聂　垚

北京邮电大学出版社
·北京·

内 容 简 介

本书根据"教育部办公厅关于印发《普通本科学校创业教育教学基本要求(试行)》的通知"(教高厅[2012]4号)中"创业基础"教学大纲(试行)内容要求,由政府创业管理服务部门人员、高校中具有多年教学经验的教师以及具有丰富创业经历的企业家联合编写。

全书共分为10章,主要内容包括:创业与人生发展、创业者与创业团队、创业机会、创业风险识别与控制、商业模式开发、创业资源、创业计划、新企业的开办、创业销售方法、新创企业的管理等。

本书适合于普通高等院校作为创业教育教学用书,同时也可供有创业志向的创业人员作为参考资料。

图书在版编目(CIP)数据

大学生创业基础/任军,王清,郭超主编. -- 北京:北京邮电大学出版社,2016.3
ISBN 978-7-5635-4689-3

Ⅰ.①大… Ⅱ.①任… ②王… ③郭… Ⅲ.①大学生-职业选择 Ⅳ.①G647.38

中国版本图书馆 CIP 数据核字(2016)第 032834 号

书　　名	大学生创业基础
主　　编	任　军　王　清　郭　超
责任编辑	马　飞
出版发行	北京邮电大学出版社
社　　址	北京市海淀区西土城路10号(100876)
电话传真	010-82333010　62282185(发行部)　010-82333009　62283578(传真)
网　　址	www.buptpress3.com
电子信箱	ctrd@buptpress.com
经　　销	各地新华书店
印　　刷	北京泽宇印刷有限公司
开　　本	787 mm×1 092 mm　1/16
印　　张	19
字　　数	462千字
版　　次	2016年3月第1版　2016年3月第1次印刷

ISBN 978-7-5635-4689-3　　　　　　　　　　　　　　定价:46.00元

如有质量问题请与发行部联系

版权所有　侵权必究

目 录

第一章 创业与人生发展 (1)
第一节 创业与创业精神 (1)
  1.1 创业的定义与功能 (1)
  1.2 创业的要素与类型 (4)
  1.3 创业过程与阶段划分 (8)
  1.4 创业精神的本质与作用 (10)
第二节 知识经济发展与创业 (12)
  2.1 经济转型与创业热潮的关系 (12)
  2.2 创业活动的功能属性 (15)
  2.3 知识经济时代赋予创业的重要意义 (17)
第三节 创业与职业生涯发展 (18)
  3.1 狭义和广义的创业含义 (19)
  3.2 创新型人才的素质要求 (20)
  3.3 创业与个人职业发展 (21)
本章小结 (22)

第二章 创业者与创业团队 (27)
第一节 创业者 (27)
  1.1 创业者的定义 (27)
  1.2 创业者素质与能力 (28)
  1.3 创业动机的含义与分类 (40)
  1.4 产生创业动机的驱动因素 (43)
第二节 创业团队 (44)
  2.1 创业团队及其对创业的重要性 (44)
  2.2 创业团队的优劣势分析 (45)
  2.3 组建创业团队的策略及其后续影响 (47)
  2.4 创业团队在创业中的作用 (48)
  2.5 创业团队的社会责任 (50)
本章小结 (51)

第三章 创业机会 (54)
第一节 创业机会 (54)
  1.1 创意与机会 (54)
  1.2 商业机会与创业机会 (62)

  1.3 创业机会的特征与类型 …………………………………………… (62)
  1.4 创业机会的来源 ………………………………………………… (64)
 第二节 创业机会识别 ……………………………………………………… (73)
  2.1 影响机会识别的关键因素 ……………………………………… (73)
  2.2 识别创业机会的一般过程 ……………………………………… (75)
  2.3 识别创业机会的行为技巧 ……………………………………… (76)
 第三节 创业机会评价 ……………………………………………………… (76)
  3.1 有价值的创业机会的基本特征 ………………………………… (76)
  3.2 个人与创业机会的匹配 ………………………………………… (77)
  3.3 创业机会评价的特殊性 ………………………………………… (77)
  3.4 创业机会评价的技巧和策略 …………………………………… (78)
 本章小结 ………………………………………………………………………… (80)

第四章 创业风险识别与控制 …………………………………………… (85)
 第一节 创业风险识别 ……………………………………………………… (85)
  1.1 创业风险的来源 ………………………………………………… (85)
  1.2 机会风险的构成 ………………………………………………… (90)
  1.3 机会风险的分类 ………………………………………………… (91)
  1.4 机会风险的管理 ………………………………………………… (95)
 第二节 创业风险的管理 …………………………………………………… (98)
  2.1 系统风险防范的可能途径 ……………………………………… (98)
  2.2 非系统风险防范的可能途径 …………………………………… (99)
  2.3 创业者风险承担能力的估计 …………………………………… (103)
  2.4 基于风险估计的创业收益预测 ………………………………… (103)
 第三节 创业过程风险管理技巧 …………………………………………… (104)
  3.1 资金管理技巧 …………………………………………………… (104)
  3.2 产品开发风险管理技巧 ………………………………………… (107)
 本章小结 ………………………………………………………………………… (108)

第五章 商业模式开发 ………………………………………………………… (112)
 第一节 商业模式 …………………………………………………………… (112)
  1.1 商业模式的定义和本质 ………………………………………… (112)
  1.2 商业模式和商业战略的关系 …………………………………… (114)
  1.3 商业模式因果关系链条的分解 ………………………………… (115)
 第二节 商业模式设计 ……………………………………………………… (116)
  2.1 设计商业模式的思路和方法 …………………………………… (116)
  2.2 商业模式创新的逻辑与方法 …………………………………… (124)
 第三节 常见的商业模式 …………………………………………………… (126)
  3.1 B2B商业模式 …………………………………………………… (126)
  3.2 B2C商业模式 …………………………………………………… (129)
  3.3 C2C商业模式 …………………………………………………… (133)
  3.4 O2O商业模式 …………………………………………………… (134)

  3.5 C2B 商业模式 ……………………………………………………(136)

 本章小结 ……………………………………………………………(138)

第六章 创业资源 …………………………………………………(142)

 第一节 创业资源概述 ……………………………………………(142)

  1.1 创业资源的内涵与种类 ……………………………………(142)

  1.2 创业资源与一般商业资源的异同 …………………………(143)

  1.3 社会资本、资金、技术及专业人才在创业中的作用 ……(144)

  1.4 影响创业资源获取的因素 …………………………………(147)

  1.5 创业资源获取的途径与技能 ………………………………(148)

 第二节 创业融资 …………………………………………………(149)

  2.1 创业融资分析 ………………………………………………(149)

  2.2 创业所需资金的测算 ………………………………………(152)

  2.3 创业融资渠道 ………………………………………………(154)

  2.4 创业融资的选择策略 ………………………………………(161)

 第三节 创业资源管理 ……………………………………………(162)

  3.1 不同类型资源的开发 ………………………………………(162)

  3.2 创业资源开发的推进方法 …………………………………(166)

 本章小结 ……………………………………………………………(167)

第七章 创业计划 …………………………………………………(172)

 第一节 创业计划 …………………………………………………(172)

  1.1 创业计划的作用 ……………………………………………(172)

  1.2 创业计划的内容 ……………………………………………(174)

  1.3 创业计划的基本结构 ………………………………………(175)

  1.4 创业计划中的信息搜集 ……………………………………(180)

  1.5 市场调查的内容和方法 ……………………………………(180)

 第二节 撰写创业计划 ……………………………………………(186)

  2.1 研讨创业构想 ………………………………………………(187)

  2.2 分析创业可能遇到的问题和困难 …………………………(190)

  2.3 凝练创业计划的执行概要 …………………………………(192)

  2.4 把创业构想变成文字方案 …………………………………(193)

  2.5 创业计划书的撰写和展示技巧 ……………………………(199)

 本章小结 ……………………………………………………………(200)

第八章 新企业的开办 ……………………………………………(215)

 第一节 成立新企业 ………………………………………………(215)

  1.1 企业组织形式选择 …………………………………………(215)

  1.2 企业注册流程 ………………………………………………(218)

  1.3 企业注册相关文件的编写 …………………………………(220)

 第二节 企业成立相关问题 ………………………………………(230)

  2.1 注册企业必须考虑的法律与伦理问题 ……………………(230)

  2.2 新企业选址策略和技巧 ……………………………………(231)

2.3　新企业的社会认同 ………………………………………… (232)
　第三节　新企业生存管理 ……………………………………………… (235)
　　3.1　新企业管理的特殊性 ……………………………………… (235)
　　3.2　新企业成长的驱动因素 …………………………………… (236)
　　3.3　新企业成长管理的技巧和策略 …………………………… (236)
　　3.4　新企业的风险控制和化解 ………………………………… (238)
　本章小结 ………………………………………………………………… (239)

第九章　创业销售方法 ……………………………………………… (244)
　第一节　单点销售 ……………………………………………………… (244)
　　1.1　单点销售的含义 …………………………………………… (244)
　　1.2　单点销售实施办法 ………………………………………… (245)
　　1.3　单点销售的益处 …………………………………………… (246)
　第二节　网站营销 ……………………………………………………… (247)
　　2.1　网站营销的含义 …………………………………………… (247)
　　2.2　网站营销的特点 …………………………………………… (248)
　　2.3　网站营销的方法 …………………………………………… (251)
　　2.4　如何建立网店 ……………………………………………… (255)
　　2.5　网上开店实操 ……………………………………………… (257)
　第三节　微信营销 ……………………………………………………… (261)
　　3.1　微信营销含义 ……………………………………………… (262)
　　3.2　微信的特点 ………………………………………………… (263)
　　3.3　微信营销方法 ……………………………………………… (264)
　本章小结 ………………………………………………………………… (268)

第十章　新创企业的管理 …………………………………………… (273)
　第一节　新创企业的营销管理 ………………………………………… (273)
　　1.1　企业与产品生命周期 ……………………………………… (273)
　　1.2　不同生命周期的营销与市场策略 ………………………… (275)
　　1.3　创业销售特殊性 …………………………………………… (279)
　　1.4　互联网与移动互联网思维 ………………………………… (280)
　第二节　新创企业的财务管理 ………………………………………… (282)
　　2.1　新创企业的财务管理的技巧与方法 ……………………… (282)
　　2.2　新创企业财务风险与应对措施 …………………………… (284)
　　2.3　中小企业上市 ……………………………………………… (285)
　第三节　新创企业的客户管理 ………………………………………… (289)
　　3.1　客户管理 …………………………………………………… (289)
　　3.2　企业的差异化经营 ………………………………………… (290)
　　3.3　顾客满意度 ………………………………………………… (292)
　本章小结 ………………………………………………………………… (293)

主要参考文献 …………………………………………………………… (298)

第一章 创业与人生发展

学习目标

通过本章的学习,了解创业的概念,创业与创业精神之间的关系,了解创业与人生发展之间的关系,了解创业在当前时代背景下的作用与意义,激发学生创业热情,引导学生正确认识并理性对待创业。

第一节 创业与创业精神

学习内容

了解创业的定义与功能,理解创业要素和类型,掌握创业精神内涵及作用,学会如何培育创业精神。

1.1 创业的定义与功能

1.1.1 创业的定义

创业,在《新华字典》里定义的是"开创事业"。学者们从不同的方面对创业进行了定义,并将其归纳为:创业是创业者不拘泥于当前资源条件的限制,追求机会,创造新价值的过程。

创业是一个过程,是一个从无到有,从0到1的过程。科学和合理地理解创业,要把握以下三个要点。

(1)创业是创业者对自己拥有的资源或通过努力对能够拥有的资源进行优化整合,从选择一个创业项目开始,通过对创业项目的认识、理解和把握,从而创造出更大经济或社会价值的过程。

(2)创业是一种劳动方式,是创业者一种自主性行为,是创业者生活方式的一种选择。

(3)创业管理不同于企业管理。创业管理研究的是创业行为,是一个企业从无到有的创办过程;企业管理的研究是以企业存在为前提的,研究的是企业如何才能发展得更好的问题。

> 案例导读 1-1

95后女大学生创业故事：咖啡渣上玩出新"花"样

周詹敏，95后女大学生，来自成都，现在是云南大学的学生，一位典型的川妹子。年纪轻轻的她已经带领着一个成员全是90后的小团队干起了自己的事业。

周詹敏的创业机会来自于一场比赛——星巴克中国青年领导力大赛。周詹敏说："因为星巴克是做咖啡的，所以我们就想做一个与咖啡有关的项目，通过咨询老师，再加上自己的研究，我们想到了用咖啡渣来种植盆栽，取名叫'啡尘工坊'，也就是我们后来创业的雏形。"

为了顺利完成比赛，周詹敏和4个伙伴准备了整整一个月，功夫不负有心人，她们的努力得到了回报，她们在层层选拔中脱颖而出，最终夺得了创业比赛云南赛区第一名，并获得了星巴克提供的上万元启动资金。于是，周詹敏和其余四个伙伴决定以此为契机进行创业。

参加完比赛之后，5个年轻人开始规划创业蓝图，她们从昆明周边的花卉基地批发植物，从斗南和阿里巴巴批发网购置花盆，从星巴克、曼老江咖啡店取咖啡渣，自己配比实验，再借用学校的生科实验室做一些分析检测。她们晚睡早起、日晒雨淋成了家常便饭。

同年11月，啡尘工坊成立。在得到许多专业老师的建议后，她们开始跑遍大街小巷，与咖啡店、花卉种植基地寻求合作；她们开始制作宣传手册，在商场里挨家挨户推销自己的产品；她们亲力亲为，从做实验进行咖啡渣配土，到花盆的搭配，再到植物的日常料理、出售，不敢有一丝怠惰。

由于没有经验，啡尘工坊一次就进了一千多盆的货，销售却成了大问题。想到家具店对除甲醛植物有需求，她们决定与家具城的商家谈合作。她们拿着自己设计的宣传册，每天6点起床，7点出发，坐一个小时的地铁到达主城，再走半个小时的路，到家具城时恰好开始营业。从早上9点到下午5点，几个人一整天都在家具城里跑上跑下，又累又饿的同时，挨家挨户对300家商户进行宣传。有的人根本不理她们，或者看完转身就把图册扔了，甚至有人把她们赶了出来。后来，她们和家具城管理人员软磨硬泡，最后得到了管理人员的支持，由家具城管理人员派人跟她们一起去，增加了公信力，效果就好很多了，商户也没有再赶她们出去了。五一期间，啡尘工坊在家具城的销售活动中共售出一千多盆盆栽，盈利近3 000块钱。赚得了人生中的第一笔资金。

然而，就在啡尘工坊办得风生水起的时候，随着毕业季的到来，一切的美好戛然而止。啡尘工坊最初的成员多是大四的学生，随着6月的到来，让她们一下子面临着继续创业与找工作的选择。最终，最先和周詹敏创业的四个人都走了，啡尘工坊一下子就冷清了下来，只剩下四个人。在家人、朋友和老师的鼓励下，剩下的四个人重新振作起来。把啡尘工坊改成了合啡清宅。

经历了团队成员的流失后，目前合啡清宅只有4个成员。人数虽少却分工明确，周詹敏作为核心人物，主要负责财务管理，统筹协调配合大家的工作，有一定工作经验的施幸申则负责市场销售，生科学生王黎阳负责产品开发，冉荣华则负责宣传册、展板、淘宝众筹网页以及花盆等的设计。年纪轻轻的她们各司其职，工作起来有条不紊，将合啡清宅打理得井井有条。

本案例摘自创业故事网，网址：http://www.cyegushi.com/2717.html

1.1.2　创业的功能

<u>创业是扩大内需,促进社会发展的根本之路</u>。内需就是相对的国内的需求。包括投资需求和消费需求两个方面。个人需求决定社会总需求,社会总需求引起价格变动,价格变动促进投资激励,有效的投资促进个人收入增加,个人收入增加激发个人需求增长。这是一个闭环,投资需求和消费需求存在于这个闭环的每个环节中:创业投资能使循环圈内的价值总量增加,大面积地扩大就业,增加更多人的收入,从而扩大整体需求,并最终对总供给与总需求的平衡发生积极的作用。所以,增加收入的根本途径是增加产业投资。产业投资是增加供给和增加需求的统一,二者统一在消费、生产与生活消费之中。因为任何一笔投资于产业的资金,在增加对生产资料消费的同时也增加对生活资料的消费。

<u>创业是一种价值追求,是个人价值的充分实现</u>。马斯洛需求层次理论中,描述人类需求像阶梯一样从低到高按层次分为五种,分别是:生理需求、安全需求、社交需求、尊重需求和自我实现需求。自我实现需求是最高层次的需求,是指实现个人理想、抱负,发挥个人的能力到最大程度,达到自我实现境界的人,接受自己也接受他人,解决问题能力增强,自觉性提高,善于独立处事,要求不受打扰地独处,完成与自己的能力相称的一切事情的需求。从这个角度上说,创业过程其实是一个人追求卓越的过程,是一个人追求自我价值实现的一个过程。

▶▶ 案例导读 1-2

中职生创业第一单生意两小时赚 5 000 元

韩洪发进入胶南职业中专,就读数控专业。看见初中不少同学都上了高中,韩洪发感觉低人一等,"尤其是当村里人问起来在哪里上学时,我深深地感到了自卑。职业中专的老师发现了我的自卑情绪便开导、鼓励我。"开朗起来的韩洪发苦学机床操作技术,并被选为班长。2007 年,韩洪发参加了青岛市中等职业学校职业技能大赛并获得了数控车工二等奖,这次获奖推动了他人生的转折。

在职业中专学习期间,韩洪发看见学校实训车间一台台先进的机床设备,不由冒出了一个大胆的想法"如果能利用这些平时闲置的先进设备,为各大机械制造厂加工配件,一定能创造出不菲的经济效益"。

说干就干,韩洪发利用课余时间拉了个订单,两个小时做完了第一单,赚了 5 000 元。就这样,韩洪发成了职业中专在校生接订单第一人。2008 年,走出校门的韩洪发来到了一家机械厂做数控操作工。在这吃尽了苦、流尽了汗、把自己消瘦了一圈后,他毅然辞职,决定自主创业,开始了在机械行业闯荡的艰苦生涯。注册了自己的公司,取名青岛金天舜机械制造有限公司。短短三年时间,公司从几个人发展到几十个人。

学校为他搭建了一个实现自我的平台,他不仅学到了专业知识,还锻炼了综合能力,利用学校闲置设备加工配件的经历为他后来的创业奠定了良好的基础。

本案例来自央视"致富经"节目人物采访"90 后小伙韩洪发"

1.2 创业的要素与类型

1.2.1 创业要素

创业要素包括创业者、创业资源、创业机会和创业团队。

创业者。是创业的最核心要素,离开了创业者,创业无从谈起。创业者要确立一个令人信服的创业使命。这不仅可以促进创业者把优秀的人才吸引到创业项目中,并且在团队中形成甘于奉献的氛围。而且也会随着时间的推移充当粘合剂,使团队成员保持团结。要找到合适的人才,找到具有合适的技能和经验的、有才能的人,是至关重要的,但是这是比较容易的部分。要设定明确的目标,对目标进行分解,形成具体的执行内容,要强化执行内容的完成情况,这要求创业者要具备突出的解决问题的能力。在创办企业的过程中,会遇到诸多的问题,每一个问题都需要去解决,创业本身需要创业者具备解决问题的能力。

创业资源。是指新创企业在创造价值的过程中需要的特定的资产,包括有形与无形资产,它是新创企业创立和运营的必要条件,主要表现形式为:创业人才、创业资本、创业机会、创业技术和创业管理等。创业者获取创业资源的最终目的,是为了组织这些资源并实现创业机会、提高创业绩效和获得创业的成功。无论是要素资源还是环境资源,无论它们是否直接参与企业的生产,它们的存在都会对创业绩效产生积极影响。

创业机会。是指具有较强吸引力的、较为持久的有利于创业的商业机会,创业者据此可以为客户提供有价值的产品或服务,同时使创业者自身获益。个人投资创业要善于抓住好机会,把握住了每个稍纵即逝的投资创业机会,就等于成功了一半。怎样发现创业机会?新兴行业发展的空间大,为了方便广大投资者,许多创业的栏目也会向大家推荐一些项目,那些被官方媒体展播的行业或者项目优势都比较大,这些可以优先选择,国内被政府高度关注、重点扶持的行业或项目机会较多,这些机会可以重点考虑。

创业团队。是由少数具有技能互补的创业者组成,为了实现共同的创业目标,在共同遵守特定的规则下,为达成团队所有成员都满意的结果而努力的共同体。创业团队是愿意为共同目标而奋斗的特殊群体。在创业团队的组建过程中,创业团队领袖是创业团队的核心,共同的目标是创业团队形成的前提。

案例导读 1-3

薛蓉蓉:创业青春

薛蓉蓉,中国石油大学(华东)环境科学与工程专业 2010 届硕士毕业生。

2008 年,研究生一年级期间,家乡一位相熟的小古筝作坊老板对她提起,"你们学校有没有人要买古筝?"于是她抱着试试看的心态在淘宝网上开了一家古筝销售店,并在课余时间专心打理维护。

经过 7 天的等待,她终于接来了第一笔订单,一位姓刘的音乐老师拨通了她的电话。经过耐心地解释和沟通,刘老师十分信任她,当时就汇了 6 台古筝的钱款,每台古筝赚 100 元。

大学期间，薛蓉蓉曾经一个月收入过万元。读研究生以后，她几乎再没有用过父母的钱，自己养活了自己。

2010年7月，薛蓉蓉通过了当年大学生村官选拔考核，回到家乡扬州。她成为了扬州市江都区仙女镇正谊村的一名大学生村官。

2010年10月，一位慕名而来的村民，请求薛蓉蓉帮忙在网络上推销自己家里的古筝。同时，一个偶然的机会，让薛蓉蓉了解到江苏省有个"大学生村官创业富民计划"。学生时代的梦想再次被点燃，薛蓉蓉赶紧到区里组织部提出创业申请。

得到批准后，薛蓉蓉说干就干。她利用自己的网络知识和在大学期间积累的丰富经验，将淘宝网上的店铺精心打理，同时在多个电子商城上开了网店。

网店一天天走上正轨。薛蓉蓉也注册了数项古筝专利技术，依托淘宝网和阿里巴巴等网络销售平台，提高产品的市场占有率。

从2010年起，她的古筝销售量稳列淘宝网第一位，年销售额在600万元左右。

案例摘自2012年5月6日《扬州晚报》B2版"薛蓉蓉：创业青春"

1.2.2 创业类型

按照创业对市场和个人的影响程度，可以区分为4种类型。

1. 复制型创业

复制原有公司的经营模式，创新的成本很低。例如，某人原本在餐厅里担任厨师，后来离职自行创立一家与原服务餐厅类似的新餐厅。新创公司中属于复制型创业的比率虽然很高，但由于这类型创业的创新贡献太低，缺乏创业精神的内涵，不是创业管理主要研究的对象。这种类型的创业基本上只能称为"如何开办新公司"，因此很少会被列入创业管理课程中学习的对象。

2. 模仿型创业

这种形式的创业，对于市场虽然也无法带来新价值的创造，创新的成分也很低，但与复制型创业的不同之处在于，创业过程对于创业者而言还是具有很大的冒险成分。例如，某一纺织公司的经理辞掉工作，开设一家当下流行的网络咖啡店。这种形式的创业具有较高的不确定性，学习过程长，犯错机会多，代价也较高昂。这种创业者如果具有适合的创业人格特性，经过系统的创业管理培训，掌握正确的市场进入时机，还是有很大机会可以获得成功。

3. 安定型创业

这种形式的创业，虽然为市场创造了新的价值，但对创业者而言，本身并没有面临太大的改变，做的也是比较熟悉的工作。这种创业类型强调的是创业精神的实现，也就是创新的活动，而不是新组织的创造，企业内部创业即属于这一类型。例如，研发单位的某小组在开发完成一项新产品后，继续在该企业部门开发另一项新品。

4. 冒险型创业

这种类型的创业，除了对创业者本身带来极大改变，个人前途的不确定性也很高，对新企业的产品创新活动而言，也将面临很高的失败风险。冒险型创业是一种难度很高的创业类型，有较高的失败率，但成功所得的报酬也很惊人。这种类型的创业如果想要获得成功，创业者必须在创业者能力、创业时机、创业精神发挥、创业策略研究拟定、经营模式设计、创业过程管理等各方面,都能经受住创业项目对其的考验。

案例导读 1-4

瑞杰珑:让近视者"看清"光明世界

　　李响,1982年出生,是浙江大学本科生毕业直读博士生。因为创业,他的博士学业推延了3年毕业。

　　李响的机遇,来自于他在福利院和残疾人康复中心的参观走访。他前后去了两次,就嗅到了商机:那里的残疾人,所用辅助设备一直依靠进口,不仅价格昂贵,且使用效果并不理想,说明文字全是英文,很多残疾人不大会用——这让李响萌发了研发辅助设备的念头。

　　"只要你们能生产出来,我们就来买。"带领参观的人士对李响的这个想法,当即表示了支持。

　　李响回去后当即找了几位工科同学,开始研发自己的产品。他们前后花了一个月,便拿出了样机,产品有点像PSP,不仅可以替代福利院那些进口的产品,且携带方便。很快,产品获得时任中国残联主席邓朴方的高度认可和评价。李响迅速成立了瑞弗科技公司,注册了瑞杰珑商标。这一年,李响24岁,还是个在读的博士生。

　　2007年,他们在学校里做智力评估设备、听力评估设备,最初的商业项目全部来自浙大的未来企业家俱乐部。当时,他们的产品利润微薄,面对市场上占垄断地位的国外产品,他们很失落。而让他和搭档们信心倍增的是,他们在经过试验后,发现低视力领域的技术提升空间还很大。看字阅读时,传统放大镜只能放大3倍,镜片边缘字体便会变形失真。但通过集成电路控制的助视器,能实现几十倍的高清晰放大。

　　市场是创业者的老师。他们把目光集中在为弱视和低视力人群服务的助视器,开始引进一些光电专业人员研发产品,试产和批量生产则外包。为了方便沟通,他们就近在浙江找了一家代工厂合作。

　　随着业务量的迅速增长,特别是海外高品质要求的订单越来越多,他们的产品品质管理、生产周期、供应商资源方面都出现问题。达不到要求就会被退货,公司管理团队讨论后当机立断,到制造资源更丰富的深圳建立分公司,组建生产和供应链管理团队,自建生产工厂。随着新产品的陆续研发,公司成为业内少有的集研发、生产、销售于一体的企业。

　　在杭州市西湖区天堂软件园的瑞杰珑杭州办公区,最显眼的空间摆放着帮助弱视和低视力人群的辅助产品助视器。由于他们对市场采取了"精耕细作"的态度,很快就在4年间做到了国内市场占有率第一。在国际市场上,他们从开始与英国著名品牌Zoomax产品开发代工合作起步,逐渐发展壮大。2014年他们全资收购了Zoomax,不但使中国创造的产品品牌从幕后走到了台前,而且还在国外有了70多个国家的销售渠道。

　　李响希望,到2025年能够帮助1亿人提升视力能力或体验,包括近视、弱视、低视力患者到盲人,都能通过他们提供的产品和服务更好地工作、学习和生活。

本案例摘自新华网,网址:http://www.cyone.com.cn/Article/Article_38706.html

　　按照创业者不同的创业动机,创业可以分为以下四个类型。

　　生存型创业。这种类型的创业者,最初或许根本就没什么创业的概念以及什么伟大的理想与梦想,只是出于生存的渴望与责任,凭自己的勤劳、努力与节俭,在生存的道路上不断积累财富、经验、品格、人脉,然后不断做大、做强,最后,在历史潮流的推动下,走上了一条持久创业发展的道路,取得了最终让自己都从来未曾想过的成就与事业,李嘉诚就是典型的案例。这种生存型企业,起初阶段根本就不需要什么管理,因为什么事都是自己做,但到后期就需要不断完善管理与制度,否则很快就会倒下去,当然能够留下的肯定是优秀的企业,毕竟经过磨练而生存发展壮大起来的企业肯定有其独到之处。

投机型创业。 创业者利用市场出现的差价进行买卖从中获得利润的交易行为。这种类型的创业者,不一定有生存的压力,更多的可能是源自对金钱与财富的渴望。投机可分为实体经济投机和虚拟经济投机两大领域。

梦想型创业。 这种类型的创业者,执着于心中的梦想与目标,充满超强的激情、活力与精力,但他可能没有什么特别的资源与财富积累,只是凭借自己的眼光、思想、特长、毅力与感召力不懈努力,感召越来越多的志同道合者,聚集越来越多的资源,吸引越来越多的投资商,凭着一股打不死的精神,做出一番事业。梦想型的创业者根本就无所谓管理,也根本不在乎管理,有的只是梦想、目标、未来、希望、激情与活力,这是他的原动力。梦想型创业者要的是志同道合者,而不只是苟于生存者或唯利是图者。阿里巴巴在创业过程中,当企业连工资都发不出的时候,不是谁都能或愿意坚持下来的,当然最后坚持下来的都成了阿里巴巴的千万富豪。

投资型创业。 这种创业者,对财富的聚集与对未来的掌握永不满足,早已不存在生存与理想追求的问题,而更多是某种理念或生活的升华,这也是创业的最高境界。这种创业者可能具有雄厚的资金或资源实力,又有敏锐的洞察力,凭自己独到的洞察与判断,投资项目,进而取得一个又一个的事业成就。投资型企业者很注重体制与规则,就是我投资你管理,我出钱你干活,基本没什么情义可讲,一切按制度来办。所以他可以把竞争对手的一帮团队挖过去,很快地又可以把整个团队赶走,因为投资机构关注的核心内容是如何创造更多的利润。

案例导读 1-5

鄢陵县林海园花木有限公司总经理南宏海的创业之路

南宏海,2008年10月被选聘为鄢陵县柏梁镇孔村书记助理。

凭借家乡鄢陵县"全国花木之乡"的优势,任职不久南宏海就踏上创业之路。

一次,他去江西收购海棠树苗,本来在网上已经谈好了价钱和规格,可是去了以后对方突然变卦,说价格上涨了让加钱。他有点灰心丧气,看不到希望,"算了,不干了!"当返程的车票拿到手后,他心里又打起了鼓,"人误地一时,地误人一年",不能就这么回去。于是,接下来几天,他每天都去当地的苗木基地询问市场行情。一天只吃一顿饭,住10块钱的小旅社。第七天时,他终于找到了一个合适的供货商,如愿以偿地把想要的树苗拉了回来。

苗木种植完毕以后,由于种植面积太大,原有的两口老旧机井明显不够用,并且还没有通电,因此灌溉成了公司的一个大难题。鄢陵县委组织部得知情况后,及时协调县水利局打了5眼新机井,协调电业局安装了一个变压器,直接把电源接到了每眼机井上。在方方面面的大力支持下,公司种植的苗木成活率达到了98%,林海园花木公司初步站稳了脚跟。为了实现公司的经营多元化,2009年5月份,他从外地引进10 000多只名优芦花鸡、乌鸡和300

只白羽王鸽子,大力发展林禽一体化养殖,仅此一项就给公司增加收入年近40万元,并且还节约了锄草的务工费用和肥料钱。

创业两年后,时任国家林业局副局长李育才,时任中组部部务委员、组织二局局长陈向群,河南省政协主席叶冬松、河南省委副书记邓凯等领导先后到公司参观指导工作,对公司的发展和所取得的成绩给予了高度的评价。公司先后被市、县授予大学生村干部创业示范基地、许昌市农业发展龙头企业,实现年利润800多万元,带动周边96户群众发展花卉种植。他本人2010年、2011年连续两度被评为河南省大学生村干部十大杰出"创业之星";2011年10月,被选为河南省第九次党代会党代表。

本案例摘自中国青年网,网址:http://qnzz.youth.cn/zhuanti/dqjcyj/tmz/201302/t20130217_2884201_2.html

1.3 创业过程与阶段划分

1.3.1 西方创业学派研究

西方创业学派对创业阶段大体有如下划分:产生创业动机→识别创业机会→整合创业资源→创建新企业→实现社会价值与个人价值。

产生创业动机。创业动机是指引起和维持个体从事创业活动,并使活动朝向某些目标的内部动力。它是鼓励和引导个体为实现创业成功而行动的内在力量。创业动机的产生受到两方面因素的影响:一是创业者个人的特质。不同的人有着不同的特质,那些对个人价值有无限追求,对社会价值有充分理解,能够将个人价值与社会价值融合到一起的人更容易产生创业动机;二是生活环境,它是指与人类生活密切相关的各种自然条件和社会条件的总和,它由自然环境和社会环境中的物质环境所组成,一个生活在创业氛围较为浓郁的社会环境中的人,更加容易产生创业动机。

识别创业机会。创业机会识别是创业领域的关键问题之一。创业机会的识别包含两层含义。首先是创业机会的发现,创业机会以不同形式出现。在以往的创业研究中,焦点多集中在产品的市场机会上,但是在生产要素市场上也存在机会,如新的原材料的发现等。其次是创业机会的识别。对创业者来说,在现有的市场中发现创业机会,是很自然和较经济的选择:一方面,它与我们的生活息息相关,能真实地感觉到市场机会的存在;另一方面,由于总有尚未全部满足的需求,在现有市场中创业,能减少机会的搜寻成本,降低创业风险,有利于成功创业。现有的创业机会存在于:不完全竞争下的市场空隙、规模经济下的市场空间、企业集群下的市场空缺等。

整合创业资源。创业者能否成功地开发出机会,进而推动创业活动向前发展,通常取决于他们掌握和能够整合到的资源,以及对资源的利用能力。许多创业者早期所能够获取与利用的资源都相当匮乏,而优秀的创业者在创业过程中所体现出的卓越创业技能之一,就是创造性地整合和运用资源,尤其是那种能够创造竞争优势,并带来持续竞争优势的战略资源。创业资源主要体现为两个方面,一是土地、厂房、设备等硬资本,二是知识、技术、资金等软资本。创业者要善于将创业所需要的所有资源有效集合,为创业所用。并且利用创业者的聪明智慧,让各种资源在创业过程中充分发挥作用,实现创业资源的动态平衡。

创建新企业。新企业的诞生是创业取得阶段性成绩的标志之一。创办新企业需要经历诸多的思考程序。创办新企业不是一件容易的事。当公司进入实际筹备阶段时,有些事情是必须要做的,例如,开业前要去哪里审批,新企业怎样注册,股权怎样分配,新公司如何选址,创业期间如何管理企业,初创时期的薪酬怎样设计,如何让企业在税收测算中获益等,所有这些创业者都需要考虑,如果在哪方面做得不够仔细的话,结果很有可能是捡了芝麻,却丢了西瓜。

实现社会价值与个人价值。创业是创业者个人价值的一种追求,在创业过程中,创业者个人价值的实现是创业的重要功能之一,创业者的个人价值包括物质价值和精神价值,创造更多的物质价值满足个人生活的需要,创造精神价值实现个人的自我实现。经济社会是企业生存的土壤,每一个企业都要在经济社会中发挥社会价值,企业的社会价值与企业家的精神追求是有必然联系的。

案例导读 1-6

白手起家开翻译公司

2009年,南京师范大学决定引导学生成立一个翻译公司。很快,张捷就知道了这个消息,"外国语学院本身具有从事翻译工作所需要的一切优质资源,创办这样的公司肯定会有发展前景。"于是,张捷着手准备应对这一挑战。面试时,老师提出了不少问题,张捷都从容应答,并且还说出了自己的许多想法。她的这些想法,打动了老师,成功应聘到经理职位。

开公司就需要资金,当时,张捷的积蓄不多,她几乎是白手起家,拿着学校借给她的3万元钱以及父母的积蓄,成立了公司。因为没有经验,公司取名字、开证明,张捷来来回回跑了好多次,最终办公司的手续齐全了。

公司开张了,就要营业,要活下来,就必须要有收入。南京市场上的翻译公司不少,而张捷的公司并不大,竞争压力可想而知。和几家翻译公司竞争一笔业务,虽然公司员工的翻译水平不会比其他几家差,但最后客户还是把她拒绝了。张捷有些无奈,公司太小,很难获得客户的认可。

要想在市场有一席之地,手中必须拥有一定的客户群。于是,张捷翻出南京黄页,挨个公司打电话推销自己公司,不过效果甚微。之后,张捷换了一个宣传方式,印制了一摞宣传页,和员工们在大街上发放,有些人拿到宣传页后,看了一眼直接扔在地上,她就马上捡起来——因为一张宣传页一毛钱,公司才成立可没有多余的资金。

经过努力之后,张捷终于接到了第一笔单子,帮一家公司做翻译获得两千元的报酬。公司招聘职员时,张捷特别挑选了一些家境贫困但学业优秀的同学,为这些学生提供一个勤工助学的机会。慢慢地,经过朋友推荐、老师推荐,单子逐渐多起来,能够收支平衡。翻译公司也逐渐发展起来了,她也成为大学生创业的典型。

本案例摘自现代快报,网址:http://kb.dsqq.cn/html/2011-08/22/content_117170.html

1.3.2 中国创业学派研究

对创业阶段的明确的界定:项目选择→项目模拟→项目运转。

项目选择。创业项目选择是创业的起点,选择创业项目是一个实践过程,是创业者在现实经济社会中,结合创业者的所见、所闻、所感,通过创业项目在现实经济社会中的表现,选择出最终要去进行尝试的项目。

项目模拟。是用小规模探索型实践的方法去操作创业项目,目的是检验产品的功能,把握创业各个要素之间的关系,使得创业各个要素能够实现动态平衡。

项目运转。是以生存为目的,以补偿为内容的资本运动,是企业生命的存在形式,运转就是要实现销售收入能够补偿耗费。能够让项目通过自身造血实现周而复始的运转,不是依靠外部资金或资源的投入让项目生存。

项目选择、项目模拟和项目运转三个阶段顺序发生,不可颠倒。

案例导读 1-7

"爱窝家政"半年赢利

店面上别出心裁的小房子造型给人以遐想,橘黄的主色调传递着温馨。宁波某学院应届毕业生刘华创办的"爱窝家政"公司,开张不到半年就实现了盈利。

刘华在大学最后一个学期,和其他同学一样,到各种招聘会上找工作,但未能如愿,最后决定"自己出来闯一闯"。他通过市场调查发现,宁波家政业的发展空间比较大,像钟点工,杭州一般每小时最多8元,而宁波是10元。今年4月,还在毕业实习期的刘华注册创办了"爱窝家政",将公司安在宁波江东闹市附近的贺丞路。

"爱窝家政"刚创办的时候,有时两三天都没有一笔生意上门。第一个月,公司的营业额只有890元,还不够付房租。到了第二个月,附近的住户开始关注到"爱窝家政",刘华接到宁波一家新装修的酒店20多间客房的清洁业务。为了赶在酒店规定的时间完工,刘华拿起抹布和几名钟点工一起干,连着30多个小时没合眼。

找保姆、找钟点工,刘华自己也跑到一些新楼盘、新宾馆承接业务,终于可以实现盈亏平衡。"爱窝家政"生存下来了。刘华坚信,只要能吃苦,踏踏实实,他一定能把"爱窝家政"做成有竞争力的连锁品牌。

本案例摘自新浪网,网址:http://news.sina.com.cn/c/2005-12-14/05257701740s.html

1.4 创业精神的本质与作用

创业精神是指在创业者的主观世界中,那些具有开创性的思想、观念、个性、意志、作风和品质等。

1.4.1 创业精神的本质

创业精神的本质是创新,是创业者创造性地解决创业过程中遇到的所有问题。创新是指以现有的思维模式提出有别于常规或常人思路的见解为导向,利用现有的知识和物质,在特定的环境中,本着理想化需要或为满足社会需求,而改进或创造新的事物、方法、元素、路径、环境,并能获得一定有益效果的行为。创造性指个体产生新奇独特的、有社会价值的产品的能力或特性,故也称为创造力。新奇独特意味着能别出心裁地做出前人未曾做过的事,有社会价值意味着创造的结果或产品具有实用价值或学术价值、道德价值、审美价值等。

1.4.2 创业精神的来源

创业精神的来源主要有两个方面。

一方面,来源于创业者主观上强烈的创业意愿与兴趣。创业者在正式创业前,在个人创业兴趣、成功价值观衡量标准、他人创业事迹、就业选择、经济发展变化、国家政策鼓励等多方因素影响下,会产生强烈的创业意识与动机。在这种创业意识的引导与影响下,创业者会不断赋予自己正能量,充分发挥自身潜能,调动有利情绪投身创业活动,即使面对风险与挫折,他们也能不断提示自己要坚持不懈、持之以恒。创业者追求理想与价值的实现是产生创业精神的主要来源之一。

创业者的客观实践是创业精神来源的另一个方面。创业活动是不断参与社会实践的动态过程,为了企业的生存与发展,在激烈的竞争中胜出,创业者必须不断调整、充实、提高企业经营管理策略,以适应市场的需要。企业的不断发展离不开技术更新、产品更新,这种更新源于企业领导者的意识创新。随着企业的不断发展,创业者的创业精神也会不断进步与提升,由量变累积逐步发生质的飞跃。

1.4.3 创业精神的作用

创业精神是发自创业者内在的一种精神,决定了创业是否会发生,决定了创业过程中在遇到问题的时候能否持续坚持并最终取得成功。就个人层面而言,创业精神决定了个人创业成就的大小。从国家层面来讲,我国处于全面建成小康社会的决胜阶段,全民创业精神影响着如何实施创新驱动发展战略,使国家富强、人民幸福、社会和谐。

1.4.4 创业精神的培育

首先是设定目标。没有目标就没有前进的路径,选择目标是开创自觉人生的开始。当一个人有了选择目标的意识,标志着把握自己命运的自主意识的萌生。向目标前进是意志的力量。意志是心理意识向行动的转化,目标的确立是这种转化的发动,是一个有目的的行动开始启动,像一只航船出港,开始它向目标进发的航程。目标一旦确定,意志的作用对目标的实现起着决定性作用。

其次是用心的实践。目标一旦确定,不可犹豫、不可胆怯。找到历练的土壤,用心地实践。实践是具体的,要有一个很具体的事情,把全部的时间和精力都投放进去做事情,从中去感悟,才能够悟创业精神的精华。

▶ 案例导读1-8

80后家装公司的创业历程

老家在宿迁的张涛涛,2007年毕业于金陵科技学院影视动画专业。还在大学时,他就有创业的想法，每逢寒暑假，只要一有空他都会去装饰公司实习，努力寻求创业机会。他在实习中了解到，虽然装饰行业市场将近饱和，但局部装修却备受青睐，特别是厨房整体橱柜的市场空间相当庞大。于是，他又找了一个橱柜公司无偿实习，经过一年时间的努力工作和行业摸底，有了一定把握，他决定投资经营整体橱柜安装。

公司起步之初相当艰辛，筹集的8万元资金全部投入到注册和展柜上面，不久便出现资金短缺。由于公司刚开张，缺乏实际成功案例，客户根本不信任。为了节省成本，发给客户的宣传资料也是黑白稿。公司开门三个月，没接到一个订单，差点就坚持不下去了。为了发出工资，张涛涛办了一张信用卡，透支了5 000元先给员工发工资。

为了找客户，张涛涛和两名员工一起跑各小区，四处打电话，终于联系到了第一笔业务，为了抓住这个客户，大热天陪着他到装饰城看材料，讲解材料的好坏。客户最终被他的诚心打动，拿下这笔6 000元的单子。经过一年的奋斗，公司逐步走入正轨，并从橱柜安装逐步转到室内装修上，平均每月能接十几笔订单，营业额超过5万元，利润在2万元。可正在此时，房地产市场因国际金融危机而陷入低迷。

又是三四个月没有订单，他的压力比以前更大，员工从10人减到2人，为了最大限度地节约成本，他每个订单都身兼设计师、工头、搬运、小工、保洁等数职，为了按期完工，通宵设计方案更是经常的事。公司最终挺过来了。凭借认真负责的态度，公司逐步树立了口碑，并发展壮大起来。

本案例摘自投资界，网址：http://news.pedaily.cn/chuangye/201111/20111114252781.html

第二节 知识经济发展与创业

学习内容

了解不同经济社会发展的特点。在知识经济时代，创业热潮兴起的深层次原因，理解知识经济与创业热潮之间的关系，创业对经济社会发展的贡献。

2.1 经济转型与创业热潮的关系

2.1.1 经济社会的发展与知识经济

农业经济。是研究农业中生产关系和生产力运动规律的科学。又叫劳动经济，即经济发展主要取决于劳动力资源的占有和配置。农业经济一直持续了几千年。在这一经济阶段中，人们采用的是原始技术，使用的是犁、锄、刀、斧等手工生产工具和马车、木船等交通运输工具，主要从事第一生产——农业，辅以手工业。在这几千年中，尽管科学技术有所发展，生产工具不断改进，但在工业革命之前，这种生产格局没有改变。这时的劳动生产率主要取决于劳动者的体力。因为从总体来看，人的智力方面的差别不太大。在农业经济阶段，广大人民的生活十分贫苦，缺衣少食比较普遍，不能抵御自然灾害造成的经济危机。教育很不普及,文盲占大多数,人才难以流动和发挥作用。

　　工业经济。又叫资源经济,即经济发展主要取决于自然资源的占有和配置。自19世纪以来,世界发达国家陆续完成了工业革命,科学技术取得了巨大发展,拖拉机、机床等代替了手工生产工具,汽车、货车、轮船和飞机代替了落后的交通工具,生产效率有了很大的提高。但是在这一时期,知识对于经济的作用尚未起到决定性作用。铁矿石、煤、石油等发展机器生产的主要资源很快成为短缺资源,并开始制约经济发展,因此,这一阶段的经济发展主要取决于自然资源的占有。在工业经济阶段,生产的分配主要按自然资源(包括通过劳动形成的生产资料)的占有来进行。所以,虽然生产效率大大提高了,物质财富大大增加了,在这期间,社会基本普及了中等教育,开始了人才的自由流动,比较成功地开发了智力资源。

　　知识经济。是知识在生产中占主导地位,知识产业成为龙头产业的经济形态。只有运用对称的、五度空间的、复杂系统论的方法的对称经济学才有可能真正揭示知识经济的本质、结构、意义和功能,才能科学定位作为新的经济形态的知识经济,知识经济才有可能成为严格意义上的经济学概念。联合国经济合作与开发组织1996年发表的一篇《以知识为基础的经济》的文章,将知识经济定义为:建立在知识和信息的生产,分配和使用之上的经济。在知识经济时代,知识更新的加快使终身学习成为必要。

　　信息经济。又称资讯经济,IT经济。作为信息革命在经济领域的伟大成果的信息经济,是通过产业信息化和信息产业化两个相互联系和彼此促进的途径不断发展起来的。所谓信息经济,是以现代信息技术等高科技为物质基础,信息产业起主导作用的,基于信息、知识、智力的一种新型经济。信息资源的开发和利用结合,从而会全面扩展和加强人类的信息功能,特别是管理和决策功能。信息革命既是科技革命,又是产业革命,它正在深刻地改变着人类的生产、生活、工作、学习和思维的方式。

　　智能经济。是以效率、和谐、持续为基本坐标,以物理设备、电脑网络、人脑智慧为基本框架,以智能政府、智能经济、智能社会为基本内容的经济结构、增长方式和经济形态。在智能经济时代,将人的智慧转变为电脑软件系统,通过电脑网络下达指令到物理设备,物理设备按照指令完成预定动作。分析表明,智能与智慧是不同的概念,智慧仅仅是存在于人的大脑中的思想和知识,而智能是把人的智慧和知识转化为一种行动能力。智能家庭、智能企业、智能城市、智能国家、智能世界构成智能社会的不同层面,而且包括智能环保、智能建筑、智能交通、智能政府、智能医疗构成智能经济的不同领域。智能经济是信息经济与知识经济相结合的产物,是继机械工业、电气工业、信息工业之后人类文明的又一重大进步,而这一进步将带来人类社会新的智能革命。

案例导读 1-9

"阿强"鸡蛋的创意创业

　　小顾学校毕业之后,做出了一个改变他人生轨迹的决定——回乡、养鸡、卖蛋。这样的决定无疑是令人震惊的,一个在大城市读书多年的学子,回到交通不便的农村生活圈子令人不解。

第一章　创业与人生发展

他告诉母亲,自己和父亲虽然同样是卖鸡蛋,但他不仅仅靠母鸡,更靠科技,会走出不一样的路来。"父亲20多年前开始卖鸡蛋,从最初的只有2万羽蛋鸡,发展到今天拥有150万羽蛋鸡,父亲的经历告诉他,无论做哪一行,只要用心去做就一定会成功!"

初试牛刀,他想要开发一个鸡蛋质量查询系统。为此,他还求助于精通计算机的大学同学和朋友,通过半年的探讨、实验,终于研制开发出"阿强"鸡蛋的"网上身份查询系统",这在上海所有农产品中属于首家。从此,"阿强"鸡蛋的包装盒中多了一张薄薄的卡片,提醒消费者可以根据卡片上标明的查询号码和生产日期,到上海农业网上查询与这盒蛋有关的产蛋鸡舍、蛋鸡周龄、蛋鸡品系、饲料饮水及检验结果等信息,甚至还能看到鸡舍及员工消毒、喂养的视频画面。从此,市民购买"阿强"鸡蛋更放心了。半年时间,"阿强"鸡蛋的销量就比上年同期增长了2.5倍。

年轻有创意的小顾于是从包装开始重新打造自家的鸡蛋品牌,他逐一设计修改了"阿强"鸡蛋的包装,将"父亲时代"那些缺乏时代气息的包装,改造成了时尚、方便的样子。没用半年时间,厂里95%的鸡蛋包装都被他改过了,并且所有的鸡蛋上也都打上了"阿强"两个字。再一次把鸡蛋的销售推上高潮。

仅仅是自家厂里的经济效益有了提高,这样的成绩对于小顾来说是远远不够的,他所考虑的,是希望能够带动整个大农业的进步。于是一鼓作气,他又开发了茄子、青菜、黄瓜等蔬菜的身份证查询系统,然后向闵行、金山等郊区的龙头企业介绍推荐。

本案例由本书编委会成员整理

2.1.2 知识经济与创业热潮的关系

知识经济时代增加了创业机会。 当今社会,知识更新的速度急剧加快,知识更新周期越来越短,联合国教科文组织曾经做过一项研究,结论是:信息通信技术带来了人类知识更新速度的加速。在18世纪时,知识更新周期为80—90年,19世纪到20世纪初,缩短为30年,20世纪60—70年代,一般学科的知识更新周期为5—10年,而到了20世纪80—90年代,许多学科的知识更新周期缩短为5年,进入21世纪,许多学科的知识更新周期已缩短至2—3年。伴随着新知识、新技术的产生与应用,创造出很多商业机会。

知识经济时代促进了合作共赢的创业模式发展。 通过以股权为纽带,将投资银行家、创业投资家、科学家联系起来,其中投资银行家负责筹资、改制和上市,创业投资家负责项目评估、筛选,科学家、科研机构负责提供科技成果,这也是科技成果在经济社会中的一种转化。这种转化分为广义的转化和狭义的转化两种。广义的科技成果转化是指将科技成果从创造地转移到使用地,使使用地劳动者的素质、技能或知识得到增加,劳动工具得到改善,劳动效率得到提高,经济得到发展。狭义的科技成果转化实际上仅指技术成果的转化,即将具有创新性的技术成果从科研单位转移到生产部门,使新产品增加,工艺改进,效益提高,最终使经济得以发展。

信息经济和智能经济是知识经济发展的两种快速表现形式。 伴随着信息技术的飞速发展,信息产业不断增大,人们获取信息变得越来越容易,这样,使得创业过程中所需要的各种资源的获得更加便捷,在一定程度上降低创业的门槛。智能技术的发展,使得原本属于人的核心竞争力转嫁到了智能机器身上,从而对技术使用的难度,降低了技术创业的难度。

> **案例导读 1-10**

在读硕士赵磊：网上卖农产品　月销售额超 10 万元

赵磊是个 85 后,在湖北荆州市的长江大学读硕士。当他的同学们都在银行、证券公司、会计师事务所等单位实习,而他却另辟蹊径,自主网上创业开起了网店,卖的就是自己家乡洪湖的农产品。他这种模式,不仅解决了当地农产品愁销路的问题,更是破解了当地农产品加工企业销售量不高的局面。

赵磊,本科学的是工商管理,每次回洪湖老家,赵磊都听见乡里乡亲抱怨说,种的东西不好卖,愁销路。赵磊说:"家乡的农产品种类丰富,品质好,可由于地理位置偏僻,老一辈的农民又没有很强的市场经济意识,因此很难找到销售渠道。"为了破解这一难题,他萌生了把农产品拿到网上去卖的想法,但绝不能单纯地卖初级产品,应该延伸产业链。

为此,赵磊积极走访当地农产品加工企业,学习优秀企业"订单农业"的做法。简单点说,就是开网店帮企业卖产品,企业定点收购村里农户种植的农产品。赵磊说,刚开始,企业都是抱着试一试的态度让他在网上帮忙卖,没想到他仅花了一个月的时间就完成了企业一年的网上销量,这令企业刮目相看,立马签订了合作协议。

赵磊一边在网上进行销售,一边对后台的数据进行分析。通过网络,他获得第一手的消费人群数据,定向开发重点市场。通过网上消费者的评价,他了解到了各地消费者的喜好,并及时反馈给企业,让企业增加品种、改进包装,而这些信息,都是企业原先自主经营时不能及时掌握的。

从 2014 年 5 月至今,赵磊网店内的产品已多达 40 余款,有洪湖藕带、鲫鱼、莲子、藕粉等。"每一款产品,我们对其的定义都不同,例如,有的是用来吸引流量的,根本就不赚钱的;有的是店内的中流砥柱;有几款则号称店内的奢侈品,不求很多人买,但是利润丰厚。"赵磊透露,开网店,讲究的是价格策略、产品策略、发展策略,只有这样,网店的经营才能长久。

为了让更多的网上购物者知道自己的网店,赵磊经常参加淘宝的活动。有一次,他将店内的一款藕带列为活动产品,当天 6 时至 21 时的销量就达到了 1 908 单。当天盈利超万元。

未来,他想跟有实力的企业合作,建一个荆州地区的农产品电商园,让更多的人了解荆州的农产品,推广荆州特色。

本案例摘自网址:http://www.studentboss.com/html/news/2016-01-30/164309_1.html

2.2　创业活动的功能属性

2.2.1　创业是人性与市场的结合点

追求自身利益,是人的一切行为的出发点和归宿点,是人的思维和形体活动的最终目的。利益被经典地概括为"需要的实现",即得到并满足自己的需要。人需要什么?根据马斯洛的需求层次论:需要对不同的人表现为不同层次,有最基本的生存需要,也有最高层次的自身价值实现的需要。追求自身需要的满足就是人的本性。正如亚当·斯密所言:"我们从胎里出来一直到死,从没有一刻放弃过改良自身状况的愿望。我们一生到死,对于自身地位,几乎没有一个人会有一刻觉得完全满意,不求进步,不求改良。但怎样改良呢,最显而易见,最具常识性的办法是增加财产"。追求自身需要的个人本性不会改变,改革开放30余年中,中国社会经济取得了长足的发展,社会主义市场经济所具有的渗透力是占主导地位的,市场经济的发展必将从根本上改变人们的价值取向,它会把每个人追求自身利益的要求引向市场,转化为创业行为。通过创业实现利益几乎是最重要的选择。创业将人性与市场结合,将人性的释放与市场的发展共同推进到了一定的高度。

2.2.2 创业是经济发展的原动力

创业是一个国家经济发展中最具有活力的部分,无论在任何国家,创业都是经济发展的原动力。改革开放以来,我国形成了一波又一波创业创新的热潮,创业创新一直是我国经济社会发展的重要引擎。随着改革开放,我国从单一公有制经济转向多种所有制经济,从计划经济转向具有中国特色的社会主义市场经济,极大调动了人民群众参与发展的积极性。在转型过程中,一批批创业的小企业,成长壮大为大中企业,市场经济活力不断增强。与此同时,科技型企业也随着改革开放不断发展。从国际上看,新一轮科技革命和产业变革正在孕育中,国际竞争加剧。我国的一些劳动密集型产业开始转移,要防止产业转移导致的产业空心化和技术空心化。因此,转型发展的核心是发展动力和模式的转变。发展的动力从依靠要素驱动转向依靠技术进步、劳动力素质提高的创新驱动;发展模式从依靠资源消耗、低成本扩张的粗放发展转向资源节约、环境友好的集约式发展。大众创业是适应我国转型发展的需要,通过创新、创业引导社会各层次,更广泛地参与经济建设,打造经济发展的新引擎。

2.2.3 创业是实现充分就业的有利途径

创业对就业有极大地促进作用,根据统计局发布的数据,2014年全国城镇新增就业1 322万人,同比多增12万人,超额完成1 000万人的就业目标。同时城镇登记失业率控制在4.1%的低水平上。2015年上半年城镇新增就业718万人,完成全面目标的71.8%。据调查失业率在5.1%左右,就业形势总体稳定。就业形势总体稳定离不开创业环境的改善。2015年以来,我国每天新增的企业数量将近1万家。众多的创业新型企业为广大劳动者提供了大量的就业岗位。随着创新驱动型的创业活动日益活跃,大大加快了我国就业结构转型升级的步伐,围绕着互联网、现代物流、新技术、新业态的劳动力队伍越来越庞大。目前我国互联网创业就业的总人数已经超过了千万,而物流业作为一个较为典型的劳动密集型的产业,据测算,物流业每增加1个百分点,增加的就业人数大概在10万以上。

2.2.4 创业是人类社会进步的助推器

创业促进了经济社会的发展,促进了市场的繁荣,丰富了人们的生活,提高了人们生活的质量,促进了社会稳定和谐,是实现人民共同富裕的有效途径。创业活动有利于培养全社会的创新创业精神和形成鼓励创业、容忍失败的社会氛围。转变了人们的观念,使国家更加富强与文明,社会更加自由与公正,个人更加诚信与敬业。促进了人类社会向更加文明的方向迈进。

> **案例导读 1-11**

农科大学生的致富梦

2007年,陈墨从北京农学院食品科学系食品工程专业毕业,成为大兴区庞各庄镇保安庄村的一名"村官"。

大学期间就对微生物学产生了浓厚兴趣,2008年9月,他与同是大学生"村官"的胡建党共同出资15万元,创立了北京爱农星食用菌专业合作社。

2011年,合作社带动周边村民每亩地增收2 000元至2 500元。村民们高兴地说:"十多年了,以前只在电视上看到的新品种,现在我们也种上了,以前只在电视上看到的新技术,如今我们也能掌握了,新品种和新技术让我们感受到:科技就是力量。"

为了学习新技术,陈墨前往蔬菜之乡山东寿光学习经验,引进第五代温室大棚;为了就近照顾食用菌大棚,他就居住在大棚边一个不到10平方米的小屋里。2008年冬天,大兴区的气温骤降至零下17 ℃,他和胡建党居住的简易小屋里没有暖气,室温只有零下10 ℃,两个人不得不整晚地烧锅炉。

他们先后建成四季出菇大棚16座,保鲜库、采菇房、发菌室、接菌室和拌料场地各一个,年出菇达到5万千克。2010年,合作社共投资150余万元,建设起育苗基地和蔬菜新品种示范基地,基地采用穴盘育苗和特殊基质科技方法育苗,有效解决了村民育苗难的问题,同时带动周边农民尝试种植蔬菜新品种。陈墨还建立了田间学校,培训更多村民掌握不同品种蔬菜的种植技术,周边村民也纷纷种起新、奇、特的蔬菜品种。

本案例摘自新浪网,网址:http://blog.sina.com.cn/s/blog_868f959e0100uhbz.html

2.3 知识经济时代赋予创业的重要意义

2.3.1 知识与经济的关系

知识与经济间的转化要经过三个步骤:一是知识到技术的转化;二是技术到产品的转化;三是产品到市场的转化。这是三个绝对不可逾越的过程,这三个转化过程的艰难程度,不亚于原始知识本身的创造,越是高新尖端的技术,碰到转化所需要的条件就越多,这个过程可能就会越长。知识形成经济,需要一定的过程。

2.3.2 推动社会创新不断向前发展

创业的过程是一个创造性资源整合的过程,在这一过程中,包含着诸多创新的因素,如技术创新、管理创新、产品创新、服务创新、运营创新等,创业活动推动着社会创新的发展。激发了社会创新的活力。

2.3.3 促进生产力发展和生产方式的转变

生产力狭义指再生产力,即人类创造新财富的能力。创业活动使人们在生产的能力不断改进并增强,使生产力不断向前发展。人们在物质资料的生产过程中形成的社会关系。

它是生产方式的社会形式。包括生产资料所有制的形式；人们在生产中的地位和相互关系；产品分配的形式等。在这其中，生产资料所有制的形式是最基本的，起决定作用的。创业是一种生产资料使用掌握在创业者手中的一种社会生产活动，大众创业将促进人们在社会生产过程中更多地合作，将使生产关系更加和谐。

2.3.4　解决人类社会发展中问题的路径之一

伴随着社会经济的不断向前发展，人类社会面临着全球气候变暖、人类疾病、社会发展不平衡、贫富差距过大、能源耗竭等诸多问题，在知识经济时代下，人们就是要通过对新知识、新技术的研究和应用，不断解决人类社会向前发展过程中的各种问题，用商业思维去解决普遍的社会问题。

> **案例导读 1-12**
>
> 世 纪 佳 缘
>
> 龚海燕是个很具传奇色彩的女性。打工妹、北京大学才女、复旦大学硕士、中国网络红娘第一人，龚海燕有着多种身份。高二时，她辍学做起小生意，打工3年后又返回学校，以县文科状元的身份进入北京大学；在复旦大学读研二时，她用1 000元起家创办了世纪佳缘交友网站。
>
> 2004年2月15日，在会员的要求下，龚海燕在北京、上海两地同时举办了交友见面会，竟然还赚了一万多元。当年，她注册成立了上海花千树信息科技有限公司。
>
> 到2005年年底，世纪佳缘网站的会员已经达到32万人，连续几个月都是百度交友网站的排行冠军。2006年年初又被艾瑞市场资讯评为婚恋交友类网站的第一名。
>
> 2005年5月，龚海燕收到来自"老钱"的一封电子邮件。这位老钱就是新东方副校长钱永强。他在信中说，他认为世纪佳缘网站很有发展前途，希望龚海燕能专心做好这个网站。
>
> 几天后，钱永强专门从北京飞到上海。与龚海燕在金茂大厦54楼的咖啡厅里谈了一个小时，什么协议也没签，他回到北京后，就给网站打进了两百万元的资金。
>
> 2007年4月，世纪佳缘获得新东方创始人徐小平、王强、钱永强三人共4 000万元的投资。
>
> 本案例摘自应届毕业生网站，网址：http://chuangye.yjbys.com/gushi/anli/549316.html

第三节　创业与职业生涯发展

> **学习内容**
>
> 了解创业与职业生涯之间的关系，理解创业能力对一个人的职业发展起着重要的作用。

3.1 狭义和广义的创业含义

3.1.1 狭义的创业定义

狭义的创业是指创业者的生产经营活动,主要是创办一家企业调查,创造一个自主经营、自负盈亏、独立核算的经济体。

创业是一个过程。过程就一定有起点和终点,创业的起点就是从一个想法开始,终点就是"新企业"的诞生,在这个过程中,需要经历诸多事宜。首先要产生想法;其次是将想法形成项目;第三是将项目进行小规模、尝试性运作;第四是能够用项目的销售收入补偿耗费,新企业诞生。

3.1.2 广义的创业定义

广义的创业是指创业者的各项创业实践活动,所有创造新事物的过程都可以理解为创业。从这个意义上理解,创业主体既包括营利性组织,也包括非营利性组织;可以是政府各个部门机构,也可以是非政府组织;可以是企业、事业单位,也可以是个人。

▶ 案例导读1-13

女白领放弃高薪,辞职创业办早教

陈海宜是南通人,1999年大学毕业后留在南京工作,因为工作出色,她很快就当上了一家上市软件公司的大区经理,7年来,她一直担任中层管理干部,工作环境好,年薪达20万。然而,儿子的出生让她体会到孩子的教育非常重要。

儿子1岁半的时候,陈海宜开始寻找合适的早教课程。她带着儿子走访了一些亲子早教机构,发现他们的教育理念与自己的育儿理念有很大不同,陈海宜认为应更侧重于孩子综合素质和能力的培养,而不是认知型的教育,她从来不刻意让孩子背唐诗、学认字。

后来一次到上海玩,她和朋友相约一起带孩子去野生动物园玩,当孩子们尽情玩耍的时候,家长之间就聊起了教育的话题,朋友极力推荐去看她家宝宝上的培训机构。第二天,陈海宜去了两家国外的培训机构后才发现,原来她期望的教育方式是存在的,而且这种教育理念在上海白领阶层的接受度很高。看了这些课程,陈海宜突然产生了自己创业的想法。

创业之初,陈海宜就面临一个很重要的抉择,究竟是加盟品牌还是自创品牌?她犹豫了,加盟品牌有很大的优势,全国连锁,可信度很高,宣传力度大,起步也比较快。但加盟也同样有弊端,譬如有的公司品牌管理不成熟,发展思路有一定局限;有的品牌不错,但如果加盟就要完全复制所有的课程体系。自创品牌难度大,公信力不够,起步艰难,但如果管理得当,运作良好,发展空间会比较大。在考虑资金压力和自己能力后,陈海宜还是选择了走自创品牌的艰难道路。

卖了两套房子筹资金,在龙江找到了一个230平方米的房子,年租金20万元,当时并没有想太多,只因为它就靠在家门口,比较方便。买教具、请老师,一共投资了60万元。

每天没有孩子,老师们集体备课,每个人轮流当老师,其他的老师们指出问题和不足,提出改进意见;老师们一起上网查儿童的各种资料,心理的、成长阶段的,互相交流、互相鼓励……在这段"寒冬"里,有的老师忍受不了课程要求的压力离职了,有的老师害怕没有课上,发不出工资,离开了。就这样,培训中心用了近半年的时间摸出了一套特色课程。

终于有小朋友来报名了,一个是陈海宜的儿子,一个是她朋友的小孩,还有两个是看报纸被"玩具图书馆"、"智慧之门"这些新名字吸引来的,虽然只有4个生源,但陈海宜带领老师们用专业素质和特色课程打动了家长和孩子们。

随着学员的增多,孩子学习效果的展现,通过家长的口碑相传,陈海宜的教育培训中心开始逐步有了些名气。由于办学成绩突出,陈海宜的教育培训中心还荣获了由《现代快报》颁发的"江苏地区品牌教育培训机构"称号。

本案例摘自创业网,网址:http://www.cy580.com/content/2013/07/11/show187941.html

3.2 创新型人才的素质要求

创新型人才是指具有创新精神和创新能力的人才,通常表现出灵活、开放、好奇的个性,具有精力充沛、坚持不懈、注意力集中、想象力丰富以及富于冒险精神等特征。21世纪,对创新型人才提出了更高的要求,主要包含如下四个方面。

创新学习。知识是充分发挥想象力的基础,没有丰富的知识储备,想象力就会软弱无力,无法天马行空,自由翱翔。现代社会知识更新的频率加快,要想能够跟上时代的脚步,需要创新学习方法,养成学习习惯,不断为自己充电。

丰富想象力。知识非常重要,但是没有了想象力,知识就是一潭死水,无法泛起波澜,想象力好比是创新的催化剂,没有它,就不会产生新的概念、新的产品、新的方法等。要不断训练自己的想象力,让自己能够不断地进步与提高。

创新意志。要有务必进行创新的信念。为了实现目标,要不懈奋斗,锲而不舍,要能够不断战胜创新活动中的种种困难,最终实现创新的梦想。

勇于实践。创业是一项实践活动,创业的每一件事,都是要在实践中检验,创业中的创新不是无本之木,必须在创业实践中勇于创新,从实践出发,从实际出发,遵循事物发展的客观规律,解决创业实践中的每个问题。

案例导读 1-14

南航研究生吃了两个月榨菜挣下第一桶金

周华的本科专业是信息安全,满脑子都是新奇的想法,是一个极不安分的人,一个"爱折腾"的完美主义者。创业初期总是辛苦的,周华回想起自己的创业历程充满感慨,当时他宿舍里最多的就是榨菜。周华在创业初期给自己"定额"每周的生活费只有30元到50元。为了挣钱,周华在南航小西门的茶社打过工,做过策划,考察过瑞金路麻辣烫的盈利情况,为的是能够为团队争取到一个5平方米可以开会的包间作为经营场地。这种以榨菜度日的生活周华坚持了两个月,直到人生创业的第一桶金的出现。

大学时担任过学生干部的周华深切体会到同学们找工作的艰辛与不易。于是,读研一前的那个暑期,周华便和几名同学完成了"JOBUS(工作和我们)就业信息综合服务系统"的开发与发布。无锡市的一位青年企业家对周华的团队所开发的"JOBUS就业信息综合服务系统"非常看好,决定投资100万元。有了这第一桶金,周华和他的团队成立了南京希曦路信息科技有限公司,开始了在Web及软件领域的探索。

为了更好发展,他从大公司挖人才,软件技术总监汪伍洋在"跳槽"到周华的公司之前曾经是华为和文思科技的项目经理,年薪达10万元。

虽然周华也是软件信息专业出身,但在工作中他还是保持了对自己的工作伙伴最大的信任。他引以为豪的不是公司经营得风生水起,而是他的公司俨然成了"学困生"的人生"加油站"。在周华的公司里,负责销售的很多员工并不是学习的尖子生,而是学生中的所谓"弱势"群体,先后有10名左右的"学困生"进入了周华的公司。他们中,有的因功课"挂科"严重而休学甚至面临退学。周华的赏识和鼓励使"学困生"重拾自信,焕发出超强的激情。在项目攻关、业务接洽、市场营销等具体工作中,他们的动手实践能力、与人沟通、合作能力都得到了提升。

淘宝网是淘物的,周华希望把自己的公司打造成一个淘人才、淘技术的"搜智网",在产品和市场、技术和人才之间搭建畅通的平台;能将物联网行业遍及到世界的每一个角落,让这个世界的每一处智力资源、每一个物体都进入互联空间,形成一张巨大的网络……

本案例摘自南京市高校毕业生网,网址:http://www.nanjing.gov.cn/njgov_2014/zt/2015by/cyfc/201501/t20150122_3174196.html

3.3 创业与个人职业发展

3.3.1 职业生涯规划的含义

职业生涯规划就是对职业生涯乃至人生进行持续地、系统地计划的过程。在对一个人职业生涯的主观条件进行测定、分析、总结研究的基础上,对自己的兴趣、爱好、能力、特长、经历及不足等客观方面进行综合分析与权衡,结合时代的特点,根据自己的职业倾向,确定其最佳的职业奋斗目标,并为实现这一目标做出行之有效的安排。一个完整的职业规划由职业定位、目标设定和通道设计三个要素构成。

3.3.2 创业能力对个人职业生涯发展的作用

创业是一个人对个人价值的追求,在这种追求中,需要创业者不安于现状,勇于承担风险,在资源条件不足的境况下通过资源整合把握机会,最终去创造价值。在这个过程中,创业者需要承受痛苦,付出努力,也锻炼了创业者的意志品质,增强了创业者捕捉机会的能力、整合资源的能力、良好的执行力、实践中的沟通能力、快速适应能力等,创业过程中锻炼出来的很多能力,是可迁移能力,在职业发展过程中也会发挥积极的作用。

> **案例导读 1-15**

自强之星张轩的创业与择业

张轩,在大三期间创办了致力于农产品安全生产数字化研发的科技公司——南京金麦云农业科技有限公司,并获得风险投资,在全国率先探索出通过物联网等技术解决农产品安全的"社区感知农业模式",并倡导"公益创业"带动其他大学生成功自主创业。其先进事迹先后被"中央电视台新闻直播间"、《中国青年报》等十多家主流媒体报道。2013年他被评为中国自强之星。

刚上大学,他就跟随学校农村信息化工程技术中心的老师下基地调研。江苏句容、扬中、东台……他的足迹遍布全省各地,完成了数篇调查报告。在一次次调研中,通过前端技术监控农场生产全过程、利用互联网实现蔬菜交易的想法逐渐形成。他和他的团队便拿着项目书申请参加了"挑战杯",他们遇上了江苏常州都市E农场农场主钱小刚。钱老板一直想做高品质绿色农业,却苦于打不开市场。张轩的团队给出了策划书和实施方案,投资方十分看好他们的理念,把它称之为"社区感知农业"。随后,金麦云公司就在南农校园里成立了。

公司一成立,学农业的、学植保的、学食品的同学纷纷要求加入;公司走上正轨后,学财会的、学营销的同学都主动来找张轩。他们的团队从一间寝室扩展到了一栋宿舍楼。梦想照进现实,绝非易事。张轩去过几次常州农场。这群学生与投资方也产生过摩擦,最激烈的一次,是股东大会上投资商拿着财务报表问为什么业绩很差,双方吵了起来,张轩公司的营销总监夺门而出。从那以后,张轩明白了,虽是公益创业,业绩一样重要,身在市场就要遵守市场规律,对股东负责。而学生最大的问题便是光有激情,没有经验。他一面调节管理层和投资商的关系,一面专门聘请了一些专业营销和技术开发人员来提高公司业绩,其中不少是南京农业大学的青年教师。2014年,张轩毕业,在创业与升学的抉择中,他选择了先去香港读研究生,毕业后他顺利留在了深圳工作。张轩激励自己:5年后,会再走上创业的道路。

本案例由本书编委会成员依据指导学生创业实践编写

本 章 小 结

创业是在不拘泥于现有资源条件的限制下,寻求机会,进行商业价值创造的过程。

创业的三个关键要素是机会、团队和资源。

狭义的创业有三个过程:项目选择、项目模拟、项目运转,这三个过程顺序发生,不可颠倒。

创业精神的本质是创新,是用创新的思维解决创业过程中所遇到的问题。

创业是经济社会发展的驱动力,是社会发展的源动力。

知识经济时代下,滋生了更多的创业机会,知识要经过技术的转化,技术要经过产品应用的转化,产品要经过市场的检验,才能创造价值。

狭义的创业就是创造一个企业,只要是自主经营、自负盈亏、独立核算的经济体都是创业。

新时代创业者,要创新学习,增强想象力,磨练意志,在实践中练就自己。

案例分析

首善陈光标的创业人生

他从一个小作坊起家成长为亿万富豪,从一无所有的普通农民成长为中国十大慈善家之一,他以捐资过亿的慈善之举,在众多民营企业家中走出了一条独特的创业轨迹,并由此赢得了人们的尊重。他是2006年中国十大慈善家、江苏黄埔投资集团有限公司董事长陈光标,一个拥有9项国家专利的儒商,全国36个市、县的荣誉市民,17个市、县的高级经济顾问。他是在跌跌撞撞中成就了辉煌的人生。

背负苦难

陈光标出生于江苏省泗洪县天岗湖乡,那是一个以"穷困"闻名的地方。靠种地为生的父母生养了5个孩子,在陈光标两岁的时候,一个哥哥、一个姐姐因为家庭极度贫困,先后饿死,这给童年的陈光标带来了对饥饿的恐惧记忆,这种恐惧的记忆唤起了陈光标"靠自己改变命运,一定要脱贫致富"的想法。俗话说穷人的孩子早当家,陈光标10岁的时候已经开始了对创业致富的探索。那时,正在上小学的陈光标,利用中午放学时间,用两只小木桶从二三十米深的井中取水,再用小扁担挑到离家1千米外的集镇上叫卖,"一分钱随便喝",家乡许多人至今还记得当年陈光标挑着水桶沿街卖水的情形。当时,靠卖水一个中午放学的时间能挣个两三毛钱,这大概相当于当时村里一个成年人半天的工钱了。童年的陈光标背负着生活的苦难,同时也背负着对未来的希望。

抗争命运

不甘于向贫穷低头的陈光标开始用自己勤劳的双手向命运抗争,年少的他开始不断找寻致富的途径。13岁那年暑假的时候,陈光标开始每天骑着自行车跑十几里路去卖冰棒。后来,陈光标又做起贩粮的买卖,从开始的骑自行车贩粮到用拖拉机贩粮;从一天赚个五六元钱到一天能挣到300多元钱,陈光标在致富路上尝到了甜头,17岁那年暑假结束的时候,陈光标挣了两万元钱,成了全乡第一个"少年万元户"。陈光标正是在这样艰苦的环境中逐渐显现了经商的才干。

商海既有机会也有陷阱,心地善良的陈光标在经商过程中也曾被骗过。一个偶然的机会,陈光标认识了一个在车站旁的淮阴小商品市场做生意的温州人,二人决定在一起做棉鞋生意,那是陈光标第一次决定与人合伙做生意。当时,忠厚的陈光标先行支付了3万元的货款,可是等货发过来,才发现那些货全是伪劣产品,鞋底全是硬纸板糊的,晴天还看不出来,一到雨天鞋底就全烂了。这一次陈光标把辛苦几年挣来的钱全赔了进去,当时心疼得几天吃不下饭睡不着觉。

这一次挫折并没有吓倒陈光标,几天之后,他又重新振作起来,从自己的老本行贩粮生意重新开始。没有本钱收粮,陈光标只能暂时赊欠着,而凭借着当年做生意留给乡亲的诚信形象,家乡的老百姓都愿意把粮食赊给他,"卖了再给钱,咱信得过你"。多年以后,当陈光标回想起这段往事时,总是眼含着泪水,他常说,正是乡亲们的信任和支持,才有了他今天的成就。

陈光标扭转了危机之后,又相继跑过客运运输、贩过花生,生意虽几起几落,但却愈挫愈勇,一次又一次的成功与失败磨炼了陈光标坚韧不拔的精神品质,正是这一点后来成就了陈光标,使他在以后的商战岁月中面对大潮翻涌都能从容应对。

在从商磨练的同时,陈光标并没有荒废他的学业,他做生意都是利用课余或是节假日的时间,他一直保持着良好的自学习惯。1985年,陈光标考入南京中医药学院,毕业后,带着对家乡发展的热情,陈光标还是毅然回到了家乡创业。

1991年,陈光标离开家乡,踏上了到省城南京创业淘金的征程。可几个月下来,陈光标并未找到创业的捷径,摸着渐渐瘪下去的口袋,陈光标站在南京的街头,紧咬牙关,每天在心里默默地告诉自己"不要放弃",有一次,他把自己的舌头都咬破了,鲜血直流,陈光标暗暗发誓"一定要成功,否则,死也要死在外头"。黄天不负有心人。一次偶然的机会使陷入困境的陈光标重获生机,也由此掘得了他真正意义上的第一桶金。

一次,陈光标来到药店闲逛,见一群人围着一个袖珍式的仪器在反复询问,他立即上前去看个究竟。原来,这是一个新近上市的耳穴疾病探测仪,把两个电极夹在耳朵上就能测出身体哪个部位有病。陈光标灵机一动,他想这个疾病探测仪好是好,可是没有直观性,如果能让患者直观地看到探测结果,那一定会大受欢迎。有想法了就要干。第二天,陈光标手里拿着身上仅有的3000元钱,请南京中医药大学的专家和南京师范大学物理系的专家提供指导,按照自己的想法给耳穴疾病探测仪做简单的改进,安装上显示器外壳,输入生理图像,患者只要手握仪器的两个电极就能在显示器上直观地看到自己身体哪个部位有疾病。这个被陈光标命名为"跨世纪家庭CT"的新仪器,不但获得了国家专利,而且一上市就广受好评。就这样,一个原本简单的疾病探测仪,经过一番创新之后,立即身价倍增,从原来100多元的样机改装后卖到了8000多元。新仪器研制成功后,陈光标已经没什么钱了,那时正是八九月份,为了节省开支,陈光标花15元钱买了一床被子、一张细席,露宿在南京街头,每天白天在路上用仪器为患者检测身体,晚上就睡在新街口金陵饭店旁的邮电局走廊上,清晨早早起来,花两毛钱到原来老新百门前的公共厕所里用自来水洗脸、刷牙。在炎热的夏季,陈光标顶着烈日,冒着40多度的高温,在新街口路边为人检测身体,时间一长,皮都晒出泡来,但陈光标始终咬牙坚持着。当时,每检测一位患者收两元钱,一天可以收入200多元。两个月以后,陈光标已经挣到一万多元。不久,陈光标租了房子,开始生产销售"跨世纪家庭CT",并在老家邻近的安徽做电视广告,打开了安徽市场,仅五河一县就卖了一百多台。陈光标凭借着自己过人的智慧和艰苦卓绝的精神终于掘得了人生的第一桶金。

收获成功

1991年以后,陈光标的事业开始渐入佳境,1996年,他创立了南京金威利电子医疗器械有限公司,主要生产销售名为"跨世纪家庭CT"的电子疾病探测仪。1997年,一次山东泰安之行,使陈光标发现了人生的第二桶金。当时的泰安盛产灵芝,而且价格较低,200元一千克,对治疗慢性病有良效,陈光标敏锐的目光发现其中大有商机,"灵芝好是好,可食用不方便,如果能磨成粉,制成胶囊服用就方便多了",带着这个令自己都兴奋的想法,他敲开了南京大学和省各大医院专家的大门,请南京大学专家做广告策划,再请医院做临床报告。拿到生产许可证后,他又筹款到上海买了6台胶囊生产机,再赴山东泰安大量收购灵芝粉，回来制成灵芝胶囊销售。这样一来，200元一千克收来的灵芝制成胶囊后，售价达到2000元一千克，这使陈光标收益颇丰。而更令陈光标感到高兴的是，他开发的"灵芝胶囊"项目促进了山东泰安的"灵芝经济"，带富了一方百姓，泰安市政府还因此颁发给陈光标特殊津贴。

2000年，陈光标组建了江苏黄埔投资集团，刚开始主要业务是收购银行不良资产，进行整合、盘活再出让，后来的一次机会，使他对循环经济发生了兴趣。当时南京城运会旧址附近的房屋需要拆除，南京市领导找到陈光标，问他愿不愿意接手，陈光标表示愿意试试。结果一接手才知道，这里简直就是一座富矿，废旧的钢材可以卖给钢铁厂，报废的车胎可以清洗后，用切块机切成粉做塑胶跑道和农用车胎等用。而且，更为重要的是，可以变废为宝，减少污染，利于环保。以后，陈光标又将这一循环经济模型，移植到废旧家电、电脑、生产设备甚至高速公路设施方面，在为自己带来倍增效应的同时，陈光标找到了自己价值所在？"创造不止，回报社会"。他认为，捐款捐物是一种慈善，而搞好环保，搞好循环经济，造福社会和子孙后代也是一种慈善，他决心做一个慈善家，用多种方式报效社会。

陈光标常说，他也是一个普通人，他之所以取得了今天的成绩，是因为他付出了常人难以想象的努力。在商场闯荡这些年，陈光标从不抽烟、很少喝酒，更不参与赌博，也不出入夜总会、歌舞厅等场所。闲暇的时间，陈光标坚持读书学习，这已经成了他多年的习惯。他读书涉猎很广，这有力支撑了他的事业，也极大地提升了他的个人境界。

慈济天下

少年极度贫困的经历和父母的谆谆教诲，使成功以后的陈光标总是竭尽所能地去帮助别人，做好慈善事业。早在1996年创业之初，陈光标就开始投身于慈善捐助活动之中。那年陈光标刚刚创立南京金威利电子医疗器械公司，一年的收入不到20万元，就拿出3万元资助一个安徽的白血病患者。2002年以来，陈光标向南京市公安消防局捐赠近千万元，用于消防公益宣传。2003年"非典"期间，陈光标又向江苏省医疗机构捐赠了800台远红外温度检测仪和200万元现金，用以支持"抗非"事业。2004年年底，东南亚发生海啸，陈光标积极响应国家号召，向海啸灾区捐出了300万元。截止目前，陈光标捐助面涉及20多个省，受益人口达到12万人，累计捐款捐物超过1亿元，2006年成为中国最年轻的十大慈善家。

陈光标是贫困乡里走出来的亿万富翁，多年来，他一直关心关注着家乡的发展，1999年，陈光标捐资兴建天岗湖阳光路。2005年3月5日全国两会期间，市委书记张新实逢人便拿出笔记本电脑推介宿迁的精神感动了陈光标。为了回报家乡，陈光标于2006年9月10日和10月29日，分别发起并承办了"中国民营企业家社会公益事业论坛"和"中国民营企业发展与新农村建设论坛"，收到了良好的社会反响，陈光标还在公益论坛上向家乡捐助860万元钱物。

陈光标养成一个习惯，不论到哪都随身带着《中国宿迁》的宣传册，宣传宿迁，推介宿迁。在随吴邦国委员长的一次出访中，陈光标手拿《中国宿迁》宣传册不离身，甚至在集体合影时，人们看到陈光标的手上依然拿着那本宣传册，当人们惊讶地询问缘由时，陈光标说："我的家乡还属于欠发达地区，希望有更多的人来关注宿迁的发展"。

本案摘自中国中小企业创业信息网，网址：http://www.sme.gov.cn/web/assembly/action/browsePage.do? channelID=1092736655468&contentID=1361491756713

分析

(1) 陈光标有哪些创业精神？
(2) 陈光标的创业素质是如何养成的，创业能力是如何形成的？
(3) 陈光标对社会的贡献有哪些？
(4) 陈光标在创业过程中遇到哪些困难？如何解决？

翻转课堂教学视频

《创业点亮人生》

内容概要与学习收获

在本片中，记者采访了几位在校大学生和有过创业经历的大学毕业生。通过他们对创业的认识、理解和感悟，以及专家的分析讲解，能够帮助同学们认识和理解创业的概念，体会创业的艰辛和收获，理解创业与创业精神、创业与人生发展之间的关系。帮助同学们理解创业在当今时代背景下的意义和价值，正确认识并理性对待创业，强化同学们对"创业精神需要培育并可以培育"的理性认识。

第二章　创业者与创业团队

学习目标

　　使学生形成对创业者与创业团队的理性认知,了解创业者应该具备的基本能力和素质,认识到创业团队在创业过程中的重要作用,学会创业能力和提升创业素质的方法,掌握组建创业团队的基本方法。

第一节　创　业　者

学习内容

　　了解创业者的定义,创业者应该具备的基本能力和素质,创业动机的含义与分类,学会创业能力和提升创业素质的方法。

1.1　创业者的定义

1.1.1　创业者的定义

创业者分为狭义和广义两种。狭义的创业者是参与创业活动的核心成员,是创业队伍的灵魂人物。广义的创业者是参与创业活动的全部成员。在创业过程中,狭义的创业者比广义的创业者承受的压力更大,承担的风险会更多。

1.1.2　创业者概念的演变过程

创业者一词由法国经济学家坎蒂隆于1755年首次引入经济学。1800年,法国经济学家萨伊首次给出了创业者的定义,他将创业者描述为将经济资源从生产率较低的区域转移到生产率较高区域的人,并认为创业者是经济活动过程中的代理人。著名经济学家熊彼特则认为创业者应为创新者,这样,创业者概念中又加了一条,即具有发现和引入新的更好的能赚钱的产品、服务和过程的能力。

1.1.3　大学生创业者

大学生创业者是指那些有理想、有胆识、有抱负,对个人价值与社会价值有强烈渴望的在校大学生和毕业大学生。大学生在学校里学到了很多理论性的东西,有着较高层次的技术优势,最有前途的事业就是开办高科技企业。技术的重要性是不言而喻的,大学生创业从一开始就可以走向高科技、高技术含量的领域,"用智力换资本"是大学生创业的特色和必然之路。一些风险投资家往往就因为看中了大学生所掌握的先进技术,而愿意对其创业计划进行资助。现代大学生有创新精神,有对传统观念和传统行业挑战的信心和欲望,而这种创新精神也往往造就了大学生创业的动力源泉,成为成功创业的精神基础。大学生心中怀揣创业梦想,努力打拼,创造了财富。大学生创业的最大好处在于能提高自己的能力,增长社会实战经验,以及学以致用;最大的诱人之处是通过成功创业,可以实现自己的理想,证明自己的价值。

1.2 创业者素质与能力

1.2.1 创业者的基本素质

素质是一个人在社会生活中思想与行为的具体表现。创业素质是创业行动和创业任务所需要的全部主体要素的总和。创业是一条伟大的艰辛路,创业者们获得创业成功,需要 6 种基本素质。

诚信。人无信而不立,商无信而不成。诚信是一个人为人处事的基本准则,也是商业经营之魂,在创业过程中,诚信是第一品质,市场经济已进入诚信时代,作为一种特殊的资本形态,诚信日益成为企业的立足之本与发展源泉。

案例导读 2-1

"老干妈"的诚信

陶华碧由于家里贫穷,从小到大没读过一天书。20 岁时,她嫁给了 206 地质队的一名队员;但没过几年,丈夫就病逝了,扔下了她和两个孩子。为了生存,她去外地打工和摆地摊。1989 年,陶华碧用省吃俭用积攒下来的一点钱,在贵阳市南明区龙洞堡的一条街边,用四处捡来的砖头盖起了一间房子,开了个简陋的餐厅,取名"实惠餐厅",专卖凉粉和冷面。为了佐餐,她特地制作了麻辣酱,专门用来拌凉粉,结果生意十分兴隆。

有一天早晨,陶华碧起床后感到头很晕,就没有去菜市场买辣椒。谁知,顾客来吃饭时,一听说没有麻辣酱,转身就走。这件事对陶华碧的触动很大。

她一下就看准了麻辣酱的潜力,从此潜心研究起来。经过几年的反复试制,她制作的麻辣酱风味更加独特。很多客人吃完凉粉后,还买一点麻辣酱带回去,甚至有人不吃凉粉专门来买她的麻辣酱。后来,她的凉粉生意越来越差,而麻辣酱却做多少都不够卖。一天中午,她的麻辣酱卖完后,吃凉粉的客人就一个也没有了。她关上店门,走了 10 多家卖凉粉的餐馆和食摊,发现他们的生意都非常好。原来就因为这些人做佐料的麻辣酱都是从她那里买来的。

1996 年 7 月,她租借南明区云关村委会的两间房子,招聘了 40 名工人,办起了食品加工厂,专门生产麻辣酱,定名为"老干妈麻辣酱"。陶华碧亲自背着麻辣酱,送到各食品商店和各单位食堂进行试销。不过一周的时间,那些试销商便纷纷打来电话,让她加倍送货;她派员工加倍送去,很快就脱销了。1997 年 8 月,贵阳南明老干妈风味食品有限责任公司正式挂牌。2001年,有一家玻璃制品厂给公司提供了800件包装瓶,每件32瓶。不料,使用这批包装瓶产品封口不严,漏油。一些对手企业马上利用这事攻击老干妈。一些管理人员建议"可能只是个别瓶子封口不严,把货追回重新封口就行了,不然损失太大。"陶华碧却果断决定追回后全部当众销毁。自从创办公司后,老干妈产品合格率一直保持着100%。

本案例摘自学聚网,网址:http://www.xjzsks.com/chuangye/a/58444.html

高效。指在相同或更短的时间里完成比其他人更多的任务,而且质量与其他人一样或者更好。创业者无法容忍低效率的工作方式,创业者首先要高效率地完成工作,然后及时发现创业过程中出现的问题并探索解决方案。创业过程会有千千万万的问题等待创业者去处理并解决,高效是创业者必须具备的品质之一。

案例导读 2-2

高效创业人士的五个习惯

1. 多说无益,口说无凭。夸夸其谈谁都会,在白板上写写画画,或进行漫无目的的小组讨论、头脑风暴,再画些简单的流程图,这些都没什么难的。但是你从这些浮于纸面的讨论中是获取不了关于具体产品的任何信息的。不要再花大量的时间去做这些。创业就得拿出真正的产品出来,然后测试、调研。让你未来的用户或顾客去代替你们讨论。

2. 定一个现实的目标。在你打算用好几周的时间来更改你产品的定位,或者花几天时间规划产品的未来时,最好先从你的产品中跳出来,从宏观的角度来问一下自己:我的最终计划是什么?资深股民只会去买那支他算好能赚钱的股票,同样,优秀的创业者只会在一个有未来的项目上投资自己宝贵的时间。通常来说,当产品被设计出来时,产品所能带来的效益就大致能预估出来。如果你发现这个效益不能大致预估,那么你最好再好好思考一下你的目标。如果你最后发现这个目标是有问题的,那就需要重新评估。

3. 发现问题并重估。换句话说就是"快速失败(Fail fast)",即发现问题就纠正,而不是等到最后。团队中每个成员必须要经常反思重估自己的工作。团队中不应该有人害怕发现工作中的问题。虽然这个过程很痛苦——你得指出哪些决策和努力没有起到效果,忽略问题只会让团队日后的问题越积越多。你要让这种勇于去花时间找问题和努力解决问题的习惯,慢慢变成你团队的文化。

4. 保持健康。高效人士都知道身体健康和心理健康将会决定一个人的最高生产力。许多研究也指出,如果你一周投入了过多的时间在你的工作上,也不会提高太多的生产力。所以最好解决问题的方式不是在办公室不停地加班,而是利用在办公室的时间高效率地完成所有的事情。

5. 追随自己的梦想。当你多年以后回首曾经的创业时代,你会发现你创业的这些日子也是你一辈子中很平常的日子——团队一起打拼,一步一步地建立产品,回复邮件,在白板上不停地画着示意图,修改着一行行的代码。每天和同事们开开玩笑,主动去享受这个世界带给你的一切。

本案例摘自36氪网,网址:http://36kr.com/p/202069.html

创新。是指以现有的思维模式提出有别于常规或常人思路的见解为导向,利用现有的知识和物质,在特定的环境中,本着理想化需要或为满足社会需求,而改进或创造新的事物、方法、元素、路径、环境,并能获得一定有益效果的行为。创业过程中遇到的问题,需要创造性解决,在创造性解决过程中,需要不断创新,创新是立业之本,创业是更高水平的创新。

案例导读 2-3

创新思维

刘晓,今年25岁,武汉人。对商业的触觉,和女人天性中对美的感悟,创造了她的"叶画"艺术,成就了她的财富梦。

2000年的十一期间,刘晓去杭州旅游,一场"水幕电影"让她大受启发——"原本在银幕上放的电影,现在移到水幕上放映,就引起了新的关注与欣赏,那我的画呢?"

一回到武汉,刘晓就开始寻找画画的新载体。苦想冥思了几天之后,地上的树叶映入她的眼帘——树叶的形状千姿百态各不相同,变幻万千。她突发奇想:"能不能在树叶上作画呢?"

为了寻找到最合适的叶子,刘晓走访了华中农业大学、武汉植物园的专家,得到了一些帮助。但由于经费有限,刘晓此后在外出采集树叶或拜访专家时,几个馒头成了一天的干粮,能坐公共汽车决不会坐出租车,不太远就走路去。

短短半年内,刘晓的足迹踏遍了武汉市城郊,终于,一种野生的剑麻叶让她如愿以偿,她画出了自己第一幅"叶画"。颜色渗入树叶的程度恰到好处,树叶经过干燥处理后,也没有出现破裂的情况,还具有一定的韧性。

三个月后,刘晓为"叶画"申请了专利。之后,她在步行街租了一个小门面,开始大量制作"叶画"。慕名而来的顾客一走进她的"叶画"店,就立即被吸引了。巴掌大的一片树叶上,人物、山水、鸟兽……一应俱全,栩栩如生。刘晓根据树叶的大小、所画的内容、做工的精细程度,将"叶画"的价格定位在50—5 000元之间,虽然价值不菲,但也不乏购买者。为了吸引更多的顾客,刘晓推出了"系列套画",如"金陵十二钗"、"桃园三兄弟"、中国古代"四大美女"等。

在开"叶画"店短短半年时间里,她获得的纯利润达20万元。就在这时,一位从事外贸生意的商人找到了她,提出可以把"叶画"出口到国外,双方一拍即合。"叶画"投放市场之后,激起了强烈的反响,很多外国人惊叹不已,市场大开。

本案例由本书编委会人员整理

激情。是一种强烈的情感表现形式。往往发生在强烈刺激或突如其来的变化之后。具有迅猛、激烈、难以抑制等特点。创业者在激情的支配下,常能调动身心的巨大潜力。创业需要有激情,要保持对生活的向往,对事业的信念。

案例导读 2-4

大学期间做14份兼职干出了个29岁董事长

2004年,张晓东顺利地考上了哈尔滨商业大学,美好的大学生活开始了,可是与多数大学生不同的是,张晓东没有选择只花父母的钱在学校里"安然度日",他的脑袋里一直充盈着创业的念头,并且从大一开始,他就对创业充满激情,并付诸实施。

大四以前,张晓东先后干过14份工作,做过台球室摆球员、网通接线员、烤肉店切肉师、快餐店后厨和服务员、高尔夫球球童,还曾经在东北林业大学门前摆地摊卖盒饭,而这些都是为了给日后创业积累经验。

2008年7月,张晓东注册成立大连润鑫网络科技有限公司,拉开了他正式创业的序幕。

最初,张晓东带领自己的团队做类似于人人网、开心网之类的运营网站,但是由于资金不足,很快项目破产。初期的几个月几乎没什么收入,团队5人没钱租房,只能睡在简陋的办公室里。为了节省开销,他们每天自己做饭,有时5个人只吃一个菜,十分艰苦。

2009年7月,张晓东的项目获得大连多项创业政策的扶持,在与创业导师交流后,通过导师的点拨引导,张晓东调整了战略方向,主营业务是电子商务全网渠道运营。

他将电子商务模式与传统型零售业进行创新性融合,为传统企业提供以网络平台为基础的电子商务全网渠道运营,辅助其建立网络销售渠道,如天猫商城、京东商城、唯品会、聚美优品、银泰网、聚尚网、阿里巴巴以及独立的垂直电商平台等,提供更专业的销售组织和供应链全程服务。

电子商务运营服务在杭州等南方城市发展得比较成熟,但在大连还很冷僻。经过分析,张晓东发现,经营电子商务,重在诚信,其次是推广和性价比,要实现盈利并不难。于是,张晓东的团队从品牌定位、网店店面设计、策划、运营推广、销售,再到客户服务实现了一条龙运营管理。

在张晓东团队的努力下,公司进入了突飞猛进的发展阶段,从2009年操作大连第一家互联网女装品牌,进入了整个服饰类目的前十名,到牵手大连奥远集团并成立东航兄弟(大连)科技有限公司,团队扩充到70人,再到成立大连市电商联合会并担任会长,张晓东一路激情,开创未来。

本案例摘自应届生网,网址:http://chuangye.yjbys.com/gushi/anli/557656.html

直觉敏锐。 创业者需要敏锐的直觉,在资源条件和市场条件相同的情况下,创业者对市场和商机的敏锐程度决定创业者是否能够把握住机会,在创业实践过程中,创业者在创业过程中有敏锐的直觉,能够使得创业者更好把握创业。

案例导读 2-5

尾 货 生 意

杜巍在刚刚进入交易城时,一无货源,二无资金,从来没做过生意的他一下子也不知道该从何下手。他只好采用自己的"疯"办法,成天观察别人怎么卖货,到处和人打听。机会,还真是被他逮住了。他发现,在来来往往的顾客里,有一部分是专门寻找便宜货的。什么货品既便宜质量又不会太差呢?这么一琢磨,真有了——库存积压品!

有了主意,处处留心,第一笔生意就这样出现了。一个朋友,手头有一批积压了好几年的包,原价20元,现价3元一个处理,杜巍一下子把200个包全买下来了。结果他上午8点刚把货运来,当天下午就5元一个全卖掉了。尝到了甜头的杜巍这下子更确定了自己的想法,他开始自己"疯"折腾了。

他在市场的每个门口都放个小黑板,上面写着:大量收购积压处理箱包。果然,市场里好多人都把自己的积压箱包送到了他的手上。然后,他又开始在小黑板上写小广告:大量处理积压品。就这样一来一去,还真让他赚到了自己的第一桶金。

本案例由本书编委会人员整理

承担风险。选择了创业就意味着以后要承担许多风险,甚至是许多巨大的风险。在产品开发过程中,存在着诸多的不确定性;商场是没有硝烟的战场,充满着各种竞争,充满着各种风险,创业者要勇于竞争,勇敢承担风险。

案例导读 2-6

80后女孩自主创业摸索养兔经

乐观开朗的李丽毅然辞掉了银行工作,开始创业养兔子。她让父亲帮助自己搭棚子、根据兔舍方位改造饮水管等基础设施,为了节省成本,兔棚、兔舍的顶盖都是她自己亲手安装的,算上兔子,一共投资了近三万块钱。

由于没有养殖经验,李丽从书本上学、关注网络论坛,再不懂就去找宠物医院的老大夫细心咨询。2012年年底,就在自己的养兔事业有所起色之时,一个从未遇到的大问题摆在了她面前,突然间死了一只兔子,李丽以为是哪里不对了,一开始也没注意,第二天又有死的了,这才开始上心。在网上查到有好几种病例,有兔瘟,有病菌等。然后拿着死兔子到宠物医院,解剖、化验,说是兔瘟,但是那时一家医院说是兔瘟不太放心,又上外省市的医院做化验,结果也是兔瘟。

那段时间,一贯爱笑的李丽没有了笑容,因为据相关介绍,只要得上了兔瘟,就相当于整个兔棚都会遭殃,这种传染病是毁灭性的。她开始着急,晚上觉也睡不着,性格倔强的李丽尽管伤心,却从没有想过要放弃,辗转多个养殖区、多家医院,她从外省市找到了一种本地没有的紧急防疫疫苗,七天免疫期,在这七天里要是还有死的,那就肯定是治不了了,七天以后没有死的那就算控制住,再采取一些消毒措施就好了。

一个月后,那场兔瘟得到了有效控制,李丽从中吸取经验,今后无论是收兔还是送料的人,一概不让进入棚室,因为外人一旦携带病菌,本地养殖兔将遭受到极大的健康威胁。而就是从那次,李丽对兔子们更加爱惜,做好配兔标牌、保证场内卫生、强化防疫灭病,李丽还自己设计、改进兔舍结构设施。每隔一个月,她的兔棚都会有一批母兔要生产,她研究出的母兔孕情档案,也成为保证仔兔成活率的关键。后来,她养殖的獭兔、卡其兔、熊猫兔、肉兔等多个品种、八百多只,最好的能够卖到二十多块钱一斤,收购商一年四季不断档,价格好的时候,八十只就能挣一万多。

本案例摘自农博网,网址:http://foster.aweb.com.cn/20130902/608745.html

创业者在创业之初完全具备以上的素质很难,创业不是具备了所有素质才能创业,而是在创业实践中不断提升个人的素质,让个人的素质更加符合创业的要求。

1.2.2 创业者的基本能力

能力是完成一项目标或者任务所体现出来的素质。能力总是和人完成一定的实践相联系在一起的。离开了具体实践既不能表现人的能力,也不能发展人的能力。创业能力指拥有发现或创造一个新的领域,致力于理解创造新事物的能力,能运用各种方法去利用和开发它们,然后产生各种新的结果。创业者的能力是指创业者的技能。创业者需要具备以下八种基本能力。

战略管理能力。是指对一个企业或组织在一定时期的全局的、长远的发展方向、目标、任务和政策,以及资源调配做出的决策和管理艺术。从企业未来发展的角度来看,战略表现为一种计划,而从企业过去发展历程的角度来看,战略则表现为一种模式。从产业层次来看,战略表现为一种定位。而从企业层次来看,战略则表现为一种观念。此外,战略也表现为企业在竞争中采用的一种计谋。战略管理有三方面内容,分别是:企业在哪里?企业去哪里?何时竞争?企业在哪里是指明晰企业的位置,知晓企业的优劣所在,如何从广泛的市场参与中选择有价值的目标市场与顾客,以提供满足其需求的服务举措。企业去哪里是企业的未来发展方向。何时行动指企业什么时间怎样行动才能战胜竞争对手。战略管理能力是创业过程中一种重要的能力,伴随着企业的发展而发挥着重要的作用。

> **案例导读 2-7**
>
> **战略管理的六大原则**
>
> (1)适应环境原则。来自环境的影响力在很大程度上会影响企业的经营目标和发展方向。战略的制定一定要注重企业与其所处的外部环境的互动性。
>
> (2)全程管理原则。战略管理是一个过程,包括战略的制定、实施、控制与评价。在这个过程中,各个阶段互为支持、互为补充,忽略其中任何一个阶段,企业战略管理都不可能成功。
>
> (3)整体最优原则。战略管理要将企业视为一个整体来处理,要强调整体最优,而不是局部最优。战略管理不强调企业某一个局部或部门的重要性,而是通过制订企业的宗旨、目标来协调各单位、各部门的活动,使他们形成合力。
>
> (4)全员参与原则。由于战略管理是全局性的,并且有一个制定、实施、控制和修订的全过程,所以战略管理绝不仅仅是企业领导和战略管理部门的事,在战略管理的全过程中,企业全体员工都将参与。
>
> (5)反馈修正原则。战略管理涉及的时间跨度较大,一般在五年以上。战略的实施过程通常分为多个阶段,因此需分步骤地实施整体战略。在战略实施过程中,环境因素可能会发生变化。此时,企业只有不断地跟踪反馈方能保证战略的适应性。
>
> (6)从外往里原则。卓越的战略制定是从外往里而不是从里往外。
>
> 本案例摘自百度文库

学习能力。是学习的方法与技巧。有了学习的方法与技巧,学习到知识后,就形成专业知识;学习到如何执行的方法与技巧,就形成执行能力。学习能力是所有能力的基础。伴随着经济社会的发展,知识的不断增加,学校学习的东西越来越多。现代社会提出终身学习的概念。对于创业者,在创业过程中需要学习的东西要远远超于其他人,掌握学习能力是创业者必须要做的一件事。创业者培养良好的学习能力,养成良好的学习习惯。创业者的学习不简单是学习自己所经营的领域,所学企业经营过程中需要的知识,还要广泛涉猎,掌握更多的知识。创业者要科学安排自己的学习时间,制订自己的学习计划和学习目标。

案例导读 2-8

龙虾养殖的风雨历程

周廷海和朋友相约吃夜宵,夜宵中的龙虾是他的最爱,爱屋及乌,空余时,周廷海便在网上阅览与龙虾有关的资料,无意间得知,虽然湖北、江苏一带养殖龙虾的比较多,但在西南地区却处于"真空带",养殖前景广阔。

刚开始走上养殖道路,周廷海眼里的世界总是太小,匆匆投入38万元,承包了37.5亩土地,仅凭着对未来的美好向往和满腔热情,开始做起了等着小龙虾长成商品虾上市的美梦。

现实是残酷的,对环境的不熟悉以及对养殖技术的匮乏,仅仅半个月,周廷海的小龙虾数量便开始剧减,总体损失近八成。看着大量的虾苗死亡,周廷海只得干着急,因为缺乏相关养殖技术,根本无从寻找原因。创业之路在短短一个多月后宣告夭折。

是继续,还是放弃?心有不甘的周廷海勇敢选择了继续,可创业之初,几乎倾尽所有,资金成了摆在他面前最大的难题。一家人到处想办法,东拼西凑,最终凑到了八万元,让他从头再来。

2013年5月下旬,再次上阵的他吸取经验教训,并没有盲目开始养殖,而是做起了职业捕虾人,养殖田里的虾苗基本是他在田间捕捉的,这样能够尽早地适应环境。他购买小龙虾养殖方面的书籍,自学养殖技术,通过网络获取更多的小龙虾养殖的技术资料。在这个过程中,周廷海总结出一套适合自己的养殖技术——仿野生养殖技术,小龙虾养殖的关键因素(养草,造底,改底)要做得一丝不苟。渐渐地,养殖田里的龙虾数量不断增多。几个月后,周廷海的虾长势十分不错,他估算着,再等一个半月,第一批虾就可上市,赚得第一桶金。

可事与愿违,他永远记得7月2日那天,大雨磅礴,水库里的水通过水渠溢出。周廷海守在田边,26个小时不眠不休也无力回天,一夜之间损失近半。庆幸的是,精养池地势较高,未受影响,周廷海鼓起勇气,整治池子之后再次养殖。

功夫不负有心人,2014年年初,周廷海的龙虾开始上市,中虾可卖到22元/千克,大虾36元/千克。

本案例由本书编委会成员整理

自控能力。就是一个人控制自己思想感情和举止行为的能力,既善于激励自己勇敢地去执行采取的决定,又善于抑制那些不符合既定目的的愿望、动机、行为和情绪。自制力是坚强的重要标志,与之相反是任性,对自己持放纵态度,对自己的言行不加约束,任意胡为,不考虑行为及后果带来的影响。创业过程中需要面对诸多矛盾,解决诸多问题,这需要创业者有较好的自控能力,冷静地面对并处理创业过程中的每一件事。

> **案例导读 2-9**

提高自控力的七个方法

(1) 控制时间。无论是工作、娱乐还是休息,都应该有个时间安排,不能想玩时就玩上一天,忘了学习,想学习时就学上一天,忘了休息。

(2) 控制思想。对于大脑进行思考的问题要有所控制,可以进行创造性地想象,而对于忧虑、苦恼则尽量少想。

(3) 控制接触的对象。选择自己喜爱的伙伴,结识对自己有帮助的朋友,对那些不利于成功的交往对象要加以控制。

(4) 控制沟通的方式。沟通的重要方式是聆听、交谈、观察,当与他人交谈的时候,要控制自己的语言,使对方从你的话语中得到尊重并有收获。

(5) 控制承诺。不能随便承诺,一旦承诺了事情就要努力做到。

(6) 控制目标。科学的目标能帮助你保持愉快的情绪。

(7) 控制忧虑。无论周围发生了什么事情,都要保持乐观的精神。

本案例由本书编委会成员整理

创新能力。是技术和各种实践活动领域中不断提供具有经济价值、社会价值、生态价值的新思想、新理论、新方法和新发明的能力。创新能力是民族进步的灵魂、经济竞争的核心;当今社会的竞争,与其说是人才的竞争,不如说是人的创造力的竞争。创新能力的增强要加强三方面的培养。一是学习,创新能力主要包括获取、掌握知识、方法和经验的能力,包括阅读、写作、理解、表达、记忆、搜集资料、使用工具、对话和讨论等能力,把事物的整体分解为若干部分进行研究的技能和本领。二是分析,事物是由不同要素、不同层次、不同规定组成的统一整体,认识事物的有效方式之一就是把它的每个要素、层次、规定性在思维中暂时分割开来进行考察和研究,弄清楚每个局部的性质、局部之间的相互关系以及局部与整体的联系。做到由表及里、由浅入深、由易到难地认识事物和问题。三是综合,强调把研究对象的各个部分结合成一个有机整体进行考察和认识的技能和本领,综合是把事物的各个要素、层次和规定性用一定线索把它们联系起来,从中发现它们之间的本质关系和发展的规律。

> **案例导读 2-10**

高端胜利法

林永恩毕业后,便回到了古镇老家,在一家灯饰厂一干就是 6 年。从最基层做起,跑过销售,主管过产品开发等。因此对于灯饰行业,他比普通从业者更加熟悉。当时,古镇的灯饰生产较为盲目,都是"大路货",一哄而上,市场很不成熟。由于全国的灯饰市场如雨后春笋般大量涌现,这些企业的销售不成问题,效益较好。

林永恩借了三万元办了一间简单的灯饰生产工厂。几年的"底层"生活使他观察到:许多厂家从材料到款式,都在模仿他人的产品,真正能够"静"下心来开发和研制高品质灯饰的厂家却不多见。因此,"大路货"的日益增多,实际上已经形成了一个非常饱和的市场。所以他没有跟随别人,而是生产自己的产品。首先,他坚持走高起点、专业化的路子,集中力量开发、生产高档民用灯饰产品及酒店、庭院和工程配套照明产品,直接向高端产品市场进军。

林永恩对于标准的要求几近苛刻。开元灯饰成立伊始,便成立了"不求最大,只求最好"的经营理念,严格控制产品质量,从原材料直至产成品都用行业最高标准要求自己。公司成立了质量复查委员会,对质量问题具有"最终否决权",授权质检部独立检验产品质量,保证其不受企业内部任何部门和个人的干预,以便正确行使鉴别、把关、试验等功能。开元灯饰成立后,聘请了有多年经验的顾问公司对工厂进行培训、指导。

苛刻的质量标准也使得开元的起步并不顺利。刚开始时由于资金限制,林永恩不能进行多方面的投资。针对当时古镇的加工制造已经比较专业的实际情况,开元灯饰决定把大部分的资金投入产品开发创新上,生产部分外包,自己则完成最后的组装。

问题也正出在这里。由于对产品工艺要求高,刚开始时没有多少加工企业能符合要求,寻找合作伙伴成了开元灯饰要迈过的第一道门槛。经过努力,开元开发的第一批产品,市场反映良好,出现供不应求的情况。但这一时期加工企业配合得还不够理想,有的产量不够,有的是工艺不够稳定。很多客户担心拿不到货,都争先垫付款项。开元为了确保产品质量,宁愿推迟产品上市日期。等到各个生产环节正常后,已经两个月过去了。这时仿制品开始冲击市场,给开元和经销商都造成了较大的影响,使开元遭到许多客户的抱怨。

尽管丧失先机使初战成绩不理想,但"开元"还是凭借过硬的质量逐渐为客户所认识,逐渐占领市场,在中高档灯饰产品中独树一帜。

本案例由本书编委会成员整理

合作能力。是指工作、事业中所需要的协调、协作能力。个人的能力是有限的,每一个创业者在创业过程中都需要培养合作能力,创业者不但要与自己的合作者、雇员合作,也要与各种和企业发展有关的机构合作,还要与同行的竞争者合作。创业者要善于站在对方的角度,理解对方,体谅对方,要善于与他人合作共事,和睦相处。创业合作伙伴的选择需要注意两个方面:一是平等合作,合作伙伴之间是完全平等的,是为了共同的目标走到一起的;二是合作共赢,合作者时间是互惠互利的,合作中不能单方面付出或者收获。

案例导读 2-11

生态农业园种下创业梦

2010 年,不甘心平庸的林恩辉毅然辞去了高薪的金融工作,利用父亲筹措来的 200 多万元创建的农博园终于在晓洋落户,园区占地 200 多亩,引进国内外优质果种 11 大类 80 余种(其中 68 种属福建省首次引进)。林恩辉的创业梦想,是要北果南移,建福建首个生态农博园。

但创业的路并非一帆风顺。这年春天,50 亩引进的桃树苗因管理人员施药不当全部枯萎。接着,资金链又面临断裂。是坚持还是放弃?就在这时,林恩辉看到高山晚熟葡萄栽培在当地颇具规模,一寻思:何不与当地农民合作,自己提供技术,农民提供田地,合作搞大棚种植呢?一年多的时间里,她每天起早贪黑,观察植物习性,请教农学专家,学习农学书籍,制订施肥计划,做了厚厚的一本农学笔记。

克服了技术上的困难,葡萄长梢时节又碰到了用工难题,晓阳地区外出务工青壮年多,工人十分难请,而一旦错过物修期,将严重影响果品质量。她憋着一口气,凌晨四、五点起床,一天连续工作十三、四个小时,四五天就修剪了20多亩大棚葡萄。这一年,她的大棚葡萄亩产值从6 000元提高到了15 000元,每斤价格从5元提高到8元,50亩葡萄赚了30万元。

2011年,5户农民自愿加入林恩辉成立的合作社,采用标准化钢架大棚无公害种植法,统一进行科学管理。通过园区的引导效应,原本在西安经商的10多户农民返乡开垦荒山800多亩种植高山晚熟葡萄。葡萄钢架大棚种植甚至辐射到了周边寿宁、凤阳一些乡镇,当地农民纷纷前来学习农业技术,发展大棚种植。目前晓阳镇的3 500多亩葡萄中有2 000多亩采用了钢架大棚种植技术,新技术栽培面积翻了一番。

本案例摘自辽宁金农网,网址:http://www.lnjn.gov.cn/

人际交往能力。是指妥善处理组织内外关系的能力。包括与周围环境建立广泛联系和对外界信息的吸收、转化能力,以及正确处理上下左右关系的能力。人际交往能力由6方面构成。(1)人际感受能力。指对他人的感情、动机、需要、思想等内心活动和心理状态的感知能力,以及对自己言行影响他人程度的感受能力。(2)人际记忆力。是记忆交往对象个体特征,以及交往情景、交往内容的能力。总之,是记忆与交往对象及其交往活动相关的一切信息的能力。(3)人际理解力。即理解他人的思想、感情与行为的能力。人际理解力是现代企业管理中重要的工作技巧,也是人力资源管理人员必须具备的关键素质之一。人际理解力暗示着一种去理解他人的愿望,能够帮助一个人体会他人的感受,通过他人的语言、语态、动作等理解并分享他人的观点,抓住他人未表达的疑惑与情感,把握他人的需求,并采取恰如其分的语言帮助自己与他人表达情感。(4)人际想像力。从对方的地位、处境、立场思考问题,评价对方行为的能力。也就是设身处地为他人着想的能力。(5)风度和表达力。这是人际交往的外在表现。指与人交际的举止、做派、谈吐、风度,以及真挚、友善、富于感染力的情感表达,是较高人际交往能力的表现。(6)合作能力与协调能力。这是人际交往能力的综合表现,是企业团队合作的必要能力。创业者练就良好的人际交往能力,要注意保持良好的心态,真诚、友善地处理好人际关系。

案例导读 2-12

人际交往过程中五点注意事项

(1)人际相处忌撒谎。撒谎是被人所鄙夷的行为。一个爱说谎的人,不但为他人所不齿,也会受到自己心理上的惩罚。因为,人在说谎之后,内心慌乱,夜不成眠。这会造成大脑机能失调,导致兴奋和抑制过程的平衡紊乱,引起神经衰弱等神经疾病。所以,在人际交往过程中切忌说谎话。

(2)交往中不宜讲过多的恭维话。赞美,是人际关系的润滑剂,它可以使人际关系融洽和谐,但必须恰到好处。若在人际交往中,尽说肉麻的恭维话,则会令人心生轻蔑、厌恶,并不利于人际交往。实事求是地、适当地赞美对方,可以创造一种热情友好、积极热烈的交往气氛。赞美可以获得对方同样友好的回报。如果能够满足别人人性的渴求,懂得赞许、善于赞许,那么你将成为一个有同情心、有理解力、有吸引力的人。但人际交往中的过度恭维,却令人难以入耳,不但降低自己的人格,而且得不到对方认可。所以,在人际交往中不宜讲过多的恭维话。

(3)笑声能增进友谊。愉快的笑声不但有益健康,还能增进友谊,特别是交谈中的笑声能取得一般词语难以取得的效果。当与陌生人会面时,对方可能显得拘束,此时如能说句笑话,引起双方的笑声,使对方感到轻松而且亲切,拘束感就会顿消;当对方提出的问题当时不好回答时,笑声可以提供思考的时间,使你找出恰当的应答方式;当交谈气氛进入紧张阶段时,适时的笑声可以缓解紧张的气氛,不失为一剂打开僵局的"调和剂"。此外,用笑声来拒绝对方的要求,既可缓和气氛又不使对方难堪。同时笑声还能驱散烦恼、疲劳等。总之,笑声是一种惟妙惟肖的表达方式,在与人交往中,不能没有笑声,当然笑也需恰到好处。

(4)用积极、肯定、支持、建设性的眼光,看待周围的人们,善于发现并赞美别人的优点,必要时适当恭维一下,愉快接受别人的批评和建议。当被触伤感情后,仍能心平气和地交往。触伤他人感情后,能及时向人道歉。当有人不同意你的观点、见解时,不必强迫他人接受或感到烦恼。自己有错时,要勇敢地承认自己的错误。在交谈时让别人把话讲完,再表达你的意见。别人讲话时留神倾听。

(5)沟通时要学会倾听。专注对方,不能三心二意、敷衍了事;从无兴趣的话题中,找出有意义的东西;见机把对方的内容和自己的感受简要地讲出来;刚听时不要有先入为主之见,听完后再找出主题和要点。

本案例摘自百度百科

分析决策能力。 分析能力是指把一件事情、一种现象、一个概念分成较简单的组成部分,找出这些部分的本质属性和彼此之间的关系单独进行剖析、分辨、观察和研究的一种能力。决策能力是识别和理解问题,比较不同来源的数据得出结论,运用有效的方法来选择行动方针或发展适当方法,采取行动来应对现有的现实、限制和可能的结果。创业者要以开放的态度,准确和迅速地提炼出解决问题的各种方案,准确地预测,准确地决断创业过程中遇到的问题和发展的方向,能够更好把握并解决问题。

案例导读 2-13

善于决策成就大市场

刚刚成立农资公司的时候,杜华美除了动用存款之外,还将房子作抵押到银行贷款。最终,杜华美与其他5名下岗人员筹资50万元成立公司。

农资行业本大利小,属于成本很高的运作,因此小资金操作是很困难的。50万元,对于农资行业来说是很小的数字,而且由于刚刚起步,公司规模小,没有名气,运作不当很容易出现问题。这意味着她必须做出准确的选择。

杜华美分析后认为机会也同时存在:公司没有名气,就代理有名气的品牌;资金不够,就瞄准单一品种,做好、做大、做出量、做出特色。唯其如此才能做出市场,做出名气。

江苏是农业大省,更是农资生产企业云集之地。杜华美将公司定位在为农资生产企业做产前与产后服务上,即一方面为生产厂家提供原料供应,另一方面销售生产成品。为了拿下这些企业的业务,杜华美开始了一件艰苦、细致,以至于对未来发展起到决定性意义的事情。

她把江苏省按照地域划成5块,让公司的5个人分头去跑,一方面与生产企业谈合作,一方面进行详细的市场调查。江苏省197家农资生产企业,他们最终跑了192家,并且最后整理出了一份详细的客户档案与市场报告。

在这份报告里,经过分析,她已经对江苏省的生产企业市场需求情况了如指掌,更为重要的是,她从分析中明确了自己寻找的经营方向。

随着经营方向与经营产品的确定,杜华美开始了与氯化铵生产厂家的联系。最终,她把目光放在了位于大连的大化集团身上。大化集团是上市公司,为中国工业企业500强及化工百强企业之一。但是,由于杜华美希望拿到的是货源紧俏的原料,而江苏省有实力的大型国有企业也在紧锣密鼓地与大化集团联系同一业务,因此做成这件事情难度极大。

为此,杜华美先后4次往返于南京与大连之间,进行艰苦的谈判。而最有分量的还是她手中握着的根据市场调查写成的能够使合作双方"双赢"的可行性市场营销方案。这份将江苏省氯化铵市场分析得精细透彻的调查报告,让大化集团有关负责人极感兴趣。大化集团认为,报告对江苏省的企业情况、需求情况都了解得清清楚楚,这是产品在市场能够卖好的基础。而与杜华美接触之后,也认可了杜华美的业务技能和开拓精神。不过大化集团所需要的并非只是理念与计划。杜华美与大化集团合作还只是试运营而已。

为了让大化集团放心合作,杜华美出人意料地做出了一个决定:将先后筹到的50万元全部打到大化集团账上。杜华美说,我不能让大化集团感觉我的实力不够。

几乎没有企业会倾其所有资金,这显然意味着极大的风险。但杜华美却想到了另一层,因为是紧俏物资,因此只要拿到代理,她并不愁销路。她所要做的就是如何准确无误地将资金对接好。在将50万元划出的同时,杜华美也与江苏省生产复合肥的企业签订了另一份合同,合同约定:大化集团发货的车号报出的当日,接货的各企业就要将货款打到杜华美公司的账上,逾期结算按银行月利率5.31%计息,并按总货款的10%付违约金,造成货物滞留发生的全部费用均由接货企业承担。这个稳妥的计划,轻易地就解决了困扰很多公司的资金流动的问题,实现了良性循环。杜华美的公司由一个名不见经传的小公司很快发展壮大,江苏金谷公司的名字响亮了起来。

本案例由本书编委会成员整理

经营管理能力。 企业经营能力是企业对包括内部条件及其发展潜力在内的经营战略与计划的决策能力,以及企业上下各种生产经营活动的管理能力的总和。管理能力是系统组织管理技能、领导能力等的总称,从根本上说就是提高组织效率的能力。经营和管理在创业过程中是分不开的,无论是创业项目的尝试运行,还是企业的运营管理,都离不开经营管理能力,创业者要善于经营,精通管理,才能让创业的道路越走越宽。

案例导读2-14

小产品成就大事业

姜先生在外出旅游时发现当地酱汤的味道特别独特、特别好,于是他想,为什么不能开一家有特色的餐饮店呢?带着这样的想法,他开始行动了,他在延安跑了十几个村庄,寻访做酱高手拜师学艺。学成归来之后,他发现传统的酱汤只能保证一锅汤的味道,如果用到火锅千煮百涮之后一定会失去酱香的味道。于是,他用了整整一年的时间,将36种谷物药材研制成涮多久都保留着酱香味道的火锅酱汤底料。

他靠借来的10万元资金,用自己独家研制的大酱熬炖牛排的火锅店开张了,牛排和酱汤做火锅让长春人充满了好奇,虽说室外零下30 ℃,可是尝鲜的人们还是排起了长队,火锅店的生意一下子火了起来。

经过深思熟虑,他决定推出1元钱牛排酱汤火锅锅底。这一招显示出了他的魅力,1元火锅锅底吸引了大量的消费者进门,最忙的时候,一餐饭时间就要300—400斤排骨,3—4桶酱汤。这让他走上了致富路。到2006年,连锁店已经遍布70多个城市。

本案例由本书编委会成员整理

创业者的能力与创业者的素质是一样的,不是要求创业者在创业之前具备这些能力,而是要创业者知道这些能力的重要性,在创业过程中要着重加强对这些能力的培养和练就。创业能力是形成于创业实践中,应用于创业实践内。

1.3 创业动机的含义与分类

1.3.1 创业动机的含义

创业动机是指引起和维持个体从事创业活动,并使活动朝向某些目标的内部动力。它是鼓励和引导个体为实现创业成功而行动的内在力量。创业动机常常决定着创业的行业选择、目标定位、创业的起步等,源自于创业者个体心智与生活成长环境,是创业者个体综合个人特征、环境、价值追求等诸多要素而形成的,是创业前行的最初动力。

1.3.2 创业动机的分类

创业的动机大体上可以归为四类:对成就的需要、独立性的偏好、对控制的欲望、改变家庭和个人的经济状况。

大学生创业是适宜的创业环境与做好创业准备的大学生相结合的产物,大学生创业动机归纳起来主要有以下四种类型。

生存的需要。由于经济的原因,有一些经济困难家庭越来越难以负担昂贵的学费,国家有助学贷款、奖学金制度也不能完全解决问题。在沉重的经济负担压力之下,为了顺利完成学业,这部分学生中的一部分人只好利用课余时间打工来维持正常的学习和生活。在打工的过程中有一部分具有创业素质的人会发现商机并且去把握它,开始走上了创业的道路。

案例导读2-15

易拉罐成就了人生

他是个穷孩子,住在郊区的一个垃圾场附近。上三年级的时候,他在路上捡了一只易拉罐。这时,一个收破烂的正巧路过,他做了有生以来的第一笔交易,这笔交易的纯利润是一角钱。

从此,他发现满地被人弃置的东西都是金钱。从三年级到高三,他卖了8 745千克废纸,4 762只易拉罐,3 143只酒瓶,981千克塑料包装袋。无论同学们如何嘲讽和挖苦,他都认为真正傻的不是自己而是那些见到易拉罐不捡的人。十年间,他没向家里要过一分钱,没有因捡破烂使学业受到丝毫的影响。相反,他因增加了阅历而使自己的成绩总是名列前茅。后来,他顺利地考入广州的一所经贸大学。

大学里他重操旧业,不过这一次他只做了三个星期,因为在捡一只易拉罐的时候,他被站在别墅阳台上的一位外商发现,外商请求他把门前草坪上的每一只易拉罐捡走。他走近别墅,外商用赞许的语言鼓励他。这时,外商惊奇地发现,这位捡垃圾的小伙子竟能听懂他讲的英语。外商异常兴奋,因为他的夫人正需要一位懂英语的草坪保洁员。

第二天,他就走进了这位外商的家庭,帮助修剪草坪,喷洒药剂,他的周薪是50美元。后来经他们的介绍,他又成了另外三家外国人的草坪保洁员。

大学四年间,他利用星期天挣了4万美元。临毕业时,他申请成立了广州第一家草坪保洁公司。现在他的业务已从外商家庭的草坪延伸到住宅小区的草坪,经营范围也从单一的护理发展到兼营肥料、除草剂和除草机械。

如今,那位曾经捡易拉罐的小男孩早已是广州的一位百万富翁。据说,现在他的办公桌上放着一只用纯金做成的易拉罐,我想它的寓意也许不仅仅是为了显示主人的财富。

本案例摘自《创业资金解决之道》

积累的需要。按照奥尔德弗的ERG理论,人的需求分为生存、相互关系和成长。这三种需求并不一定按照严格的由低向高的顺序发展,可以越级。当代大学生随着年龄的增长,对于相互关系和成长的需要会逐渐强烈。一部分大学生为了增加自己的实践经验,丰富自己的社会阅历,或者为了自己以后的发展或实现自己的某个目标做好经济上的准备,在条件成熟的情况下也会利用课余时间走上创业的道路。这个类型的创业者往往以锻炼为目的,承受失败的能力较强。同时由于压力较小,失败和半途而废的比例也比较高。

案例导读2-16

大二学生创业打造"微社区"

在天津工业大学有这样一名大二学生周鑫,不到20岁已走上创业道路。他的创业项目紧贴高中生和大学生的生活,致力于建立校园服务平台,打造一个在校学生的智能化生活社区,便利更多学子。

一直对创业有着浓厚兴趣的周鑫,大一便在决胜网实习。这段实习经历,让他的知识和技能有了提升,决胜网的CEO戴正还成了他奋斗路上的偶像。有了宝贵的学习经验,在学校周鑫与他的7个伙伴参加了创业大赛,并以此为契机,开始正式创建"微社区"。"微社区"是一个在校学生的智能化生活社区,企业可以通过微社区把适合大学生的产品、信息及应聘职位等及时准确地传递给大学生,微社区还会定期发布一些大学生自己的新鲜事。

"微社区"在天津大学城进行初创,项目相关的所有事务都由周鑫和他的团队完成,由于团队人员有限，还在上学的他们，工作时间经常会和学校的课程冲突，为了不耽误上课，他们几乎每天都忙到深夜。创业之路远没有想象得那么简单，刚开始的三万元投资不够，为了融资，周鑫与伙伴们几乎跑遍了天津市所有的风投公司，几乎都被拒绝。但即使被拒绝无数次，他们也从未放弃。半年过去，他们的付出得到了回报，"微社区"已经在华苑大学城实现了全覆盖。

同年3月开学后，"微社区"从大学城走出来，在天津所有二本以上高校进行推广。

本案例摘自创业网，网址：http://www.cy580.com/content/2015/02/12/show253550.html

自我实现的需要。 心理学研究表明：25—29岁是创造力最为活跃的时期，这个年龄段的青年正处于创造能力的觉醒时期，对创新充满了渴望和憧憬。他们思维活跃、创新意识强烈，同时所受的约束和束缚较少，按照ERG理论对成长的需要也更为强烈。另外，由于大学生所处的环境，他们往往更容易接触一些新的发明和学术上的新成果，或者他们中的一部分人本身拥有自主知识产权的科研成果。为了能早日实现自己成功的目标，他们中的一部分人改变了自己的观念，也开始了创业生涯。

案例导读 2-17

一支画笔一个公司 一个80后女性创业故事

26岁的年纪对于很多同龄人来说或许刚走出校园，而石秀已经创办了自己的公司，带领一支10人规模的团队在创造财富。

2009年，考上湖北大学的石秀只身来到武汉就读，专业是动漫设计与制作。受爱画画的父亲影响，石秀从小就喜欢看动画片也喜欢画画，始终梦想着自己有朝一日也能够制作一部属于自己的动画片。

大三的时候，石秀无意间在网上看到了一个很有意思的帖子，是关于一对即将步入婚姻殿堂的恋人的故事，在这个帖子的最后，这对新人表示说希望有网友能结合这些故事为他们量身设计两个卡通动漫形象，并制作成3分钟的在婚礼现场播放的动画短片，可以支付酬劳。

石秀有感于这对恋人的感人故事，也希望能检验下自己的动画制作水平，石秀接下了这个单子。很快，石秀设计出了一男一女两个卡通形象，幽默又不失温情的风格一下子就打动了这对新人，他们决定把订单交付给这位还在校读书的女生。

石秀也没有辜负这对恋人的期待，花了一整个月的业余时间，精心制作了一段3分钟的动画短片，并且一手设计了故事情节和配上了音乐，这一段视频受到了那对恋人的情衷。石秀也因此获得了500元的酬劳。这段经历为石秀埋下了创业的因子。

大三时，因为自己还是学生，没有市场、客户、业务之类的概念，所以石秀并没有创业的想法。2年后的2013年，石秀大学毕业，其妹妹也大专毕业，两人决定自己创业开公司，做婚礼动漫，姐妹两人将公司名称取作"良辰动画"，寓意专为婚礼吉时制作的动画片。

为了节省开支，公司成立之初，姐妹两人只在合租房里开淘宝店接单，写剧本、画草图和做后期全在这一个小小的房间中完成。为了留下客户的好评，姐妹俩在服务上下足了工夫：和客户沟通，时间再长、次数再多也不会厌烦；只要是客户提出要求修改的地方，无论多少次都不打折扣,最终修改到位。良辰动画从无到有,最高峰时月订单数突破40笔。公司成立不到半年时间,盈利4万多元。

为了继续扩大生意,石秀还尝试了为新人提供更多的量身定制服务,制作手绘风格动画片,把动漫元素融入婚礼纪念品、礼品中等。

未来,石秀希望将良辰动漫打造成知名的婚礼视觉设计品牌,以此向婚礼产业上下游延伸,形成动漫形象设计加婚礼礼品定制全方位的服务链条。

本案例摘自网址:http://www.cy580.com/content/2015/01/28/show252686.html

就业的需要。 我国的大学生就业形势相当严峻,一方面表现为毕业生数量不断增加,2010—2015年毕业生人数分别是631万、660万、680万、699万、727万和749万,不断增加的毕业生数量导致毕业生就业竞争越来越激烈;另一方面伴随着经济发展速度放缓,提供的就业岗位相对减少,导致就业竞争越来越激烈。

案例导读2-18

从校园歌手到婚礼主持

叶同学在义乌某学校读书,在学校迎新生联欢晚会上,他就崭露头角,从此在学校经常能看到他的影子,2005年获得了学校十佳歌手大赛的"最佳男歌手奖"和学校英文歌曲大赛一等奖的桂冠。

在十佳歌手大赛赛场上,他的声音和形象吸引了受邀前来担任评委工作的一家庆典礼仪公司的老板。从此,他走上了司仪之路。

第一次主持婚礼并不轻松,他从老板那里借来婚庆司仪的光碟,仔细研究,记主持词、练语气、练动作等,5天后,他正式登场,第一次司仪经历给他带来了50元的收益。

慢慢他出场的机会越来越多,再结合自己的英语专业,结合自己的特点,对待婚礼主持游刃有余,学校毕业后,他没有去就业,而是开办了自己的婚庆公司。

本案例由本书编委会成员整理

1.4 产生创业动机的驱动因素

个人成长因素。 个人的价值追求是创业中重要的驱动力,一般表现为个体的冲动,当个人对自己的人生成长具有较高的期望时,创业作为一种职业选择就会对人产生强大的吸引力。此时,选择创业,会为个人带来强烈的满足感。个人对成长的追求是创业动机的驱动因素之一。

团队合作因素。 团队互补性越强,合作程度越高,创业者的创业冲动就越强,团队合作高,能够充分调动并发挥每一位合作人的强项,吸引其他人加入到团队中来,在强大的团队中,每一个人的个人能力得到放大。原本能依靠个人不能完成的事情,在团队中会非常顺利地完成,在这种情况下,个人的价值追求会被唤起,会激发团队成员的创业的驱动力。

第二节　创业团队

> **学习内容**
> 认识创业团队对创业的重要性，掌握创业团队组建和管理的技巧和策略，掌握创业者在创业团队中的核心作用，明确创业团队的社会责任。

2.1　创业团队及其对创业的重要性

创业团队是由少数具有技能互补的创业者组成，他们为了实现共同的创业目标和一个能使他们彼此担负责任的愿景，共同为达成高品质的结果而努力的共同体。在创业团队的组建过程中，首先，团队的所有人都要志同道合，大家有统一的目标和想法；其次创业团队最好都是自己了解透彻的多年朋友或同事；第三，创业团队中的每个人应该分工明确，各有优势，并能互补；第四，创业团队中的每个人对自己都要很认可，并能在将来的创业中积极配合合作；第五，根据所选择的创业内容去选择所需的各类人才形成精简、高效、富有激情的创业团队。

创业团队对创业的重要性。创业者选定了创业项目之后，就要开始对创业项目进行尝试，同时要在创业实践中组建创业团队，创业团队对创业有着重要的影响。一项针对美国在20世纪60年代创办的104家高科技企业的研究报告中指出，在年销售额达到500万美元以上的高成长企业中，有83.3%是由创业团队建立的。组建一支优秀的创业团队对创业来说至关重要，优秀的创业团队需要有以下五种人才。

具有战略意识的人才。 这个一般是创业的最初发起人。一个创业的团队必须有高瞻远瞩的人，创业是一件艰苦卓绝的事情，是需要时间也需要不断经营努力的，不是一朝一夕的事情，所以首先团队必须有长远的战略目光，也需要这样的领头人，并且是充满正能量的人，是既能看到公司未来，又有一套落地可行的执行计划和目标的人，他能指引大家走下去，也能让大家信心十足地走下去。

具有高效执行力的人才。 没有执行就没有结果，好的、高效的执行才会有可能得到好的结果，一个团队必须有执行力强的人，不然发展下去都困难，要有弄潮儿，要有行动的标兵。

具有良好沟通能力的人。 一个团队必须有一个好的氛围，这种氛围的营造除了彼此的性格所致之外，还需要一个"和稀泥"的人，这个人具有良好的沟通能力，对内可以团结队友，对外可以维护客户，这种人才必须具备。

具有缜密思维的人才。 公司的不断发展与壮大，离不开每一次的思维碰撞和执行能力，只有好的思维，缜密而严谨，才能有好的执行方案，所以必须要有缜密思维的人才助阵才能使得团队健全。

具有敢于向权威挑战的人才。 之所以说是敢于向权威挑战是因为一个团队的发展和创新离不开不同的意见和想法，不能让团队和公司成为一言堂，要广泛吸引不同的意见和想法，这样才能让整个业务或是管理贴近现实，符合市场。

2.2 创业团队的优劣势分析

在个人能力有限的境况下,很多创业者在一开始创业时,会选择组建创业团队,从创业团队的组建形式来讲,包括两种类型创业团队。

核心型创业团队。有核心主导的创业团队,这种创业团队一般是有一个人想到了一个商业点子或有了一个商业机会,通过这个人来组织其他社会成员,最后组成创业团队。这个人是创业的始发者,是创业团队的灵魂人物。这种创业团队的优势是:团队有明确的核心领袖,有较强的向心力,发起者在组织中对其他人员的影响力较大,在决策的过程中,当遇到有争执问题时,因为核心成员的存在而便于解决。劣势是:容易形成权力过分集中的局面,从而是决策的风险较大,当团队其他成员和核心成员发生冲突时,由于其他成员和初创者之间地位的关系,导致其他成员处于被动地位,不利于团队矛盾的解决。

案例导读 2-19

难得的创业 5 兄弟

腾讯的马化腾创业 5 兄弟,堪称难得,其理性堪称标本。马化腾与他的同学张志东合资注册了深圳腾讯计算机系统有限公司。之后又吸纳了三位股东曾李青、许晨晔、陈一丹。这 5 个创始人的 QQ 号,据说是从 10001 到 10005。为避免彼此争夺权力,马化腾在创立腾讯之初就和四个伙伴约定清楚:各展所长、各管一摊。马化腾是 CEO(首席执行官),张志东是 CTO(首席技术官),曾李青是 COO(首席运营官),许晨晔是 CIO(首席信息官),陈一丹是 CAO(首席行政官)。

之所以将创业 5 兄弟称之为"难得",是因为直到 2005 年的时候,这五人的创始团队还基本是保持这样的合作阵形,不离不弃。直到腾讯做到如今的帝国局面,其中 4 个还在公司一线,只有 COO 曾李青挂着终身顾问的虚职而退休。

都说一山不容二虎,尤其是在企业迅速壮大的过程中,要保持创始人团队的稳定合作尤其不容易。在这个背后,工程师出身的马化腾从一开始对于合作框架的理性设计功不可没。从股份构成上来看。5 个人一共凑了 50 万元:其中马化腾出了 23.75 万元,占了 47.5%的股份;张志东出了 10 万元,占 20%的股份;曾李青出了 6.25 万元,占 12.5%的股份;其他两人各出 5 万元,各占 10%的股份。

虽然主要资金都由马化腾所出,他却自愿把所占的股份降到一半以下。而同时,他自己又一定要出主要的资金,占大股。保持稳定的另一个关键因素,就在于搭档之间的"合理组合"。

据《中国互联网史》作者林军回忆说,"马化腾非常聪明,但非常固执,注重用户体验,愿意从普通的用户的角度去看产品。张志东是脑袋非常活跃,对技术很沉迷的一个人。马化腾技术上也非常好,但是他的长处是能够把很多事情简单化,而张志东更多是把一件事情做得完美化。"

许晨晔和马化腾、张志东同为深圳大学计算机系的同学,他是一个非常随和而有自己的观点,但不轻易表达的人,是有名的好好先生。而陈一丹是马化腾在深圳中学时的同学,后来也就读深圳大学,他十分严谨,同时又是一个非常张扬的人,他能在不同的状态下激起大家的激情。曾李青是腾讯5个创始人中最好玩、最开放、最具激情和感召力的一个。

后来有人想加钱,占更大的股份,马化腾说不行,"根据我对你能力的判断,你不适合拿更多的股份"。因为在马化腾看来,未来的潜力要和应有的股份匹配,不匹配就要出问题。如果拿大股的不干事,干事的股份又少,矛盾就会发生。

当然,经过几次稀释,最后他们上市所持有的股份比例只有当初的1/3,但即便是这样,他们每个人的身价都还是达到了数十亿元人民币,是一个皆大欢喜的结局。

本案例摘自国际连锁企业管理协会网,网址:http://www.imcema.org/article-13966-2.html

群体型创业团队。群体型创业团队的建立主要来自于因为经验、友谊和共同兴趣的关系而结缘的伙伴。在交往过程中,一起发现某一商机,共同认可某一创业想法,并就创业达成共识后,开始共同进行创业。这种创业团队的优势:团队中没有明确的领导核心,遇到问题时候一般采取大量沟通和讨论,最后达成共识,决策风险相对较小。劣势:决策效率相对较低,时间周期长,容易失去商业机会,团队成员中没有明确的领导核心,容易导致团队涣散,不利于团队的管理。

案例导读 2-20

17名高职生的"零成本"创业

17名大学生都是贵州盛华职业学院茶学院的学生,包括潘金良在内,大部分都来自贵州的贫困山区,甚至有些学生每月的生活费不超过300元。

离学校不远处就是茶山。只要有空,潘金良就会去找茶场的吴场长聊天。清明节的时候,大多数同学都回家了,潘金良又来到茶园边上,他想起学过的《茶树栽培学》上有很多知识点,比如说不同的光对茶树有不同的影响,不知道在实践中是怎么样的?他突然萌生了一个想法"能不能从吴场长这里包下一片茶园,我们自己来管理和营销,这样也可以把所学的理论知识用到实践中去"。

有了这个想法后,潘金良并没有马上告诉同学,而是先找吴场长商量。吴场长也很爽快,答应划出4亩左右的茶园给学生们管理,不收取管理费,只在他们有了收益后拿提成。

和吴场长谈妥后,潘金良召集同学们商量此事。一开始,很多同学并不接受,觉得收益不大,还有各种担心,最后,16名同学被说服了,他们和潘金良一起组成了这个以实践为主要目的的创业小组,每人凑足100元启动资金,副校长杨绍先教授为他们取名"十七茗园"。

当年学校茶艺表演队参加在贵阳国际会展中心举行的中国贵阳国际绿茶博览会时,所使用的绿茶就是他们亲手采摘和制作的绿茶。他们把茶命名为"十七缘茶"。除此之外,学校领导在得知他们的创业故事后,当即决定采用"十七缘茶"作为学校主要选用的办公用茶和交际礼品茶。一家五星级酒店也选用了"十七缘茶"作为酒店的商务用茶。由于夏季茶叶产量本就不大,他们制作的茶叶已经出现供不应求的情况。

本案例摘自应届毕业生网,网址:http://chuangye.yjbys.com/gushi/anli/552515.html

2.3 组建创业团队的策略及其后续影响

2.3.1 组建创业团队的策略与原则

(1)目标明确合理原则。目标必须明确,这样才能使团队成员清楚地认识到共同的奋斗方向是什么。与此同时,目标也必须是合理的、切实可行的,这样才能真正达到激励的目的。

(2)互补原则。创业者之所以寻求团队合作,其目的就在于弥补创业目标与自身能力间的差距。只有当团队成员相互间在知识、技能、经验等方面实现互补时,才有可能通过相互协作发挥出"1+1>2"的协同效应。

(3)精简高效原则。为了减少创业期的运作成本、最大比例的分享成果,创业团队人员构成应在保证企业能高效运作的前提下尽量精简。

(4)动态开放原则。创业过程是一个充满了不确定性的过程,团队中可能因为能力、观念等多种原因不断有人离开,同时也有人不断加入。因此,在组建创业团队时,应注意保持团队的动态性和开放性,使真正完美匹配的人员能被吸纳到创业团队中来。

2.3.2 影响创业团队的组建因素

(1)创业者。创业者的能力和思想意识从根本上决定了是否要组建创业团队以及团队组建的时间表以及由哪些人组成团队。创业者只有在意识到组建团队可以弥补自身能力与创业目标之间存在的差距,才有可能考虑是否需要组建创业团队,以及对什么时候需要引进什么样的人员才能和自己形成互补做出准确判断。

(2)商机。不同类型的商机需要创业团队的类型不同。创业者应根据创业者与商机间的匹配程度,决定是否要组建团队以及何时、如何组建团队。

(3)团队目标与价值观。共同的价值观、统一的目标是组建创业团队的前提,团队成员若不认可团队目标,就不可能全心全意为此目标的实现而与其他团队成员相互合作、共同奋斗。而不同的价值观将直接导致团队成员在创业过程中脱离团队,进而削弱创业团队作用的发挥。没有一致的目标和共同的价值观,创业团队即使组建起来,也无法形成有效发挥协同作用,缺乏战斗力。

(4)团队成员。团队成员的能力的总和决定了创业团队整体能力和发展潜力。创业团队成员的才能互补是组建创业团队的必要条件。而团队成员间的互信是形成团队的基础。互信的缺乏,将直接导致团队成员间协作障碍的出现。

(5)外部环境。创业团队的生存和发展直接受到了制度性环境、基础设施服务、经济环境、社会环境、市场环境、资源环境等多种外部要素的影响。这些外部环境要素从宏观上间接地影响着对创业团队组建类型的需求。

2.3.3 创业团队的组建程序

(1)明确创业目标。创业团队的总目标就是要通过完成创业阶段的技术、市场、规划、组织、管理等各项工作实现企业从无到有、从起步到成熟。总目标确定之后,为了推动团队最终实现创业目标,再将总目标加以分解,设定若干可行的、阶段性的子目标。

(2)制订创业计划。在确定了一个个阶段性子目标以及总目标之后,紧接着就要研究如何实现这些目标,这就需要制订周密的创业计划。创业计划是在对创业目标进行具体分解的基础上,以团队为整体来考虑的计划,创业计划确定了在不同的创业阶段需要完成的阶段性任务,通过逐步实现这些阶段性目标来最终实现创业目标。

(3) 招募合适的人员。招募合适的人员是创业团队组建最关键的一步。关于创业团队成员的招募,主要应考虑两个方面:一是考虑互补性,即考虑其能否与其他成员在能力或技术上形成互补,这种互补性形成既有助于强化团队成员间彼此的合作,又能保证整个团队的战斗力,更好地发挥团队的作用,一般而言,创业团队至少需要管理、技术和营销三个方面的人才,只有这三个方面的人才形成良好的沟通协作关系后,创业团队才可能实现稳定高效;二是考虑适度规模,适度的团队规模是保证团队高效运转的重要条件,团队成员太少则无法实现团队的功能和优势,而过多又可能会产生交流的障碍,团队很可能会分裂成许多较小的团体,进而大大削弱团队的凝聚力。一般认为,创业团队的规模控制在 2—12 人之间最佳。

(4) 职权划分。为了保证团队成员执行创业计划、顺利开展各项工作,必须预先在团队内部进行职权的划分。创业团队的职权划分就是根据执行创业计划的需要,具体确定每个团队成员所要担负的职责以及相应所享有的权限。团队成员间职权的划分必须明确,既要避免职权的重叠和交叉,也要避免无人承担造成工作上的疏漏。此外,由于还处于创业过程中,面临的创业环境又是动态复杂的,不断会出现新的问题,团队成员可能不断出现更换,因此,创业团队成员的职权也应根据需要不断进行调整。

(5) 构建创业团队制度体系。创业团队制度体系体现了创业团队对成员的控制和激励能力,主要包括了团队的各种约束制度和各种激励制度。一方面,创业团队通过各种约束制度(主要包括纪律条例、组织条例、财务条例、保密条例等)指导其成员避免做出不利于团队发展的行为,实现对其的行为进行有效的约束、保证团队的稳定秩序。另一方面,创业团队要实现高效运作要有有效的激励机制(主要包括利益分配方案、奖惩制度、考核标准、激励措施等),使团队成员看到随着创业目标的实现,其自身利益将会得到怎样的改变,从而达到充分调动成员的积极性、最大限度发挥团队成员作用的目的。要实现有效的激励首先就必须把成员的收益模式界定清楚,尤其是关于股权、奖惩等与团队成员利益密切相关的事宜。需要注意的是,创业团队的制度体系应以规范化的书面形式确定下来,以免带来不必要的混乱。

(6) 团队的调整融合。完美组合的创业团队并非创业一开始就能建立起来的,很多时候是在企业创立一定时间以后随着企业的发展逐步形成的。随着团队的运作,团队组建时在人员匹配、制度设计、职权划分等方面的不合理之处会逐渐暴露出来,这时就需要对团队进行调整融合。由于问题的暴露需要一个过程,因此,团队调整融合也应是一个动态持续的过程。在这个过程中,专门针对遇到的问题,不断进行调整和完善,直至团队能够满足企业发展的现实需求为止。在进行团队调整融合的过程中。最为重要的是要保证团队成员间经常进行有效地沟通与协调,培养强化团队精神,提升团队士气。

2.4 创业团队在创业中的作用

2.4.1 创业团队的管理技巧和策略

创业团队的管理,要实现"1+1>2"的效果,需要从以下三方面着手,做好创业团队的建立与管理。

建立创业团队文化。首先,创业公司对成功的追求应该是几乎偏执,不仅创业者本人,包括创业团队所有人,都应该把成功当成第一位的,创业过程极其艰难,创业团队不遗余力向着一个目标前进,创业才可能取得成绩;其次,要能够容忍创业公司的变化,绝大多数公司最终的成功之路跟它当年设想不是完全一致的,大部分创业者都经历过迷茫阶段,一旦迷茫以后,就要做很多工作去测试,没有这样的测试就永远不知道新的方向在哪里,创业团队必须接受现实,随机应变;第三,团队的信任,创业者无论如何都要在创业团队里建立权威,创业过程是不断尝试过程,没有人知道最终是错还是对,这时候,创业团队要有足够的信任,相信团队核心成员的判断;第四,善于学习,不断提高团队成员的综合能力,当企业发展壮大时,就需要进行更加科学的管理和运营,这就要求团队要不断学习。

科学构架创业团队的组织架构。组织架构是企业的流程运转、部门设置及职能规划等最基本的结构依据,常见的组织架构形式包括中央集权制、分权制、直线式以及矩阵式等。创业者在构建组织架构时,可以参考常见组织架构的形式。同时,创业团队组织架构设计必须以新创企业战略任务和经营目标为依据,在进行组织架构设计时要注意以下三方面内容。一是权责明确。对于创业团队人员分工,一般都比较粗放,很多事情都是一起决策,共同实施,但一定要注意落实责任,权责明确。二是要分工适当。分工并不是越细致越好,分工过细导致工作环节增加,形成企业内耗,一般情况下,要明确产品负责人、市场负责人和运营负责人。三是保持联动。新创企业资源缺乏,为了攻克重要任务,要打破部门分工,成立专门的工作组,做好工作。

优化创业团队的运行机制。创业团队运行过程中,要不断优化创业团队的运行机制,从以下三方面着手。一是解决好决策权限分配问题。创业团队内部要解决好权利与利益的关系,落实谁负责什么任务和谁对关键任务承担什么责任。二是做好激励机制。团队的报酬体制尤为重要,要做到公平、公开、多劳多得。三是建立绩效评估体系。绩效制定要与个人能力、团队发展、扮演的角色和预期实现的目标结合起来,并且要不断依据公司的发展和环境的变化做出调整。

2.4.2 创业团队领导者的角色与行为策略

创业团队领导者是创业团队的灵魂。对创业团队其他成员作用的发挥,创业项目的高效运转有着至关重要的作用,主要体现在如下四个方面。

坚定信念,做团队正能量的输出者。成功的创业几乎都有一个试错的过程,创业者要在这个过程中寻找适合自己的定位,然后发展壮大。因此,创业者要对创业初期的各种障碍和困境有充分的心理准备,并要有信心克服困难,走过初创期。在这个过程中,创业者要坚定信念,要相信创业团队的力量可以成功。

强化执行,做好创业项目的实施者。执行力是指有效利用资源、保质保量达成目标的能力,指的是贯彻战略意图,完成预定目标的操作能力。创业过程中,要特别强调执行,创业团队领导者要善于把复杂的问题简单化,把简单的问题量化,把量化的问题通过行动去解决。

加强领导,做创业团队的领导者。创业团队领导者是一名指挥员,要不断提高个人的领导能力。要善于量才用人,用其所长,避其所短,最大限度发挥团队成员的潜能,做到统筹兼顾,合理安排,指挥得当,要善于抓住机会,促进创业成功。

善于把控,做创业项目的矫正者。创业过程是一个不断尝试的过程,尝试理解和判断市场状况,尝试开发能够满足消费者需求的产品,尝试消费者能够接受的销售方式,尝试整合不同的资源,最大限度地促进创业的成功,每一次尝试不可能完全正确,创业团队领导者要善于把握方向,不断矫正路线,让创业团队尽可能少走弯路。

2.5 创业团队的社会责任

企业的社会责任。是指企业在创造利润、对股东承担法律责任的同时,还要承担对员工、消费者、社区和环境的责任,企业的社会责任要求企业必须超越把利润作为唯一目标的传统理念,强调要在生产过程中对人的价值的关注,强调对环境、消费者、对社会的贡献。中国企业社会责任经历了三个阶段的发展。

第一个阶段,20世纪90年代中期到21世纪初,在国际售商、品牌商推动下,逐步重视起社会责任问题,建立了在国际采购中实施社会责任方面的准则、标准或体系。中国企业开始接受跨国公司实施的社会责任方面的工厂审核。

第二个阶段,从21世纪初到2006年,企业社会责任开始得到广泛关注。中国的学术机构、非政府组织以及在华国际组织开始对企业社会责任进行系统地介绍和广泛地研究、讨论。政府部门也开始关注企业社会责任建设工作。劳动部、商务部调查中国企业社会责任建设情况。

第三个阶段,企业落实社会责任,实现企业经济责任、社会责任和环境责任的动态平衡,反而会提升企业的竞争力与社会责任,为企业树立良好的声誉和形象,从而提升公司的品牌形象,获得所有利益相关者对企业的良好印象,增强投资者信心,更加容易地吸引到企业所需要的优秀人才,并且留住人才等。

创业团队履行的企业社会责任。创业团队作为企业的执行者,应该代表企业履行企业的社会责任,其主要包含四个方面的内容。

首先,企业应该承担并履行好经济责任,为极大丰富人民的物质生活,为国民经济的快速稳定发展发挥自己应有的作用。最直接地说就是盈利,尽可能扩大销售,降低成本,正确决策,保证利益论企业社会责任相关者的合法权益。

其次,企业在遵纪守法方面作出表率,遵守所有的法律、法规,包括环境保护法、消费者权益法和劳动保护法。完成所有的合同义务,带头诚信经营,合法经营。带动企业的雇员、企业所在的社区等共同遵纪守法,共建法治社会。

第三,伦理责任是社会对企业的期望,企业应努力使社会不遭受自己的运营活动、产品及服务的消极影响。加速产业技术升级和产业结构的优化,大力发展绿色企业,增大企业吸纳就业的能力,为环境保护和社会安定尽职尽责。

最后,是企业的慈善责任。现阶段构建和谐社会的一个重要任务是要大力发展社会事业,教育、医疗卫生、社会保障等事业的发展直接关系人民的最直接利益,也直接决定着社会安定与否,和谐与否。很多地方在发展社会事业上投资不足或无力投资,这就需要调动一切可以调动的资本,企业应充分发挥资本优势,为发展社会事业,为成为一个好的企业公民而对外捐助。支援社区教育、支持健康、人文关怀、文化与艺术、城市建设等项目的发展,帮助社区改善公共环境,自愿为社区工作。

本章小结

狭义的创业者是参与创业活动的核心成员,是创业队伍的灵魂人物。广义的创业者是参与创业活动的全部成员。

创业者需要具备良好的素质和能力,创业者的素质和能力是在创业过程中逐步练就的,创业路上,不是提前练好创业本领,而是在创业实战中练就本领。

大学生创业者有四种类型,分别是生存型创业者、积累型创业者、自我实现型创业者和就业型创业者。

创业团队是由少数具有技能互补的创业者组成,他们为了实现共同的创业目标和一个能使他们彼此担负责任的程序,共同为达成高品质的结果而努力的共同体。

创业团队的管理,要实现"1+1＞2"的效果,需要从三方面着手去做好创业团队的建立与管理,分别是营造优秀创业团队文化建设、科学架构创业团队的组织架构、优化创业团队的运行机制。

案例分析

首富李河君的创业故事

李河君出生于广东省河源市,毕业于北京交通大学机械工程系。1994年,李河君创建汉能控股集团。汉能自成立之日始即致力于"用清洁能源改变世界"。汉能已发展成为中国最大的民营清洁能源发电公司,以及全球最大的薄膜太阳能企业。

李河君1988年大学毕业后,靠着从大学老师那里借来的5万元起步资金,通过卖电子产品、玩具等,和17个伙伴一起,通过6年的积累,到1994年底积累了七八千万的资本。本来打算收购上市公司,但是经过对水电站市场的考察之后,李河君改变了初衷,转而进入了能源行业,以1 000多万元收购了河源东江上一座装机容量为1 500千瓦的小水电站。之后,再次通过并购将旗下电站的装机量扩大了几十倍,产业覆盖浙江、广东、宁夏、云南、广西等地。

2002年,云南省规划建设8座百万级千瓦水电站,李河君签下其中的6座,总装机规模达2 300多万千瓦。但是这一计划却遭到了当地发改委的阻挠,因为发改委不相信李河君能干成。于是,李河君愤然将发改委告上了法庭,李河君最终拿到了金沙江上"一库八级"中资源最好的金安桥水电站,该电站总装机容量为300万千瓦。

跨步入光伏行业

2009年,李河君开始进行产业升级,涉足到了光伏行业。当时,正是光伏行业的拐点。此前,得益于欧洲市场的巨大需求,光伏产业飞速发展,2008年光伏全球安装量增长了1倍以上。但是随着2008年金融危机的爆发,中国的光伏行业进入了衰退期,很多知名企业都因为产能过剩而破产,包括无锡尚德。

李河君进入光伏行业时，选择了薄膜太阳能领域并于2011年寒冬来临之际开始投产。2012年，李河君即宣布投产的8大光伏基地总产能已经达到3 GW，超越美国第一太阳能公司（First Solar），成为全球最大的薄膜太阳能企业以及太阳能发电系统集成商。

尽管薄膜的市场远不如晶硅，市场占有比例还不足1成。但是，李河君却在公司内部力排众议、大举投资薄膜太阳能，并且还在多个场合推崇薄膜发电技术的前景，甚至表示"薄膜发电引领终极能源革命"。

汉能薄膜被诟病

进入光伏领域之后，李河君频繁出现在公众面前，或参加会议，或接受媒体采访，向外界宣传薄膜发电技术的广阔前景。2013年年底，李河君著书《中国领先一把》，提出以光伏革命解决中国的能源瓶颈、助推经济转型。李河君认为，太阳能是最符合21世纪发展需求的新能源。

除了光伏企业的发展路线存在争议外，其汉能薄膜发电还被诟病"过度依赖母公司"。在李河君的计划中，其光伏产业布局是"打通全产业链做出规模"。即从原材料、高端装备制造、电池片生产到太阳能电站建设，形成完整的"全产业链"运作模式。

2013年2月，汉能集团及其一直行动人持有的汉能薄膜发电的股份从20.28%涨到了50.56%，成为了控股股东。此后，汉能薄膜发电向控股股东汉能集团发起了多项收购，连续收购了其多项知识产权和技术研究公司。

2013年年报显示，汉能集团是其唯一客户。这种情况在2014年上半年并未有多大好转，2014年上半年，汉能薄膜发电来自汉能集团方面的营收达到31.6亿港元，占其总营收的98%。2014年上半年，汉能薄膜发电的应收账款为62.4亿港元，其中，最大部分是应收合同工程款项，为41.57亿港元。

成"新首富"出名

汉能薄膜发电在2014年一年内涨幅达255%，进入了2015年，股价涨幅更是"任性"地在1月23日以后的3天内达32%，市值迅速膨胀至1 500亿港元。1月27日，汉能薄膜发电上涨10.36%，报收3.73港元。在这前一天，汉能薄膜发电上涨13%，得益于汉能薄膜发电股价的上涨，加上水电、地产等非上市公司资产，汉能薄膜发电大股东李河君的身价"有可能"达到2 000亿元，取代马云或者王健林成为中国的新首富。截至1月29日美股收盘，马云身价为263亿美元（约合1 644亿元人民币），王健林身价为267亿美元（约合1 669亿元人民币）。

之所以是"有可能"，原因在于李河君到底持有多少股份，对于外界而言仍是一个谜团，一说超过50%，一说超过90%。不论李河君是否真的成为了内地财富"一哥"，他都因此成为了舆论焦点。

本案例摘自科易网，网址：http://www.1633.com/news/html/201502.html

💡 分析

(1) 李河君是如何走上创业路的？

(2) 李河君的哪些特质让他获得巨大成功？

(3) 李河君进入光伏产业有何特点？

▶▶ 翻转课堂教学视频

《谁最有可能创业失败》

内容概要与学习收获

在本片中,三位大学生希望一起创业,但是在选择创业项目的时候,经过了几次讨论都不能达成一致。通过对这三位大学生言谈举止、行为特征的观察和分析,结合专家的讲解和点评,可以帮助同学们形成对创业者的理性认识,了解创业者必备的五种关键素质,以便和自身实际情况相印证,实现扬长避短和有针对性的学习提升,为自己将来走上创业之路做好充分的准备。

《应该请谁加入团队》

内容概要与学习收获

在本片中,一位在校大学生希望创办一家自己的企业,但是却没有这方面的经验,感到无从下手。于是,他请来了自己的几位同学,希望能帮着出出主意,大家一起共同创业。通过对片中这几位同学的观察和判断,结合专家的讲解和点评,可以帮助同学们理解有战斗力的创业团队应该具备的特征,创业团队成员的能力构成,以及如何才能实现优势互补,组建一个结构合理,能力够用的创业团队,为将来同学们创业时选择创业团队成员提供充分的参考依据。

第三章 创业机会

学习目标

使学生认识创业机会的概念与类型,理解影响创业机会识别的因素,掌握创业机会的来源,学会识别创业机会的方法。

第一节 创业机会

学习内容

了解创意与机会的含义、创业机会与商业机会及其之间的关系,理解创业机会的特征与类型,掌握产生创业机会的方法。

1.1 创意与机会

1.1.1 创意的概念

创意是打破常规的哲学,是破旧立新地创造与毁灭的循环,是思维碰撞,是智慧对接,是具有新颖性和创造性的想法,是不同于寻常的解决方法。创意是否具有商业价值存在不确定性。

1.1.2 产生创意的方法

创意的产生是可以训练的。联想产生创意,头脑风暴法产生创意,洞察细微产生创意,勇于尝试产生创意。

联想法产生创意。 联想,是一种心理活动的方式,也是一种重要的构思方式,是充分激发人的大脑的想象力和联想力,提高创造性思维能力,从而产生有创造性的设想的方法。联想法可以驱使人们去联想那些根本联想不到的事物,从而产生思维的大跳跃,跨越逻辑思维的屏障而产生更多的新奇怪异的设想,而有价值的创造性设想就孕育在其中。

这是以丰富的联想为主导的创意方法系列,其特点是创造一切条件,打开想象大门,提倡海阔天空,反对一言不发,由此及彼传导,发散空间无穷。虽然从方法层次上看属于初级层次,但它是打开因循守旧堡垒的第一个突破口,因此极为重要。"头脑风暴法"是联想系列方法的典型代表。它所规定的自由思考、禁止批判、谋求数量和结合改善等原则,都为产生丰富的想象创造条件。

案例导读 3-1

常见的产生创意的联想方法

(1)查产品样本法。将两个以上,彼此无关的产品或想法强行联想在一起,从而产生独创性设想的方法。这种方法比较简单,只需打开产品样本或其他印刷品随意地将某个项目、某个题目或某句话挑选出来即可。然后,用同样的方法,从别的产品样本或其他印刷品将某个项目、题目或某句话挑选出来,将它们合二为一,借此期望意外地产生独创性的想法。

(2)列表法又称联想法。该方法是事先将考虑到的所有事物或设想依次列举出来,然后任意选择两个加以组合,从中获得独创性的事物。也就是说,本方法是就特定的项目而寻求各种设想。

(3)焦点法。是以一个事物为出发点(即焦点),联想其他事物并与之组合,形成新创意。如玻璃纤维和塑料结合,可以制成耐高温、高强度的玻璃钢。很多复合材料都是利用这种方法制成的。

本案例由本书编委会成员整理

头脑风暴法产生创意。所谓头脑风暴最早是精神病理学上的用语,指精神病患者的精神错乱状态而言的,现在转化为无限制的自由联想和讨论。其目的在于产生新观念,或激发创造性设想。由头脑风暴一词可想而知,就是允许自由联想的程度以及创造者须将创造力(确切地说应是想象力、联想力)激发到某种程度。

这种集体自由联想方式就是可以创造知识互补、思维共振、相互激发、开拓思路的条件。

案例导读 3-2

头脑风暴的实施方法

提出论题

在脑力激荡会议前,定好论题是很必要的。提出的论题一定要表述清楚,不能范围太大,而是要落在一个明确的问题上,比如"现在手机里有什么功能是无法实现,但却是需要的?"如果论题设的太大,主持人应将其分解成较小的部分,分别提问。

制作背景资料

脑力激荡背景资料是在给予参与者的邀请函中,提供会议背景资料的信件,其包含会议的名称、论题、日期、时间、地点。论题以提问的形式描述出来,并且会举一些设想为例作为参考。背景资料要提前分发给参与者,这样他们可以事先思考一下论题。

选择与会者

主持人要负责组建脑力激荡专家小组,由部分与会者和一位记录员组成。一般来说小组由十来个成员组成比较行之有效。有许多不同的组合方式,但推荐下面列举的组合。

(1) 由几个有经验的成员作为项目核心。
(2) 几个项目外的嘉宾，要对论题感兴趣。
(3) 一个记录员，负责记录推荐的设想。

创建引导问题

在脑力激荡会议中大家的创造力可能会随着时间的流逝逐渐减弱。这个时候，主持人应该找出一个问题来引导大家回答，借以激发创造力也再次活跃了课堂气氛，比如说：我们能综合这些设想吗？或者说：换一个角度看怎么样？最好在开会前就准备好一些诸如此类的引导问题。

会议的进行

主持人要负责主导脑力激荡会议并确保与会者遵循基本规则。一般会议分以下几步骤。

热身阶段，向缺少经验的与会者展示一下这种没有批评的氛围。举出一个简单的论题用脑力激荡法来讨论，比如：CEO 要是退休了会怎样？或是微软的 Windows 系统里哪些内容可以加以改善？

主持人宣布论题，如需要再做出进一步解释。

主持人向脑力激荡专家小组征求意见。

如果没有当即提出的设想，主持人提出引导问题来激发大家的创造力。

所有与会者各自说出自己的想法，由记录员做记录。

为表述清楚，与会者往往需要对自己的设想加以详细阐述。

时间到，主持人依照会议宗旨将所有设想进行整理并鼓励大家讨论。

把所有设想归类。

回顾整个列表，以保证每个人都理解这些设想。

去除重复的设想和显然难以实现的设想。

主持人对所有与会者表示感谢并依次给予赞赏。

过程控制

鼓励参与者把不能陈述的主意记录下来迟一点再提出。

记录员应该给每个主意编号，以便主持人能使用这些号码鼓励参与者提出更多的建议来达到目标，例如，主持人说："我们已经有 44 条，让我们达到 50 条吧！"

记录员应该口头重复他（或她）逐字记录的主意，以确保所记内容与提出者想要陈述的意思相吻合。

当同时有很多主意被提出时，与主题最相关的具有优先权。这是为了鼓励参与者能对前一个主意做更详尽地描述。

在脑力激荡会议中，经理和高层不鼓励参与会议，这是因为这样做可能会约束和降低"四项基本规则"的效果，特别是奇思妙想的产生。

评估

脑力激荡并不是为了提出主意让他人去评估和选择。通常在最后阶段，本组成员会自己评估这些主意并从中挑选出解决问题的方法。

被挑选出来的解决方案不应要求小组成员拥有不具备或不能获得的技能和资源。

如果必须要这种额外资源或技巧，在解决方案的第一部分就必须提出来。

这里需要一个衡量整个过程进展和成功的方法。

贯彻整个解决方案的每一步都必须对小组成员透明，并有责任分配给每一人以便他们在其中担任重要的角色。

在项目还未明朗时，必须有一个共同的决策过程来推进协作努力的成果并对任务进行重新分配。

在重要转折点上，需要有评判标准来决定小组讨论是否朝着最终的答案行进。

在整个过程中需要不断地鼓励，以便让参与者保持他们的热情。

洞察细节产生创意。对生活中看到、听到、接触到的某些事物，去联想它的价值。洞察细节是商业意义上的聪慧和灵敏。

本案例摘自百度百科

组合法产生创意。事物由两个或两个以上的技术因素组合在一起的，这其中蕴含着一种组合的思想。运用这种思想进行创意发明的技法，称之为组合法。即按一定的技术原理或功能目的，将两个或两个以上分立的技术因素通过巧妙的结合或重组，而获得具有统一整体新功能的新产品、新材料、新工艺等新技术的创造发明方法。组合的方式可分为：成对组合、内插式组合、辐射式组合、系统组合、焦点组合、模块组合等。

这是一个以若干不同事物的组合为主导的创意方法系列。其特点是把似乎不相关的事物有机地合为一体，并产生创意。组合是想象的本质特征。与类比法相比，组合法没有停留在相似点的类比上，而是更进一步把二者组合起来，因此方法层次更高，它也是以联想为基础的。

案例导读 3-3

卡 通 快 餐

21岁的刘女士应聘到市区的一家私人幼儿园当上了一名老师。幼儿园为了节约开支，她同时还要兼为生活老师，负责照料孩子们吃饭、睡觉，慢慢她就发现，每天孩子们吃饭是她最头痛的事情。

偶然有一天，她发现刚来幼儿园不久的一个小朋友袁锡林每天总是第一个吃完饭。这让她觉得非常奇怪。于是她开始暗中留意起他来，通过一段时间的观察她发现，每天中午饭菜端上来之后，他总是不慌不忙地拿起筷子把每样菜夹到饭上面放好后。才开始狼吞虎咽地吃起来。

一天，她见他又在这样做时便走了过去。轻轻摸了摸他的小脑袋问道："你在干什么啊？"他抬起头看了她一眼回答说："老师，我在把菜摆成我最喜欢的奥特曼的样子。"没想到这个聪明的小家伙居然这么有创造力，能把不喜欢的菜肴摆成自己喜欢的卡通人物的样子，然后高兴地吃下去。

年底，她所在的这家幼儿园却因为经营不善而倒闭，刚刚有了一点梦想的她，第一次失业了。春节过后，她就开始四处寻找工作，只有专科学历的她，在应聘路上总是屡屡碰壁。一天傍晚，她正拖着疲惫的身躯走在回家的路上，突然，听见一个孩子叫了声"李老师好"。她转过头一看，原来正是那个用菜肴给自己"制造"奥特曼的小男孩。回家以后，她坐在沙发上脑海里一直回荡着刚才那句"老师好",思绪忍不住又回到了在幼儿园的日子,特别是那个哄孩子吃饭的办法。

第二天一大早,她便开始频繁奔走于市内的各个幼儿园之间,凭借不少读幼师同学的关系做了认真仔细的市场调查。发现几乎所有的生活老师都在为哄小孩子吃饭发愁。接下来她便开始张罗着寻找开快餐店的地址,最后在一家单位的院子里找了两间闲置的车库,租金相对其他地方便宜了很多。

她把自己的思路和想法对厨师详细地介绍了一番,厨师便开始着手做了起来。但是,做出来的效果却相当不理想,别说想搭配成漂亮的卡通图案,就是自己看了都影响食欲。这个难关过不了,一切都无从谈起。

这天早上,一夜没睡的她在给自己弄早饭时,突然发现蛋煎饼里面的葱花在经过微波炉加热后仍呈现出鲜艳的绿色,这让她大喜不已,于是连忙切了些胡萝卜片放进去打熟,果然和新鲜的没什么两样。于是,她和厨师开始进行反复地摸索。最终解决了蔬菜颜色暗淡的问题。

自身的问题解决了,她就开始理直气壮地开拓她的市场,但困难比她想象得严重得多。连续和几家幼儿园的领导谈了之后他们都不感兴趣,这非常出乎她的意料。他们一是害怕她们的清洁卫生得不到保障;一旦出现集体中毒事件,谁都负不起责任;二是他们自己开办食堂还有一定的利润。

回到家以后,她把自己关在房间里想办法,一个又一个的方法被她凭空想出来又推翻,推翻后再想新办法。最后,她觉得不能光是自己"走出去",还应该将她的客户"请进来"。只有她亲自看了她们的制作过程之后。她们才会放心地购买她们的产品。于是,她在升级产品的同时,千方百计邀请园长到餐厅考察。

一位园长在仔细看过她餐馆的各种硬件设施,并品尝了菜肴之后,带着满意的微笑和她进行了实质性地商谈。她的"卡通快餐"定价为每份5元,销售给幼儿园。这样打开了市场。当年7月,当月就实现了毛利2万元。

本案例由本书编委会成员整理

移植法产生创意。 移植法就是把某一事物或领域的原理、结构、功能、方法、材料等转移到另一事物或领域中去。利用这种更换载体启发发明创造的方法叫移植法。

案例导读 3-4

香饲料王国

麦波接手宏达饲料公司,由于产品单一,几年的经营,他们已经被来自国内外的知名饲料企业挤得半死不活,固守只有死路一条。但一下子跳到另一个行业又不太现实,看着闲置的厂房、设备和凌乱堆积的饲料,麦波开始了思索。

一次,麦波看到一条关于通过给盐加碘让盐业重获生机的新闻,脑筋活络的他茅塞顿开。

只生产一般的饲料不行,能不能生产一种东西,让饲料升值呢?带着这样的问题,他开始四处搜集相关的信息。苦心人天不负,从负责饲料产品的行业协会那里他探听到了信息。

饲料香料添加颗粒,该产品的生产在当时国内还是个空白,从90年代初,这一市场就一直被美国、瑞士等国外厂家霸占,仅广东省进口的数量每年便超过500吨,价值1 500万元人民币。这让麦波有了目标,但是否有介入的机会呢?这一点他也有准备,他又专门走访了广东的一些经营进口饲料的公司,从这里了解到进口饲料香料的技术壁垒并不高,而且产品种类趋同,没有针对不同产品种类调整。还有一个问题是,目前市场上饲料香料的香味存留期短。而如果宏达能够对饲料香料种进行细分,开发出一种新的产品,使之更适合不同动物的口味,到那时,替代"洋香料"是完全有可能的。而他们也正好可以避开与大的饲料企业的正面冲突,另辟蹊径找到适合自己的位置。那一刻,麦波似乎感觉自己被人从悬崖边上拉了回来。

有了希望干活也就有了动力,很快麦波便组织人马开始实际调研和操作。从市场来看,由于当时国家正在大力搞"菜篮子"工程,而猪肉作为"菜篮子"里的必需品更是备受关注,如何提高猪肉的质量和产量,在当时也是一项很重要的课题。看到这一点,麦波很明确地把切入猪饲料的香料市场作为宏达的首选,并确定把怎样使饲料对猪有一个更好的催吃作用,并且让猪吃后体格健壮,克服"拉肚子"等常见病,作为技术突破的重点。由于猪的品种也很多,麦波对母猪、公猪、乳猪等猪种进行细分,发现乳猪的成活率偏低,并且乳猪在断奶后,嘴特别刁,对普通的饲料很难吃进,即使饲料中混进了洋品牌的香料,乳猪的热情度也不高。于是,麦波决定首先进行对乳猪香料的生产,并在还没出产品的时候就抢先注册了"乳猪香"品牌,以防被别人捷足先登。

做什么产品有了答案,麦波又开始考虑怎么把它生产出来。而他明白,技术上如果单凭自身现有的实力是达不到的,他便在四处打听中敲开了上海一家香料研究所的大门。说明了自己的计划,研究所也大为认同,因为他们也知道这里是有大利可图的。于是双方顺利地达成了合作意向。1997年,麦波将公司以前的积蓄倾囊而出,投资200万元建成了"猪乳香"。

"乳猪香"投产后,由于知晓的人几乎没有,麦波便主动出击,拿着产品到国内的饲料生产厂家,让他们免费实验。不少饲料生产企业起初还很怀疑,但既然送上门了,一些生产厂家便尝试着把这些小颗粒混合到自己的饲料中,结果收到的反馈信息是农户使用这种混合饲料后,乳猪的胃口大开,出栏期也由原来的180天变成150天。一时间,混有"乳猪香"的饲料成为了农户们的抢手货。各地的媒体争相报道,"乳猪香"品牌声名远播。曾有一个饲料生产企业算了这样一笔账:原来一包40千克只能卖90元,而现在只需混入0.5元钱的饲料香料就可以卖每包95元,饲料生产厂家在此环节上净赚4.5元。"乳猪香"带来了看得见的真金白银,订购量在全国马上飙升起来,宏达最高峰的月销售量曾一度达到近200吨,营业额达到600多万元。

本案例由本书编委会成员整理

1.1.3 创意产业

创意产业又叫创造性产业等。指那些从个人的创造力、技能和天分中获取发展动力的企业,以及那些通过对知识产权的开发可创造潜在财富和就业机会的活动。

创意产业可以定义为具有自主知识产权的创意性内容密集型产业,它有以下三方面含义。

(1)创意产业来自创造力和智力财产,因此又称作智力财产产业。

(2)创意产业来自技术、经济和文化的交融,因此创意产业又称为内容密集型产业。

(3)创意产业为创意人群发展创造力提供了根本的文化环境,因此又往往与文化产业概念交互使用。

创意产业门类繁多,它通常包括广告、建筑艺术、艺术和古董市场、手工艺品、时尚设计、电影与录像、交互式互动软件、音乐、表演艺术、出版业、软件及计算机服务、电视和广播等。此外,还包括旅游、博物馆、美术馆、遗产和体育等。

1.1.4 机会的概念

机会的概念是指未明确的市场需求,或者未使用过的资源或能力。机会总是存在的,当一个机会消失了,就会产生另一个机会,当一类机会消失了,就会有另一类机会萌发,创业者要善于去创造机会并把握机会。并且对机会的创造要能从积累和行动两个角度去理解。

有积累就会有机会。积累过程是成功的前提条件,而机会的出现和把握则是成功实现的必然条件。做任何事都必须要经过这两个过程才能够成功,而任何人只有经过了充分的积累之后出现并把握机会才会成功,这两个条件缺一不可,当成功的条件不具备时,我们必须要做一件事,那就是积累,不断地积累来等待机会,一旦积累到一定程度,机会出现,我们只要把握住机会,其结果就必然成功。

案例导读 3-5

让创业成为一种生活方式

2009年9月,迈进大学校门还不到一个星期,葛明扬就开始做兼职,他当过家电促销员,摆地摊卖过生活用品和手机配件,还积极参加学校社团活动。在此期间,他还给学校拉来5万多元的活动赞助费用。从拉赞助的成败得失中,葛明扬总结了很多经验教训,锻炼了与人沟通的技巧和协调能力。

大三那年,葛明扬在校园内租了一个20多平方米的门面,开起了校园快递店。由于没人竞争,他做得顺风顺水,每个月都能保持6 000元以上的收入。不仅解决了生活学习费用,还丰富了创业经验,为以后项目积累了启动资金。

临近大学毕业的"就业季",葛明扬找到了自己的创业方向。他发现家教市场空间越来越大,产生了依托河北师大创办"师大家教中心"的想法。经过沟通协调,学校领导批准了他的申请,并且提供了办公场地。

这是一次真正的创业,需要进行工商、税务注册登记,以及学校各种关系的协调疏通,对前期费用进行合理安排,还有营销推广、人员招聘等,葛明扬已不记得当时跑了多少部门,碰了多少钉子,家教中心的业务才慢慢走上轨道。

一次,葛明扬参加了河北师大袁立壮教授"关于家庭教育"的讲座。通过讲座,他对家庭教育的重要性有了更深地认识。如何才能更好地教育孩子,是当下许多家长茫然并且渴望得到解决的问题,而在师大有许多像袁老师这样优秀的家庭教育专家,如果把这些老师和家长对接起来,传授科学的教育理念和教育方法,一定会有巨大的市场空间。

已经对家教行业颇有心得的葛明扬来了新的灵感。有了想法就马上行动起来,在原来业务的基础上,葛明扬又开设了"家庭课堂"。招生工作并不顺利,显然,一个90后涉世未深的大四学生开的家庭教育课,对家长来说缺乏信任基础,葛明扬尽量把课程的宣传重点放到授课老师的影响力上。2014年3月,有15个家庭参加的第一期课程终于成功开班,生动、实用的内容受到家长的好评。一些家长很快介绍朋友、亲戚、同事过来听课,不到一个月,葛明扬就开办了24个家庭参与的第二期课程。两期下来,家教中心逐渐开始有了盈利。

随着"家庭课堂"逐渐打开知名度,报名人数越来越多。第三期课程也于去年9月开课,报名家庭数增加到30个。葛明扬在不耽误自己课业的同时,还寻找各种外地的听课机会,丰富自己在教育领域的知识储备,同时积极筹备第四期的课程。整个大学期间,他都是在半创业的状态下度过的,学习因为结合创业而更有针对性和方向感。

本案例摘自凤凰资讯,网址:http://news.ifeng.com/a/20150204/43095421_0.shtml

练好自我本领。 所有的机会都是留给有实力的人,也只有实力坚强的人,才有机会成为最后的赢家。因此,建立实力、培养实力,就成为所有事情的核心,也是任何人都应该要积极学习的课程。

成功者把挫折当机会,而失败者却把挫折当成一种麻烦,只会让自己远离成功。

案例导读 3-6

徐金永的玫瑰人生

徐金永是浙江永康市东城街道西竹园村大学生村官。2007年从云南大学毕业后就职于中国最大的玫瑰种植企业。而他却放弃了这样的工作,回永康当起了大学生村官。

西竹园村,是个只有700多人的小村子,是永康传统的蔬菜种植大村,有几十年的蔬菜种植历史。徐金永到了村里才发现,这里其实已经不适宜再种菜了。由于长年的轮作,土壤盐碱化严重,病虫害很多,菜越来越难种。徐金永就琢磨着利用在昆明的技术积累,引导农民改种玫瑰。

2010年冬天,徐金永承包了15亩土地,试种玫瑰。不得不说,技术是顶呱呱的。徐金永克服了气候、土壤差异,情人节时他的玫瑰打入永康市场。因为是本地玫瑰,价格低,花朵新鲜,市场销售效果良好。

玫瑰在外畅销得不得了,徐金永又推出了上门采摘的业务。三天内上门采花的客户有上万人。田里来来往往的都是游客,真把乡里乡亲惹得眼红了。

劳动节刚过,有几个农民就悄悄来借种,徐金永让他们试一试。徐金永凭借着在昆明公司积累的人脉,与美国、英国、法国、荷兰等几家玫瑰育种企业都建立了联系。经过2年多发展,徐金永田里有500多个玫瑰品种,是全国最大的玫瑰基因库之一。只要农民需要种,他全力支持。

本案例摘自金华新闻网,网址:http://www.jhnews.com.cn/jhrb/2012-11/20/content_2570128.htm

1.2 商业机会与创业机会

商业机会。是指存在于某种特定经营环境条件下,企业可以通过一定的商业活动发现、分析、选择、利用,并为企业创造利润和价值的市场需求。

商业机会的特点具有潜在性、针对性、利益性、公开性、竞争性和时效性。

创业机会。是指具有较强吸引力的、较为持久的有利于创业的商业机会,创业者据此可以为客户提供有价值的产品或服务,并同时使创业者自身获益。

1.3 创业机会的特征与类型

1.3.1 创业机会的特征

《21世纪创业》的作者杰夫里·A·第莫斯教授提出,好的商业机会有以下四个特征:第一,它很能吸引顾客;第二,它能在你的商业环境中行得通;第三,它必须在机会之窗存在期间被实施(注:机会之窗是指商业想法推广到市场上去所花的时间,若竞争者已经有了同样的思想,并把产品已推向市场,那么机会之窗也就关闭了。);第四,你必须有资源(人、财、物、信息、时间)和技能才能创立业务。

1.3.2 创业机会的类型

创业者发现和把握创业机会的方式不同,创业活动的形式不同,根据不同的标准有不同的分类,从创业者发现创业机会的视角,把创业机会分为两种类型。

创新型机会。创新是以新思维、新发明和新描述为特征的一种概念化过程。有三层含义:第一,更新;第二,创造新的东西;第三,改变。创新是人类特有的认识能力和实践能力,是人类主观能动性的高级表现,是推动民族进步和社会发展的不竭动力。一个企业要想走在时代前列,必须不断创新,一刻也不能停止创新。通过技术创新和产品创新,为人们带来方便。技术创新包括开发新技术,或者将已有的技术进行应用创新,产业创新主要建立在技术创新基础之上。产品创新指的是创造某种新产品或对某一新产品或老产品的功能进行创新。

案例导读 3-7

大学教师放弃铁饭碗创业

白建兵毕业于山东工业大学机械制造与设计专业。凭借着对数控技术的满腔热情,他自学成才,成为聊城从事数控技术深入探索的第一人。先后被聊城工业学校、聊城大学聘为数控专业讲师,常年被聊城周边地区的企业聘为"数控技术顾问"。

白建兵在2008年开始寻找合作伙伴,想以技术入股,但苦寻两年始终没找到合适的伙伴。随着时间的推移,白建兵感觉机会在慢慢离他远去。在2010年,32岁的他终于下定决心自己创业。用他东拼西凑来的15万元钱,租了三间平房,带着两个工人创立了一家数控公司。

白建兵在租来的三间平房内,整天没日没夜地带着两个工人干活。缺少原材料,白建兵就骑电动车到香江去购买,有一次在去买原材料的路上突下大雨,白建兵被淋成落汤鸡。为了赶时间白建兵晚上不能睡觉,经常连续48小时不休息。由于没有钱,外出只能吃点包子,喝白开水。2010年5月,第一台机器造了出来,白建兵向他曾做过技术顾问的厂子推销时,对方却不相信他。自己的钱花得差不多了,可产品老卖不出去,资金就没办法回笼,连工人工资都没钱发了。

正在白建兵一筹莫展时,冠县一企业老板找到他,想请他帮忙维修一下刚从南方购买的数控设备。花了上百万的设备,还没怎么用就出毛病,成一堆废铁闲置起来。白建兵花了一个下午将机器修好之后,却只给对方说交个朋友,不要一分钱。白建兵的这个举动让冠县这位企业负责人十分佩服。

第二天那位老总就到他厂里,将他生产出来的两台机器全部买下。这是他下海创业赚的第一桶金,对于他的企业来说也是久旱逢雨。白建兵很快打开了市场,企业迅速发展,只用了3年时间产值就突破千万元。

案例摘自投资界,网址:http://news.pedaily.cn/chuangye/201311/201311011214516.shtml

模仿型机会。创业者看到他人创业成功后,采取模仿和学习而进行的创业活动。模仿型创业具有投资少,见效快,迅速进入市场等特点。这种形式的创业,对于市场来说虽然也无法带来新价值的创造,创新的成分也很低,但与复制型创业的不同之处在于,创业过程对于创业者而言还是具有很大的风险成分。创业者如果具有适合的创业人格特性,经过系统的创业管理培训,掌握正确的市场进入时机,还是有很大机会可以获得成功。

案例导读 3-8

校 内 网

王兴,福建人,1997年被保送到清华大学电子工程系无线电专业,毕业后拿到全额奖学金去了美国特拉华大学(University of Delaware)电子与计算机工程系。导师是高光荣,第一位获得MIT计算机科学博士学位的大陆学者。

2003年的圣诞节,王兴带着明确的创业计划再次登机回国。看到SNS网站friendster.com在美国的成功和这种模式在国内的空白,他前后创立了好几个SNS网站。

2005年秋,王兴决定要专注于一块细分市场:大学校园SNS。他们研究和学习美国在这一方面的成功例子facebook.com,综合我们之前在SNS领域的经验和教训,并结合国情,开发出了校内网。发布三个月来,校内网就吸引了3万用户,增长迅速。

2006年,校内网被千橡收购。2009年8月,校内网更名为人人网,成为一家综合性互联网集团公司。2011年5月,以旗下社交网站人人网闻名的人人公司在美国纽约证券交易所成功上市,融资7.4亿美元。

本案例由本书编委会成员整理

1.4 创业机会的来源

创业机会从何而来,不同的学者有不同的总结和提炼,依据不同的学者的观念,将创业机会的来源分为三个方面:第一是从创业者自我身上产生创业项目;第二是在生活中发现创业项目;第三是在产业中挖掘出来创业项目。

1.4.1 从创业者自身产生创业机会

每个人都是一座宝藏,创业者从自己出发,就能够找到创业机会。主要从四个视角去审视自己。

其一是兴趣。有的与生俱来,有的后天养成,都是潜藏在自身的某种特质的外在表现,可以成为生命存在的形式,也可以成为事业目标。比如,音乐家是以音符作为生命存在的形式,作家是以文字作为生命存在的形式。有了兴趣项目,便在其中流淌才智,挥洒创造力,演绎生命的精彩,幸福与成就融合为一。把兴趣变成创业的机会,成为生活的内容与生存状态。

> **案例导读 3-9**
>
> ### 罗光明和他的空气清新机

罗光明以优异的成绩考取了厦门大学,读上了自己喜欢的电子工程专业。从小的劳动,使他养成了勤动手的习惯,对于电子技术的喜欢,又让他有了勤动脑的习惯。在厦门大学就读的四年时间里,罗光明找到了属于自己的天地。

大学毕业后,按照自己的志趣,罗光明想在自己喜欢的电子工程技术领域方面发展,可是,一切却并没有如他所愿。罗光明选择了在超市商场做营业员的工作,在商场,他在小家电产品柜负责促销导购工作,时间一长,渐渐喜欢上了这份工作。因为对电器产品感兴趣,在为顾客介绍产品时,他总是显得很专业,讲解得很有耐心,这样一来,他的销售额直线上升。还有更重要的是他在这里获得了创造的乐趣。

一件小事的发生,让罗光明的命运再一次有了改变。这天下午临近下班时,有一位顾客前来购买用于清新空气杀菌的机器。罗光明向她推荐时下正热销的臭氧消毒机。可是,顾客却还想要具有过滤空气清除颗粒灰尘的功能。罗光明向她推荐了单独的空气净化机,可是老人又嫌多买一个机器回家占地方,而且价格也贵。最后顾客什么也没有买,遗憾而去。顾客走了,罗光明却动起脑子,商场现有的一些空气净化器跟空气消毒机,都只是单一性的产品,没有综合功能,如果将多种功能集中在一起,这样既能避免顾客买了多种机器在家摆放占地方的不便,还能降低成本,让顾客受益。这个想法让罗光明看到了创业的曙光,于是,他开始查找资料,实施这个创意。

国内外空气净化普遍采用 HEPA 过滤技术、负氧离子和臭氧技术,经过三十多年的应用,技术已十分成熟。罗光明将这三种技术集中在一起,设计出具有多重功能的空气清新机。高效 HEPA 过滤网,可过滤空气中 99.9% 以上的尘埃微粒、花粉、细微毛发、螨虫尸体、烟雾等；采用活性炭，具有强大的吸附作用和脱臭功能；每秒钟散发150万个负氧离子可增强心肺功能、提高人体免疫力；经过空气干燥后的臭氧，纯度更高，杀菌能力更强。如果每天使用空气清新机3小时以上，对流行性感冒、肺炎、鼻炎、哮喘等有一定的预防作用。

产品技术完善后，罗光明设计出了具有人性化、独特外观的样机。带着样机，罗光明找到厦门好几个生产小家电的厂家，希望得到认同与之合作。一连好几天，当初感兴趣的厂家都没有与他联系，罗光明的心揪得紧紧的。担心的一幕在一周后终于出现，几个厂家都回了话给他：你要是有兴趣，可以付款我们替你生产，但要双方合作，我们不愿意担风险。

罗光明只好再想办法，他想到了与他有过一面之缘的香港商人林先生，恰巧林先生这时刚好在厦门成立了香港百事（厦门）分公司，投资贸易业务。与林先生见面后，罗光明讲明了自己的处境，真诚希望林先生能帮助他。林先生虽然感动于罗光明的一片赤诚，但在商言商，他提出要产品有市场反馈时才能投资。这无疑又给罗光明出了难题，产品未生产出来，怎么能看到反馈？情急之中，罗光明猛然想到互联网，他提议，先将产品放到林先生的贸易网上去投石问路。

一个星期后，产品在网上有了反馈，香港的几家公司和欧盟国家的一些公司都发来了邮件询问，美国一家公司还发来一封邮件，希望订购500台这样的机器。虽然只是一笔意向性的业务订单，却带来了林先生跟罗光明的合作。接下来，产品在通过中国疾病预防控制中心、福建省卫生防疫站的检测和认证后，终于开始了生产。

500台订单成了他们的第一笔业务，就是这一笔业务，赚得了人民币100多万元。有了良好的开端，林先生也信守承诺，与罗光明签订了合作协议。

本案例由本书编委会成员整理

其二是优势。 是创业者所具有的强项、特长和某种资源。达到一定程度，就能有创业机会。如何确定优势呢？与别人比，自己有的别人没有，自己突出的而别人很一般。与自己比，在自己能够做好的几件事情中，选择能够做得最好的一件。

案例导读 3-10

卖好专业书

朱升华开"枫林晚"书店的成功秘诀是：做专业书店，专门出售大型书店里面无法找到的书籍。他现在拥有了6家分店（杭州两家）。并且，在他的书店中，不仅仅卖书，还卖特色：咖啡、学术、名家讲座、沙龙、诗会、新书信息和二级域名。这些卖点，使"枫林晚"被评为杭州最佳书店。以个性化经营为依托，朱升华凝聚了一个忠实的读者圈，他称之为"核心竞争力"。

创业起步时，"枫林晚"还是杭州城里一个20平方米的小书店。后来，开在浙江大学西溪校区旁的"枫林晚"书店旗舰店已有430平方米，上下两层，底层书店，二层咖啡屋，上架书2万多册。这里是杭州城的大学生、专家教授和文化人经常流连的处所。浙江大学学生中间流传着一种说法，在杭州，假如你要找汪丁丁，或者"浙江学派"的一批学者，就去"枫林晚"好啦！

大学毕业不到一年的朱升华，辞掉待遇优厚的投资分析师工作，着手创办"枫林晚"。5万元起家，20平方米的小屋，几千册书，这是一个普通得不能再普通的书店。但是朱升华为他的书店设计了一条与众不同的发展道路。脚踏遍地是文化的杭州古城,背靠学术风气浓郁的浙江大学,一开始,朱升华就把"枫林晚"定位为以经营人文社科类书籍为主的学术书店。

在朱升华看来,专业店的专就体现在必须对某些领域的图书有一定优势,他不仅是在经营图书,也是在经营品牌。杭州难买到的学术书,在"枫林晚"能找到。如果顾客要求,即使"枫林晚"没有,朱升华也想方设法进货。久而久之,"枫林晚"的名字渐渐在当地学术圈子里传开了,形成了稳定的客户群,80%都是老顾客,累加起来,竟也销量惊人。

朱升华喜欢和读书人交朋友。店面扩大以后,他就腾出一块空地来为一些学术沙龙和诗会提供座席。两年前搬家时,"枫林晚"索性打出了"书店+咖啡屋"的招牌。朱升华的口号是"让真正喜欢书的人体会到读书的快乐"。筑巢引凤,出没于浙大的一批名士被吸引来了。金庸来了,汪丁丁来了,沈致远来了,钱定平来了。朱升华甚至和其中一些人成了好朋友。就这样,他的"枫林晚"越做越好。

本案例由本书编委会成员整理

其三是眼界。目力所及要大、见识所及要多,思维所及要宽,创业机会自然产生。眼界广者其成就必大,眼界狭者其作为必小。目力所及的范围太小、见识所及的事物太少,思维所及的领域太窄,创造的能力就会被创造发生的元素之贫乏限制了。做一件事需要专注。但在专注之前,一定要开阔眼界,才有对比与选择的机会,才有最好的创业机会产生。

案例导读 3-11

一次培训发现的商机

王科担任内江资中县甘露镇玉皇村村主任助理。

2008年4月,王科被资中县委组织部选派到四川农业大学参加全省村干部及学生村官创业培训,这次培训让他对蘑菇有了一定的认识,成本低,比较适合他初级尝试。

他上网查资料,到各地蘑菇生产基地进行实地考察。学习食用菌的种植技术和方法,以及食用菌的生物特性和药用价值。

最后,在县、乡政府的帮助下,王科租了厂房,用仅有的3 000元积蓄开始自己种植食用菌。

由于没有接触过食用菌种植,只是对食用菌有浓厚的兴趣和爱好,第一批种出来的食用菌以杂菌感染而告终。王科硬是不停地学习、考察,终于在第二批的食用菌的种植上赚到了4 000元钱。掌握好了技术方法,王科在食用菌发展道路上看到了曙光。

2012年王科开始了扩大发展食用菌的行动,王科投入60万,壮大自己的蘑菇产业,为更多的村民提供就业岗位和技术,同时帮助更多的村民自主创业带动群众发家致富,通过留住即将外流的劳动力来实现帮助一方经济发展的愿望。

本案例由本书编委会成员整理

其四是敏感。对生活中看到、听到、接触到的某些事物,去联想它的商业价值。敏感是商业意义上的聪慧和灵敏。敏感是从哪里来?基础因素是来自商业历练中经验的积累,而产生的识别商业价值的眼力。直接因素是来自创业的想法长期萦绕在心头,形成的一种潜意识,这种潜意识在偶然中与某个现象发生碰撞,一个新的项目产生了。

> **案例导读 3-12**

灵感闪现,卖起涂鸦鞋

林格卖鞋的灵感来自女友的生日,他在白帆布鞋上画了两个猪头,送给女友。女友非常高兴,出去见朋友,也总能收到赞美声。朋友们在羡慕之余,纷纷请求林格给他们画鞋。林格想:"那么多人喜欢我画的鞋,我何不开家店?"经过精心准备,"格林涂鸦"正式开张,专卖涂鸦童鞋。因为他觉得孩子的钱更好赚,利润也高。

但彩绘童鞋店刚开业时,生意并不怎么好。逛市场的儿童毕竟很少,而太多年轻人逛了之后,又因为图案和款式太孩子气,遗憾离开。于是,林格在 2008 年年底,变童鞋涂鸦为时尚涂鸦,目标顾客瞄准 15 至 35 岁的年轻人。为了紧跟时尚,他买回大量时尚杂志,浏览时尚网站,还招聘了美术学院的学生做驻店画师。他的手绘鞋也变得丰富多彩起来,以前童鞋一天顶多卖 5 双,现在一天一般都能卖 8 双左右。

及时转变,抓住时尚抢得市场,几经波折的林格对生意有了些经验,开始思考更多关于特色和战略战术的问题。他发现,年轻人追求个性化的需求和成年人爱玩的心态日益流行,这正是自己要占领的市场,于是他独创了"发财鞋"。为了在白色帆布鞋上画出漂亮的"红中"、"发财"等个性时尚的图案,林格画坏了不少双鞋。第一次画的鞋子很简单,只有简单的白地红字,经过几次修改,林格在上面加了麻将桌、色子等立体图案。现在,发财鞋成了镇店之鞋,不少来逛的顾客都会惊叹一句:"哇,这图案很特别,要的就是这效果"。林格眼里透着得意。

如今,林格的小店已经走入正轨,盈利比工薪多了不少。他正打算再开一家分店,并且将网上交易和实体店结合起来经营。

本案例由本书编委会成员整理

1.4.2 在生活中发现创业项目

创业源于对生活的理解和把握,创业者从生活中的点点滴滴出发,就能够发现创业机会,可以从如下四个不同的视角去深入探析。

<u>其一是发现某个产品的缺陷就是一个好的创业机会。</u>如人们经常用不满意、不方便、不完善、不安全、不环保、不简洁、不牢靠、不便宜、不必要、不够、不及、不爽、不足这些词语评价一款产品或一项服务。这些评价的背后,反映的是未被满足的需求,创业者可以从这个视角出发,对产品或服务加以改进、完善和提高,就是一个好的创业机会。

> **案例导读 3-13**

小店开到国门口

大学毕业后,陈思涵成了北京一家国际贸易公司的白领丽人。因工作需要,她必须出国为公司处理进出口业务。在纽约下飞机住进酒店后,她想给家人打电话报平安,手机却没电了,准备使用随身携带的充电器,却气馁地发现,中国的电压是220 V,而美国是110 V。在芝加哥住了两天,陈思涵在异国他乡四处打听,费尽周折地采购笔记本电脑连接线、当地的手机卡、吹风机、针线包等诸多生活必需品。突然,原本郁闷的陈思涵眼前一亮:如今出国的人越来越多,要不开个"出国店"当老板去。

2005年初,陈思涵毅然辞去白领工作,捏着东拼西凑的10万元跳入商海,在临近北京第二使馆区的街上盘下了50多平方米的店面。第二使馆区设有70多个国家的使馆,中国人的出境签证大多要来这儿办理。

店面装修一新后,陈思涵便频频光顾各大市场,根据中国人的海外生活需要,精心挑选出一批商品,例如,充电器,全球通用男士剃须刀;英标、美标、欧标等不同制式的电饭煲及电器用品,伸缩式电话线、网线、折叠式衣架、压缩毛巾等轻便实用的物品。开业当天,小陈接待了一对母女。女儿就要去加拿大留学了,母亲正为该准备什么物品而犯愁。她们最先注意到一个看似极为普通的手电筒,将其拆开,手电筒的腹中是没有电池的,国外环保意识非常强,像电池这类非环保产品的售价是很昂贵的,这种手摇充电式手电筒,手摇1分钟可以正常使用45分钟,不仅经济实用,而且还会受到外国朋友的赞许与尊重。这对母女当即让陈思涵列出一份留学必备物品清单,第一单生意,陈思涵有了1 800多元的营业额。

一站式购物的"出国用品专卖店",随着购物者的口口相传,光顾的人越来越多,开店5个月后,陈思涵就顺利赚回了当初投入的10万元。而在留学高峰期,小店的营业额更是直线飙升。

本案例由本书编委会成员整理

其二是澄清事务混沌的表象,深入进去看个明白,就能够发现创业机会。 经济这个事物,大到一个行业,小到一个产品,细到一项技术,只有深入进去才能看明白,由理解到通透,要么发现一个空白或看到一种趋势;要么弄清其中的某种联系找到问题的关键;要么产生灵感创造出新的模式,要么学会机智地利用行业中的潜规则。找到各种独立资源和要素的关联,在它们的关系中发现利润点。

案例导读 3-14

弄清楚了建材市场的真相

吴魁一次在和客户聊天时,客户提起这两年市内装饰材料总不尽人意之类事情。由于平时在研究所里常接触与涂料有关的东西,此时的吴魁产生了辞职的想法。

为了得到最直接的市场情况,吴魁在北京、河北、山东、江苏、黑龙江、安徽等省的建材市场进行了几个月的调研。结果表明:垄断建材市场的装饰材料主要是天然大理石和花岗石,但由于其容易碎裂、表面有毛细孔、污渍易进入等先天缺陷,加之其放射性严重超标,国家有逐步禁止其开采和应用的趋势;而发达国家早已流行的化学合成石材,在国内销售价格昂贵(每平方米500元左右,比国内产品价格高出将近2倍),消费群体小,难以占领庞大的市场空白。

掌握了6省市建材市场200多家的需求之后,得到的结论是:有90%的业主希望有新的装饰材料来取代旧产品。吴魁敏锐地意识到：市场正急需一种环保且能大众普遍接受的装饰材料。

此时的吴魁，决定要研制出一种可以填补这个市场空白的装饰材料。早前在科研所的工作经历为他的专利研发奠定了理论基础，关键就是选哪种材料做实验。在比较多种原料后，他最后把目光落在废旧玻璃上。

经过一年多的反复测试，以废旧玻璃，配以化工原料和天然颜料聚合而成的"丽晶石"。在1997年研发成功。这种高档绿色环保建材质地纯正，色彩丰富，既具有天然石材的质感和坚硬，又可以任意切割、随意组合，板材之间也可实现无逢拼接，且无毒环保。

丽晶石专利技术的研发历时一年多，花费却不多，因旧玻璃资源丰富且廉价，测试成本投入只有1万元左右。

样品做出来，反响出奇好。为了保护技术，吴魁开始着手申请专利。专利被授权以后，首先是花费不到两万元召开了丽晶石产品的新闻发布会。随后，选取了几家颇具影响力的地方卫视投放广告。还与建材类报刊建立联系。一时间，丽晶石成了媒体和大众的关注对象点。广告投放期间就开始有来学习技术的客户。到1998年，推广投入的12万元已全部收回。

慢慢地，咨询电话和信件开始多了起来，吴占魁喜在心头的同时也明白：专利如果不能最终转化为实实在在的生产力，也只是废纸一堆。

本案例由本书编委会成员整理

其三是寻找隐蔽的资源，改进、提升、完善、转换成为新创业机会。挖掘的本意是探求、寻找，行为指向是天然性质的隐蔽资源。挖掘是项目发生的一个途径：面向隐蔽的资源，寻找而发现，提炼而结晶，加工而提升，成为有市场价值的东西。具有资源性质的东西大体可分为五个大类：自然的、文化的、历史的、风俗的、家庭的。把资源从隐蔽状态挖掘出来之后改进提升，就是一个好的创业机会。

案例导读 3-15

大学生村官梁松歌

2010年，梁松歌从徐州师范大学毕业后，放弃了去省城和苏南工作的机会，回家乡当了一名村官。

他跑遍了每一个村民小组，通过调研发现四户镇王庄村有种植银杏的传统，但由于信息闭塞，缺少技术和宣传，始终不成规模。

面对这种情况，梁松歌挨家挨户做工作，在村组干部的帮助下创办了"农民银杏发展经济合作社"，利用互联网检索信息，为村民提供技术和销售服务。梁松歌联系移动公司，为全村手机用户加载了他自己设计的"王庄村银杏种植基地"的彩铃。要把银杏种好，光靠他们几个照搬书本知识是不够的，还要把村里的"土专家"组织起来。可"土专家"们普遍存在一种情况，就是"肚里有货倒不出来"。鉴于此，他又创办了大学生村官语言交流培训班，免费为"土专家"提供演讲沟通、信息交流等方面的培训。梁松歌便趁热打铁，将15名银杏种植能手联合起来成立农民讲师团，在镇党委的指导下在全镇各村进行银杏种植知识巡回演讲。

生动的演讲和银杏种植带来的经济效益展示得到了大家的认可,带动周边不少村民都种上了银杏。

2013年,王庄村新扩银杏树达500亩,银杏经济苗圃2 000余亩,人均年增收1万余元。

本案例摘自网址:http://www.54cunguan.cn/html/special/2013/0117/436.html

其四是找到各种独立资源和要素的关联,在它们的关系中发现利润点就是创业机会。把项目所需资源简单地相加起来是资源组合。创业中要用资源整合的思维运作项目。体现在发现"资源之间"别人没发现的联系,在新的联系中产生新的功能;把各自"独立的利益"关联在一起产生新的利润点;把自己可借助的各种优势集中在一点上,实现某种局部市场的突破;在改变视角的前提下创造新的运作模式。

案例导读 3-16

借钱买船

在中国航运史上,有一位"船王"就是靠"借钱买船"发家的。他就是香港船王包玉刚。包玉刚开始创业的时候,就是向朋友借的钱。他借钱先买了一条破船,然后,用这条船去银行抵押贷款,贷来了款,再买第二条船。然后,再用第二条船作抵押,去买第三条船。他就是采取这种"抵押贷款"的办法,滚动发展起来的。

有一次,他竟然两手空空地让著名的汇丰银行为他买来了一艘崭新的轮船。他是怎样操作的呢?他跑到银行,找到信贷部主任说:"主任,我在日本订购了一艘新船,价格是100万,同时,我又在日本的一家货运公司签订了一份租船协议,每年租金是75万,我想请贵行支持一下,能不能给我贷款?"

信贷部主任说:"你这个点子不错,但你要有担保。"他说:"可以,我用信用状担保。"什么是信用状?就是货运公司从银行开出的信用证明。很快,包玉刚到日本拿来了信用状,银行就同意了给他贷款。你看,船都没有造,钱就给他了。

你会问:为什么银行会给他贷款?我们来分析一下:如银行给他100万元造这条船,每年就有75万元的租金,不需2年,他就可以还清100万元的贷款;银行肯定担心,怕他有钱不还,或遇到情况还不了钱。这没关系,因为银行有货运公司的信用状担保,这家公司很守信用,如他不给钱,银行可以找这家货运公司,安全不成问题。所以,银行就敢贷给他。这就是包玉刚的做法。

本案例由本书编委会成员整理

1.4.3 在产业中挖掘出来创业项目

产业是指由利益相互联系的、具有不同分工的、由各个相关行业所组成的业态总称,尽管它们的经营方式、经营形态、企业模式和流通环节有所不同,但是,它们的经营对象和经营范围都是围绕着共同产品而展开的,并且可以在构成业态的各个行业内部完成各自的循环。在产业的关联中,在产业的跌宕起伏中找到创业机会。

其一是为那些淘金的人们供应矿泉水与牛仔裤。居住在海边的人们,根据潮涨潮落的规律,赶在潮落的时机,到海岸的滩涂和礁石上打捞或采集海产品,称为赶海。这给创业机会产生提供了一个思路:为那些追逐市场大潮的人们提供服务。市场经济潮起潮落。多少人在注视这"潮"的涌起,寻找这"潮"的信息,一旦发现他们翘首以盼的商机,就会不遗余力扑上去。我们可以紧紧地跟在这"潮"的后面,轻松地拣那些螃蟹、海蛤,贝壳,是大潮涌起的本身在创造一种需求。我们为那些急急赶潮的人们提供物资、劳务、信息、保障、服务等。

案例导读 3-17

拆房赚钱

35岁的李胜利是农民的儿子,两年前,他和村里的其他人一起到城里打工,骑着一辆破自行车,满世界找活干,扛过包,掏过粪,冲过下水道。活辛苦不说,还不怎么赚钱。每天除了吃住,所剩寥寥无几。

一天,李胜利和一帮穷哥们儿为一家城市的居民扒房。这家人嫌平房低矮,住着不气派,想盖高楼。于是请了李胜利和几个民工来为他家扒房。在扒房的过程中,雇主却为扒下的破砖头、破瓦、旧门窗、旧檩子、旧梁、破家具发愁,往哪扔呢?乱扔乱放弄不好是要被城管罚款的。李胜利灵机一动说,要是你们真没地方搁的话,不如送给我,我把它拉到俺家去,正好家里需要建一个猪圈,用得着这堆东西,扒房的工钱我就不要了。

雇主喜出望外,急忙要他拉走,并给他找了一辆"小四轮"。就这样,李胜利把这堆"废物"拉回了家。并在农村叫卖开了,赚了500多元!他敏感地意识到扒旧房蕴藏着巨大的商机。就组织几个人成立了一个扒房公司,专门为城镇居民扒房。而且不要工钱,只要扒下来的废料。

适逢新农村建设大潮,城里人抓着头皮琢磨怎么把生意做到农村去,然而一不留神,被城里人"丢掉"的生意却被乡下人做得意兴盎然。

本案例由本书编委会成员整理

其二是进入一个成长中的产业链条中成为一个环。经济生活是一个系统,每个系统都是一个长长的链。每个链由多个环连接组成。链的特点是,每个环都不能独立动作,把一个项目比作链中的一个环,只要能够进入某个链中成为其中的一个环,你就是链中人,上推下拉想不动都不行。问题是进入哪个链?首先是与这个社会生活的永恒主题相关的需求,其次是与人类社会的困难、矛盾、问题的解决相关的事情。

案例导读 3-18

带领留守村民致富的大学生村官

2008年6月初,嵇芳从徐州师范大学毕业,到涟水县陈师镇沙河村担任村主任助理。

嵇芳在熟悉了村里工作之后,看到村里集体经济发展还十分薄弱,许多妇女除了日常家务和农忙之外,还有大量的剩余时间无所事事,不是打小牌,就是唠家常。她决定为农村留守妇女开辟就业渠道,让她们在家门口打工赚钱。"我得想办法给当地村民找点事情做。"

思考数日,她毅然决定自己创办一个劳动密集型企业,专门吸收农村妇女就业。亲友的推荐下,经过深思熟虑,最终锁定了生产针灸专用针项目。

　　这种医疗器械技术含量小,农村妇女易操作。她了解到丹阳市是全国著名的医疗器械生产基地,就通过多种渠道和其中一个厂家取得联系,并三次自费去丹阳进行洽谈。真诚与执着,终于感动了这家企业老总,答应帮助她办企业。

　　2008年9月10日,嵇芳创办的"涟水县雨露医疗器械厂"成立了。企业吸纳村内富余劳动力25人,人均年收入10 000元左右。村民在家门口就有事可做了,无事赌博的现象也少了,整个村子的精神风貌焕然一新。

本案例由本书编委会成员整理

　　其三是通过缝隙来借成熟产品的东风,同样是对优势资源的借助。有许多产品有着很长的历史,在漫长的年月里,留给老百姓不可磨灭的印象,形成了稳定的消费群体。与它的历史久远相联系,其生产工艺,销售模式是成熟的,但生产经营者和消费者对它的缺陷也司空见惯,不去用心琢磨。有的没有进行标准化生产,有的在工艺上并不讲究,有的不搞品牌推广,有的包装老套,有的在质量上存在缺欠,有的在某些功能上明显不足,也有的功能多余。这就为稳健的创业者留下空隙:在接受这个成熟的产品的同时,改进它的缺陷,强化、优化、细化某些功能。这就是从成熟产品的薄弱处入手,对其优势的借助。

案例导读 3-19

分 众 传 媒

　　江南春在上海经营着一家名叫永怡传播的广告公司。昌盛时,永怡传播曾经占有上海IT业广告份额的95%,后因IT业不景气,他的日子也不好过。

　　他跑了许多地方,都不得要领,后来相中了写字楼,觉得目前写字楼广告还是广告市场的一个空白点,而且里面进进出出的都是公司白领,经济上比较强势,正是那些经营中高档商品的广告业主最看重的传播对象,"含金量"非常高。一个全新的创意就产生出来了:写字楼广告。江南春很兴奋,马上跑去跟国贸大厦老板商量,遭到了拒绝。

　　有一次,在上海国贸等电梯的时候,听到许多人埋怨电梯太慢,不禁心中豁然开朗。心里想,电梯慢,大众不满,物业也难受,如果这时候有些有趣的东西可以给等电梯的乘客观看,大家岂不就不嫌电梯慢了。

　　这样,他就进一步对写字楼广告空间进行了细分,专门做写字楼电视广告,档次较高,布局整齐,广告播出频次高、周转快、效益较好,同时不影响写字楼形象,比较容易获得写字楼方面的认可。

本案例由本书编委会成员整理

　　其四是向前看,市场竞争似乎有新的趋势,国际上大企业间整合、重组、并购,商业巨头抢占销售终端,互联网谋划物流配送。这些现象会让我们想到企业竞争的新特点,那就是大型的企业集团之间,不同的物流配送网络之间,商业连锁系统之间的竞争,会成为今后企业竞争的新景观。新景观启发我们,在创业的开端,为了资金的安全,为了获得现代商务的历练,加入一个企业集团运行的链条,进入一个商业流通的环节,参与一个供应或配送体系等,都可以作为创业投资的切入口。

> **案例导读 3-20**

郭台铭的创业故事

郭台铭求学期间,他曾在橡胶厂、砂轮厂和制药厂打工,靠半工半读完成了学业。服完兵役后,郭台铭在复兴航运公司当起了业务员。和大多数台商一样,郭台铭的偶像王永庆有着卖米起家的传奇故事,而他自己的创业故事也十分传奇。

20世纪70年代是台湾经济即将腾飞的时候,时年24岁的郭台铭遇到这样一个机会:一位朋友告诉他,自己认识的外商有一批塑料零件的订单,想找公司承接生产。郭台铭想,有现成的订单,顺势办一个这样的厂,肯定赚钱。就这样,郭台铭出资10万元新台币与朋友在台北县成立了"鸿海塑料企业有限公司",招聘了15名员工,在租来的70平方米的厂房里开了张。

20世纪80年代,世界进入个人电脑时代,郭台铭靠所掌握的成熟模具技术,以连接器、机壳等产品为重心,力行"量大、低价"的竞争策略,迅速占领市场。1982年公司再度更名为"鸿海精密工业股份有限公司",郭台铭继续投资1 600万元进入计算机线缆装配领域。

本案例由本书编委会成员整理

第二节 创业机会识别

> **学习内容**
> 了解影响创业机会识别的因素,理解创业机会识别的一般过程,掌握创业机会识别的方法。

2.1 影响机会识别的关键因素

创业机会识别是创业领域的关键问题之一。从创业过程角度来说,它是创业的起点。创业过程就是围绕着机会进行识别、开发、利用的过程。识别正确的创业机会是创业者应当具备的重要技能。

创业机会以不同形式出现。焦点多集中在产品的市场机会上,但是在生产要素市场上也存在机会,如新的原材料的发现等。许多好的商业机会并不是突然出现的,而是对于"一个有准备的头脑"的一种"回报"。在机会识别阶段,创业者需要弄清楚机会在哪里和怎样去寻找。

在现有的市场中发现创业机会,是很自然和较容易的选择。一方面,它与我们的生活息息相关,能真实地感觉到市场机会的存在;另一方面,由于总有尚未全部满足的需求,在现有市场中创业,能减少机会的搜寻成本,降低创业风险,有利于成功创业。现有的创业机会存在于:不完全竞争下的市场空隙、规模经济下的市场空间、企业集群下的市场空缺等。

不完全竞争下的市场空隙。 不完全竞争理论或不完全市场理论认为,企业之间或者产业内部的不完全竞争状态,导致市场存在各种现实需求,大企业不可能完全满足市场需求,必然使中小企业具有市场生存空间。中小企业与大企业互补,满足市场上不同的需求。大中小企业在竞争中生存,市场对产品差异化的需求是大中小企业并存的理由,细分市场以及系列化生产使得小企业的存在更有价值。

规模经济下的市场空间。规模经济理论认为,无论任何行业都存在企业的最佳规模或者最适度规模的问题,超越这个规模,必然带来效率低下和管理成本的提升。产业不同,企业所需要的最经济、最优成本的规模也不同,企业从事的不同行业决定了企业的最佳规模,大小企业最终要适应这一规律,发展适合自身的产业。

企业集群下的市场空缺。企业集群主要指地方企业集群,是一组在地理上靠近的相互联系的公司和关联的结构,它们同处在一个特定的产业领域,由于具有共性和互补性而联系在一起。集群内中小企业彼此间发展高效的竞争与合作关系,形成高度灵活专业化的生产协作网络,具有极强的内生发展动力,依靠不竭的创新能力保持地方产业的竞争优势。

1. 潜在的市场机会

潜在的创业机会来自于新科技应用和人们需求的多样化等。成功的创业者能敏锐地感知社会大众的需求变化,并能够从中捕捉市场机会。

新科技应用可能改变人们的工作和生活方式,出现新的市场机会。通讯技术的发展,使人们在家里办公成为可能;互联网的出现,改变了人们工作、生活、交友的方式;网络游戏的出现,使成千上万的人痴迷其中,乐此不疲;网上购物、网络教育的快速发展,使信息的获取和共享日益重要。

需求的多样化源自于人的本性,人类的欲望是很难得到满足的。在细分市场里,可以发掘尚未满足的潜在市场机会。一方面,根据消费潮流的变化,捕捉可能出现的市场机会;另一方面,根据消费者的心理,通过产品和服务的创新,引导需求并满足需求,从而创造一个全新的市场。

2. 衍生的市场机会

经济活动的多样化和产业结构的调整等会带来衍生的市场机会。

首先,经济活动的多样化为创业拓展了新途径。一方面,第三产业的发展为中小企业提供了非常多的成长点,现代社会人们对信息情报、咨询、文化教育、金融、服务、修理、运输、娱乐等行业提出了更多更高的需求,从而使社会经济活动中的第三产业日益发展。由于第三产业一般不需要大规模的设备投资,它的发展为中小企业的经营和发展提供了广阔的空间。另一方面,社会需求的易变性、高级化、多样化和个性化,使产品向优质化、多品种、小批量、更新快等方面发展,也有力地刺激了中小企业的发展。

其次,产业结构的调整与国企改革为创业提供了新契机。党的十六大报告指出"要深化国有企业改革,进一步探索公有制特别是国有制的多种有效实现形式,大力推进企业的体制、技术和管理创新。除极少数必须有国家独资经营的企业外,积极推进股份制,发展混合所有制经济。"因此,随着国企改革的推进,民营中小企业除了涉足制造业、商贸餐饮服务业、房地产等传统业务领域外,将逐步介入中介服务、生物医药、大型制造等有更多创业机会的领域。

3. 成功的创业机会识别所需的条件

面对具有相同期望值的创业机会,并非所有潜在创业者都能把握。成功的机会识别是创业愿望、创业能力和创业环境等多因素综合作用的结果。

首先,创业的愿望是机会识别的前提。创业愿望是创业的原动力,它推动创业者去发现和识别市场机会。没有创业意愿,再好的创业机会也会视而不见,或失之交臂。

其次,创业能力是机会识别的基础。 识别创业机会在很大程度上取决于创业者的个人(团队)能力,这一点在《当代中国社会流动报告》中得到了部分佐证。报告通过对1993年以后私营企业主阶层变迁的分析发现,私营企业主的社会来源越来越以各领域精英为主,经济精英的转化尤为明显,而普通百姓转化为私营企业主的机会越来越少。国内外研究和调查显示,与创业机会识别相关的能力主要有:远见与洞察能力、信息获取能力、技术发展趋势预测能力、模仿与创新能力、建立各种关系的能力等。

最后,创业环境的支持是机会识别的关键。 创业环境是创业过程中多种因素的组合,包括政府政策、社会经济条件、创业和管理技能、创业资金和非资金支持等方面。一般来说,如果社会对创业失败比较宽容,有浓厚的创业氛围;国家对个人财富创造比较推崇,有各种渠道的金融支持和完善的创业服务体系;产业有公平、公正的竞争环境,那就会鼓励更多的人创业。

2.2 识别创业机会的一般过程

创业机会的识别的过程,是创业者对内自我剖析和对外环境把握的一个过程,有三个阶段:第一阶段是充分发掘出创业机会;第二阶段是排除受严重限制的创业机会;第三阶段是对创业机会进行排序。

第一阶段:充分发掘创业机会。 从创业机会来源的不同视角,创业者结合个人与环境特征,充分发掘创业项目,之后将每个创业项目写下来。

第二阶段:排除受严重限制的创业机会。 主要有10个方面的限制。(1)政策限制的。国家明确规定了有些领域是民间投资者不能进入的,有的行业的发展是在限制之列的。(2)不环保的。这是高压线,一旦碰上,不死掉也是后患无穷麻烦不断,除非你有解决的办法。(3)资源紧缺的。原料、材料、辅助材料绝对量日益减少,或者被国家和垄断组织控制着。(4)易燃易爆的。必定增加生产、储备、运输,销售的难度和风险,并时刻受到有关部门的监督。(5)消费能力很低的。如果你的产品和服务是面对一个消费能力极其低下的群体,又不可能在短时间内形成规模,盈利是困难的。(6)没有突出优势的。要么是技术的,要么是成本的,要么是功能的,要么是特色的,要么是地域、自然资源的,要么是经营模式的,与同类相比总要有点强人之处。(7)需要转变消费观念的。培养市场不属于创业者,尤其是涉及观念的转变,那是政府、社会、多个企业若干年时间才能办到的事情,你何苦当"冤大头"。(8)启动资金很大的。在没有前期运作过程,不能充分证明项目的优势的时候,千万不要指望私人股权资本和职业投资机构给你投资。(9)直接面对强大对手的。对方已有品牌、技术、市场和消费者认知,密集地占据你所在的地盘,与其直接对抗是不明智的,除非有某种优势为内涵的差异。(10)严重依附于人的。你的存在是建立在别的存在的基础之上,而这个"别的存在"又是自己不能控制的,终究有麻烦,不论是原料、技术和市场。

第三阶段:对创业机会进行排序。 有两个标准:其一是市场需求;其二是自身优势。市场需求必须是直观而具体的,这就需要把标准,表现为五个单项内容:正当的,恒久的,潜在的,有支付能力的,客户目标清楚的。自身优势是创业者本身具有的强项,优势作为标准,也表现为五个单项内容:专业的知识,经验的积累,拥有的资源,独有的强项,特别的兴趣。将每一个创业机会按照两个标准进行对比,符合的内容越多且分布越均衡,就是优先选择的创业机会。

2.3　识别创业机会的行为技巧

可以通过多种方法和技巧识别创业机会,这里主要通过对比来识别机会。

现有市场机会和潜在市场机会。 市场机会中那些明显未被满足的市场需求称为现有市场机会,那些隐藏在现有需求背后的、未被满足的市场需求称为潜在市场机会。现有市场机会表现明显,往往发现者多,进入者也多,竞争势必激烈。潜在市场机会则不易被发现,识别难度大,往往蕴藏着极大的商机。

行业市场机会与边缘市场机会。 行业市场机会是指出某一个行业内的市场机会,而在不同行业之间的交叉结合部分出现的市场机会被称为边缘市场机会。一般而言,人们对行业市场机会比较重视,因为发现、寻找和识别的难度系数较小,但往往竞争激烈,成功的几率也低。而在行业与行业之间出现"夹缝"的真空地带,往往无人涉足或难以发现,需要有丰富的想象力和大胆的开拓精神,一旦开发,成功的概率也较高。

目前市场机会与未来市场机会。 那些在目前环境变化中出现的市场机会称为目前市场机会,而通过市场研究和预测分析它将在未来某一时期内实现的市场机会称为未来市场机会。如果创业者提前预测到某种机会会出现,就可以在这种市场机会到来前早做准备,从而获得领先优势。

全面市场机会与局部市场机会。 全面市场机会是指在大范围市场出现的未满足的需求,如国际市场或全国市场出现的市场机会,着重于拓展市场的宽度和广度。而局部市场机会则是在一个局部范围或细分市场出现的未满足的需求。在大市场中寻找和发掘局部或细分市场机会,见缝插针,拾遗补缺,创业者就可以集中优势资源投入目标市场,有利于增强主动性,减少盲目性,增加成功的可能。

第三节　创业机会评价

> **学习内容**
> 　　了解创业机会评价的特殊性,理解创业机会评价的策略与技巧,掌握有价值的创业机会的基本特征,掌握个人与创业机会的匹配内容。

3.1　有价值的创业机会的基本特征

有价值的创业机会一般具有价值性、时效性、持久性等基本特征。

首先,一定要符合未来发展的趋势,正所为顺势而上,逆势而亡,把握行业发展趋势,方能抓准产品的设计,更好满足用户的需求,进而创造价值。其次,公司的产品一定要好,因为产品是一个公司的灵魂,是创业者用于和消费者进行交换的资源,好的资源会促进交换的发生。再次,产品在市场的占有率,说的人多,做的人少,说明市场还很大。还有就是在创业路上有人给你提供指导经验和方法,帮助你成功。

3.2 个人与创业机会的匹配

创业机会随处可见,从个人的视角,不是每一个创业机会都能够把握住。有些创业机会能够看到,但以个人当下可以整合的资源,无法把握住机会,这样的创业机会的价值潜力再大,盲目行动都会导致失败,如何能判断创业机会与个人的适应,主要从个人积累、社会网络、资金状况和创造性四个方面评价。

个人积累层面。不同的教育背景和生活背景能够带来不同的创业机会,在先前经验和经历中产生创业机会。在特定产业中的先前经验有助于创业者识别机会。有调查发现,70%左右的创业机会,其实是在复制或修改以前的想法或创意,而不是全新创业机会的发现。

专业知识中产生创业机会。拥有在某个领域更多专业知识的人,会比其他人对该领域内的机会更具警觉性与敏感性。例如,一位计算机工程师,就比一位律师对计算机产业内的机会和需求更为警觉与敏感。

社会网络层面。社会网络是指社会个体成员之间因为互动而形成的相对稳定的关系体系,社会网络关注的是人们之间的互动和联系,社会互动会影响人们的社会行为。个人社会关系网络的深度和广度影响着机会识别,这已是不争的事实。通常情况下,建立了大量社会网络的人,会比那些拥有少量网络的人容易得到更多机会。

资金状况方面。资金是创业过程中不可或缺的重要资源,创业之初,大多数创业者都没有充足的资金。不同的创业机会需要的启动资金的数量不同,这就决定了有些启动资金大的创业机会不好把握。而创业之初的资金大都是创业者自己或者家族的积累。创业者能够调动的现金的数量影响着其能够把握的创业机会。

创造性方面。从某种程度上讲,机会识别实际上是一个创造过程,是不断反复的创造性思维的过程。在许多产品、服务和业务的形成过程中,甚至在许多有趣的商业传奇故事中,我们都能看到有关创造性思维的影子。

3.3 创业机会评价的特殊性

任何一个创业机会,在创业者评价和选择过程中,都有三个根本性的矛盾。

一是能力与实践的矛盾。创业是创造性的实践活动,获得这种能力的唯一的途径是实践的历练。而创业者通常是在没有实践经验的情况下开始实践,在不具备创业能力的情况下进行创业。这便产生创业能力与创业实践的矛盾。矛盾决定了能力的获得与能力的产生总是同步进行的。进而决定了取得这种能力的费用是高昂的。创业机会评价总是在创业者不能完全把握创业机会的情况下评价创业的。

二是功能创造与功能决定的矛盾。不论是提供物质产品还是服务产品,都是一种有效用的功能。创业者是功能的创造者,而功能的有效与否,最终决定于功能使用者的货币选票。矛盾就这样产生了,功能制造者不是功能决定者,而功能决定者不是功能制造者。这个矛盾是市场未知性的表现,决定了创业的风险性。

三是演习和实战的矛盾。在创业初期所做的事情都具有探索的特征、实验的性质。这便产生了一个矛盾:本来属于探索的对象,却当成了确定的对象,本来属于实验的内容,却要当作真实的内容来做,对具有探索、实验性质的事情,却必须实实在在地做。这是用实战的方式进行事实上的演习,是用演习的本事去应对真刀真枪的实战。

3.4 创业机会评价的技巧和策略

创业者自身的特征及想法固然重要,但并不是每个想法都能转化为创业机会。许多创业者仅凭想法去创业,也对创业充满信心,但最终却失败了。不是每个创业机会都会给创业者带来益处,每个创业机会都存在一定的风险,因此,创业者在利用创业机会之前要对创业机会进行科学地分析与评价,然后做出相应的决策。评价创业机会,需要采取科学的评价方法。接下来介绍蒂蒙斯和刘常勇两位学者对创业机会的评价。

蒂蒙斯教授提出的创业机会评价框架是相对比较完善的,他认为,创业者从行业和市场、经济因素、收获条件、竞争优势、管理团队、致命缺陷问题、个人标准、理想和现实的战略差异8个方面进行评价(见表3-1)。

表3-1 蒂蒙斯的创业机会评价框架

行业和市场	(1)市场容易识别,可以带来持续收入。 (2)顾客可以接受产品或服务,愿意为此付费。 (3)产品的附加价值高。 (4)产品对市场的影响力高。 (5)将要开发的产品生命长久。 (6)项目所在的行业是新兴行业,竞争不完善。 (7)市场规模大,销售潜力达到1千万到10亿。 (8)市场成长率在30%～50%,甚至更高。 (9)现有厂商的生产能力几乎完全饱和。 (10)在5年内能占据市场的领导地位,达到20%以上。 (11)拥有低成本的供应商,具有成本优势。
经济因素	(12)达到盈亏平衡点所需要的时间在1.5—2年以下。 (13)盈亏平衡点不会逐渐提高。 (14)投资回报率在25%以上。 (15)项目对资金的要求不是很大,能够获得融资。 (16)销售额的年增长率高于15%。 (17)有良好的现金流量,能占到销售额的20%～30%。 (18)能获得持久的毛利,毛利率要达到40%以上。 (19)能获得持久的税后利润,税后利润率要超过10%。 (20)资产集中程度低。 (21)经营资金不多,需求量是逐渐增加的。 (22)研究开发工作对资金的要求不高。
收获条件	(23)项目带来的附加价值具有较高的战略意义。 (24)存在现有的或可预料的退出方式。 (25)资本市场环境有利,可以实现资本的流动。
竞争优势	(26)固定成本和可变成本低。 (27)对成本、价格和销售的控制较高。 (28)已经获得或可以获得对专利所有权的保护。 (29)竞争对手尚未觉醒,竞争较弱。 (30)拥有专利或具有某种独占性。 (31)拥有发展良好的网络关系,容易获得合同。 (32)拥有杰出的关键人员和管理团队。

续表

管理团队	(33)创业者团队是一个优秀管理者的组合。 (34)行业和技术经验达到了本行业内的最高水平。 (35)管理团队的政治廉洁程度能达到最高水准。 (36)管理团队知道自己缺乏哪些方面的知识。
致命缺陷问题	(37)不存在任何致命缺陷问题。
个人标准	(38)个人目标与创业活动相符合。 (39)创业家可以做到在有限的风险下实现成功。 (40)创业家能接受薪水减少等损失。 (41)创业家渴望进行创业这种生活方式,而不只是为了赚大钱。 (42)创业家可以承受适当的风险。 (43)创业家在压力下状态依然良好。
理想与现实的战略差异	(44)理想与现实情况相吻合。 (45)管理团队已经是最好的。 (46)在客户服务管理方面有很好的服务理念。 (47)所创办的事业顺应时代的潮流。 (48)所采取的技术具有突破性,不存在许多替代品或竞争对手。 (49)具备灵活的适应能力,能快速地进行取舍。 (50)始终在寻找新的机会。 (51)定价与市场领先者几乎持平。 (52)能够获得销售渠道,或已经拥有现成的网络。 (53)能够允许失败。

刘常勇教授认为,主要从市场评价和回报评价两个维度进行创业机会评价(见表3-2)。

表3-2　刘常勇的创业机会评价框架

市场评价	(1)是否具体有市场定位,专注于具体顾客要求,能为顾客带来新的价值。 (2)依据波特的五力模型进行创业机会的市场结构评价。 (3)分析创业机会所面临市场的规模大小。 (4)评价创业机会的市场渗透力。 (5)预测可能取得的市场占有率。 (6)分析产品成本结构。
回报评价	(7)税后利润至少高于5%。 (8)达到盈亏平衡的时间应该低于2年。 (9)投资回报率应高于25%。 (10)资本需求量较低。 (11)毛利率应该高于40%。 (12)能否创造新企业在市场上的战略价值。 (13)资本市场的活跃程度。 (14)退出和收获回报的难易程度。

在现实的创业活动中,创业者很难按照学者制定的指标去一一评价,指标给创业者在面对创业机会选择时提供了思路,创业机会选择大都是感性的,创业每一步需要理性前行,所

以更多的理论架构能够在一定程度上制约创业者的感性,促进创业的成功。

本 章 小 结

　　创意对创业有重要作用,产生创意有四种方法,分别是:联想法产生创意、头脑风暴法产生创意、组合法产生创意和移植法产生创意。
　　商业机会。是指存在于某种特定经营环境条件下,企业可以通过一定的商业活动发现、分析、选择、利用,并为企业创造利润和价值的市场需求。
　　商业机会的特点具有:潜在性、针对性、利益性、公开性、竞争性和时效性。
　　创业机会分为创新型创业机会和模仿性创业机会。
　　创业机会产生可以从三个视角进行挖掘,分别是:从创业者自身上去找到创业机会、在生活中发现创业机会和从产业中挖掘创业机会。
　　在创业机会识别过程中,要善于发现创业机会,努力结合自身把握创业机会,用于尝试检验创业机会。

▶ 案例分析

巧开格子店

　　1983年出生在上海的莫小言是个典型的"80后"女孩,活泼开朗、富有激情,清秀的外表透着灵气。遗憾的是,2006年大学毕业后,莫小言并没有找到合适的工作,让她有些沮丧。
　　这天,莫小言漫不经心地在网上点击着,突然,一则"另类致富"的信息引起了她的注意:2005年8月,一名英国大学生建立了一个名叫"百万首页"的网站,然后将这个网站的首页平均分成1万个小格子,每个格子以100美元出售。买家可以在格子中随意放任何虚拟的东西,比如网站的图标、名字、链接等。很快,一万个格子销售一空,这名大学生摇身一变成为了百万富翁。
　　"原来赚钱这么容易!自己能不能建一个中文版的格子网呢?"莫小言盘算着,但她转念一想:"俗话说,跟风者必死,再说我也不懂这方面的技术,此路不通。"然而"80后"年轻人的聪明程度、创意程度都非常高,很快一个新奇的想法又从她脑子里冒了出来:"我可以把'小格子'搬到实体店铺中来经营啊!赚钱的道理应该是一样的。"
　　莫小言立即把这一想法告诉了男友。男友有些不明白,莫小言马上解释道:"现在市面上的店铺都只是卖自己的东西,如果我租一个门市,将铺面分割成若干个小格子,然后分租给别人,租户用这些空格子爱卖什么卖什么,我负责替他们看管、销售。肯定能行!""想法倒是新鲜,可行得通吗?"男友仍然怀疑。莫小言继续解释:"商场不也是把偌大的空间分割开来出租吗?我出租的空间只不过小巧罢了,可我的优势在于租金便宜啊。而且现在想开店的人面临的最大难题就是房租太贵,我这个创意正好解决了他们难题。"
　　这是一个全新的点子,没有任何经验可以借鉴。然而"80后"年轻人还有一大特点就是富有激情，说干就干。虽然面对许多不确定因素，但莫小言还是迅速开始行动。

首先，她对格子店进行了定位：出租对象是跟自己一样有着致富梦想，但因缺乏资金或时间而开不了实体店的年轻人。受格子大小的限制，销售的产品以新、奇、特的小产品为主，顾客目标瞄准时尚的白领一族。越想越觉得可行，于是她开始筹款寻找门面。经过考察、对比，莫小言最终在有"都市生活的橱窗"之称的购物大街，以每月1万元租下了一个30多平方米的门面。店铺装修时，为了显得整洁、有序，莫小言将格子的规格统一为40×30×25cm，用透明玻璃隔开。三面墙共计320个格子，看上去小巧别致。为了方便租户存放货物，她还在店铺的里屋设计了储物室。马不停蹄地办完开店手续，国内第一家格子店终于闪亮登场了。

很多创业"前辈"都觉得"80后"的年轻人聪明，因为他们很善于找捷径。以前很多需要跑出去直接面对客户的工作，"80后"经常坐在家中就能轻松搞定。这不，莫小言的广告宣传工作在家里敲敲键盘就做完了。吸引来第一个客户用了多长时间呢？只有15分钟。

开业前夕，莫小言在家里写了一篇招租信息发到上海同城BBS上，题为《我的店铺你做主，100元也能做老板》："你是否因缺乏本钱而将创业的梦想搁浅于心底？你是否因缺乏精力而无暇兼顾工作之外的小生意？现有这样一家店铺，它地处最繁华的购物大街，铺面被分割成了许许多多的小格子，根据位置的不同，你每月只需付100—400元租金，即可在格子里摆放任何小商品让店主替你销售。不用承担风险，不用时刻操心，便可坐收'渔利'。"上海同城BBS是个年轻人聚集的地方，大家都是年人，沟通更容易。而且年轻人容易接受新事物，况且很多人也都有开店的想法。因此，此帖一出，立即在论坛中引起强烈反响，大家纷纷跟帖称赞："有创意！""高，实在是高！"……发帖不到15分钟，便有人打来了电话。对方称，她在购物大街附近的一家日企上班，一直想开一家日本小玩偶专卖店，但高额房租的风险让她一直不敢行动，"花几百元就可以把东西摆进购物大街，真划算！我预定一个格子，要最好的位置！"

接着，莫小言接到了第二个、第三个电话……短短三天，300多个格子便预定出了近四分之一。店铺还没正式开张，便有两万元进账，两个月的门面租金出来了。

接下来，租户们纷纷将产品放进了自己的格子。为了让大家充分体现个性魅力，莫小言在如何布置商品的细节上给了租户完全的自主权。因为她知道，租户里有很多人都跟她一样属于"80后"群体，大家都有很强的个性喜好，这种个性一旦被束缚，很容易就会产生逆反心理。那样的话，估计租户扭头就走了。

几天时间，一个个黄色的小格子填满了五花八门的商品，有风情万种的帽子，有妩媚动人的小洋人玩具，有时尚精致的腕表，有造型奇特的打火机……即便你不买东西，进去逛一逛也是种享受。莫小言环视着自己的创意，不禁暗暗夸奖起自己来。

一切准备妥当后，2006年9月8日，莫小言的格子店正式对外营业了。一些顾客走进格子店，挑这选那，还不时发出淘到宝贝的惊喜之声。一位戴墨镜的小姐纳闷地问道："你到底是卖什么的啊，怎么什么都有？"莫小言笑了："我是这家店的老板，但这些东西都不是我的。我将这里的空格子出租给需要卖东西的人，然后帮他们照看。每隔一段时间租户只需要到我这补货、拿销售款就可以了。现在还有一些空格子，如果你感兴趣的话，不妨租一个当翘脚老板。"没想到，莫小言真把她说动心了，她决定先租一个月试试。第二天，她便将一款九成新的LV包放进了格子，并向莫小言交代了底价。不到一周的时间，这款LV包便出手了。

国庆节期间,三个年轻小伙子来到格子店,向莫小言打听工艺品的销售情况。细细一问,原来他们是美术学院的学生,他们一直想将原创的手工艺品转化为商品,但因担心市场风险而迟迟不敢开专卖店。莫小言告诉他们:"我也是刚毕业的,知道你们的不易,建议你们三个先合租一个格子放几件得意的作品试试看。租金平摊下来也就三四十元,就当少吃一顿肯德基。"三个学生觉得有道理,再加上跟店主很谈得来,于是合租了一个120元的格子。

就这样,凭着格子店的独特魅力和莫小言的伶牙俐齿,到10月份,店里的格子全部租出去了。一算账,开业头一个月居然有5万多元的净利润。

相对来说,"80后"年轻人干什么事耐力都较差。要想维持长久,能否养成兴趣很重要。拿年轻人玩网络游戏打个比方,几天几夜不吃不喝都能坚持。为什么?因为他们有兴趣。干起格子店后的莫小言与此相似,因为对这个生意有了兴趣,所以她钻了进去。再加上"80后"年轻人受网络技术飞速更新换代的影响,对"更新"有着强烈的追求,这促使莫小言不断为生意注入新的生命元素。

第一项更新的是提供增值服务稳定租户。按理讲,莫小言的主业生意是出租格子,而销售产品,则是她替人免费"打工",至于卖得好不好,本来跟她无关。但莫小言逐渐认识到:只有租户的产品卖得好,自己的格子才能租得俏。为此,莫小言推出了增值的租后服务,以此来稳定客户。

首先,她聘请了两名机灵的女孩专门负责产品的介绍和推销,争取在顾客咨询过程中提高成交率。同时,她还设置了一份统计表,将每一个格子销售的数量、金额和销售对象以及具体销售时间等信息都详细记录了下来,为租户提供调整产品或价格的依据。此外,她每天还要对格子里的"宝贝们"进行简单保养。这些细致入微的服务,让顾客和租户都感到非常满意。

第二项更新是实现与网店的结合,既稳定租户,又提高了人气。这一想法缘自莫小言细心发现的一个现象:到格子店买衣服的顾客特别多,有的格子一天能卖出好几十件。她很纳闷,是什么招数让一个小格子比一些大店铺的生意还好?莫小言忍不住好奇向一位卖衣服的租户打听缘由,对方告诉她:"我在淘宝网上开了一家服装店。之前由于无法试穿,成交量很小。在你这租下三个格子后,我在网店上公布了格子店的地址和我的格子编号,让顾客直接到这里来试穿,结果销量大增。"

原来格子还可以这样利用。莫小言顺藤摸瓜,发现自己的租户在网上开店的占到一半以上。"看来我要把网上开店的租户作为重点维护一下。如果能把他们的客户都拉到我这来转转,人气肯定会大增。到时候其他租户的东西也一定好卖,我的生意自然就更稳定了。"想到此,莫小言开始征询网上开店的租户有什么问题需要帮忙。她了解到:网购顾客对快递公司的投诉率居高不下,或是产品有损坏,或是不能按时送达……这一问题让网店很多订单夭折。随即莫小言发布了新的经营举措:为了方便和保险起见,开网店的租户可以让他们的顾客在网上付款后,直接凭身份证和取货密码到格子店取货。租户对此大加赞赏,莫小言的格子店又"兼职"成了网购的取货处,每日顾客盈门。人气旺了,所有的产品销量都有所提高。然而正当莫小言开心、思考如何更新经营手段时,其他方面出现了问题。

2007年3月的一天,一位美女气势汹汹地来到格子店,"瞧,这是我在你这买的珍珠项链,才戴了半个月就掉色了,根本就是条假的!"莫小言赶紧打电话向租户反映情况。对方一听出事了,立即挂掉了电话,之后再也联系不上了。

此时,莫小言才意识到自己的疏忽——以前觉得应该保护租户隐私,没有强制租户登记真实身份,结果出了假货连人都找不到。为了维护店铺的整体信誉,最终莫小言自掏腰包向这位顾客赔偿了2 000元钱。

经历这件事后,莫小言在客户管理上拿出了新的措施。不仅要求租户留下详细地址、身份证复印件,对产品也进行严格把关,主动要求工商部门对格子店进行检查,从源头上杜绝水货、假货。这个制度执行之初,店里空出了一些格子,引发了部分租户的不满:"你只收取租金就行了,管那么多干什么?"莫小言告诉他们:"我这是为你们好!顾客在这买到假货,下次还敢来吗?"

为了保证租户管理的效力,也为了保护顾客和自己的利益,从2007年7月1日起,莫小言跟每一位租户签订了《格子出租协议》,将租价、租期、账目结算方式、售后服务、赔偿等一系列问题都作出了详细规定。一旦发现租户有欺诈行为坚决予以清退,租户承担一切赔偿和法律责任。界定了责任后,她对店铺的管理变得更加轻松了。前不久,莫小言趁热打铁,在浦东开了第二家格子店,装修更为豪华,还设计了多种形状、多种规格的格子供租户选择。

本案例由本书编委会成员整理

💡 **分析**

(1)莫小言是如何发现创业机会的?
(2)莫小言如何巧妙设计自己的经营业务?
(3)莫小言在创业过程中遇到了哪些问题?如何解决的?

翻转课堂教学视频

《创业方式选择1—6》

内容概要与学习收获

在本主题的6个教学片中,几位在校大学生根据自己的实际情况,分别选择了不同的创业项目,而这几种不同的创业项目,恰恰又是最具典型性的创业方式。通过对这几个创业项目的分析和思考,结合专家的讲解和点评,可以帮助同学们理解和掌握最常见的六种创业方式,了解识别创业机会的一般步骤与影响因素,了解创业机会的具体发现途径和方法,习得有助于识别创业机会的行为方式。

《创业该从哪里开始》

内容概要与学习收获

在本片中,一位大学生在学习创业课程的过程中萌生了创业的想法,在自己的努力以及指导老师的帮助下,他得到了几个不同的创业机会,但却又陷入了选择的困境。通过对这几个不同的创业机会的分析和思考,结合专家的讲解和点评,可以帮助同学们理解不同创业机会的优势和劣势,以及如何结合自己的实际情况,选择适合自己的创业机会的思路和方法。

《加盟项目如何选择》

内容概要与学习收获

在本片中,一位大学生因为不希望过朝九晚五的上班族生活,打算通过加盟项目的方式开始自己的创业之路。经过一段时间的考察和准备,有两个加盟项目纳入了他的考虑范围,然而,就在他去其中一家洽谈具体加盟事宜的时候,意外地遇到了自己的师兄,他的师兄也给他推荐了一个自己已经加盟的项目,面临众多的创业机会,他应该做出什么样的选择?通过对这几个加盟项目的分析和判断,结合专家的讲解和点评,可以帮助同学们有效辨识创业机会中的利弊因素,避免在进行创业机会选择时做出错误的选择。

第四章 创业风险识别与控制

学习目标
　　理解创业风险的来源、构成与分类,掌握创业风险管理内容,学会创业风险管理的技巧与方法。

第一节 创业风险识别

学习内容
　　理解创业风险的来源,创业风险的构成,创业风险的分类。

1.1 创业风险的来源

　　创业环境的不确定性,创业机会与创业企业的复杂性,创业者、创业团队与创业投资者的能力与实力的有限性,是创业风险的根本来源。研究表明,由于创业的过程往往是将某一构想或技术转化为具体的产品或服务的过程,在这一过程中,存在着几个基本的、相互联系的缺口,它们是上述不确定性、复杂性和有限性的主要来源,也就是说,创业风险在给定的宏观条件下,往往就直接来源于这些缺口。

1.1.1 融资缺口

　　融资缺口存在于学术支持和商业支持之间,是研究基金和投资基金之间存在的断层。其中,研究基金通常来自个人、政府机构或公司研究机构,它既支持概念的创建,还支持概念可行性的最初证实;投资基金则将概念转化为有市场的产品原型(这种产品原型有令人满意的性能,对其生产成本有足够的了解并且能够识别其是否有足够的市场)。创业者可以证明其构想的可行性,但往往没有足够的资金将其实现商品化,从而给创业带来一定的风险。通常,只有极少数基金愿意鼓励创业者跨越这个缺口,如富有的个人专门进行早期项目的风险投资,以及政府资助计划等。

案例导读 4-1

融 资 歧 途

王东依靠自己的一项实用型专利,及多年经营采暖产品的经验,准备开发一款节能是具有微电子技术的采暖产品。把一项技术转化成产品并得到市场认可是很难的事情,他和妻子商议,决定找一个"智囊"来帮助。

他们请到了一个名叫魏洁的人。他在企业策划方面有独到的一套。他来到公司后,把公司的过去与现状仔细了解一遍,查阅了大量的行业资料之后,给老板王东做了如下陈述。

(1)这个专利是一种更新换代的产品。是介于北方普遍使用的家庭散热器片和空调采暖之间的缝隙产品。目前没有竞争对手,市场潜力巨大。

(2)由于技术含量显著,采用主动散热方式,价格定位可以略高于普通钢铸和铝铜复合的散热器片。

(3)公司目前的现实情况,不具备迅速把一个发明转化成生产与经营的条件。

(4)要突破困境,可以把项目投放到市场,用非常规的办法来运作"借船出海,捆绑合作。"

临近的一个乡镇,刚划拨了一片土地进行招商。魏洁进言:"如果有一块工业用地,好比有了一个借船出海的帆。可以把发明和土地捆绑来融资。有产品的科技含量和市场的潜力,再加上厂房土地,合作者会认为你是有实力的。"

王东豁然开朗。镇政府果然优惠,价值80万元的土地款首付10万元,一个月内给办好土地证。

接下来的三个月,设计工厂蓝图,制订融资计划,篡写商业计划书。几次谈判敲定了一家投资商。但投资商是这样规定的。

(1)合作方式是股份制。投资方实际投入资金1 000万左右,必须控股。

(2)知识产权和土地价值须经过评估,知识产权占股份比例不能大于5%。

(3)合资企业的管理层由控股方组建。

(4)三年后投资方以上市和股权回购的方式退出。

王东夫妻看到对方的条件后:"那不是自己建成的企业成了人家的吗?自己的脸往哪里搁?最差也要当个总经理吧。我的产品,怎么到了最后却没有我的份了?谁知道他们能把财务怎么搞,亏了我也说不出理由,三年后还要买回来,万一都让他们掏空了怎么办?我买回来岂不是一个空壳吗?"

魏洁哭笑不得:"股份制是现代企业制度,产权和管理都是透明的。人家控股了,那么多钱砸进去能不精心运作吗?以现有的管理水平和企业治理的理念,我们的水平是不能够担负起这个企业发展责任的。再说了,怎么把人家想得那么肮脏呢?一切都有法律约束,不相信他们,难道也不相信法律吗?"

王东和妻子坚持要在公司里面的总经理和财务上要一个角色。这种要求被对方否决。投资方对这样的合作伙伴没了兴趣,合作告吹。魏洁看着自己辛辛苦苦所做的一切被否定,只能长叹无奈,最后走人。

由于没有找到融资渠道,工地迟迟没开工。镇政府三番两次催促开工。最后了解到事情真相把王东告上法院。法院判定王东赔偿镇政府经济损失30万元。

本案例由本书编委会成员整理

1.1.2 研究缺口

研究缺口主要存在于仅凭个人兴趣所做的研究判断和基于市场潜力的商业判断之间。当一个创业者最初证明一个特定的科学突破或技术突破可能成为商业产品基础时,他仅仅停留在自己满意的论证程度上。然而,这种程度的论证后来不可行了,在将预想的产品真正转化为商业化产品(大量生产的产品)的过程中,即具备有效的性能、低廉的成本和高质量的产品,在能从市场竞争中生存下来的过程中,需要大量复杂而且可能耗资巨大的研究工作(有时需要几年时间),从而形成创业风险。

案例导读 4-2

"欧可拉"的悲惨命运

2004年底,李龙向"老父亲"李刚提出到广东自己创业。李刚同意李龙退股变现500万元。另借400万给他。李龙看不起"老父亲"做代理,他要自创品牌。李龙在广州成立了欧可拉时装有限公司,自任老总,副总若干人。设计总监是李龙年薪30万从其他公司挖过来的"宝"。自称毕业于法国欧可拉服装设计学院的阿钊,说欧可拉是罗马神话中的黎明女神,意味着曙光。

于是他在广州市元邦大厦租下一层年租金100多万元的办公室,装潢得精美绝伦。然后,陆续在北京等地大张旗鼓地开招商会。耗资上百万的招商会上,李龙特意将李刚请到现场,意气风发地向老头子展示15家自营店,上百经销商的战果。

李刚却忧心忡忡地三问:先把生产资金抽去用于开拓市场。可在服装行业沉浸了多年的有实力的老客户,哪个会轻易地投资一个没有市场知名度的产品?你这衣服高不成低不就到底是做给谁穿的?货品是从全国各地的加工厂发回广州的仓库,再从仓库发给全国各地的经销商,你这账目,被税务机关抽查是否确保过关?

老父李刚的金玉良言到了李龙那儿,永远只能得到负面的反弹。果然在一次抽查中被罚款100万元。不久,发往全国各地的货被悉数退回。经销商纷纷抱怨到:"衣服没法卖,个子偏矮的女孩子,只要不够瘦削,连中码都穿不上"。货被退回仓库,钱就进不了自己腰包,来回又有物流费用,那边还给加工厂开着延期支票,最后只能低价亏损清理服装。

远在昆明的李刚,不断接到儿子的电话:今天说加工费不够就打款20万,明天说工资都快发不上了又打款10万……这个快六十岁的老人几次为儿子的忤逆气得心脏病发。2006年4月,他又找借口向老父借了几十万,参加北京服饰博览会。"中国服装最佳品牌"的金字招牌被挂上了公司的门口。这时候,外债已经800多万元,2006年秋冬服饰的生产资金弹尽粮绝,他不得不开始拖欠员工工资。

江西加工厂发给云南的50万元货在广州货运站被人提走。广州那边经理带领员工开始罢工,几个副总早已不见踪影,催款的加工厂找上公司,员工都说"老板跑了",顿时闹的闹,抢的抢。公司40多台电脑被洗劫一空,仓库里价值500万元的货也不知被谁提走。人在深圳的李龙不得不真的选择了"落跑"。

本案例由本书编委会成员整理

1.1.3 信息和信任缺口

信息和信任缺口存在于技术专家和管理者(投资者)之间。也就是说,在创业中,存在两种不同类型的人:一是技术专家;二是管理者(投资者)。这两种人接受不同的教育,对创业有不同的预期、信息来源和表达方式。技术专家知道哪些内容在科学上是有趣的,哪些内容在技术层上是可行的,哪些内容根本就是无法实现的。在失败类案例中,技术专家要承担的风险一般表现在学术上、声誉上受到影响,以及没有金钱上的回报。管理者(投资者)通常比较了解将新产品引进市场的程序,但当涉及具体项目的技术部分时,他们不得不相信技术专家,可以说管理者(投资者)是在拿别人的钱冒险。如果技术专家和管理者(投资者)不能充分信任对方,或者不能够进行有效地交流,那么这一缺口将会变得更深,带来更大的风险。

案例导读 4-3

海归物流培训的心酸路

乔峰是从美国一家物流培训公司来的,对培训技术比较在行,用一万美金在归国创业园注册了美德物流培训股份有限公司,为物流企业提供培训、咨询和策划服务。他对培训和咨询的内容比较关注,而对市场推广、培训组织等需要实际去干的工作计划得杂乱无章。毕竟事业刚开始运作,把"产品"搞好是最重要的。

乔峰去见第一个股东介绍的潜在客户,可与对方的谈判只进行了几分钟就结束了。因为那个股东事先并没有做好计划工作,使得客户根本不知道要跟他谈什么。但冷静下来,他还是觉得是忽视了与客户的沟通,对客户资料没有建立详细的交流机制。

由于培训业务的进展全部寄托在股东带来的项目上,而对于项目市场开拓到现在还没有任何成熟的想法。用他的话说"现在真正干起来与我以前想象的差别很大,本以为有技术就行,可进入市场我就感觉力不从心了。"

股东有限,带来的两个项目全部搁置,跟进的新项目寻找又没有头绪。看得出来,股东们的心情开始浮躁,原先谈好的几个股东的资金基本都没到位。

他决定拿出 5 万元开始找项目。准备先从上海大众、顶易货运和两个大型物流园入手,期待的大项目却没了消息,冒险地改变也是种错误。

一个股东带来的小项目终于谈成了。并决定过两天就马上开课。第一次培训班开课,有点不习惯或者陌生,他的脸上还是有了点笑颜。可到了大厅,却呆住了,人来的很少,原定 50 个人的规模只有 11 个人报到。培训推迟到 9 点半,可还是没再来人。一天的时间过得很快,下午的培训也提前结束了。匆匆三个月的创业就这么收场了,赔掉 30 万元。

本案例由本书编委会成员整理

1.1.4 资源缺口

资源与创业者之间的关系就如颜料和画笔与艺术家之间的关系。没有了颜料和画笔,艺术家即使有了构思也无从实现。创业也是如此。没有所需的资源,创业者将一筹莫展,创业也就无从谈起。在大多数情况下,创业者不一定也不可能拥有所需的全部资源,这就形成了资源缺口。如果创业者没有能力弥补相应的资源缺口,要么创业无法起步,要么在创业中受制于人。

> **案例导读 4-4**

不 守 正 道

　　武汉的邹老板早年做餐饮起家,积累了一些资本。后来听说五金产品本小利大,就迅速转了行,希望从中赚一笔。2003年年初,他在临街的巷口开了一家五金店。

　　为了垄断这片街区的生意,邹老板仗着自己实力雄厚,疯狂降价。如一些水暖配件、小五金等常规产品,邹老板都只按成本销售。此举引起周边几家五金店的愤怒。几家同行私下组成同盟,先是陪着他降价,降不起的时候,就众口一词在顾客中诋毁他;同时,对周老板的供应商们,"同盟"由原来的零星进货改为集体采购,并把原来的月结改为现结。而这一切,邹老板都蒙在鼓里,等他醒悟过来时,店里的部分货物已经断档,导致一些顾客流失。

　　五金店开业后,有不少供应商上门推销劣质产品,起初邹老板一直不为所动。经营了一年多后,小店的牌子已经打出来了,他也渐渐感到,靠卖正品收回投资很慢。业内的一些老行家告诉邹老板,搭着卖一些"水货"没事,再说顾客中也有贪便宜的。于是,邹老板也开始低价进一些冒牌货,和正品搭着卖。时间一长。上门投诉的顾客多了,邹老板不仅赔了钱,还自毁了商誉。

　　邹老板请的两个帮工,都是熟人介绍来的。管账的小伙子是自家亲戚,脑子很活,业务上手也快,邹老板就让他当采购。不料,小伙子却利用邹老板不懂行的弱点,多次在供应商那里吃回扣。虽然每次拿的不多,但无形中还是加大了经营成本。

本案例由本书编委会成员整理

1.1.5　管理缺口

　　管理缺口是指创业者并不一定是出色的企业家,不一定具备出色的管理才能。进行创业活动主要有两种:一是创业者利用某一新技术进行创业,他可能是技术方面的专业人才,但却不一定具备专业的管理才能,从而形成管理缺口;二是创业者往往有某种"奇思妙想",可能是新的商业点子,但在战略规划上不具备出色的才能,或不擅长管理具体的事务,从而形成管理缺口。

> **案例导读 4-5**

健身跳跳球怎么跳不动了

　　成都新力量商务代理有限公司代理的产品是一种健身跳跳球,皮球两端各放一个脚踏板,人踏上去就可以跳着走,以达到健身的目的。当初公司的启动资金不到50万元,其中30万元以货抵资,20万元流动资金。

公司刚成立,老板就把办公地址选在了成都非常繁华的三星级宾馆写字楼内,月租金超过5 000元,首付半年共3万元,还要押金5 000元,在办公用品上力求高档,两台电脑及打印机投入近两万元;公司以直营为主,做现场促销活动的硬件也要投资,老板一鼓作气购进了三套"奥斯"高档舞台音响及几台大彩电,投入3万元;后来又买了一辆小汽车,花了3万多元。结果,一件产品还没卖出,流动资金只剩8.5万元了。

选好办公地点后,公司招聘了20多名销售员,开始分别在省展览馆、广场和公园展开促销活动。最初参照该产品在全国的促销提成比例,即每套售价为69元的产品提成3元。初期,促销人员都有很卖力,热情极高。一天下来,七八个人的促销团队可以销售近百套。由于提成不到300元,有几个促销员开始有情绪,他们认为自己为公司如此努力,得到的回报只有每套3元钱,而且还是几个人平分。有促销员把情况反映到促销主管处,促销主管当天又把情况反映给老板。老板是北方人,特别讲义气,看着公司每天都在赚钱,竟毫不思索地就同意提成由每套3元改为10元。此举非但不能稳定军心,反而会令促销员胃口大开,促销员的工资由原来的1 000多元一下子涨到了近2 000元。

大量的投资使公司在短期内就感到流动资金的压力。好在当时现场促销火爆,资金回笼较快,危险并未显现。然而春节过后,产品销量大打打折扣,公司资金周转不开,财务出现危机,导致后来很多的市场商机由此丧失,最终关门。

本案例由本书编委会成员整理

1.2 机会风险的构成

有价值的创业机会也是有风险的。创业者在创业过程中,面临着瞬息万变的市场环境,面临着激烈的市场竞争,创业者要深入理解风险和风险的构成,了解风险的类别,为防范风险作好准备。

1.2.1 机会风险的含义

风险就是生产目的与劳动成果之间的不确定性,大致有两层含义:一种定义强调了收益的不确定性;而另一种定义则强调成本或代价的不确定性。创业过程中的风险就是指产品市场推广的不确定性和产品制造的不确定性:市场推广的不确定性指产品生产出来是否能够销售出去,以怎样的价格销售出去等不确定;产品制造的不确定性指产品研发过程中技术在产品中的应用的消化程度,产品研发的时间周期控制等因素不确定。

1.2.2 风险的构成

风险的构成主要包括风险因素、风险事件和风险损失三个方面。

风险因素。主要包含有形风险因素和无形风险因素两大类。有形风险因素也称实质风险因素,是指某一标的本身所具有的足以引起风险事故发生或增加损失机会或加重损失程度的因素,如创业各要素存在的风险因素;无形风险因素是与人的心理或行为有关的风险因素,通常包括道德风险因素和心理风险因素,如创业中人的道德、心理状况等因素。

风险事件。风险事件也称风险事故,是指酿成事故和损失的直接原因和条件。风险一般只是一种潜在的危险,而风险事件的发生使潜在的危险转化成为现实的损失。从这个意义上来说风险事件是损失的媒介。创业中的风险事件是指导致创业风险损失的可能性变成了现实,如政策调整带来的损失等。

风险损失。 非故意的、非预期的和非计划的经济价值的减少和灭失,包括直接损失和间接损失。创业风险损失是由于风险事件的出现给创业者或者创业企业带来的能够用货币计量的经济损失。

1.3 机会风险的分类

1.3.1 按照风险来源的主客观性分类

可以分为主观风险和客观风险。主观创业风险,是指在创业阶段,由于创业者的身体与心理素质等主观方面的因素导致创业失败的可能性;客观创业风险,是指在创业阶段,由于客观因素导致创业失败的可能性,如市场变化、政策变化、竞争对手发展等。

> **案例导读 4-6**
>
> ### 开蛋糕店赚钱不成 3 个月转让
>
> 在上海媒体做广告工作的张小姐是个典型的高级白领,在上海繁华地段有一套公寓。由于自己经常加班,所以比较喜欢吃蛋糕甜点等小零食,每月消费都在千元左右。在购买时,张小姐看到蛋糕甜点店总是人潮如织,这使得她琢磨要在自己住的公寓小区里面开一个蛋糕店。"小区里住的也都是年轻人,消费量应该很大,每年应该也能挣个几十万元吧。"张小姐告诉记者。
>
> 确定想法后,她赶紧咨询同事、朋友们,他们也都非常肯定,说这个项目百分之百挣钱,这更加坚定了张小姐的信心。随后她立即着手准备开店,租店面、装修、引进烘烤设备,聘请服务员……经过一番筹备,蛋糕店隆重开业,张小姐还请了媒体的同事做了个小片花在电视上宣传。并开展优惠活动,最初一个月顾客购买甜点全部 8 折优惠。
>
> 前两天,小区里来询问的人还挺多,可是买的人很少。每天烘烤的面包和甜点由于只有一天的保质期,张小姐不得不痛心地看着大部分甜点被扔掉。就这样整整扔了一个月,张小姐开始反思:自己的创业是否正确、经过一段时间的心理斗争,3 个月后,她放弃了创业的念头,转让掉了蛋糕店。
>
> 本案例摘自创业第一步网,网址:http://www.cyone.com.cn/Article/Article_29365.html

1.3.2 按照风险影响的范围分类

可以分为系统风险和非系统风险。系统风险又称市场风险,也称不可分散风险是指由于多种因素的影响和变化,导致投资者风险增大,从而给投资者带来损失的可能性,系统性风险的诱因多发生在企业等经济实体外部,企业等经济实体作为市场参与者,能够发挥一定作用,但由于受多种因素的影响,本身又无法完全控制它,其带来的波动面一般都比较大,有时也表现出一定的周期性;非系统风险又称非市场风险或可分散风险,它是源于创业者或创业企业本身的商业活动和财务活动而引发的风险。

案例导读 4-7

电 动 扳 机

红阳机械有限公司从1997年出现了亏损,开始走下坡路,工厂陷入半停产状态。

这时,一项专利产品——电扳机出现在公司领导的面前。据专利持有人李某介绍:电扳机主要用于小轿车修理时更换轮胎,装卸一个轮胎用时不到3分钟,大大减轻司机的体力劳动。今后品种可扩展到货车,前景十分广阔。生产一台电扳机的成本仅为150—200元。如果销售价格在350元到400元一台,其利润不可谓不丰厚。对于价值几十万的汽车,配一台几百元的电扳机岂不是小事一桩吗?

李某声称,他在北京有关系,通过他完全可以打入大型汽车公司,进行批量生产。之后,李某拿出盖有中华人民共和国国家专利局公章的专利证书原件,又从密码箱中拿出一摞图纸。

李某对产品前景的描绘,终于打消了刘总的顾虑。寻找新的增长点是刘总最近苦苦思索的问题。于是红阳机械公司决定购买电扳机专利,一次性买断10万元。以后每出售一台,李某提20元。协议一签,红阳公司立即轰轰烈烈,声势浩大地干起来了。刘总在公司员工大会上说:"电扳机是红阳的希望,这一搏成功,将走出困境。"

四个月后,第一台电扳机试制成功,在公司里的小车上试验,性能良好。这时李某说要到北京联络关系,带着10万元现金离开了红阳公司。

工艺标准化后,4个月生产了1万台,在库房里堆积成一座小山。市场方面始终没有起色。全公司四个推销小分队奔赴全国各地,到小轿车生产厂家、出租汽车公司、甚至是维修点去推广,然而收效甚微。几个月下来只销售出去36台。一天,刘总无意间听到本公司小车司机说:"那东西,送给我都不愿用,既费马达又费电,还不如我手摇扳手快。"听者有意,司机的一番话彻底击碎了刘总的美梦。望着堆积如山的电扳机,刘总流出了悲伤的眼泪。

本案例由本书编委会成员整理

1.3.3 按风险的可控程度分类

可以分为可控风险和不可控风险。可控风险是指在一定程度上可以控制或部分控制的风险,如财务风险、团队风险等;不可控风险是指风险的产生与形成不能由风险承担者所控制,如宏观经济政策的变化,政治形势的变化等风险。

案例导读 4-8

洪金阳的创业故事

2005年初,洪金阳选择从沈阳一家培训学校辞职回大连,并一心想要创办自己的学校。

经朋友介绍,他结识了当时大连开发区一所民办学校的王姓校长。急于求成,在没签合同的情况下与该校长达成意向进行联合办学,利用双方经营项目不同,但可以资源共享并充分利用时间的优势,约定由校方提供经营场地,他提供计算机教学设备进行合作。但"合作"刚刚开始,由于那个所谓的王姓校长拖欠房屋出租方办公场地的费用以及无法给学生正常合理地分配工作,在他们合作半个月左右便销声匿迹。而房屋出租方认为他和王姓校长是合作伙伴而将所有债务转嫁到他的身上,并扣押了他的教学设备。这让洪先生顿时感觉从激情似火的夏季掉入了寒风刺骨的冬季。随后的三个月时间里,公安机关和他一直在寻找那位所谓的王校长……,就这样,在创业的脚步刚刚迈出的时候,现实给了他当头一棒。

本案例由本书编委会成员整理

1.3.4 按创业过程分类

可以分为机会的识别与评估风险、团队风险、确定并获取创业资源的风险、创业产品开发风险和创业企业管理风险。机会的识别与评估风险是指创业者在项目选择过程中,由于创业者信息掌握不够全面,能力不足,问题解决不当等客观、主观因素,面临创业方向选择和决策失误的风险;团队风险是在团队组建过程中,由于团队成员选择不当或者缺少合适的团队成员带来的风险;确定并获取创业资源的风险是指由于存在资源缺口,无法获得所需要的资源,或者得到所需要的资源对创业活动带来较高的风险;创业产品开发风险,是开发一个新产品,在产品开发过程中存在技术转化不好、开发周期过长等风险;创业企业管理风险是指由于管理方式、企业文化的选取与创建,建立企业组织、管理制度、营销方案等方面管理中存在的风险。

> **案例导读 4-9**

王先生的失败经历

王先生在一次春节的时候,看到村里外出经商的同龄人,带着一年经商办企业的丰硕果实喜洋洋地回家过年,大家十分羡慕。受到他感染,春节后村里几个年轻人要上河南办食品厂,想找合伙人一起干,于是王先生也心动了,拿出打工攒下的一万多元,东拼西凑筹集五万元,与朋友一起启程赴河南办食品厂。

刚来到河南时人生地不熟,他们整天像只无头苍蝇四处找场所办厂。由于资金不多,他们在郊区找到了一个空置的旧仓库,通过简单改造后就住下了。接下来是买设备购原料,终于把厂给办起来了。

可是接下来的路却更艰难:产品生产出来了,人生地不熟没有自己的市场,在产品销售时处处是拒绝与碰壁。几经周折,他们好不容易把产品打入了几家商店后,河南当地的同行找上门,说是强占他们地盘,抢了他们的生意,不让他们做。折腾了好久,实在无奈。后来在他人的提醒下,他们请房东吃了顿饭送了份礼,房东才出面来摆平这件事。

接下来房东要求加房租,从原来的每月700元一年内涨到了1500元。一时要搬厂房是不现实的,他们也只好任由涨价。还好1500元的房租尚能承受,也只好将就了。

有一次,在煮料生产环节上一工人未将绿豆煮熟,导致了生产出的一批绿豆饼发往市场后,不能保存,两三天就发生了霉变。于是,出现大批量的退货使刚发展起来的食品厂倒闭了。

本案例由本书编委会成员整理

1.3.5 按照风险内容的表现形式分类

可以分为机会选择风险、环境风险、人力资源风险、技术风险、市场风险、管理风险和财务风险。机会选择风险是指由于创业而放弃原来的属于创业者的机会,比如在原有职业上所丧失的潜在的升迁或发展的机会;环境风险是指创业活动所处的社会、政治、经济、法律环境等变化或由于自然灾害导致创业者蒙受损失;人力资源风险是指由于人的因素,对创业活动的开展产生不良影响或偏离经营目标的潜在可能性;技术风险是指由于技术成功的不确定性、技术前景、技术寿命的不确定性等,带来技术转化或技术使用过程中带来的风险;市场风险是指由于市场情况不确定性导致创业者或者创业企业损失的可能性,市场风险包括产品市场风险和资本市场风险;管理风险是指管理运作过程中,因信息不对称、管理不善、判断失误等影响管理水平形成的风险;财务风险是指创业者或创业企业在理财活动中存在的风险。

案例导读 4-10

扁担姑娘

方便粉丝为西南农业大学毕业的邹光友首创,其目标是瞄准方便面的空当,给人们提供了另一种品类的选择。正因为定位比较成功,方便粉丝一上市就大受热捧,一时成了抢手货。不过几年下来,整个行业给人的感觉是市场很大,步子很慢。蒲先生决定切入这个行业,他倾其所有的 2 000 万元,在家乡南充注册了四川国基实业公司,开始生产以红薯为原料的方便粉丝。南充是四川省红薯主产区,年产量达到了 250 万吨位,条件可谓得天独厚。为了便于推广,一行人还给刚出世的产品取了个颇具亲和力的名字——"扁担姑娘"。

这个新兴的行业,蒲先生有自己的理解和规划。建厂时就得高屋建瓴,得有一定的产能和规模,至少在一段时期内能够满足发展的需要。1999 年到 2000 年,薄先生用 400 万元购买了 100 亩土地,并投资 1 700 万元建成了 1.6 万平方米的厂房,其后他又引进了 1 000 多万元的生产设备。薄先生的投资一共达到了 3 000 多万元。具体做市场上,习惯了大开大阖的薄先生也选择了一条"高举高打"的线路。"很显然,他想一夜之间冲开市场,仅仅是全国商场超市的进场费和条码费,"扁担姑娘"就花了 2 000 多万元!一来一去,5 000 多万元就这样白白地花掉了,这还不包括原料、工资、生产环节等大笔的开支。

2004 年,蒲先生依旧做出了上马新品的决定。这年,"扁担姑娘"20 多个新品一字排开,浩浩荡荡地推广下来,又花费了不菲的费用。哪知新品上市不久,行业内又爆发了一场价格战,直接的后果是,"扁担姑娘"为数不多的流动资金彻底干涸,企业最终关门。

本案例由本书编委会成员整理

1.4 机会风险的管理

机会风险的管理的基本程序包括风险识别、风险评估和风险应对三个阶段。

1.4.1 风险识别

风险识别是指在风险事故发生之前,人们运用各种方法系统的、连续的认识所面临的各种风险以及分析风险事故发生的潜在原因。风险识别过程包含感知风险和分析风险两个环节。感知风险:即了解客观存在的各种风险,是风险识别的基础,只有通过感知风险,才能进一步在此基础上进行分析,寻找导致风险事故发生的条件因素,为拟定风险处理方案,进行风险管理决策服务。分析风险:即分析引起风险事故的各种因素,它是风险识别的关键。

常见的风险识别的方法如下。

生产流程分析法,又称流程图法。生产流程又叫工艺流程或加工流程,是指在生产工艺中,从原料投入到成品产出,通过一定的设备按顺序连续地进行加工的过程。该种方法强调根据不同的流程,对每一阶段和环节,逐个进行调查分析,找出风险存在的原因。

风险专家调查列举法。由风险管理人员对该企业、单位可能面临的风险逐一列出,并根据不同的标准进行分类。专家所涉及的面应尽可能广泛些,有一定的代表性。一般的分类标准为:直接或间接,财务或非财务,政治性或经济性等。

资产财务状况分析法。即按照企业的资产负债表及损益表、财产目录等财务资料,风险管理人员经过实际调查研究,对企业财务状况进行分析,发现其潜在风险。

分解分析法。指将一复杂的事物分解为多个比较简单的事物,将大系统分解为具体的组成要素,从中分析可能存在的风险及潜在损失的威胁。

失误树分析法。是以图解表示的方法来调查损失发生前种种失误事件的情况,或对各种引起事故的原因进行分解分析,具体判断哪些失误最可能导致损失风险发生。

1.4.2 风险评估

风险评估是在风险事件发生之前或之后(但还没有结束),该事件给创业者的生活、生命、财产或给创业企业的运营、管理、发展等各个方面造成的影响和损失的可能性进行量化评估的工作。

常见的风险评估的方法如下。

风险因素分析法。是指对可能导致风险发生的因素进行评价分析,从而确定风险发生概率大小的风险评估方法。其一般思路是:调查风险源、识别风险转化条件、确定转化条件是否具备、估计风险发生的后果、风险评价。

内部控制评价法。是指通过对被审计单位内部控制结构的评价而确定审计风险的一种方法。由于内部控制结构与控制风险直接相关,因而这种方法主要在控制风险的评估中使用。

定性风险评价法。是指那些通过观察、调查与分析,并借助注册会计师的经验、专业标准和判断等能对审计风险进行定性评估的方法。它具有便捷、有效的优点,适合评估各种审计风险。主要方法有:观察法、调查了解法、逻辑分析法、类似估计法。

风险率风险评价法。是定量风险评价法中的一种。它的基本思路是:先计算出风险率,然后把风险率与风险安全指标相比较,若风险率大于风险安全指标,则系统处于风险状态,两数据相差越大,风险越大。

1.4.3 风险应对

风险应对是指在确定了决策的主体经营活动中存在的风险,并分析出风险概率及其风险影响程度的基础上,根据风险性质和决策主体对风险的承受能力而制订的回避、承受、降低或者分担风险等相应防范计划。制定风险应对策略主要考虑四个方面的因素:可规避性、可转移性、可缓解性、可接受性。

应对风险的方法如下。

规避风险。通过避免受未来可能发生事件的影响而消除风险。规避风险的办法有:通过公司政策、限制性制度和标准,阻止高风险的经营活动、交易行为、财务损失和资产风险的发生。通过重新定义目标,调整战略及政策,或重新分配资源,停止某些特殊的经营活动。在确定业务发展和市场扩张目标时,避免追逐"偏离战略"的机会。审查投资方案,避免采取导致低回报、偏离战略,以及承担不可接受的高风险的行动。通过撤出现有市场或区域,或者通过出售、清算、剥离某个产品组合或业务,规避风险。

接受风险。维持现有的风险水平的做法是:不采取任何行动,将风险保持在现有水平。根据市场情况许可等因素,对产品和服务进行重新定价,从而补偿风险成本。通过合理设计的组合工具,抵消风险。

降低风险。利用政策或措施将风险降低到可接受的水平,方法有:将金融资产、实物资产或信息资产分散放置在不同地方,以降低遭受灾难性损失的风险。借助内部流程或行动,将不良事件发生的可能性降低到可接受的程度,以控制风险。通过给计划提供支持性的证明文件并授权合适的人做决策,应对偶发事件。必要时,可定期对计划进行检查,边检查边执行。

分担风险。将风险转移给资金雄厚的独立机构。例如,保险:在明确的风险战略的指导下,与资金雄厚的独立机构签订保险合同。再保险:如有必要,可与其他保险公司签订合同,以减少投资风险。转移风险:通过结盟或合资,投资于新市场或新产品,获取回报。补偿风险:通过与资金雄厚的独立机构签订风险分担合同,补偿风险。

案例导读 4-11

大学生创业 10 大风险

风险一:项目选择太盲目

大学生创业时如果缺乏前期市场调研和论证,只是凭自己的兴趣和想象来决定投资方向,甚至仅凭一时心血来潮做决定,一定会碰得头破血流。

大学生创业者在创业初期一定要做好市场调研,在了解市场的基础上创业。一般来说,大学生创业者资金实力较弱,选择启动资金不多、人手配备要求不高的项目,从小本经营做起比较适宜。

风险二:缺乏创业技能

很多大学生创业者眼高手低,当创业计划转变为实际操作时,才发现自己根本不具备解决问题的能力,这样的创业无异于纸上谈兵。一方面,大学生应去企业打工或实习,积累相关的管理和营销经验;另一方面,积极参加创业培训,积累创业知识,接受专业指导,提高创业成功率。

风险三:资金风险

资金风险在创业初期会一直伴随在创业者的左右。是否有足够的资金创办企业是创业者遇到的第一个问题。企业创办起来后,就必须考虑是否有足够的资金支持企业的日常运作。对于初创企业来说,如果连续几个月入不敷出或者因为其他原因导致企业的现金流中断,都会给企业带来极大的威胁。相当多的企业会在创办初期因资金紧缺而严重影响业务的拓展,甚至错失商机而不得不关门大吉。

另外如果没有广阔的融资渠道,创业计划只能是一纸空谈。除了银行贷款、自筹资金、民间借贷等传统方式外,还可以充分利用风险投资、创业基金等融资渠道。

风险四:社会资源贫乏

企业创建、市场开拓、产品推介等工作都需要调动社会资源,大学生在这方面会感到非常吃力。平时应多参加各种社会实践活动,扩大自己人际交往的范围。创业前,可以先到相关行业领域工作一段时间,通过这个平台,为自己日后的创业积累人脉。

风险五:管理风险

一些大学生创业者虽然技术出类拔萃,但理财、营销、沟通、管理方面的能力普遍不足。要想创业成功,大学生创业者必须技术、经营两手抓,可从合伙创业、家庭创业或从虚拟店铺开始,锻炼创业能力,也可以聘用职业经理人负责企业的日常运作。

创业失败者,基本上都是管理方面出了问题,其中包括:决策随意、信息不通、理念不清、患得患失、用人不当、忽视创新、急功近利、盲目跟风、意志薄弱等。特别是大学生知识单一、经验不足、资金实力和心理素质明显不足,更会增加在管理上的风险。

风险六:竞争风险

寻找蓝海是创业的良好开端,但并非所有的新创企业都能找到蓝海。更何况,蓝海也只是暂时的,所以,竞争是必然的。如何面对竞争是每个企业都要随时考虑的事,而对新创企业更是如此。如果创业者选择的行业是一个竞争非常激烈的领域,那么在创业之初极有可能受到同行的强烈排挤。一些大企业为了把小企业吞并或挤垮,常会采用低价销售的手段。对于大企业来说,由于规模效益或实力雄厚,短时间的降价并不会对它造成致命的伤害,而对初创企业则可能意味着彻底毁灭的危险。因此,考虑好如何应对来自同行的残酷竞争是创业企业生存的必要准备。

风险七:团队分歧的风险

现代企业越来越重视团队的力量。创业企业在诞生或成长过程中最主要的力量来源一般都是创业团队,一个优秀的创业团队能使创业企业迅速地发展起来。但与此同时,风险也就蕴含在其中,团队的力量越大,产生的风险也就越大。一旦创业团队的核心成员在某些问题上产生分歧不能达到统一时,极有可能会对企业造成强烈的冲击。

事实上,做好团队的协作并非易事。特别是与股权、利益相关联时,很多初创时很好的伙伴都会闹得不欢而散。

风险八:核心竞争力缺乏的风险

对于具有长远发展目标的创业者来说,他们的目标是不断地发展壮大企业,因此,企业是否具有自己的核心竞争力就是最主要的风险。一个依赖别人的产品或市场来打天下的企业是永远不会成长为优秀企业的。核心竞争力在创业之初可能不是最重要的问题,但要谋求长远的发展,就是最不可忽视的问题。没有核心竞争力的企业终究会被淘汰出局。

风险九:人力资源流失风险

一些研发、生产或经营性企业需要面向市场,大量的高素质专业人才或业务队伍是这类企业成长的重要基础。防止专业人才及业务骨干流失应当是创业者时刻注意的问题,在那些依靠某种技术或专利创业的企业中,拥有或掌握这一关键技术的业务骨干的流失是创业失败的最主要风险源。

风险十:意识上的风险

意识上的风险是创业团队最内在的风险。这种风险来自于无形,却有强大的毁灭力。风险性较大的意识有:投机的心态、侥幸心理、试试看的心态、过分依赖他人、回本的心理等。

本案例由本书编委会成员整理

第二节 创业风险的管理

> **学习内容**
> 理解系统性风险和非系统性风险的含义,掌握控制系统性风险和非系统性风险的方法,学会理性评估创业者承担风险的能力。

2.1 系统风险防范的可能途径

系统风险是由于某种全局性的共同因素引起的,创业者或初创企业本身控制不了或者无法施加影响。相对较难采取有效的消除风险的方法。由于环境引起的、市场引起的风险一般是系统风险。对于系统风险,创业者或初创企业应该尽量做好防范,一般有如下三个方面的做法。

首先是深入分析创业者或初创企业所处的环境。 当下,国家对大学生创业十分支持,创业者要深入了解创业的税费减免、小额贷款担保、无息贷款、政府贴息贷款、科技型创业在场地、项目、资金、技术、培训等方面的资讯。以便于自己的创业项目更好得到政策的帮助。另外创业者要深入分析创业的宏观环境、行业环境、地区环境等,对创业过程中可能遇到的系统性风险进行预判。

其次是正确预测能够预测的风险。 在创业中很多风险是不可预测的,有一些风险也是可以预测的,创业者要尽可能利用自己掌握和能够调动的所有资源,采用科学的方法,对那些能够预测的风险进行深入分析,通过企业内部成员的探讨和外部专家的预测未来的变化,准确判断变化对企业未来会产生的影响。

最后是采取有效措施,合理应对。 由于系统风险的不可以分散性,创业者只能依据以上两个步骤对系统风险分析,并制定合理的应对措施,当创业者经过以上两个步骤做出了判断之后,要给出妥善应对办法,预判的风险是尚未发生的风险,不能心存侥幸,待风险发生后追悔莫及。

> **案例导读 4-12**

"败军之将"叶泉成创业明星

2008年下半年,即将大学毕业的叶泉来到深圳实习,在一家台湾锂电池厂做销售,电池行业的爆发式增长,也让处在近水楼台的叶泉尝到了甜头,赚取了第一桶金。几个月的时间就赚了十几万块钱。彼时年仅21岁的叶泉发现,他所在公司的货根本不愁卖,上门订货的大车都得排队。

2009年初,叶泉就坐不住了,他回到老家枣庄,找了三个合伙人,成立了山东鸿正电池材料科技有限公司。因为锂电池的技术门槛相对较高,自己当时没有团队和资金,他选择生产锂电池的主要原料电解液。

整个行业都是增长的,利润相当高,当时行业利润达30%到40%,这个链条的任何一个环节都会分到一杯羹。回到家乡后他发现,家乡已经有了4家电芯厂,还没有电解液厂,他的一个合伙人具备电解液的生产和检测能力。在叶泉看来,机会在向他招手,同时在家人的支持下,叶泉满腹信心地开始了创业之旅。

经过了6个月的努力,叶泉工厂的产品出来了。本以为之前谈的一些厂家可以测试和使用,但是远远没想到,送出去的样品石沉大海,来过工厂的客户认为我们的企业规模小,产品不可靠。产品卖不出去,公司每天还有固定的开销,压力越来越大。从开始施工建设,资金的预算远远超过了他的预计,家里的住房都被拿去做了抵押贷款。更让叶泉崩溃的是,公司内部产生了分歧,一边是客户的不认可,一边是内部矛盾的一步步激化,还有背负的相当多的债务。

为了逃避所有人的目光,叶泉选择了离开,2010年他再次来到了深圳,他找到了当时在深圳做销售时结识的一位电池界的专家张贵萍博士,希望张博士可以帮他介绍一份工作。张博士把他介绍到一家正在建设的电芯厂。工作中,他结识了因为产能受限,有建立分厂的计划的后来的合作伙伴。合作伙伴在得知了叶泉原公司电解液生产的情况后,过去看过一次,认为他的设备和工艺布局都很合理,2010年10月31日,他签下了合作协议。从此,叶泉的公司进入了一个迅速发展的阶段。2011年全年销售10吨电解液,走出了实质性的第一步,2012年,实现营收600多万元。

本案例摘自创业网,网址:http://www.cye.com.cn/chuangyegushi/chuangfugushi/2015010 82310885.htm

2.2 非系统风险防范的可能途径

非系统性风险是由创业者或者初创企业自身引起的,只对创业者或者初创企业产生影响,因此,创业者或初创企业可以在某种程度上进行控制,并且通过一定的手段进行预防。

机会选择风险防范。 创业者在创业之初,由于缺乏创业能力,缺乏实践经验,在选择创业项目过程中可能出现随意性。项目来源:有朋友介绍的;有偶然碰到的;有靠灵感产生的;

有看到别人正在做的;有听了一场报告知道的;有看到了报纸上介绍的。在进行项目操作过程中有随意性。偶然发现的项目,能够做起来也是偶然。解决的办法是:把选择项目设定为创业必需的程序之一,并且要在实践中去选择创业项目,不能依靠创业者的主观评价。

案例导读 4-13

不求快 但求活

2005年,小刚的公司在一个居民楼的四楼成立了,办公面积40多平方米,员工只有小刚一个人,起步资金1万元,交了房租,二手市场买了三张桌子两把椅子,又去科技城市买了两台电脑,手里只剩下2 000多元,小刚的创业之路从此开始了。当时他的目标是:第一个月解决招聘问题,前三个月解决员工开支问题,半年时间接30个网站制作,完成3万元营业额,后半年时间开发一种网上开店的软件,全年完成80个网站,8万营业额,赚到3万元净利润来支付明年的房租。

很多人都觉得这样的目标太低了,但是正是这样务实的目标才让他在激烈的竞争中生存下来。2006年,公司搬迁到了120平方米的办公室,员工有5个人,尽管还是很小,但是看到越来越多的公司倒闭,而他们活下来了,小刚还是充满了信心。那一年的目标是:让个更多的网商了解他们的"86gou"购物软件,用半年的时间在销售过程中继续完善软件,全年销售500套,完成50万元的目标,出乎意料地是,那一年,他们完成了1 000套,产品得到越来越多的人认可。

2007年,公司扩大到2个办公室,10多个人。这一年他用前三个月的时间把所有的材料准备好,之后面向全国招商,把商品的利润空间全部给加盟商,用最短的时间和加盟商共同打开市场,占领足够大的市场份额,这一年,他完成了300多家加盟商,走上发展的快车道。

本案例由本书编委会成员整理

技术风险防范。技术创新能够带来丰厚的回报,但是技术转化到产品过程中也存在着巨大的风险,在具有一定技术含量的创业项目进行操作时,要注意防范技术风险。解决办法是:首先加强对技术创新方案的可行性论证,减少技术开发和技术选择的盲目性,技术要聚焦,不能过于分散;其次要通过该组建技术联合体或建立创新联盟等方式来分散技术创新的风险;最后,要不断激发技术开发人员工作的积极性和创造性,高度重视知识产权。

案例导读 4-14

一次失败的兼并

赵老师兼并一家区属集体企业,生产原子灰(高级板金腻子,是汽车在喷漆之前对板金打磨用的)。使用了全部的可支配的资源整整折腾了半年,最后不得不放弃了。

原子灰的四项技术指标都是对立的。软和硬:软,是指结构松软,刮到扳金上,用沙纸刷刷几下子就能磨平;硬,是指粘到板金上锤子都砸不掉。快和慢:快,是指刮到板金上5分钟干透;慢,是指放在桶里半年内呈糊状。

对这四项指标,靠所掌握的技术是无论如何也达不到。开始以为是配方问题,后来才知道是它的最基本成分——树脂的问题。为了寻找树脂技术,在一辆北京吉普上"颠"了一个月,拜访了许多业内行家。最后知道了,生产这种专用树脂的技术难度非常之大,北京、常州等研究所搞了多年未能突破。正是这个原因,日本的"99"牌才能够长期独占中国市场。

还能继续干下去吗?只有放弃。半年时间,七十万资金,就这样地完了。如果在实施兼并之前,对树脂技术进行试验,对产品进行市场测试,这一切是不会发生的。

本案例摘自《民富论》

管理风险防范。是指管理运作过程中因信息不对称、管理不善、判断失误等影响管理的水平。管理风险具体体现在构成管理体系的每个细节上,可以分为四个部分:管理者的素质、组织结构、企业文化、管理过程。预防风险办法有以下几种。(1)在管理者方面:首先要加强领导者自身的品德修养,从而增强企业凝聚力和激励力,同时着力弥补其他如资源劣势等方面的不足,提升管理的效率和效果;同时要扩展知识,对技术创新涉及的知识方法等有一定程度的理解,增强与技术创新人员的沟通,从而对创新活动的组织更为科学;还要全面提升管理层人员的素质和能力,在管理人员中尤其要注重协作沟通能力的提高,刻意培养管理创新意识和创新能力。(2)在组织结构方面:中小企业应在组织效率和灵活性上充分发挥自身先天优势;积极利用多种渠道与社会组织加强内外信息沟通和交流;注重知识经验的有效识别和积累,加强企业知识管理,建立知识储备库;扩大企业开放程度,利用各种社会力量,与高校、科研院所建立密切关系,增强组织对创新方向的把握。(3)在企业文化方面:要致力于良好的企业文化的培养,除了凝聚力、向心力的形成和培养,尤其应该塑造创新精神和团队精神,真正把创新作为企业生存和发展的根本所在,树立朝气蓬勃、齐心向上的企业精神,为一切创新活动创造良好的环境。(4)在管理过程方面:应该遵循对技术创新管理的科学性,减少管理人员的随意性。首先要设立正确的创新目标,最大限度地利用现有条件制订科学合理的计划,其中包括对风险的预测及建立相应的防范规避机制;同时,组织的过程管理要以计划为依据,充分挖掘企业各种资源,使现有资源的效用发挥到最大,注意组织结构的适时调整。领导过程要以现有目标为前提,加强对参与创新人员的适当激励,保持创新团队的士气;最后,控制环节除了一般的信息准确及时、控制关键环节、注意例外处理等方面,应突出关注控制的经济效益,要关注采取行动的效率和效果。

案例导读 4-15

昂贵的实验

赵老师的第一个实体项目是与台湾宏伟公司合作生产强化固体燃料。一年时间经历了轰轰烈烈—苦苦支撑—住院反思—从头再干四个阶段。

轰轰烈烈:上半年,从立项到形成规模生产能力仅用了三个月。正当他沉浸在骄傲的亢奋中,问题接踵而来:定型设备罐装机不好用的问题;成品属易燃物铁路不给运输问题;技术转让方承诺的订单不兑现问题;最严重的是产品质量问题。电话里一次次的传来大客户老总的狮吼雷鸣：在即将燃尽的几秒钟发出呛人的辣味，客人都给呛跑了。怎么回事呢？

苦苦支撑：是配方问题，还是原料问题，还是反应温度……不论什么问题，装置要停下来，货要拉回来，庞大的固定费用却要支付着，资金像漏水的缸只出不进。结果：一塌糊涂，一败涂地，一筹莫展，一百万元没了。

住院反思：他大病一场住进医院。住院医一个月，思考一个月，想明白了一些问题：技术的优势与缺陷问题；工艺设计的合理性问题；目标客户究竟是谁的问题；生产能力与市场容量；开拓市场的能力与经营规模的设定。

从头再干：两个月后另起炉灶，投资5万，两个月收回。以后的时间，每月净利润2—3万元。100万干灭火了。5万元干起来了。为什么？

本案例摘自《民富论》第138页

财务风险的防范。财务风险是指公司财务结构不合理、融资不当使公司可能丧失偿债能力而导致投资者预期收益下降的风险。财务风险是企业在财务管理过程中必须面对的一个现实问题，财务风险是客观存在的，企业管理者对财务风险只有采取有效措施来降低风险，而不可能完全消除风险。预防风险办法：(1)建立财务预警分析指标体系，防范财务风险产生财务危机的根本原因是财务风险处理不当，因此，防范财务风险，建立和完善财务预警系统尤其必要。(2)建立短期财务预警系统，编制现金流量预算。由于企业理财的对象是现金及其流动，就短期而言，企业能否维持下去，并不完全取决于是否盈利，而取决于是否有足够现金用于各种支出。(3)确立财务分析指标体系，建立长期财务预警系统。对企业而言，在建立短期财务预警系统的同时，还要建立长期财务预警系统。其中获利能力、偿债能力、经济效率、发展潜力指标最具有代表性。反映资产获利能力的有总资产报酬率、成本费用利润率等指标；反映偿债能力的有流动比率和资产负债率等指标；经济效率高低直接体现企业经营管理水平，反映资产运营指标有应收账款周转率以及产销平衡率；反映企业发展潜力的有销售增长率和资本保值增值率。(4)树立风险意识，健全内控程序，降低或有负债的潜在风险。如订立担保合同前应严格审查被担保企业的资信状况；订立担保合同时适当运用反担保和保证责任的免责条款；订立合同后应跟踪审查被担保企业的偿债能力，减少直接风险损失。

案例导读 4-16

资金链断裂烘焙王瞬间崩盘

王伟庆1969年出生，1991年毕业于河南医科大学，先做医生，后进入广九大酒店接触餐饮。1997年，他在郑州西区开设一家蛋糕店——好嘉利，至2008年已在河南省内布局50余家门店。2009年，他获得多轮风投融资，闪电并购了石家庄五羊皇冠、包头丹尼娅（两者均为当地最大的烘焙连锁商），门店规模由40间扩至110间，在国内烘焙连锁业有着"并购教主"之誉。至2011年年末，好嘉利门店总量升至140间，年销售规模逼近两亿元，无可争议地坐上了行业"河南王"的交椅，拥有员工1 100人，并准备在香港上市。

2014年12月6日，郑州媒体刊发报道，称好嘉利部分店面关停，33家关停18家，仅剩15家，导致持券卡顾客抢购。到12月12日，店面仅剩7家。当月底，郑州市好嘉利门店全部关闭。

王伟庆在公开信中说"我们这些做私营企业的人从起家开始就没想过留后手,所有的资金和资产都在企业内滚动,企业就是家,家就是企业。虽然这样我还是承受了,因为我欠钱我不对,自责的同时更希望大家能理解我,我真的不是有钱不给,我真的是身无分文了,原谅我吧,只要我不死一定会偿还大家的。人人都是由生至死,我也希望在我离开这个世界的时候所有的债务已偿清,心中无愧地走向另一个世界。"

在公开信中,王伟庆将企业目前面临困境的原因归于银行的抽贷、压贷。

他表示,从2012年开始,好嘉利就遭遇银行抽贷,后来依靠民间借贷继续经营,然而不到3年,民间借贷利息就高达7 000多万元。从2013年开始,由于郑州市的门店费用无力支付,筹措的资金全部用来偿还客户本金和利息,根本不能用到经营上,造成门店供货不足,消费者卡券不能足额兑付。

2013年底,3家银行又对好嘉利压贷5 500万元,导致之前短期拆借的民间借贷无力偿还,这成为2014年好嘉利资金链全面断裂的导火索。

为维持企业运营,在银行压贷后,他又努力向亲戚朋友借贷几千万元,到资全部枯萎时,还背负一身债务。

本案例摘自创业第一步网,网址:http://www.cyone.com.cn/Article/Article_38223.html

2.3 创业者风险承担能力的估计

创业者在创业过程中,要合理评估创业的风险和自身承担风险的能力,以采取合理的风险管理的办法,减少创业过程中的不确定性,促进创业的成功。创业者承受风险的能力是指创业者能承受的最大的失败。创业者承担风险的能力与创业者的心态、个人能力、家庭情况、工作情况、个人收入等有关。对创业者风险承担能力的估计可以从以下四个方面进行。

明确从0到1过程中可能遇到的风险。 创业是一个从0到1的过程,在这个过程中,要经历不同的阶段,创业者要能够针对不同的创业项目,深入领会创业项目需要经历的各个过程,评估在这些过程中存在哪些创业风险。

获得解决风险发生所需要的资源。 创业过程中,有一些风险是不可控的,创业者要善于整合资源,从不同的渠道获取资源,创业者从其他渠道获取资源的能力与创业者承担风险的能力息息相关。

创业者用于承担风险的资金。 一般来说,创业者的家庭经济状况和创业者的年龄会对承担风险的资金有一定影响。刚刚毕业的大学生,资金积累较少,用于承担风险的资金就相对较少;有一定工作经历的从业者,创业前会有一定的积蓄;家庭经济富裕的创业者,用于承担风险的资金会较多。用于承担风险的资金数量和创业者承担风险的能力息息相关。

创业者危机管理能力。 创业者危机管理能力影响着创业危险发生时采取的风险控制措施和效果,从而影响着风险带来的损失。当创业风险发生的时候,创业者要能够沉着、冷静对待风险,及时采取措施,避免损失进一步扩大。所以创业者危机管理能力越强承担风险的能力也越强。

2.4 基于风险估计的创业收益预测

按照风险报酬均衡的原则,创业者所冒的风险越大,其所获得的收益应该越高,当创业者合理评估自己承担风险的能力并对风险进行有效防范后,创业者应该对创业收益进行预测,以便将其和所冒的风险相匹配,进行创业风险收益决策。基于风险评估的创业收益预测可以采用以下步骤。

首先预测不同情况下的收入、成本情况。 创业者针对不同风险的发生进行估计,在发生这些风险的情况下,收益变化的情况将如何。这其中的风险主要有两大方面:其一是产品制造成本方面可能存在增加的风险;其二是市场推广方面,因为市场销售量、价格等原因,会带来销售额较少的风险。

其次计算风险收益的预期值。 创业者要在第一步中估计的各种收益发生的概率及对应的收益情况做出计算,预期收益=预期收入-预期成本。通过计算,明确各种境况下的预期收益。

最后是分析最大风险的收益和创业者风险承担的匹配性。 通过对预期收益的计算,创业者对各种危机发生境况下,创业的收益有一定的了解,结合创业者自身的情况进行决策。

第三节 创业过程风险管理技巧

学习内容

掌握创业资金管理技巧,掌握产品开发管理技巧。

3.1 资金管理技巧

赚钱比找钱更容易,找钱比赚钱难得多。 创业者要时刻认识到,资金的本质是职业金融机构向优秀的企业投入股权资本的行为,其直接目标是为了赚钱。创业项目是能够让资金增值的载体。这个项目必须有自己的前期投入,有运作过程,并在这个过程中,能够显示项目的核心优势,证明这个优势的标准是项目的市场目标和销售额以及利润,一个项目做到这个程度,已经是一个企业了。资金对项目的需要的条件是:只有项目优势显现的时候,资金才需要项目。创业包括两个方面的内容,创业者和创业项目,是创业者决定项目,项目决定资金。项目规模、特点和启动方式决定资金,决定资金数量和进入时间。创业者的能力和项目特点,共同决定投入资金的时间、方式和数量。解决方法:先赚钱,在赚钱中不断增强自己的本事。

案例导读 4-17

在"做"中圆梦

林海发现了一种保健枕头,不但睡着舒服,还能保持颈椎不悬空,还能随体温的改变而变化。国外每三个家庭就有一个这样的枕头,国内市场还是空白。林海决心上这个项目。

一了解才知道,加工这样的枕头,光设备就要 20 万元。傻眼了,他自己总共才有 1 万元,怎么办?

他决定先赚钱,同时学习做枕头市场。有了经验和资金,再回头去做那个理想中的好枕头。

先租下一个小门面,有了它——这叫渠道,就能以代理方式从国内生产枕头的工厂进货。开张后,他不断寻找新的有保健功能的枕头,把全国,还有日本的保健枕头来个大集合,慢慢做成了小有知名度的保健枕头的品牌店。

销售业绩不断攀上升,每月以 1 万元利润的速度发展。两年后,他已经攒下了 20 多万元。他再次把目光投向那个心仪的枕头。

真的要干了才知道,还有技术转让费呢,仅仅技术转让这一项就花掉了 12 万,还是没钱买设备,怎么办?

这时候的他,已经不是两年前的他了。他已经熟悉枕头生产的工艺,熟悉许多生产枕头的工厂。经思考他选择一家最有实力的、技术装备最强的工厂,委托他们来加工。

这家工厂正巴不得有新项目,与林老板多年打交道,知道他的为人,更知道他市场营销的本事。厂长说:"没说的,就是上点新设备也要帮林老板圆这个'枕头梦'。"

本案例摘自《民富论》

时点通病,现金流断裂。是指在资金的使用上,计划到把产品制造出来推向市场的那个时间"点"为止。这样安排资金,是在指导思想上认为只要到了那个"点",资金就会回流,再生产所需要的资金就会在销售收入中得到补偿。而事实是,创业进程一旦到了计划中的那个"点",销售收入往往不会自然产生。在相当长的时间内达不到能够补偿全部耗费的程度。这时,如果没有后续资金的补充现金流就中断了,"时点通病"届时发作。解决办法:要储备现金,以产品销售现金回流为准。

管理失控,现金流断裂。初创企业的现金断流的另一个原因是创业管理失控。有的是摊子铺大了,控制能力与管理手段跟不上了;有的是创业之初讲排场,大肆铺张浪费。解决办法如下。(1)减少固定资本的投入。如果马的力量足够大,负荷重点也能行进。创业初期能实现多少销售收入是不确定的,创业者要做到的是千方百计减少投入,减轻补偿的负荷。首先,为减少甚至不要固定成本投入,要充分利用社会分工细密的条件,能借则借,能租则租,可以采用委托、代理、合作等方式。其次,用销售收入补偿耗费做投入的标尺,在投入数量、种类和时间三个方面,以能够实现运转为限度,只要与运转不直接相关的投入则不投、少投、缓投。(2)减少运营费用的使用。关键是有计划地使用资金。首先,制定费用合理的标准,要以运转为尺度,对运转必要的为合理,否则是不合理;其次,设计项目实施的阶段,按照项目发展阶段,规定每个阶段的计划费用额度;再次,是抓住费用的最大的一个头,千方百计控制它。管理方式是费用的目标管理:一个人一支笔一本账,按计划使用。

案例导读 4-18

步步为营走稳创业路

入学起,李同学就开始接项目。学生会、学院各系网站大多数都是由他开发完成的,这些简单的工作给了他实践锻炼的机会。不断遇到实际问题,不断解决问题,专业水平进步得非常快。

毕业后,他先选择了去两家专业公司实习,因为他知道自己缺乏大项目的经验,对软件公司的正规运作流程不熟悉。实习期间,他勤勤恳恳,兢兢业业,备受领导赏识,学习到了软件公司的各项事宜,并且交到了很多朋友。

2007年,他创办自己的软件公司。公司初创时期,当务之急是求生存,要活着。

他对自身形势和面临的环境进行了整体分析。首先,本地尚无专业的软件开发公司,且人才也比较少,以小公司之力难以聘请到高技术人才,所以暂时缺乏接手大项目的能力;其次,超过6位数的项目,势必会引起众多的竞争者,其中不缺乏外地有雄厚势力的公司。因此,他将业务定位于几千至几万元的小项目,并且主要依靠价格优势吸引客户。

确立了方向之后,他开始承接业务,网站建设、企业电子商务平台、企业信息化建设等业务他都做,并且确保低价,别的公司报价7—8万的项目,他3—4万就做,在业务开展过程中,他特别注重公司的形象,只要客户遇到问题,他总是第一时间解决,多措并举之下,公司业务区域稳定,并保持上升趋势,公司活下来了。经过2年的发展,公司业务不断扩大,涵盖立了网站开发、软件开发、企业形象设计、网站推广等多项服务。

本案例由本书编委会成员整理

销售失控,现金流断裂。由于创业者急切的产品销售的心理,在市场推广方面,一场乱仗打下来,有多种业务推广方式存在。可能产生大量应收货款,导致现金流断流。解决办法如下:(1)现金与销售额和利润脱离。产品卖出去,会计则依据开具的销售凭证记账,销售额和其中的利润就反映出来,可资金是否全额地及时到账则是另一笔账目,这中间的差额所体现的是现金与销售额、现金与利润的不相等,它会经常掩盖真实的现金流量。(2)减少由"应收"产生的"差额"。财务明细中的"应收",反映的是资金往来关系,体现的是企业短期债权,记在资金平衡表中的资金来源一方,但它掩盖了资金平衡的真实,应收不等于实收,甚至不等于能收,不是资金的真实存在。

案例导读 4-19

开酒厂的悲惨经历

一位母亲投资女儿的酒厂15万元,加上女儿当年自有资金5万元,再找人东拼西凑,最终启动本金50万元。这50万元的支出是:租厂房,买设备,买制酒原料,全部都是现金支付。她的企业应付帐款为零。

把产品生产出来后,下游所有的饭店酒馆,都是要先赊销,后付款。常常是货卖了,还收不到款。因此,酒厂生意的特点是:对下游,表现为弱势。这样,企业帐面上,就会产生大量的应收帐款。常常是有应收帐款而收不回来钱。还有些人,酒卖了,干脆饭店都关张,人都找不见了。于是,这就成了死帐、呆坏帐。呆坏帐时间越长,收回的可能就越小。好不易收回点应收款,还要东打点,西打点,请人吃吃喝喝,这无形中就加大了企业的运营成本。

2003年非典席卷全国,导致酒厂的酒,送出去完全卖不动。这样,尽管有应收款,可产品无销路,应收帐收不回来。这样,对上游要支出,下游又无款可收,企业现金断流。酒厂于2003年春节后倒闭。

本案例由本书编委会成员整理

3.2　产品开发风险管理技巧

制约非理性思维。一旦开始创业活动,会不可避免地产生一种非理性的思维定势:表现在"心理偏好"和"偏执心态"两个方面。先是心理偏好的产生,创业者看好了一个项目,对利益的追求一旦落实到具体目标上,追求目标的过程就会强化着实现目标的愿望,日益强化的愿望通过持续的注意而产生"心理偏好","心理偏好"一旦产生,就自然地转化为对目标本身和其相关假定的信任。这种被不断加强了的信任是执著的偏执心态。表现在对待项目上的义无反顾的气概。在许多人看来不可行的事,当事人却信心十足,直到撞的头破血流方如大梦初醒。解决方法:小规模探索性对创业项目进行尝试,认识、理解、通透和把握创业项目中诸多要素之间的关系。

案例导读 4-20

盲 目 自 信

老肖原是某高校物理教师,长期专注于环保节能产品研究,取得了不少科研成果。通过成果转让,老肖逐渐积累了一笔可观的资金。老肖素有凌云之志,52岁那年内退办起了自己的环保设备厂,专门生产一种环保高效节能炉和节能灶。但真正干起来,建厂房、进设备、买原料、发工资,早先看起来不少的150万元自有资金外加30万元贷款,眨眼间就用没了。

第一批产品生产出来时,老肖的资金帐户上只剩下几百元了。可产品要推广,生产要进行,员工要发工资,水电费要付,哪去弄钱呢?老肖请银行的人吃了几顿,结果是肉包子打狗,有去无回。无奈,老肖只有动员加大产品销售,争取用销售回款转动企业。可老肖的产品主要推向小城镇和农村市场,需要人海战术。单凭企业原有的十来个人根本不够,招聘一些能力强的人销售人员,不好找不说,找到了,工资也付不起。

老肖急得满嘴燎泡,有病乱投医,他想借农机部门将产品推出去,但和农机站的人一接触,人家说帮忙可以,但必须把产品价格上浮50%—120%不等,以便自己能够盈利。老肖磨破了嘴说明自己的产品都是卖给农村用户,加那么高的价卖不出去。可那些人却说,你不加价,我们就无能为力了。结果一个前景非常好的产品,就因为缺少必须的后续资金,缺少足够的销售人员和渠道等,老肖的企业不得不搁浅。

本案例由本书编委会成员整理

创建企业的第一目标。新企业一经建立,创业者就把收回投资与赢利当成最直接的目的、最强烈的愿望、最急切的行动。为此而集中一切能量,调动一切资源,使出浑身解数不遗余力全力以赴而导致创业失败。解决办法:创业企业的第一目标是存活,是销售收入能够补偿耗费。将这明确为创建企业的第一目标,能够让创业者走上理性创业的道路。

本章小结

创业环境的不确定性,创业机会与创业企业的复杂性,创业者、创业团队与创业投资者的能力与实力的有限性,是创业风险的根本来源。

有价值的创业机会也是有风险的。创业者在创业过程中,面临着瞬息万变的市场环境,面临着激烈的市场竞争,创业者要深入理解风险和风险的构成,了解风险的类别,为防范风险做好准备。

创业者承担风险的能力与创业者的个人能力,家庭状况,工作状况,收入状况等相关。

控制创业风险的最好办法是:创业者合理评估自我的能力,准确把握政策环境,在创业初期采取小规模、探索性的策略,在发展过程中要步步为营。

案例分析

日本首富孙正义的创业故事

日本首富,著名的互联网风险投资公司"软件银行"的创立者,公司的资产约300亿美元,个人的身价约为40亿美元,日本传媒称之为"带动日本走出网络的黑暗时代",美国《商业周刊》在评定1999年度全球25名"管理精英"中,孙正义名列榜首,《福布斯》杂志称他为"日本最热门企业家"。

所谓"时势造英雄",当人们还不知道计算机是什么的时候,人们的嘴里谈论的是摩根、洛克菲勒、李嘉诚,但自从有了计算机、互联网,几乎所有的人都知道了比尔·盖茨、杨致远、艾利森,在这场迅捷而又掀起了狂风暴雨的运动中,或许人们会问,谁是互联网时代最大的受益者?答案不是比尔·盖茨,而是孙正义。谁是网络时代的无冕之王?不是杨致远,还是孙正义。他是互联网时代的一个奇迹,虽然有人说他是赌徒,说他是投机者,但这些都不妨碍他实施自己的雄心壮志,建立起自己的网络帝国。

第一个100万

1957年8月11日,孙正义出生在日本佐贺县马栖市。孙正义的祖父在二战前即从韩国渡海来日本,在筑丰煤矿做矿工,所以孙正义应该算是第三代的韩裔日本人。孙正义刚出生的时候,家庭并不是很富裕,父亲靠养鸡养猪来讨生活,为了给鸡弄些饲料,祖母每天都很早起床,推车去各个地方搜集剩饭,而孙正义便坐在推车上,虽然很辛苦,但祖母却乐观向上,教育孙正义有颗学会感恩的心,至今孙正义想起祖母,都会流泪。

渐渐地,在全家人的努力之下,家境开始好转,父亲开始做点小生意,略有资产。1974年2月,年仅17岁的孙正义踏上了前往美国的征途。一到美国,孙正义先进了加利福尼亚的一所英语学校。1975年9月,又进了塞拉蒙特高中,但入学仅两星期,他就通过了大学入学测验,一跃进入霍利·耐姆兹大学。

两年之后,孙正义又转入加利福尼亚大学的伯克利分校经济系,插班进了三年级。可以说,伯克利的生活彻底改变了孙正义后来的人生。在美国留学的6年中,孙正义学习十分刻苦,常常连走路、吃饭、入厕甚至进澡盆都捧着书,每天的睡眠时间为3—5个小时。

一次偶然的机会,孙正义买到了一本《大众电子》,看到了那幅伟大的照片——英特尔生产的计算机芯片的扩大照片。这时的孙正义"激动得像是失去了知觉,不仅出了很多汗,连眼泪都涌了出来"。下意识地,他知道这个小小的芯片将会改变世界,改变自己的一生。而这一瞬间的直觉,让孙正义踏上了与计算机结缘的不归路——"我要搞计算机,企业家应走的路是计算机行业。"

当时大学里很多人都在勤工俭学,可是孙正义却不想去洗盘子,他认为那没有创造性,他想通过自己的发明创造去赚钱。他规定自己,每天都必须有个发明,不管大小。一年后,在他的"发明研究笔记"中一共洋洋洒洒记载了250项发明,其中最重要的一项发明就是"多国语言翻译机"。它是从字典、声音合成器和计算机这三个单词组合而来的。类似于今天的"词霸",只要你输入一个日文单词,就会有正确的英文发音来回应。

为了推销自己的产品,孙正义在假期里回到日本,事前先发信给50家家电厂商的社长,并亲自拜访佳能、欧姆龙、日本HP、卡西欧、松下电器、夏普等10家公司,但无一例外,都遭到了拒绝,有的前台人员甚至说这个东西"一文不值"。

但孙正义并不气馁,几经周折和关系,孙正义见到了夏普的负责人日本电子产业之父佐佐木正,刚开始的时候,佐佐木对这个年轻人并不在意,但在孙正义认真讲述自己的发明时,他被这种"认真"和"朝气"打动了,他认为这个年轻人很勇敢,要"大力栽培",于是,佐佐木用4 000万日元也就是当时的100万美元买下了这个发明,而孙正义获得了自己的第一桶金。1978年,孙正义利用销售多国语言翻译机与翻译软件所取得的巨额权利金,在美国开设一家公司名叫 Unison World,从事多国语言翻译机的商品化与其后的产品开发,以及进口电玩机与开发电玩软件。他从日本买进电玩机,经过重新组装后,放在餐厅、酒吧、咖啡厅与学生宿舍等地,全盛时期,曾经拥有350部电玩机。

当这一切都是如此的顺利的时候,孙正义却选择了放弃,他把社长宝座让给友人,丢下一句"I shall return"后回到日本。因为他只是把这个学生时代的产物当作一个打工的工具,一个正式公司的预演,而日本才是他事业的真正开始。

软件银行

21岁时,孙正义回到了日本。没有休息,这个工作狂就开始筹划自己的事业,成立了株式会社。那时,他到处奔走,想对市场做彻底的调查。"要做,我就要做到在该领域是日本第一。问题是,选择哪个竞技项目。"孙正义决定花两年时间来寻找合适的项目,但实际上日子却很难熬。家有妻子,大女儿又刚刚出生,怎么才能维持生计?他越来越感到不安,"就好像钻进了看不到头的隧道",很想随便找个项目做,但又觉得"一旦事业起步,就要投进去好几年,如果不成功,重新来一次的话,就绕远了"。为此,他对40种项目都做了10年的预想损益计算表、预测平衡表、资金周转表及组织结构图。所有的文件垒起来,竟然有十几米高。经过一段漫长的煎熬,孙正义总算在隧道中看到尽头微露的曙光,那就是个人电脑用软件的流通销售事业,这是个不做太技术化的行当,那是因为开发软件要冒很大的风险,搞不好就栽了,但是软件的销售风险就要小得多。正如孙正义自己常说的:我们是修路的,不是生产汽车的,不管你是丰田汽车还是福特汽车,都要在路上跑。

1981年9月,孙正义在靠近福冈市南方的大野市创立日本软件银行,资本额1 000万日元。办公室位于一间铁皮屋建筑物的二楼,公司成员除了孙正义之外,只有两名打工的职员。可以说一穷二白,但孙正义却兴奋地发表了自己的就职演讲:"5年以内销售规模达到100亿日元,10年以内达到500亿日元,要使公司发展成为几万亿日元,几万人规模的公司。"两个工人认为这个老板简直是神经病,没过多久就辞职了。

一个月后,在大阪举行的电子产品展销会上,刚刚成立的软件银行公司拿出资本的80%租下了会场最大、距入口最近的展厅,并免费提供给各软件公司,和孙正义熟识的人都认为他疯了,但这个最大的场地吸引了十几家公司参展,产生了相当大的影响。此后,孙正义成功地和当时最大的软件公司哈德森签订了独家代理合同。"要和别人合伙,一开始就要策划好和最大的公司合伙,这是我的观点,为此也尽了全力。一旦合伙成功,剩下的,你不用吭声就能做好了。"软件银行的业务由此迅速展开,短短几个月就成为日本最大的软件营销商,控制了日本软件市场40%的份额。公司的业绩像翻倍游戏一样飞速增长。"再也没有这样舒服地经营了。"孙正义说。

但是在创业的道路上,如果想继续前进,资金缺乏是最大的障碍,为了扩展自己的事业,孙正义决心进行一笔大数额的借贷——5亿日元。年仅24岁的他拜访了第一劝业银行的经理御器谷,尽管经理对个人电脑软件几乎一窍不通,但听了孙正义的解说后,他直觉地感受到这个产业的成长性。经过一个小时左右的谈话后,御器谷已经决定要借钱给他,后来经过银行大小领导的讨论,终于答应了孙正义的要求。有了这5个亿,孙正义开始大展拳脚。

接着,孙正义又涉足出版业,原因是计算机媒体拒绝刊登软件银行公司的广告。孙正义干脆自己搞起计算机专业杂志。显然,那些目光短浅的人为自己树起一个强敌。创刊初期,杂志一直处于"亏本"的局面,每月账单如洪水般涌来。孙正义花半年时间,阅读数以万计的读者卡,提出6条改革方案,其中心就是:"完全按读者的要求去做。"改革方案预算达到1亿日元,对当时的孙正义实在不是个小数目。但孙正义认为,如果拖拖拉拉,就会出现一两亿日元的赤字来,与其坐以待毙,不如花上一亿日元获得新生。为此,他设法打出著名电器厂商NEC的牌子做电视宣传,因为NEC的个人电脑畅销,孙正义的电脑杂志也得到了大卖,以前每月印5万册,会有8成被退回。现在印10万册,3天就卖光了。孙正义的出版业一下子就红火起来。1995年,孙正义又发现了互联网的价值,虽然当时互联网电子商务交易仅3亿美金(现在已达1 110亿美金),而网址也仅17.7万个(而现在已达420万个);他还身陷30亿美金债务压力,但孙正义仍然决定冒险,倾力筹措资金向互联网下赌注。

孙正义遍访美国硅谷,寻找有希望的互联网新办企业。依靠两项由公司经营的风险资本家基金,他已在55家新开办的网络公司中投入了3.5亿美元。到了8月,他又看上了雅虎。当时的雅虎是个小公司,是一帮年轻的学生创建的,还有亏损,几乎没有什么收入。但孙正义认为,学生能够拿出非常伟大的想法,有一些疯狂的想法,有很大的激情,他喜欢这种态度。于是,孙正义拿出了1亿美元,占有了公司30%的股份。事实证明他的眼光无比准确,现在他的一个亿回报是200亿美元。

即使在坐飞机回国的时候,孙正义在旧金山国际机场的休息室里也做了一笔大买卖,用1 540万美元买下Cyber Cash公司9.5%的股份。公司董事长丹·林奇颇为惊讶地说:"我们只花了一小时。"这就是孙正义,永远雄心勃勃,永不停止自己的收购脚步。

孙正义兵法

1983年春,因为过度劳累,孙正义患上了严重的慢性肝炎,这时他刚刚25岁,公司成立也刚刚一年半。孙正义辞去了社长职务，开始养病。在这期间，他读了大量的经营及历史方面的书，大约有4 000多本，而在这段期间所读的书，孙正义印象最深的是介绍有关《孙子兵法》与《兰契斯特法则》的书。

可以总结为：一流攻守群，道天地将法，智信仁勇严，顶情略七斗，风林火山海。

正是凭着这种兵法，凭着这种勇气和毅力，孙正义成就了自己的事业。他说："即使我死了，公司还是会以生命体的型态生存下来，有时我会思考究竟公司可以持续多久，我认为至少应该持续300年左右。100年太短了，500年又太过不实际，300年最适当。"

这就是一个看起来平凡无比的亚洲人的300年大计，它甚至让世界首富比尔·盖茨为之震惊，也许还会有人认为这是痴人说梦，毕竟现在互联网市场竞争如此激烈，可是，如果一个人用了十几米厚的资料来做事业选择，如果一个人的目光看的总是几十年甚至300年之后的事情，想让这样的人彻底失败，恐怕也难！有人说，孙正义一半是风险投资家，一半是企业家；一半是杰克·韦尔奇，一半是沃伦·巴菲特；一半是比尔·盖茨，一半是杨致远。当然，更重要的一点，他是100%的孙正义。

本案例摘自新浪网，网址：http://blog.sina.com.cn/s/blog_6a95b7de0100l7hf.html

分析

(1) 孙正义是如何转到第一桶金的？
(2) 孙正义在创业过程中遇到了哪些危机？是如何解决的？
(3) 从孙正义的创业故事中，给大学生的启示是什么？

翻转课堂教学视频

《创业起步之错》

内容概要与学习收获

在本片中，一位擅长计算机技能的大学生从大三开始就在一家做企业信息服务的公司实习，在实习期间工作能力得到了很大的提升，设计出的作品也很受客户的认可，并且和很多客户都建立了不错的关系。眼看就要毕业了，因为积累了一些客户关系，她准备和自己的好朋友一起创业。然而，在成立公司正式开展业务之后，她却陷入了意料不到的困境。通过对这位大学生在创业过程中种种举措的分析和思考，结合专家的讲解和点评，可以帮助同学们理解生意的本质和基本规律，以及在创业时可以采取的一些适当的具体举措，有效避免创业初期的隐藏风险。

第五章　商业模式开发

> **学习目标**
> 了解商业模式的定义和本质,商业模式与商业战略之间的关系,商业模式因果关系链条,理解 B2B、B2C、C2C、O2O、C2B 的含义,掌握商业模式设计的思路与方法,商业模式创新的逻辑与方法。

第一节　商　业　模　式

> **学习内容**
> 了解商业模式的定义与本质,了解商业模式的基本特征,商业模式的分类,商业模式与商业战略之间的关系,理解商业模式因果关系链条分析的内容。

1.1　商业模式的定义和本质

1.1.1　商业模式的含义

商业模式是商业运作的内在机理,是为实现客户价值最大化,把能使企业运行的内外各要素整合起来,形成一个完整的高效率的具有独特核心竞争力的运行系统,并通过最优实现形式满足客户需求、实现客户价值,同时使系统达成持续赢利目标的整体解决方案。

1.1.2　商业模式概念的发展

商业模式是 20 世纪 90 年代后期才开始流行,相对于各种创业企业的不断兴起、风险投资模式的成熟以及诸如 IT 和通信行业的服务价格迅速降低等创业环境的成熟,商业模式的概念不断流行。从交易成本学说上看,因为在新经济模式下战略单元中加工、储存和共享信息变得越来越便宜,使得公司在经营方式上有了更多的选择;价值链被分拆并重组;众多新型的产品和服务出现;新的分销渠道的出现;更广泛的客户群体。最终导致了全球化的出现,并且带来了更加激烈的竞争,同时也带来了许多新的经营方式。换言之,今天的公司在面对做什么、怎么做、为谁做这些问题的时候有了更多的选择。

对于创业者来说,他们拥有了一系列全新的方式来规划自己的企业,每个行业都产生了许多新型的商业模式。以前,因为所有公司的商业模式都大同小异,只要确定一个行业就知道自己该干什么。但是今天,仅仅选择一个有利可图的行业是不够的,更需要的是设计一个具有竞争力的商业模式。此外,日益激烈的竞争和成功商业模式的快速复制,迫使所有公司必须不断地进行商业模式创新,以获得持续的竞争优势。作为一个公司,必须深入了解公司的商业模式和组成商业元素之间的关系,才能在自己的商业模式被复制前重新审视并再次创新。

1.1.3 商业模式的两个特征

其一是商业模式是一个整体的、系统的概念,而不仅仅是一个单一的组成因素。如收入模式(广告收入、会员费、服务费),向客户提供的价值(在价格上竞争、在质量上竞争),组织架构(自成体系的业务单元、整合的网络能力)等,这些都是商业模式的重要组成部分,但并非全部。

其二是商业模式的组成部分之间,必须有内在联系。这个内在联系把各组成部分有机地关联起来,使它们互相支持,共同作用,形成一个良性的循环。

1.1.4 商业模式的分类

从宏观视角来看,商业模式分为两大类。

其一是运营性商业模式。重点解决企业与环境的互动关系,包括与产业价值链环节的互动关系。运营性商业模式创造企业的核心优势、能力、关系和知识,主要包含以下几个方面:产业价值链定位,企业处于什么样的产业链条中,在这个链条中处于何种地位,企业结合自身的资源条件和发展战略应如何定位;盈利模式设计(收入来源、收入分配):企业从哪里获得收入,获得收入的形式有哪几种,这些收入以何种形式和比例在产业链中分配,企业是否对这种分配有话语权。

其二是策略性商业模式。主要针对运营性商业模式加以扩展和利用。应该说策略性商业模式涉及企业生产经营的方方面面。如业务模式:企业向客户提供什么样的价值和利益,包括品牌、产品等;渠道模式:企业如何向客户传递业务和价值,包括渠道倍增、渠道集中等;组织模式:企业如何建立先进的管理控制模型,比如建立面向客户的组织结构,通过企业信息系统构建数字化组织等。

1.1.5 商业模式的本质

商业模式的本质是价值链,价值链是企业运营过程中一系列关键活动的组合,企业的运营过程就是由若干条不同的价值链所组成的。通过对价值链的分析,不仅可以看到企业整体的价值是如何体现的,更可以看到企业内部每一项关键活动的价值。通过这种分析,能够明确企业在营销过程中创造了什么样的价值,这些价值能不能够推动企业的持续成长,保持企业在竞争中赢得持续的优势。更为重要的是,通过价值链的分析,企业可以不断修正和提升价值链中的各个环节,从而使整条价值链能够更好地联系起来,避免因为某些点表现差而导致整条价值链的"断裂"。

1.2 商业模式和商业战略的关系

1.2.1 商业战略的含义

商业战略是指一个公司指导其在自己所在行业如何竞争的战略总和,包括一系列财务政策、组织结构等活动。制定恰当的商业战略是一个公司在自己所处行业中获得可持续竞争优势的最佳方法。

从商业模式和商业战略的含义分析,商业模式侧重于创造客户交织的基础架构和系统的设计,本质上回答"企业提供什么样的产品"和"企业如何提供产品"这两个基本的问题,而商业战略则侧重于回应环境的变化和竞争,进而通过适当的企业行为选择来赢得竞争。

1.2.2 商业模式与战略具有相同的本质

商业模式是"价值创造"导向,商业战略是"建立竞争优势"导向。然而,从商业模式概念的递进过程可以看出,这两种导向应是相互依存和不可分割的。从经济层面到运营层面再到战略层面,定义的综合性是递进的。"价值创造"导向是基于经济层面和运营层面的定义而对商业模式的定位,其中经济层面描述的是对企业价值的创造(包括成本控制和收入来源),运营层面描述的是对顾客价值的创造。这两个层面的定义未强调所创造的价值必须具有独特性、不可模仿、不可替代,由于缺乏这三个特点的价值是不可持续的。所以商业模式的概念进一步发展,出现了战略层面的商业模式定义,即商业模式是符合以上三个特点的价值创造逻辑,能为企业建立竞争优势。可见,战略层面的商业模式的本质,是对能够获得竞争优势的价值创造活动的描述(经济逻辑、运营逻辑、战略方向分别描述了价值活动开展方式及其所遵循的战略原则)。Mansfield and Fourie 后来又提出了整合性定义,但其与战略层面定义实质是相同的。

由以上分析可知,商业模式和战略的本质是相同的,从价值活动实施前的角度定义,它们都是对能够获得竞争优势的价值创造活动的规划或设计;从实施后的角度,它们就成了对带来了竞争优势的价值创造活动的描述。

1.2.3 商业模式

商业模式是对已实施的战略的描述,与战略在内容上高度一致。

商业模式的内容可以通过其构成要素或三个逻辑层面来描述,构成要素和三个逻辑层面是完全一致的,它们可以归入不同的逻辑层面。

首先,商业模式是对已实施的战略的描述。将价值链上的价值活动方式作为中介(中间变量),来对商业模式和战略的内容进行比较分析。价值活动方式包含了价值创造过程中所有的价值活动、结构及价值链中的伙伴关系。

其次,经济逻辑和运营逻辑是对战略措施体系的描述,它们是等价的。价值链各环节由企业的各种职能构成,职能战略是对价值链上所有价值活动的具体规划,实施后的(职能)战略措施体系直接表现为企业价值链上的价值活动方式。根据商业模式的定义它们实际上就是对已实施的战略措施体系的描述。是战略措施体系本身所具有的。是对战略措施体系的全面描述,所以它们是等价的。

最后,商业模式中的战略方向描述了战略原则。因为商业模式来自于对价值活动方式的描述和分析,商业模式中的战略方向必然从价值活动方式中得到。尽管价值链活动方式是对战略措施体系的直接体现,但企业战略、业务战略、核心竞争力又体现在战略措施体系上,所以可以通过可视的价值链活动来察觉这些战略原则。通过对价值活动的分析可能无法察觉所有战略原则,但这并不影响战略方向与战略原则的高度一致性。

1.2.4 商业模式与战略的区别

商业模式与战略的区别主要在于关于它们的理论侧重点的不同。商业模式理论与战略理论研究的侧重点不同。由于新技术、新观念的不断涌现,企业在制定战略措施体系时可以有更多选择,于是很多别具特色的战略措施体系出现了。这引起了人们对战略措施体系及其所呈现的商业模式研究的兴趣,商业模式理论的主要研究对象或侧重点就是这些别具特色的战略措施体系。商业模式理论从战略制定的结果处开始研究,着重于对特定战略措施体系的分析,归纳出其包含的各种内在逻辑,特别是价值创造逻辑,不同的逻辑呈现出不同的商业模式。商业模式所包含的逻辑关系对企业构建具体的战略措施具有很好的指导作用,这是战略理论所欠缺的。战略理论从战略制定的源头开始研究,主要研究战略制定方法及形成过程,缺少对具体战略措施的研究。因为战略理论缺少对具体战略措施体系内在逻辑的研究,人们并没意识到运营逻辑和经济逻辑是战略措施体系本身所包含或应该包含的,所以往往认为商业模式和战略是两回事。战略理论的很多重要内容是商业模式理论所不具备的,比如波士顿矩阵、SWOT 分析等分析工具,并未出现在商业模式理论中,很多战略学派的重要战略理论或观点也是商业模式理论所未涉足的。

由于以上区别,战略制定过程中,应将商业模式理论与战略理论相结合。理论侧重点的不同,并不影响商业模式与战略在内容上的一致,只是内容的形成方法不同而已。

1.3 商业模式因果关系链条的分解

每一个企业都有不同的特点,其商业模式也不尽相同,现代企业的成功,很多是赢在商业模式上,企业商业模式因果关系链条就是企业的价值链,深入探究,发现其中的关系。

价值链由基础活动和辅助活动构成。在每个基础和辅助活动中,都有三种不同类型。一是直接活动:涉及直接为买方创造价值的各种活动,例如,零部件加工、安装、产品设计、销售、人员招聘等。二是间接活动:指那些使直接活动持续进行成为可能的各种活动,例如,设备维修与管理、工具制造、原材料供应与储存、新产品开发等。三是质量保证:指确证与其他活动质量的各种活动,例如,监督、视察、检测、核对、调整和返工等。这些活动有着完全不同的经济效果,对竞争优势的确立起着不同的作用,应该加以区分,权衡取舍,以确定核心和非核心活动。

价值链分析法由波特首先提出,他将基本的原材料到最终用户之间的价值链分解成与战略相关的活动,以便理解成本的性质和差异产生的原因,从内部、纵向和横向三个角度展开分析。

<u>内部价值链分析</u>。这是企业进行价值链分析的起点。企业内部可分解为许多单元价值链,商品在企业内部价值链上的转移完成了价值的逐步积累与转移。每个单元链上都要消耗成本并产生价值,而且它们有着广泛的联系,如生产作业和内部后勤的联系、质量控制与售后服务的联系、基本生产与维修活动的联系等。深入分析这些联系可减少那些不增加价

值的作业,并通过协调和最优化两种策略的融洽配合,提高运作效率、降低成本,同时也为纵向和横向价值链分析奠定基础。

纵向价值链分析。它反映了企业与供应商、销售商之间的相互依存关系,这为企业增强其竞争优势提供了机会。企业通过分析上游企业的产品或服务特点及其与本企业价值链的其他连接点,往往可以十分显著地影响自身成本,甚至使企业与其上下游共同降低成本,提高这些相关企业的整体竞争优势。例如,施乐公司通过向供应商提供其生产进度表,使供应商能将生产所需的元器件及时运过来,同时降低了双方的库存成本。在对各类联系进行了分析的基础上,企业可求出各作业活动的成本、收入及资产报酬率等,从而看出哪一活动较具竞争力、哪一活动价值较低,由此再决定往其上游或下游并购的策略或将自身价值链中一些价值较低的作业活动出售或实行外包,逐步调整企业在行业价值链中的位置及其范围,从而实现价值链的重构,从根本上改变成本地位,提高企业竞争力。四川峨铁的重组便是个典型的例子,川投集团整体兼并峨铁厂、嘉阳电厂和嘉阳煤矿,重组后占峨铁生产成本60%的电价将大幅降低,每年可节约成本几千万元。通过调整,峨铁的产量可以上一个台阶,实现规模经济,又可降低单位固定成本。而对嘉阳电厂和嘉阳煤矿而言,则有了一个稳定的销售市场,其销售费用亦大幅降低。同时川投集团还并购了长钢股份,为峨铁打开了销路。这一重组并购搞活了三家劣势国有企业。如果从更广阔的视野进行纵向价值链分析,就是产业结构的分析,这对企业进入某一市场时如何选择入口及占有哪些部分,以及在现有市场中外包、并购、整合等策略的制定都有极其重大的指导作用。

横向价值链分析。这是企业确定竞争对手成本的基本工具,也是公司进行战略定位的基础。如通过对企业自身各经营环节的成本测算,不同成本额的公司可采用不同的竞争方式,面对成本较高但实力雄厚的竞争对手,可采用低成本策略,扬长避短,争取成本优势,使得规模小、资金实力相对较弱的小公司在主干公司的压力下能够求得生存与发展,而相对于成本较低的竞争对手,可运用差异性战略,注重提高质量,以优质服务吸引顾客,而非盲目地进行价格战,使自身在面临价格低廉的小公司挑战时,仍能立于不败之地,保持自己的竞争优势。

第二节　商业模式设计

学习内容

了解商业模式设计的原则,掌握商业模式设计的思路与方法,商业模式创新的逻辑与方法。

2.1　设计商业模式的思路和方法

2.1.1　商业模式设计原则

商业模式的核心原则是指商业模式的内涵、特性,是对商业模式定义的延展和丰富,是成功商业模必须具备的属性。企业能否持续赢利是判断其商业模式是否成功的唯一的外在标准。一个成功的商业模式不一定是在技术上的突破,而是对某一个环节的改造,或是对原有模式的重组创新,甚至是对整个游戏规则的颠覆。它包括:客户价值最大化原则、持续赢利原则、资源整合原则、创新原则、组织管理高效率原则、融资有效性原则、风险控制原则和合理缴税原则等八大原则。

客户价值最大化原则。一个商业模式能否持续赢利,是与该模式能否使客户价值最大化有必然关系的。一个不能满足客户价值的商业模式,即使赢利也一定是暂时的、偶然的,是不具有持续性的。反之,一个能使客户价值最大化的商业模式,即使暂时不赢利,但终究也会走向赢利。所以我们把对客户价值的实现再实现、满足再满足当作企业应该始终追求的主观目标。

持续赢利原则。企业能否持续赢利是我们判断其商业模式是否成功的唯一的外在标准。因此,在设计商业模式时,赢利和如何赢利也就自然成为重要的原则。当然,这里指的是在阳光下的持续赢利。持续赢利是指既要"赢利",又要有发展后劲,具有可持续性,而不是一时的偶然赢利。

资源整合原则。整合就是要优化资源配置,就是要有进有退、有取有舍,就是要获得整体的最优。在战略思维的层面上,资源整合是系统论的思维方式,是通过组织协调,把企业内部彼此相关但却彼此分离的职能,把企业外部既参与共同的使命又拥有独立经济利益的合作伙伴整合成一个为客户服务的系统,取得"1+1>2"的效果。在战术选择的层面上,资源整合是优化配置的决策,是根据企业的发展战略和市场需求对有关的资源进行重新配置,以凸显企业的核心竞争力,并寻求资源配置与客户需求的最佳结合点,目的是要通过制度安排和管理运作协调来增强企业的竞争优势,提高客户服务水平。

创新原则。三星董事长李建熙说:"除了老婆和孩子外,其余什么都要改变。"时代华纳前首席执行官迈克尔·恩说:"在经营企业的过程中,商业模式比高技术更重要,因为前者是企业能够立足的先决条件。"成功的商业模式不一定是在技术上的突破,而是对某一个环节的改造,或是对原有模式的重组、创新,甚至是对整个游戏规则的颠覆。商业模式的创新形式贯穿于企业经营的整个过程之中,贯穿于企业资源开发研发模式、制造方式、营销体系、市场流通等各个环节,也就是说,在企业经营的每一个环节上的创新可能变成一种成功的商业模式。

融资有效性原则。融资模式的打造对企业有着特殊的意义,尤其是对中国广大的中小企业来说更是如此。我们知道,企业生存需要资金,企业发展需要资金,企业快速成长更是需要资金。资金已经成为所有企业发展中绕不掉的障碍和很难突破的瓶颈。谁能解决资金问题,谁就赢得了企业发展的先机,也就掌握了市场的主动权。从一些已成功的企业发展过程来看,无论其表面上对外阐述的成功理由是什么,但都不能回避和掩盖其成功的重要作用,许多失败的企业就是没有建立有效的融资模式而失败。如巨人集团,仅仅因为近千万元的资金缺口而轰然倒下;曾经与国美不相上下的国通电器,拥有过30多亿元的销售额,也仅因为几百万元的资金缺口而销声匿迹。所以说,商业模式的设计很重要的一环就是要考虑融资模式。甚至可以说,能够融到资并能用对地方的商业模式就已经是成功一半的商业模式。

组织管理高效率原则。高效率,是每个企业管理者都梦寐以求的境界,也是企业管理模式追求的最高目标。用经济学的眼光来衡量,决定一个国家富裕或贫穷的砝码是效率;决定企业是否有赢利能力的也是效率。按现代管理学理论来看,一个企业要想高效率地运行,首先要解决的是企业的愿景、使命和核心价观,这是企业生存、成长的动力,也是员工干好的理由。其次是要有一套科学的实用的运营和管理系统,解决的是系统协同、计划、组织和约束问题。最后还要有科学的奖励激励方案,解决的是如何让员工分享企业的成长果实的问题,也就是向心力的问题。只有把这三个主要问题解决好了,企业的管理才能实现效率。现实生活中的万科、联想、华润、海尔等大公司,在管理模式的建立上都是可圈可点的,也是值得我们学习的。

风险控制原则。设计再好的商业模式,如果抵御风险的能力很差,就会像在沙丘上建立的大厦一样,经不起任何风浪。这个风险指的是系统外的风险,如政策、法律和行业风险,也指的是系统内的风险,如产品的变化、人员的变更、资金的不足等。

合理缴税原则。合理缴税,而不是逃税。合理纳税是在现行的制度、法律框架内,合理地利用有关政策,设计一套利于企业的纳税体系。合理缴税做得好也能大大增加企业的赢利能力,千万不可小看。

案例导读 5-1

成功商业模式的三个基本特点

第一,成功的商业模式要能提供独特价值。有时候这个独特的价值可能是新的思想;而更多的时候,它往往是产品和服务独特性的组合。这种组合要么可以向客户提供额外的价值;要么使得客户能用更低的价格获得同样的利益,或者用同样的价格获得更多的利益。

第二,商业模式是难以模仿的。企业通过确立自己的与众不同,如对客户的悉心照顾、无与伦比的实施能力等,来提高行业的进入门槛,从而保证利润来源不受侵犯。比如,直销模式(仅凭"直销"一点,还不能称其为一个商业模式),人人都知道其如何运作,也都知道戴尔公司是直销的标杆,但很难复制戴尔的模式,原因在于"直销"的背后,是一整套完整的、极难复制的资源和生产流程。

第三,成功的商业模式是脚踏实地的。企业要做到量入为出、收支平衡。这个看似不言而喻的道理,要想年复一年、日复一日地做到,却并不容易。现实当中的很多企业,不管是传统企业还是新型企业,对于自己的钱从何处赚来,为什么客户看中自己企业的产品和服务,乃至有多少客户实际上不能为企业带来利润、反而在侵蚀企业的收入等关键问题,都不甚了解。

本案例由本书编委会成员整理

2.1.2 《商业模式新生代》设计方法

《商业模式新生代》一书中,提供的9个构造块,简洁且具有可操作性。

构造块1:客户细分

我们为谁创造价值?

谁是我们的最重要的客户?

构造块 2：价值主张
我们该向客户传递什么样的价值？
我们正在帮助我们的客户解决哪一类难题？
我们正在满足哪些客户需求？
我们正在提供给客户细分群体哪些系列的产品和服务？

构造块 3：渠道通路
通过哪些渠道可以接触到我们的客户细分群体？
我们现在如何接触他们？我们的渠道如何整合？
哪些渠道最有效？哪些渠道成本效益最好？
如何把我们的渠道与客户的例行程序进行整合？

构造块 4：客户关系
描绘公司与特定客户细分群体建立的关系类型。
我们每个客户细分群体希望我们与之建立和保持何种关系？
哪些关系我们已经建立了？
这些关系成本如何？
如何把我们与商业模式的其余部分进行整合？

构造块 5：收入来源
描绘公司从客户细分群体中获取的现金收入（需要扣除成本）。
什么样的价值能让客户愿意付费？
他们现在付费买什么？
他们是如何支付费用的？
他们更愿意如何支付费用？
每个收入来源占总收入的比例是多少？

构造块 6：核心资源
描绘让商业模式有效运转所必需的最重要因素。
我们的价值主张需要什么样的核心资源？
我们的渠道通路需要什么样的核心资源？
我们的客户关系呢？
收入来源呢？

构造块 7：关键业务
描绘为了确保商业模式可行，企业必须做的最重要的事情。
我们的价值主张需要什么样的核心资源？
我们的渠道通路需要什么样的核心资源？
我们的客户关系呢？
收入来源呢？

构造块 8：重要合作
描绘的是让商业模式有效运作的所需的供应商和合作伙伴的网络。
谁是我们的重要伙伴？
谁是我们的重要供应商？

合作伙伴都执行哪些关键业务？

构造块9：成本结构

描绘运营一个商业模式所引发的所有成本。

什么是我们商业模式中最重要的固有成本？

哪些核心资源花费最多？

哪些关键业务花费最多？

在设计商业模式过程中，并不一定必须要回答上述所有的问题，但顾客价值、渠道通路、顾客关系、收入及成结构等问题一般是需要考虑的。

案例导读 5-2

华为企业成功的商业模式

华为在创办的初期，作为民营企业融资困难，同时为了吸引人才，任总大量稀释了自己的股份，这就是华为的全员持股。既是员工又是股东，所以华为能万众一心，蓬勃向上，企业的执行力特别强。华为发家靠的是国内市场，现在挑大头的是国外市场，针对不同背景、不同发展阶段的市场，采用了不同的商业模式：国内市场商业模式和国外市场商业模式。

国内市场商业模式

首先，上世纪90年代初期，华为开始进入国内电信市场时，并不被认可，任正非四处游说各地电信局，由华为与电信职工集资成立合资企业，并承诺高额回报，形成利益共同体，在政策的灰色地带通过利益输送迅速抢占及巩固市场。

随着环境的急剧变化，华为的高层管理者对外部环境变化做出准确而又迅速地反应。2000年中国电信一分为七，变为电信、移动、联通、铁通、网通等运营商。华为立即决定成立七个运营商系统管理部，每个省都相应设置分支机构，建立独立的KPI考核指标。中国电信一分为七后，采购决策权从地方收到总部。国外公司以前主要做总部和省公司关系，被华为遍布各地市的市场网络蚕食了很大市场，表面上看这一消息对国外公司利好。但是华为敢于反弹琵琶，在每个地市建立客户服务中心，以前的销售经理变为客户代表，也就是想方设法提高华为的服务水平。

国外市场商业模式

作为发展中国家的品牌，华为要想短时间内被发达国家认可，绝非易事（发达国家占据世界电信市场80%份额）。因此，华为一开始就确立了"农村包围城市"策略。然而，即便是"农村"，市场开拓难度也是极其艰辛。但华为坚持了下来，2000年后开始开花结果，2003年销售额一举突破3亿美元。目前华为海外市场已占销售收入的75%，其中欧洲市场占到了其总销售收入的10%，成为了全球第二大电信设备商。为了布局海外市场，从国内抽调了大批销售精英奔赴全球，导致国内市场被中兴抢走不少。同时，在海外市场，十年磨一剑，营销费用惊人，而回报却迟迟才来到，如果华为是一家上市企业，每年都紧紧围绕在净利润考核指标上，那么华为很多分公司中途估计早就被砍掉，更不会有今日华为辉煌的海外市场。所以换个角度来讲，不上市反而是华为的某种优势，确保了他可以着眼于未来进行长期布局、精耕细作，而不是计较一城一地的得失。

华为成本领先有其自身的努力，更多的应该说是得益于中国的国情。之前有介绍，华为是典型的哑铃型结构，研发和市场人员都超过40%，中国每年300万工科大学毕业生源源不断地为其输血，研发人员平均工资只有国外竞争对手的30%左右，而中国人上班时间本来就长，且华为奉行加班文化，所以华为的研发成本只有国外的十分之一。因此华为在研发高投入的通信设备行业，具有得天独厚的成本领先优势。

本案例由本书编委会成员整理

2.1.3 商业模式设计五步法

设计和完善企业商业模式，需要借助有效的分析手段，商业模式的五大要素。它们是利润源即企业顾客、利润点即企业提供的产品或服务、利润渠道即产品或服务的供应和传播渠道、利润杠杆即生产产品或服务的内部运作、利润屏障即保护产品或服务的战略控制活动等五大要素，五大要素相互协同的价值创造系统。无论是设计还是完善企业商业模式，都必须遵循商业模式设计完善的五步法。

第一步，界定和把握利润源——顾客。

企业利润源是指购买企业商品或服务的顾客群，它们是企业利润的唯一源泉。企业利润源及其需求的界定，决定了企业为谁创造价值。企业顾客群分为主要顾客群、辅助顾客群和潜在顾客群。好的目标顾客群，一是要有清晰的界定，没有清晰界定的顾客群往往是不稳定的；二是要有足够的规模，没有足够的顾客群规模企业的业务规模必然受到局限；三是企业要对顾客群的需求和偏好有比较深的认识和了解。

设计商业模式的时候，首先需要分析顾客需求，目的就是要为产品寻找能够比较容易呈现价值的顾客群。一般来说，企业赢利的难度并非在技术与产品端，而主要还是在顾客端。有时纵然是把握好企业顾客的一点点需求，也可能产生巨大的顾客价值。

在复印机行业，施乐公司的利润源主要是大型企业与专业影印公司，因此他看不到个人客户对于影印便利的需求，所以失去开发桌上型复印机的先机。佳能在资源规模上无法与施乐竞争，因此采取差异化策略，重点对企业个人客户这一利润源进行了系统分析和研究，根据个人客户的价值需求，发掘尚未被满足的特殊顾客群，最后才导致开发简便型桌上复印机的创新构想。佳能在1976年推出简便型桌上复印机，这项新产品的技术创新程度较为落后，不但影印速度慢，影印品质不佳，而且提供的影印功能也极为有限。不过在顾客看来却是一项能带来重大价值的成功产品，因为它能提供经理人与个人工作者在工作上极大的方便，这些顾客不需要为影印一页文件，专程跑到影印中心，只需要简单的操作，在家中或个人办公室中即可满足影印需求。

第二步，不断完善企业利润点——产品。

利润点是指企业可以获取利润的、目标顾客购买的产品或服务。利润点决定了企业为顾客创的价值是什么，以及企业的主要收入及其结构。好的利润点是顾客价值最大化与企业价值最大化的结合点，它要求一要针对目标顾客的清晰的需求偏好，二要为目标顾客创造价值，三要为企业创造价值。有些企业的产品和服务或者缺乏顾客的针对性，或者根本不创造利润，就不是好的利润点。

微软的商业模式是国际公认最为成功的商业模式，但回顾微软不断完善企业利润点的历史，就会发现微软并不是一开始就能够设计出具有竞争力的产品的。看一看微软开发图形操作系统就会发现,根据顾客的需求对产品持续改进是微软商业模式的竞争力之所在。当微软推出 Windows 1.0 时,这个产品比数字研究公司的 GEM 图形用户界面好不到哪去。评论家们甚至将它比作是对施乐 PARC 所开发产品的苍白模仿。只有在 1990 年 Windows 3.0 发布时,微软才拿出了内存管理方面的改进成果,从而可以让用户利用 286 和 386 微处理器的能力。1993 年微软又用了另外三年时间改进了与 Windows 95 界面类似的 NT,新产品强大的管理控制功能使得 Windows NT 在 IT 社区中流行起来。在网络浏览器业务上,微软又用了三次长期的努力才赶上网景。微软建立了伟大的商业模式,原因是微软倾听客户反映,修复了产品中的不足,微软成就的原因并不是因为它开发出了"轰动一时"的技术。微软完善了一个整合客户反馈和改进企业利润点的系统,这可以解释为何微软长期以来成为这个领域的第一号企业。

第三步,打造强有力的利润杠杆,构筑商业模式内部运作价值链。

打造利润杠杆,规划企业内部运作价值链是商业模式设计与完善的重要内容,它决定了产品或服务是否为企业带来价值和带来价值的多少。企业利润杠杆主要包括以下几种:组织与机制杠杆、技术与装备杠杆、生产运作杠杆、资本运作杠杆、供应与物流杠杆、信息杠杆、人力资源杠杆等。这些内部运作活动可以清楚界定企业的内部运作的成本及其结构以及计划实现的利润目标。设计良好的利润杠杆可以使商业模式极具竞争力。

美国西南航空公司创下了连续 29 年赢利的业界奇迹。能取得这样的成功,在于西南航空始终坚持"低成本营运和低票价竞争"的策略,在自己竞争对手不注意和注重的内部价值链上下功夫,找到了属于自己的财富增长点。西南航空主营国内短途业务。由于每个航班的平均航程仅为一个半小时,因此西南航空只提供软饮料和花生米,这样既可以将非常昂贵的配餐服务费用"还之于民",又能让每架飞机净增 7 到 9 个座位,每班少配备 2 名乘务员。在西南航空公司的大多数市场上,它的票价甚至比城市之间的长途汽车票价还要便宜。一些"巨人级"航空公司称西南航空是"地板缝里到处蔓延的蟑螂",可以感觉到,但就是无法消灭掉。将没有竞争优势的企业内部价值链外包,是打造利润杠杆的一条有效途径。很多公司意识到在一个非常长而复杂的企业内部价值链上,他们也许只能在价值链的 3 至 4 个环节具有高度竞争力,但要想在所有环节上都具有竞争力是不太可能的,而一旦认识到企业内部价值中的优势环节,就应该把公司定位在那个位置,将其他部分以签约方式外包给别的公司,从而使利润杠杆更加有力。

同样的产品,由于利润杠杆不同,或者说由于企业内部运作价值链的差异,导致了产品的成本迥异,一个企业可能赚钱,另一个企业则可能亏损。这足以说明,利润杠杆决定了企业利润的多寡。

第四步,疏通拓宽利润渠,构筑商业模式外部运作价值链。

利润渠即企业向顾客供应产品和传递产品信息的渠道,是商业模式得以正常运作必不可少的外部价值链。产品或服务的价值传递是企业把产品和服务传递给目标客户的分销和传播活动,目的是便于目标客户方便地购买和了解公司的产品或服务。

戴尔的模式是成功的商业模式,它的利润渠本身就为戴尔创造了巨大的价值。首先,直销模式大幅降低成本,戴尔的"直销模式"实质上就是简化、消灭中间商,这样避免庞大的渠道成本。戴尔因直销而减少了 20% 左右的渠道成本。其次,直销模式加快了戴尔的资金周转速度。利用代销商销售电脑的各大电脑公司从制造到销售一般需要 6—8 周。而戴尔从订单到送货到客户手中的时间为5天,从发货到客户电子付款在24小时以内,戴尔的资金周转天数已降到11天。

1963年,家乐福在巴黎郊区创办第一家超级市场。在30年内,家乐福发展成为一个年销售额290亿美元,市值200亿美元的国际连锁超市集团。其成功的关键是为客户提供了优异的渠道。在家乐福产生前,法国拥有高度分散的小商店系统,它们对客户和供应商来说是一个十分低效的渠道。客户需要花数小时采购,而分销商需要花费不菲的成本和费用运送货物到成百上千家零售店。这一渠道的多重失效和低效,激发了渠道集中的趋势。家乐福发掘到这一机会从而创造了巨大的股东价值。家乐福、沃尔玛的成功是因为它为众多商品生产企业构筑了高效的流通渠道,而这对几乎所有的商业模式都是必不可少的。

第五步,建立有效保护利润的利润屏障。

利润屏障是指企业为防止竞争者掠夺本企业的目标客户,保护利润不流失而采取的战略控制手段。利润杠杆是撬动"奶酪"为我所有,利润屏障是保护"奶酪"不为他人所动。比较有效的利润屏障主要有建立行业标准、控制价值链、领导地位、独特的企业文化、良好的客户关系、品牌、版权、专利等。

案例导读5-3

制造商领域的商业模式

制造商商业模式主要有如下6种形式。

(1)直供商业模式。主要应用在一些市场半径比较小,产品价格比较低或者是流程比较清晰,资本实力雄厚的国际性大公司。直供商业模式需要制造商具有强大的执行力,现金流状况良好,市场基础平台稳固,具备市场产品流动速度很快的特点。利润比较丰厚的一些行业与产业还是会选择直供方式的商业模式,如白酒行业,很多公司就选择了直供的商业模式。云峰酒业为了精耕市场,在全国各地成立了销售性公司,直接控制市场终端,广州云峰酒业,西安云峰酒业,合肥云峰酒业,湖北云峰酒业等公司在当地市场上均具备一定的实力与良好的基础;如很多OTC产品也会选择直供市场。

(2)总代理制商业模式。这种商业模式为中国广大的中小企业所广泛使用。由于中国广大的中小企业在发展过程中面临着两个最为核心的苦难,其一是团队执行力比较差,他们很难在短时间内构建一个庞大的执行团队,而选择经销商做总代理可以省去很多当地市场执行面上的困难;其二是资金实力上困难,中国中小企业普遍资金实力比较薄弱,选择总代理商业模式,他们可以在一定程度上占有总代理上一部分资金,更有甚者,他们可以通过这种方式完成最初原始资金的积累,实现企业快速发展。

(3)联销体商业模式。随着大量中小企业选择采取总代理商业模式,市场上好的经销商成为一种稀缺的战略性资源,很多经销商对于鱼目混珠的招商上产生了严重的戒备心理,在这样的市场状况下,很多比较有实力的经销商为了降低商业风险选择了与企业进行捆绑式合作,即制造商与经销商分别出资,成立联销体机构,这种联销体既可以控制经销商市场风险,也可以保证制造商始终有一个很好的销售平台。联销体这种方式受到了很多有理想,有长期发展目标的制造商欢迎。如食品行业的龙头企业娃哈哈就采取了这种联销体的商业模式;空调行业巨头格力空调也选择了与区域性代理商合资成立公司共同运营市场,取得了不错的市场业绩。

(4)仓储式商业模式。仓储式商业模式也是很多消费品企业选择的商业模式。很多强势品牌基于渠道分级成本很好,制造商竞争能力大幅度下降的现实,选择了仓储式商业模式,通过价格策略打造企业核心竞争力。比如20世纪90年代,四川长虹电视在中国大陆市场如日中天,为降低渠道系统成本,提高企业在市场上价格竞争能力,长虹集团就选择了仓储式商业模式,企业直接将产品配送到消费者手里。

仓储式商业模式与直供最大的不同是,直供企业不拥有直接的店铺,通过第三方平台完成产品销售,企业将货源直接供应给第三方销售平台。而仓储式商业模式是企业拥有自己的销售平台,通过自己的销售平台完成市场配货功能。

(5)专卖式商业模式。随着中国市场渠道终端资源越来越稀缺,越来越多的中国消费品企业选择专卖形式的商业模式。如TCL幸福树专卖系统,五粮液提出的全国两千家专卖店计划,蒙牛乳业提出的蒙牛专卖店加盟计划,云南乳业出现的牛奶专卖店与牛奶总汇等。选择专卖店商业模式需要具备以下三种资源中的任何一种模式或者三种特征均具备:其一是品牌,选择专卖商业模式的企业基本上属于具备很好的品牌基础,消费者自愿消费比较多,而且市场认知也比较成熟;其二是产品线比较全,要维系一个专卖店具有稳定的利润,专卖店产品结构就应该比较合理,因此,选择专卖渠道的企业必须具备比较丰富的产品线;其三是消费者行为习惯,必须看到,在广大的农村市场,可能我们这种专卖模式就很难起到推动市场销售的功能,因此,专卖商业模式需要成熟的市场环境。

专卖式商业模式与仓储式商业模式完全不同,仓储式商业模式是以价格策略为商业模式核心,而专卖式商业模式则是以形象与高端为核心。

(6)复合式商业模式。由于中国市场环境异常复杂,中国很多快速消费品企业在营销策略上也选择了多重形式。复合式商业模式是一直基于企业发展阶段而作出的策略性选择。但是要特别注意的是,一般情况下,无论多么复杂的企业与多么复杂的市场,都应该有主流的商业模式,而不能将商业模式复杂化作为朝令夕改的借口,使得营销系统在商业模式上出现重大的摇摆。

企业一旦选择了一种商业模式,往往需要在组织建构,人力资源配备,物流系统,营销策略上都应该做出相应的调整,否则,就不能认为这个企业已经建立了成熟的商业模式。

本案例由本书编委会成员整理

2.2 商业模式创新的逻辑与方法

从《商业模式新生代》构造块中得出的商业模式创新方法。

方法1:客户洞察。基于客户洞察建立商业模式。企业在市场研究上投入了大量的精力,然而在设计产品、服务和商业模式上却往往忽略了客户的观点。良好的商业模式设计需要依靠对客户的深入理解,包括环境、日常事务、客户关心的焦点及愿望。操作方法:找出你的相关商业模式中可提供服务的所有客户细分群体;选出3个有希望的候选人,并选择一个客户开始描述分析;通过客户看到的是什么、客户听到的是什么、客户真正的想法和感受是什么、客户说些什么又做些什么、客户的痛苦是什么、客户想得到的是什么等6个问题进行分析，找到探索商业模式。

方法 2：创意构思。生成全新商业模式创意。绘制一个已经存在的商业模式是一回事，设计一个新的创新商业模式是另一回事。设计新的商业模式需要产生大量商业模式创意，并筛选出最好的创意，这是一个富有创造性的过程。这个收集和筛选的过程称为创意构思。操作方法：创意构思就有了两个主要阶段，一是创意生成，这个阶段重视数量，二是创意合成，讨论所有的创意，加以组合，并缩减到少量可行的可选方案。这些可选方案不一定要代表颠覆性的商业模式，也许只是把你现有的商业模式略作扩展，以增强竞争力的创新。可以从几个不同的出发点生成针对创新商业模式的创意。我们来看看这两点：一个是使用商业模式画布来分析商业模式创新的核心问题；另一个是使用"假如"的提问方式。商业模式创新的创意可以来自任何地方，商业模式的 9 个构造块都可以是创新的起点。具有改造作用的商业模式创新可以影响到多个商业模式构造块。

方法 3：可视思考的价值。所谓的可视思考，是指使用诸如图片、草图、图表和便利贴等视觉化工具来构建和讨论事情。因为商业模式是由各种构造块及其相互关系所组成的复杂概念，不把它描绘出来将很难真正理解一个模式。可以把其中的隐形假设转变为明确的信息，这使得商业模式明确而有形，并且讨论和改变起来也更清晰。操作办法：便利贴的用法和结合商业模式画布略图描绘的用法。将讨论四个由视觉化思维改善的过程：理解、对话、探索和交流。针对不同需求的不同类型的视觉化，每次配一幅图像，讲一个故事。

方法 4：原型制作。商业模式原型可以用商业模式画布简单素描成完全经过深思熟虑的概念形式，也可以表现为模拟了新业务财务运作的电子表格形式。操作办法：不必把商业模式原型看成是某个真正商业模式草图。相反，原型是一个思维工具，探索不同的方向，哪些商业模式应该尝试选择的方向？如果增加另一个客户细分群体会对商业模式意味着什么？消除高成本资源将是怎样的结果？如果免费赠送一些产品或服务，并且用一些更具创新性的产品或服务替代现在的收入来源又将会意味着什么？通过对这些问题的回答探索新的商业模式。

方法 5：故事讲述。形容一个全新的、未经考验的商业模式就如同只用单薄的文字去描述一幅画作。但是讲一个故事告诉这个商业模式是如何创造价值的，就如同用色彩来装饰画布。就这样，新概念就又变得有形起来，而不再抽象了。操作办法：设计故事，讲故事的目的，是要把一种新的商业模式以形象具体的方式呈现出来。故事的内容一定要简单易懂，主人公也只需要一位。结合观众的实际情况，可以从不同的视角塑造一位不同的主人公。从公司视角、客户视角、合作伙伴视角等去讲故事。要把故事讲得吸引人的技巧有许多，每种技巧也有其优势和劣势，适用于不同的场合和听众。在了解了谁是你的听众、你会出席什么场合后，再来选择一种匹配的技巧。

方法 6：情景推测。把抽象的概念变成具体的模型。它的主要作用就是通过细化设计环境，帮助我们熟悉商业模型设计流程。这里，我们会讨论两种类型的情景推测描述。操作办法：第一种描述的是不同的客户背景，客户是如何使用产品和服务的，什么类型的客户在使用它们，客户的顾虑、愿望和目的分别是什么；第二种描述的是新商业模式可能会参与竞争的未来场景，通过情景描述探索创意。

> **案例导读 5-4**

4 人卖睡衣年赚 7 000 万元

支付快递费 23 元可以拿到一件价值 188 元的女士睡衣,支持货到付款,支持退货。消费者是零风险。同一时段在 157 家网站都打这个广告,有 80% 的人都会订上一件。

这家公司既不是中国 500 强,也不是世界 500 强,这时候,很多人即使只为了满足一下好奇心,都会定一件。于是,你就会留下名字、电话、手机、地址,13 天后,快递真的送到你家了,你打开信封一看,这个睡衣质量真不错,在市场里面可能超过 188 或者 288,很多人看不明白,这家公司是干吗的?是做慈善?还是赔钱赚吆喝?

商业价值计算:1 000 万件睡衣免费送,首先我们需要解决货源问题。做生意的人都知道,中国义乌小商品批发市场世界闻名,在那有很多小型的服装加工厂,所以制作起来,成本可以很低。有 1 000 万件,就可以实现制作成本由 10 元降到 8 元。

为什么 8 元钱成本的睡衣在商场里面可以卖到 188 元?因为商场及其中间所有的渠道都要赚得利润。所以 8 元钱的睡衣拿到商场里卖 188 元。平时快递一样最小的东西,至少需要 10 元钱,但是,如果一年有 1 000 万件快递要在快递公司运送,肯定可以便宜,所以,最后 5 元敲定,因为夏天的女式睡衣很轻,又很小,一个信封就可以装下。下面就剩下广告了,本来网上做这种免费送东西的广告是不需要花钱的,因为网站要的是浏览量,为了让我的睡衣送的更疯狂,只要在你家的网站上送出去一件,就给网站商 3 块钱的提成,于是,所有的网站都帮着打广告。

23 元钱减去 8 元减去 3 元减去 5 元还剩下多少?7 元,那么就是说,他们实际上送一件睡衣只付出了 16 元钱的成本,但是,消费者却付了 23 元钱的快递费。就是说,他们只要送一件睡衣就赚了 7 元钱,中国有 13 亿人口,一年免费送一千万件是可行的。最后,他们送睡衣一年就赚了 7 000 万元。

这家公司从总裁、设计总监、销售总监、到会计,全公司加在一起一共四个人。

本案例摘自推 1 把网,网址:http://www.tui18.com/a/201408/2373972.shtml

第三节 常见的商业模式

> **学习内容**
> 理解常见的商业模式内容,掌握常见商业模式的经营方法。

3.1 B2B 商业模式

B2B 是指进行电子商务交易的供需双方都是商家(或企业、公司),他(或她)们使用了互联网的技术或各种商务网络平台,完成商务交易的过程。

3.1.1 B2B 模式分类

垂直模式。 面向制造业或面向商业的垂直 B2B(Directindustry Vertical B2B),可以分为两个方向,即上游和下游。生产商或商业零售商可以与上游的供应商之间形成供货关系;生产商与下游的经销商可以形成销货关系。简单地说这种模式下的 B2B 网站类似于在线商店,这一类网站其实就是企业网站,就是企业直接在网上开设的虚拟商店,通过这样的网站可以大力宣传自己的产品,用更快捷更全面的手段让更多的客户了解自己的产品,促进交易。或者也可以是商家开设的网站,这些商家在自己的网站上宣传自己经营的商品,目的也是用更加直观便利的方法促进、扩大商业交易。

综合模式。 面向中间交易市场的 B2B。这种交易模式是水平 B2B,它是将各个行业中相近的交易过程集中到一个场所,为企业的采购方和供应方提供了一个交易的机会,这一类网站自己既不是拥有产品的企业,也不是经营商品的商家,它只提供一个平台,在网上将销售商和采购商汇集一起,采购商可以在其网上查到销售商的有关信息和销售商品的有关信息。

自建模式。 行业龙头企业自建 B2B 模式是大型行业龙头企业基于自身的信息化建设程度,搭建以自身产品供应链为核心的行业化电子商务平台。行业龙头企业通过自身的电子商务平台,串联起行业整条产业链,供应链上下游企业通过该平台实现资讯、沟通、交易。但此类电子商务平台过于封闭,缺少产业链的深度整合。

关联模式。 行业为了提升电子商务交易平台信息的广泛程度和准确性,整合综合 B2B 模式和垂直 B2B 模式而建立起来的跨行业电子商务平台。

3.1.2 B2B 的经营模式

中国比较成功的 B2B 网站却并非所有都是在线交易模式,尤其是 B2B 行业网站,许多都没有做在线交易,更多是以基于交易为目的的网络营销推广和打造品牌知名度。根据对当前比较成功的 B2B 行业网站的分析研究,总结了 10 种 B2B 行业网站经营模式,以及相应的组合方案。

(1)以提供产品供应采购信息服务为主要经营模式的 B2B 行业网站。这类网站要建立分类齐全、产品品种多、产品参数完善、产品介绍详细的产品数据库,尤其是要注重产品信息的质量,要不断更新,有更多最新、最真实、最准确的产品信息及时发布,全面提升采购体验,吸引更多采购商和供应商来网站发布信息、浏览查找信息。主要是向中小供应商企业收取会员费、广告费,以及竞价排名费、网络营销基础服务费等。

(2)以提供加盟代理服务为主要经营模式的 B2B 行业网站。产品直接面对消费者的企业,一般会找加盟商、代理商来销售产品,一般这种企业的经营模式为设计+销售类型或设计+生产+销售类型。此类网站都是围绕品牌公司、经销商的需求来设计功能和页面,比如服装网站,就要做好动态、图库、流行趋势等行业资讯内容,全面收集服装品牌信息,建立数量大、准确度高的加盟商、代理商数据库。这类网站的赢利模式主要是收取品牌企业的广告费、会员费,尤其是广告费会占大部分比例。

(3)以提供生产代工信息服务为主要经营模式的 B2B 行业网站。以生产外包服务为主的行业具有的特点:此类 B2B 行业网站赢利模式为收工厂的钱,为工厂寻找更好的订单,可以提供实地看厂拍照,确保收费的主推工厂生产实力信息的真实、丰富和准确性。

(4)以提供小额在线批发交易服务为主要经营模式的B2B行业网站。经营这类网站,要非常了解零售商的需求,要建立完善的在线诚信体系,完善的支付体系,产品种类丰富、信息详细,当前综合、大行业的网站更易成功。

(5)以提供大宗商品在线交易服务为主要经营模式的B2B行业网站。这类网站的盈利模式主要就是收取交易佣金、提供行业分析报告、举办行业会议等。买卖双方诚信审核,支付的安全性,物流的快捷等,可采用第三方合作伙伴来解决,要进入这类网站首先要选好行业,其次门槛也比较高,可以在一些新兴的市场发展。

(6)以提供企业竞争性情报服务为主要经营模式的B2B行业网站。团队核心管理层里要有行业背景,否则找不到信息来源,大型企业不愿意买帐。适合那些从这类网站辞职的分析员,以及行业协会、商会、贸易商等同行业,具有一定行业背景的人来开办,市场需求比较大,很多行业都允许几个网站生存。赢利模式包括:会员费、报告销售、咨询、期刊、会议、广告费等。

(7)以商机频道+技术社区服务为主要经营模式的B2B行业网站。技术社区的盈利模式包括:招聘求职服务、技术会议服务、培训学校广告、软件广告服务、设备广告等。更重要的是为商机栏目增加用户粘性,运营时要服务好技术新手和技术高手,让高手在社区展示自己和产品,并能获得精神满足,让新手在这里能学知识,向技术高手提问,这样技术社区才能有内在的推动力,获得长远地、持续不断地发展。一般包括:问答、博客、图库、招聘求职、下载、个人空间、微博、会议等栏目。

(8)以B2B行业网站+《商情期刊》、《行业大全》服务为主要经营模式。一定要注意控制成本,开始不要印刷的太多,同时多采用线下的渠道来推广,一般都是参加全国各地的展会免费派发,以及通过快递免费派发给目标的读者和广告客户,找到更认可纸媒的客户,发行一定要精准。赢利模式为:封面、前彩页广告,内插页、页眉、页脚、书签、总目录右边等广告位,都可以赠送给购买前彩页及封面、封底的客户,包括访谈、软文等推广服务,还能提高网站的诚信度。

(9)以B2B行业网站+《商情期刊》、《行业大全》+展览、会议服务为主要经营模式。一般这类网站在举办会议的时候,需要与行业高层建立好关系,包括:协会、地方政府、高校、科研院所,举办会议的时候,需要他们捧场,会议才能变的更高端一些,才有更多企业高层参会。可以结合B2B行业社区来运营,通过社区吸引行业用户的关注,然后将这些用户集中在一起开会,解决一些问题。

(10)以B2B行业网站+域名空间+网站建设+搜索引擎优化服务为主要经营模式。要做好这类网站,要求团队有企业网站建设操作经验、行业网站运营经验、企业网站搜索引擎优化排名经验。一些有企业网站建设背景、企业网络营销推广服务背景的公司在选择这种模式来建设B2B行业网站,赢利模式也比较成熟,只是很多公司由于缺少B2B行业网站运营背景,结果B2B行业网站就成了一个摆设,并未发挥实质性的推广作用。成功运营B2B行业网站的公司选择这样的经营模式会更能成功。

3.1.3 B2B常规流程

第一步,商业客户向销售商订货,首先要发出"用户订单",该订单应包括产品名称、数量等等一系列有关产品问题。

第二步,销售商收到"用户订单"后,根据"用户订单"的要求向供货商查询产品情况,发出"订单查询"。

第三步,供货商在收到并审核完"订单查询"后,给销售商返回"订单查询"的回答,基本上是有无货物等情况。

第四步,销售商在确认供货商能够满足商业客户"用户订单"要求的情况下,向运输商发出有关货物运输情况的"运输查询"。

第五步,运输商在收到"运输查询"后,给销售商返回运输查询的回答,如有无能力完成运输,及有关运输的日期、线路、方式等要求。

第六步,在确认运输无问题后,销售商即刻给商业客户的"用户订单"一个满意的回答,同时要给供货商发出"发货通知",并通知运输商运输。

第七步,运输商接到"运输通知"后开始发货,接着商业客户向支付网关发出"付款通知",支付网关和银行结算票据等。

第八步,支付网关向销售商发出交易成功的"转账通知"。

> **案例导读 5-5**

世界工厂网

世界工厂网,是一个独具特色的实体制造型厂家聚集的电子商务门户网站。

世界工厂网致力于为实体型生产企业提供沟通的平台,主要为生产商、贸易商以及商务服务企业提供电子商务平台服务,在这里您可以简单快捷的建立自己的网上商铺、将商店扩张到客户触手可及的领域,海量搜索供求信息,分享商业经验,交流创富秘密。自2009年1月底上线以来,国内超过500万家优秀的实体生产厂家和600多万贸易商加入了网站,世界工厂网成为国内知名的直接面向生产厂家的低成本采购平台,世界工厂网的注册会员在网站上先后接到了500多万次询盘。

世界工厂网拥有专业、高效的服务团队,合理化的客户服务流程,为企业成功开启和拓展网上贸易提供优质高效的服务,大大降低企业会员使用电子商务获取商机做成订单的成本。实体生产型企业,在注册成为会员后,就可以把自己的公司与产品信息加入"世界工厂产品目录",让全球各地的商家都能看到您的信息。

世界工厂网拥有一支有着丰富企业电子商务实战经验的高效人才队伍,其推出的各种服务更加贴近企业的实际需求,世界工厂网拥有强大的网络运营管理能力和较强的程序开发能力,汲取了各种B2B优点并结合自己的创新,为企业打造全球最具竞争力和影响力的实用型电子商务网站,并为客户提供最优质的量身打造的全方位企业电子商务服务;世界工厂网拥有一批高素质的年轻服务队伍,能够为企业提供强大的产品后台保障。

本案例由本书编委会成员整理

3.2 B2C 商业模式

B2C 是 Business-to-Customer 的缩写,是通常说的直接面向消费者销售产品和服务的商业零售模式。这种形式的电子商务一般以网络零售业为主,主要借助于互联网开展在线销售活动。B2C 即企业通过互联网为消费者提供一个新型的购物环境,消费者通过网络在网上购物、网上支付等消费行为。

3.2.1 B2C 模式类型

(1)百货类网上商城。只有一个卖家,有能满足消费者日常需求的产品线,这种类型的商城有自己的仓库,储备有一系列的产品,甚至会有专门的品牌。

(2)垂直类网上商城。这种线上商城销售的产品存在很大的相似性,满足于某一特定的人群,或是某种需求、某种平台(如电器)等。

(3)导购类网上商城。网购导购类型的网站会推出购物返现,满足大部分消费者需求,让购物的趣味性、便捷性大大增加。

(4)复合品牌类。随着电子商务活动的发展,越来越多的传统品牌商会加入 B2C 网上商城。

(5)在线定制型商城。包括商品、礼品的定制,让消费者能得到自己真正需要和喜欢的商品。

3.2.2 B2C 平台设计原则

(1)易用性。软件设计研发使用的技术不对用户使用的浏览器有特殊要求,软件操作界面简洁,方便各类操作人员操作使用。

(2)高效性。软件页面的设计大气、美观、简洁,能体现公司企业文化,尽可能地提高浏览速度,突出主要信息。软件导航层次清晰,方便用户对相关信息的访问。

(3)结构合理。栏目设置合理,符合人们的浏览习惯。软件层次设计合理,让操作者可以通过尽可能少的点击次数即可找到需要的信息。

(4)可扩展性。软件设计已考虑到业务未来发展的需要,同时考虑软件使用的阶段性,要尽可能地设计得简明,各个功能模块间的耦合度小,便于软件的扩展,平滑地与其他应用软件自动接口。

(5)安全、稳定性。在充分考虑到软件访问性能的同时,软件还格外重视软件的安全和稳定性问题,软件使用了防 SQL 注入、上传文件验收、关键数据加密等方式保证了软件安全可靠。

(6)并发性强。考虑到软件的使用者同时操作软件的情况,软件支持多人操作,建立高速缓冲机制,提高使用者的访问速度。

(7)可移植性、可延续性。采用的开发技术不仅满足应用需求,而且要适应未来的发展趋势,使以后的升级、移植工作方便,降低用户的二次开发成本,保证用户的投资利益。

(8)个性化。利用注册用户提供的相关信息,或利用 COOKIE 等技术,为顾客提供尽可能多的个性化服务。

(9)互动性。软件建立了反馈机制,实现自动响应机制,实现高度互动。

(10)创意性强。结合行业现状与行业特点,功能特色鲜明、独具风格,充分体现销售公司管理流程。

11.维护性强:软件维护简单,操作方便,使企业自己的管理人员完全可以自行维护软件的栏目内容。

3.2.3 B2C 的运营管理

综合 B2C。发挥自身的品牌影响力,积极寻找新的利润点,培养核心业务。如卓越亚马逊,可在现有品牌信用的基础上,借助母公司亚马逊国际化的背景,探索国际品牌代购业务或者采购国际品牌产品销售等新业务。网站建设要在商品陈列展示、信息系统智能化等方面进一步细化。对于新老客户的关系管理,需要精细客户体验的内容,提供更加人性化、直观的服务。选择较好的物流合作伙伴,增强物流实际控制权,提高物流配送服务质量。

垂直 B2C。核心领域内继续挖掘新亮点。积极与知名品牌生产商沟通与合作,化解与线下渠道商的利益冲突,扩大产品线与产品系列,完善售前、售后服务,提供多样化的支付手段。鉴于个别垂直型 B2C 运营商开始涉足不同行业,笔者认为需要规避多元化的风险,避免资金分散。与其投入其他行业,不如将资金放在物流配送建设上。可以尝试探索"物流联盟"或"协作物流"模式,若资金允许也可逐步实现自营物流,保证物流配送质量,增强用户的粘性,将网站的"三流"完善后再寻找其他行业的商业机会。

传统直销型。首先要从战略管理层面明确这种模式未来的定位、发展与目标。协调企业原有的线下渠道与网络平台的利益,实行差异化的销售,如网上销售所有产品系列,而传统渠道销售的产品则体现地区特色;实行差异化的价格,线下与线上的商品定价根据时间段不同设置高低。线上产品也可通过线下渠道完善售后服务。在产品设计方面,要着重考虑消费者的需求感觉。大力吸收和挖掘网络营销精英,培养电子商务运作团队,建立和完善电子商务平台。

平台网站。B2C 受到的制约因素较多,但中小企业在人力、物力、财力有限的情况下,这不失为一种拓宽网上销售渠道的好方法。关键是中小企业要选择具有较高知名度、点击率和流量的第三方平台;其次要聘请懂得网络营销、熟悉网络应用、了解实体店运作的网店管理人员;再次是要以长远发展的眼光看待网络渠道,增加产品的类别,充分利用实体店的资源、既有的仓储系统、供应链体系以及物流配送体系发展网店。

3.2.4 B2C 企业在发展过程中遇到的困难

首先,快捷、方便的服务特色不突出。B2C 电子商务的主要特点是为消费者提供快捷、方便的网上购物环境,但现在网上购物在服务上主要存在两个方面的缺陷:一是商品目录庞杂,查找商品信息困难,并且最终完成认证、在线支付手续相当不方便,而且现在国内大多数支付还是通过邮局汇款的方式;二是 B2C 电子商务缺乏完善的后台传统服务的支撑,比如物流、配送等,商品不能及时配送到消费者手中,往往是阻碍人们网上购物的重要原因。如果 B2C 电子商务不能在服务上比传统商务做得更好,不能为消费者节约交易时间,就根本没有任何和传统商务相比的优势。

其次,资金周转困难。除了专门化的网上商店外,消费者普遍希望网上商店的商品越丰富越好,为了满足消费者的需要,B2C 电子商务企业不得不花大量的资金去充实货源。而绝大多数 B2C 电子商务企业都是由风险投资支撑起来的,往往把电子商务运营的环境建立起来后,账户上的钱已所剩无几了。这也是整个电子商务行业经营艰难的主要原因。

第三,定位不准。一是商品定位不准,许多 B2C 企业一开始就把网上商店建成一个网上超市，网上商品大而全，但因没有比较完善的物流配送体系的支撑而受到严重的制约；二是客户群定位不准，虽然访问量较高，但交易额小；三是价格定位偏高，网上商店追求的是零库存，有了订单再拿货，由于订货的批量少，得不到一个很好的进货价。

第四，网上支付体系不健全。 网上购物的突出特点是利用信用卡实现网上支付。从目前来看，我国电子商务在线支付的规模仍处于较低的水平，在线支付的安全隐患依然存在，多数代行银行职能的第三方支付平台由于可直接支配交易款项，所以越权调用交易资金的风险始终存在。这种不完善的网上支付体系严重制约着B2C电子商务企业的发展。

第五，物流配送体系不完善。 B2C电子商务的又一特点是消费者足不出户，轻击鼠标，就可获得满意的商品。而这一过程的实现必须要有完善的物流配送体系的支撑。但我国的物流业起步较晚，目前，国内快递业仍为中国邮政一家独大，民营快递业受诸多政策因素制约，举步维艰。在这种形势下，许多B2C企业只好建立起自己的物流配送系统，但B2C企业要建立起自身的物流体系必定要投入大量的资金和人力资源成本，这对资金周转本来就困难的B2C电子商务企业来说更是雪上加霜。目前，许多B2C电子商务企业在物流配送上只好将企业自己配送与借助第三方物流相结合，如卓越网、中国民生医药电子商务网等。

第六，信用机制和电子商务立法不健全。 有的商家出于成本和政策风险等方面的考虑，将信用风险转嫁给交易双方，有的商家为求利益最大化发布虚假信息、扣押来往款项、泄漏用户资料，有的买家提交订单后无故取消，有的卖家以次充好等现象常常发生。而这些现象就是导致消费者对网上购物心存疑虑的根本原因。

案例导读 5-6

当 当 网

从1999年11月当当网（www.dangdang.com）正式开通至今，当当已从早期的网上卖书拓展到网上卖各品类百货，包括图书音像、美妆、家居、母婴、服装和3C数码等几十个大类，其中在库图书、音像商品超过80万种，百货50余万种；目前当当网的注册用户遍及全国32个省、市、自治区和直辖市，每天有450万独立UV，每天要发出20多万个包裹；物流方面，当当在全国11个城市设有21个仓库，共37万多平方米，并在21个城市提供当日达服务，在158个城市提供次日达服务，在11个城市提供夜间快递服务。

除图书以外，母婴、美妆、服装、家居家纺是当当着力发展的四大目标品类，其中当当婴童已经是中国最大线上商店，美妆则是中国排名前五的线上网店。当当还在大力发展自有品牌当当优品。在业态从网上百货商场拓展到网上购物中心的同时，当当也在大力开放平台，目前当当平台商店数量已超过1.4万家，2012年Q3并新增2 000家入驻商家，同时当当还积极的走出去，在腾讯、天猫等平台开设旗舰店。

当当网于美国时间2010年12月8日在纽约证券交易所正式挂牌上市，成为中国第一家完全基于线上业务、在美国上市的B2C网上商城。自路演阶段，当当网就以广阔的发展前景而受到大批基金和股票投资人的追捧，上市当天股价即上涨86%，并以103倍的高PE和3.13亿美元的IPO融资额，连创中国公司境外上市市盈率和亚太区2010年高科技公司融资额度两项历史新高。

本案例由本书编委会成员整理

3.3 C2C 商业模式

C2C,即 Customer to Customer,是个人与个人之间的电子商务。

3.3.1 C2C 模式的特点

(1)辅助性。C2C 电子商务对于人类的日常活动来说,是一种互换有无,互相方便的一种买卖关系,对人类正常购买行为的辅助。

(2)节约性。C2C 电子商务的节约性体现在对生活资源的节约上,真正的 C2C 交易主要应该是二手商品,对二手商品的再次利用本身就是对地球资源的节约,是人类当前无当消费模式的一种矫正,当然,信息搜寻成本的节约,买卖过程的节约也是 C2C 节约性的体现。

(3)繁杂性。无论 C2C 中消费者的信息,还是 C2C 上面海量的虚拟商品信息以及少量的消费者的言论评价信息,都说明了 C2C 的繁杂性,另外,C2C 交易形式的随意性和多元性也是 C2C 繁杂性的体现。

(4)创造性。C2C 电子商务模式不是专业化的模式,是广大消费者具有创意的交易形式,在 C2C 交易中,网络消费者可以选择物物交换,也可以选择普通的议价交换,也可以选择刺激的拍卖方式,网络消费者完全可以选择任意一种交易方式,当然,网络消费者之间还可以创造出新的交易形式。

3.3.2 C2C 盈利模式

(1)会员费。会员费也就是会员制服务收费,是指 C2C 网站为会员提供网上店铺出租,公司认证,产品信息推荐等多种服务组合而收取的费用。由于提供的是多种服务的有效组合,比较能适应会员的需求,因此这种模式的收费比较稳定。费用第一年交纳,第二年到期时需要客户续费,续费后再进行下一年的服务,不续费的会员将恢复为免费会员,不再享受多种服务。

(2)交易提成。交易提成不论什么时候都是 C2C 网站的主要利润来源。因为 C2C 网站是一个交易平台,它为交易双方提供机会,就相当于现实生活中的交易所,大卖场,从交易中收取提成是其市场本性的体现。

(3)广告费。企业将网站上有价值的位置用于放置各类广告,根据网站流量和网站人群精度标定广告位价格,然后再通过各种形式向客户出售。如果 C2C 网站具有充足的访问量和用户粘度,广告业务会非常大。但是 C2C 网站出于对用户体验的考虑,均没有完全开放此业务,只有个别广告位不定期开放。

(4)搜索排名竞价。C2C 网站商品的丰富性决定了购买者搜索行为的频繁性,搜索的大量应用决定了商品、信息在搜索结果中排名的重要性,由此便引出了根据搜索关键字竞价的业务。用户可以为某关键字提出自己认为合适的价格,最终由出价最高者竞得,在有效时间内该用户的商品可获得竞得的排位。只有卖家认识到竞价为他们带来的潜在收益,才愿意花钱使用。

(5)支付环节收费。支付问题一向就是制约电子商务发展的瓶颈,直到阿里巴巴推出了支付宝,才在一定程度上促进了网上在线支付业务的开展。买家可以先把预付款通过网上银行打到支付公司的个人专用账户,待收到卖家发出的货物后,再通知支付公司把货款打入到卖家账户,这样买家不用担心收不到货还要付款,卖家也不用担心发了货而收不到款。而支付公司就按成交额的一定比例收取手续费。

> **案例导读 5-7**

人 人 车

人人车成立于 2014 年 4 月,致力于打造全新的二手车 C2C 交易模式,为个人车主和买家提供诚信、专业、便捷、有保障的优质二手车交易,创始人是李健。

人人车首创的二手车 C2C 虚拟寄售模式,能够直接对接个人车主和个人买家,砍掉中间环节,实现交易无差价,为个人用户卖车买车提供最佳交易体验。平台仅上线六年 10 万公里内的无事故个人二手车,在这里,卖家可以将爱车卖到公道价,买家可以买到经人人车专业评估师检测的真实车况的放心二手车。同时针对买家,人人车还提供 14 天无理由退车、一年 2 万公里核心部件质保等一系列售后保障。

截止到 2015 年 7 月,人人车业务已经覆盖北京、上海、成都、重庆、南京、广州等 21 个城市,在售个人车源超过 15 000 辆,月交易量超过 3 000 辆,各项业务指标均领先业界。

2015 年 8 月,人人车宣布完成由腾讯战略领投的 8 500 万美元 C 轮融资。本轮融资后,人人车估值超过 5 亿美元。

2015 年 11 月 12 日,人人车邀请影帝黄渤拍摄的史上第一支商业广告正式投放,人人车品牌开始被更多人熟知。

2015 年 12 月 22 日,人人车获得 DoNews 牛耳奖"年度最佳创业企业奖"。

本案例由本书编委会成员整理

3.4 O2O 商业模式

O2O,即 Online to Offline,是指将线下的商务机会与互联网结合,让互联网成为线下交易的平台,这个概念最早来源于美国。

3.4.1 O2O 的应用价值

O2O 的优势在于把网上和网下的优势完美结合。通过网购导购机,把互联网与地面店完美对接,实现互联网落地。让消费者在享受线上优惠价格的同时,又可享受线下贴身的服务。同时,O2O 模式还可实现不同商家的联盟。

(1)O2O 模式充分利用了互联网跨地域、无边界、海量信息、海量用户的优势,同时充分挖掘线下资源,进而促成线上用户与线下商品与服务的交易,团购就是 O2O 的典型代表。

(2)O2O 模式可以对商家的营销效果进行直观的统计和追踪评估,规避了传统营销模式的推广效果不可预测性,O2O 将线上订单和线下消费结合,所有的消费行为均可以准确统计,进而吸引更多的商家进来,为消费者提供更多优质的产品和服务。

(3)O2O 在服务业中具有优势,价格便宜,购买方便,且折扣信息等能及时获知。

(4)O2O 模式打通了线上线下的信息和体验环节,让线下消费者避免了因信息不对称而遭受的"价格蒙蔽",同时实现线上消费者"售前体验"。

3.4.2　O2O的经营模式

与传统的消费者在商家直接消费的模式不同,在O2O平台商业模式中,整个消费过程由线上和线下两部分构成。线上平台为消费者提供消费指南、优惠信息、便利服务(预订、在线支付、地图等)和分享平台,而线下商户则专注于提供服务。在O2O模式中,消费者的消费流程可以分解为五个阶段。

引流。线上平台作为线下消费决策的入口,可以汇聚大量有消费需求的消费者,或者引发消费者的线下消费需求。常见的O2O平台引流入口包括:消费点评类网站,如大众点评;电子地图,如百度地图、高德地图;社交类网站或应用,如微信、人人网。

转化。线上平台向消费者提供商铺的详细信息、优惠(如团购、优惠券)、便利服务,方便消费者搜索、对比商铺,并最终帮助消费者选择线下商户、完成消费决策。

消费。消费者利用线上获得的信息到线下商户接受服务、完成消费。

反馈。消费者将自己的消费体验反馈到线上平台,有助于其他消费者做出消费决策。线上平台通过梳理和分析消费者的反馈,形成更加完整的本地商铺信息库,可以吸引更多的消费者使用在线平台。

存留。线上平台为消费者和本地商户建立沟通渠道,可以帮助本地商户维护消费者关系,使消费者重复消费,成为商家的回头客。

3.4.3　O2O模式的三大优点

一是对本地商家来说。O2O模式要求消费者网站支付,支付信息会成为商家了解消费者购物信息的渠道,方便商家对消费者购买数据的搜集,进而达成精准营销的目的,更好地维护并拓展客户。通过线上资源增加的顾客并不会给商家带来太多的成本,反而带来更多利润。此外,O2O模式在一定程度上降低了商家对店铺地理位置的依赖,减少了租金方面的支出。

二是对消费者而言。O2O提供丰富、全面、及时的商家折扣信息,能够快捷筛选并订购适宜的商品或服务,且价格实惠。

三是对服务提供商来说。O2O模式可带来大规模高黏度的消费者,进而能争取到更多的商家资源。掌握庞大的消费者数据资源,且本地化程度较高的垂直网站借助O2O模式,还能为商家提供其他增值服务。

案例导读 5-8

阿　姨　帮

阿姨帮是一款基于LBS的家政O2O应用,是一个预约日常保洁、新居开荒、衣物干洗、家居保养等服务的家庭服务中心,由北京智诚永拓信息技术有限公司开发并运营。公司是一家移动互联网创业公司,于2013年7月创立于北京市海淀区。公司致力于提供给用户便捷、专业、安全的一站式家庭日常保洁服务。

用户可以随时随地打开手机,查找附近的家庭保洁、大扫除、新居开荒、衣物干洗、家居保养等服务。用户可以通过服务员登记的经验、价格、距离、籍贯等信息,选择适合自己的保洁阿姨。阿姨帮保洁阿姨拥有多年家政或保洁行业的经验,可以为用户提供高质量的家庭日常保洁服务。

本案例由本书编委会成员整理

3.5 C2B 商业模式

C2B,即 Consumer to Business,是先有消费者需求产生而后有企业生产,即先有消费者提出需求,后有生产企业按需求组织生产。通常情况为消费者根据自身需求定制产品和价格,或主动参与产品设计、生产和定价,产品、价格等彰显消费者的个性化需求,生产企业进行定制化生产。

3.5.1 C2B 模式的三种方式

聚定制。即通过聚合客户的需求组织商家批量生产,让利于消费者。此类 C2B 形式对于卖家的意义在于可以提前锁定用户群,可以有效缓解 B2C 模式下商家盲目生产带来的资源浪费,降低企业的生产及库存成本,提升产品周转率,对于商业社会的资源节约起到极大的推动作用。聚划算、团购也属于聚定制的一种。

模块定制。聚定制只是聚合了消费者的需求,并不涉及在 B 端产品环节本身的定制。引领 C2B 模块式定制中当属海尔。海尔是国内率先引入定制概念的家电企业,通过海尔商城可以选择容积大小、调温方式、门体材质、外观图案。这一类定制属于 C2B 商业模式里的浅层定制,它为消费者提供了一种模块化、菜单式的有限定制,考虑到整个供应链的改造成本,为每位消费者提供完全个性化的定制还不太现实,目前能做到的更多是还是倾向于让消费者去适应企业既有的供应链。

深度定制。深度定制也叫参与式定制,客户能参与到全流程的定制环节。厂家可以完全按照客户的个性化需求来定制,每一件产品都是一个独立的,目前深度定制最成熟的行业当属服装类、鞋类、家具定制。以定制家具为例,每位消费者都可以根据户型、尺寸、风格、功能完全个性化定制,对现在寸土寸金的户型来说,这种完全个性化定制最大限度地满足了消费者对于空间利用及个性化的核心需求,因此正在蚕食成品家具的市场份额。而深度定制最核心的难题是如何解决大规模生产与个性化定制相背离的矛盾。

3.5.2 C2B 模式的特点

(1)个性化定制。这个肯定是最重要也是主打的,C2B 的产品肯定要满足用户千奇百怪的个性化需求,从 PC 电脑时代的 DIY 攒机衍生出来的定制电脑,到现在手机用户自己刷 ROM、装扮手机等,无不彰显用户个体的强烈需求。但前提是这些需求是可模块化的可批量化的,否则太个性化一是用户不够专业无法选择,二是很容易就变成小众化高成本的定制模式背离了 C2B 模式。

(2)数据处理能力强。传统生产模式衍生出的是大规模、流水线、标准化、成本导向的 B2C 运作模式,所有环节都是厂家驱动和主导,而 C2B 则是消费者驱动,以消费者需求为起点,在商业链条上一个一个环节地进行波浪式、倒逼式的传导。但是这种需求导向并不仅仅是请消费者对需求点进行投票，随后根据投票结果，安排取得票数最多的配置进行批量生产，在C2B模式里需要企业对消费者数据进行大规模的收集、整理和分析，从而使得商业决策可以做到随需而定，最终实现商业运作的成本构成发生变化，规模化地从事个性化生产成本下降。

（3）服务专业规范。有一段时间有人把Dell电脑和组装电脑划上等号，因为表面上看起来在Dell页面上选择机箱、CPU、主板、内存、硬盘等流程，跟在市场里随便找个摊位攒个机器太像了。但实际上Dell电脑为用户提供的远不只是硬件搭配那么初级，还有包括软件、维修、咨询和行业解决方案等个性化服务，这些服务是需要一个专业规范的产品技术服务体系来支撑的，不是哪个组装电脑的小商家能够干的。

（4）具备全产业链。企业为什么要做C2B？除了满足用户的个性化需求以外，更多的还是想通过减少环节减少库存等方式提高利润率，同时将中间环节损耗让利给用户降低成本，所以在C2B模式里前店后厂的全产业链很重要。

案例导读 5-9

双十一中的C2B

互联网可在短时间内快速聚集单个分散的消费需求，给卖家一个集采大订单，卖家预先拿到订单后，可从供应链的后端、中端或前端进行优化，从而大大降低商品成本，给消费者优质价低的同时，也最大程度保障了卖家的利润。

双十一，不少商家都感受到了C2B的优势，效率高、利润高、降低成本。因此，有业内人士预计，未来将有越来越多的店铺尝试C2B模式，"大家都尝到了这种模式的甜头，所以我们以后在淘宝、天猫购物的时候，恐怕会越来越多得看到无库存的商品，先预定后制作，发货时间会推迟。"

天猫提供的数据显示，仅仅一天，东北有机大米卖出7万千克，新疆阿克苏有机苹果1.25万千克，家具建材卖出58万件，数码家电类10万件，整车卖出2 100辆。研讨会上，茵曼总经理方建平表示，通过预售，确实从供应链端就降低了生产成本，让消费者获得了更大实惠。"今年1111之前，6个定制款在天猫的预售平台展示订购，当时只是打好样衣，并没有货。"接到预售汇聚的消费者订单后才开始生产，其中2个款式就卖出2万多件。

随着网购的不断发展，网购平台也在逐步升级。而预售正在成为电商常用的模式。

近日，天猫"1111购物狂欢节"预售正式开始，消费者可登陆预售平台先付定金再付尾款购得商品，预售商品包括稀缺品、集采商品以及根据消费者个性定制的商品。

预售模式的推出将有助于商家更加精准地锁定消费者、提前备货，更有效地管理上下游供应链。这被业界视作对C2B电商模式的新探索，也打响了天猫"1111购物狂欢节"的第一炮。

不仅锁定消费，商家们也纷纷拿出优惠券刺激消费。从11日开始包括ONLY、阿迪达斯、飞利浦、海尔、宏基等在内的几乎覆盖全类目的1 500多个品牌也全力参与优惠券发放，优惠券价值总额将突破千亿元级别，所有优惠券仅限1111当天使用。

本案例摘自中外玩具网，网址 http://news.ctoy.com.cn/show-15929.html

本章小结

商业模式是商业运作的内在机理,是为实现客户价值最大化,把能使企业运行的内外各要素整合起来,形成一个完整的高效率的具有独特核心竞争力的运行系统,并通过最优实现形式满足客户需求、实现客户价值,同时使系统达成持续赢利目标的整体解决方案。

商业模式以价值创造为核心,是创业者在创业过程中需要认真思考的内容,是企业持续盈利的重要内容。

商业模式设计的八大原则分别是:客户价值最大化原则、持续赢利原则、资源整合原则、融资有效性原则、组织管理高效率原则、创新原则、风险控制原则和合理缴税。

《商业模式新生代》一书给创业者在进行商业模式设计中提供了重要的参考方法。

互联网时代的商业模式需要创业者用颠覆性的思维去思考问题。

案例分析

刘强东的创业传奇故事

1998年,刘强东背着父母,辞去在外企的工作,在中关村租下一个小柜台,卖刻录机、压缩卡(把录像带转成VCD)和光盘。开始公司就他一人,每天要去马路边发宣传单。那时,和京东做相同生意的公司,中关村已经有十几家,年销售额上千万。刘强东只有1.2万元本钱,别无其他,能做的只是比别人更多地关心客户需求。他给在农村城镇做婚纱摄影的师傅做了一套傻瓜式多媒体系统,有十多张光盘,30多万张图片,几十种模板,一个刻录机。只要用鼠标点几下,就能做出一套不重样儿的婚礼VCD。他很有耐心,能花三天教一个师傅怎么用鼠标。

刻录机越卖越火,京东开始代理雅马哈、理光、NEC的产品,并获得全国独家代理权。2001年,京东年销售额达6 000万元。但刻录机的毛利下滑得厉害,2000年单价跌到800元以下,毛利从几年前的40%跌到一台只赚十几块钱。

"如果想做得更大,我们就两个选择。第一,脱离光磁产品,代理更多东西,变成一个分销商。那时神州数码已经很大了。但关键是,它已经做到那么大,在产业链上有多少价值呢?没多少价值。它就是一个资金平台和物流平台。在全球,分销相当一段时间都会存在,它能获利,但很低。它不提供更多价值,就没有资格去赚更多的钱。"刘强东说。

分销的路,他不想走。另一个选择是做零售。他逛各种商场,深深被国美模式吸引。他去过国美在北京的所有店面,而且不止一次,北太平庄的旗舰店更去了无数次。他有时会买点电器,有时只是在店里转悠,和销售人员讨价还价,问各种问题,诸如进货渠道、配送等。当时国美只卖家电,在北京已经有超过20个店。2001年5月,其在全国范围内一下开了13家店。这种扩张速度让刘强东相信:做IT产品的连锁店是未来的方向。"双安商场也能赚钱,但它无法复制,你能在全国做200个双安吗?我们要建立一个标准化的体系,规模化地卖产品,控制好库存、供应链,然后在全国复制。"刘强东说。

2001年,刘强东的第一家零售店在中关村苏州街上的银丰大厦开张,取名为"京东多媒体"。最初只有2个人,主要销售高端声卡、键盘、鼠标等毛利较高的电脑外设产品。刘强东感觉到从做代理到做零售连锁的挑战。做代理是走量,销售人员想的是20台什么价格,50台有多少返点,而做零售是一个苦活,要一台一台去卖。导购员不仅要专业,而且要不断积累经验。比如一进门,男客户大部分向左走,女客户向右走,这种偏好就能传达很多信号。

做连锁,刘强东抓两点:成本和细节。这种敏感也许和他的出身有关。刘强东祖籍湖南,家里世代行船,做的是将南方的瓷器贩运到北方,北方的煤炭贩运到南方,从中赚取差价的古老行当。刘强东对商业的基本规律有着深刻认识。从第一个店起,京东内部就有规定:店面在什么时间、什么天气情况下才可以开灯。纸箱一天只丢两三个,但必须由专人负责回收,再定期卖出去,变成钱。每天早晨,店里所有人要开半小时早会。每周,所有店长在一起头脑风暴4个小时,鸡毛蒜皮什么事儿都可以说。甚至有客户带来一只狗,在哪儿拉了屎都要说,以便今后有所防范。早会和头脑风暴一直保持到现在。

刘强东深刻体会到,做零售是一种经验和文化的积累。京东做第一个店就赢利了,但从第一个店到开第二个店,中间隔了5个月。直到第六个店以后,开店速度才跟上来,最多时一个月开三家。做零售很累很苦,但他坚信,像中关村电脑城这种集贸市场式的渠道必然会走向衰落。他曾经和京东沈阳连锁店的负责人说:"京东要做全国性的连锁店,像国美一样,在全国开1 000家ITSmallShop。我们要让中关村电脑城消失。"

弃连锁,做网站

2004年,京东90%以上的利润来自连锁店,网上业务几乎不赚钱,但订单的月复合增长率达到26%,以每年16倍的速度增长,是继续做连锁,关掉网站还是砍掉赚钱的业务,专心做网上零售?

中关村电脑城注定会消失,但打败它的却不是京东连锁店。

刘强东没有想到,他很快要做一次决然的取舍:要不要放弃连锁。

2003年3月,刘强东和员工在一次内部会议上兴致勃勃地讨论:国美能在全国做400个大shop,我们能做400个小shop,到年底要把连锁店开到18个。4月,形势骤变,非典来了。4月19日,刘强东在人民大学西门的城乡超市买了两辆金杯车的方便面、火腿肠和矿泉水,发给60多名员工,让他们不出门就可以在家生活一个月。他不能允许任何员工因为工作而感染非典,否则自己一辈子都不会存在成功的可能。

安顿好员工,刘强东和几位高管开始为价值几百万元的库存犯愁。他们每天都在数,还能活多久。为了提高毛利,京东一向采取现货现结而不是赊账的方式。货款已付,所有库存如果不卖出去,亏损只能京东自己承担。非典让IT产品跌价更快,最严重时一个月跌去30%。刘强东估算,如此下去,京东最多能撑半年。

非典把他逼上了网。刘强东上大学、打工、创业都在中关村,那里是中国互联网的发源地。但他却是彻头彻尾的网络盲,对互联网,他只知道在中关村马路两边狂打广告的瀛海威和请谢霆锋做代言的联想FM365。他没上过当当,不知道卓越,没听说过8848,唯一接触过QQ,当时还叫OICQ,是朋友帮他注册的。非典时期,刘强东开始网络生存。他和团队在硬件论坛上发帖,注册几百个QQ号,疯狂加好友,推销产品。起初,折腾十几天,只做成十几单,直到他们在CDBEST等网站上做团购,才逐步打开一些局面。

6月底,非典得到控制,京东的线下业务恢复正常,但刘强东不敢贸然扩张。这时,在网上团购的那些用户仍然不时有需求,并要求京东开设自己的网站。事实上,京东最初只有36个网上客户,但这些人是一群网络达人,要么是论坛版主,要么是资深玩家,在网上很有影响力,他们都愿意向网友推荐京东的网站。得知一个小型网站租带宽一年不过1000多元,刘强东决定成立京东自己的论坛,并安排一位叫李梅的员工处理网络买家的需求。

让京东所有人意外的是,他们没有为BBS打任何广告,但来自网上的订单不断增加。2003年6月到2003年年底,网上订单累计超过1000单,最多一天有35单,甚至比一个线下连锁店都要多。后来被戏称为"京东电子商务第一人"的李梅分身乏术,不得不加派人手,经营论坛。刘强东不仅意外,而且觉得这个速度很可怕。9月,他招聘技术人员开发商城程序。2004年1月1日,"京东多媒体网"电子商务网站上线。

正如2001年迷上逛国美,2004年刘强东完全被互联网吸引了。他大部分时间泡在网上,和京东的2 700名注册用户聊天,混得很熟。这时,京东一直是线上电子商务与线下连锁业务并行发展。

刘强东开始直观地比较两种零售方式。在2004年的6 000万元销售额中,来自线下和线上的量分别为5 000万和1 000万。线上销售,价格大约比线下便宜5%,净利率也只有5%,而线下业务的毛利达18%以上。换句话说,当时京东的线上业务基本不赚钱,利润90%以上来自线下连锁。

不过,刘强东更看重另一组数字。由于京东停止店面扩张,2004年,京东IT连锁店的业务量只增长了不到15%,但自网站开通后,线上订单的月复合增长率达到了26%。也就是说,京东网上订单正以每年16倍的速度增长。

2004年年底,刘强东开始考虑:下一步,是继续原有策略,做线下连锁店,还是放弃线下,专心做网上销售?把最赚钱的业务砍掉?没搞错吧。京东的团队几乎没有人认为两个业务存在冲突:连锁规模大,网上速度快,完全可以同时运作,为什么要放弃其中一个?但刘强东不以为然:"如果是要店,就重新启动线下业务,扩充连锁店。把网站关掉,别折腾了,只配3个人,做不好网站。要不就把店关了,只做网上。一个公司的核心能力是有限的。京东那么小,一定要把所有的资源集中在一点上,才能获得竞争力,分散用力是找死。"

这个选择距离京东从代理商转型做连锁零售不过3年。当时,连锁模式在中国依然火爆,黄光裕因国美上市成为中国首富。刘强东决定"赌一把":放弃连锁,做网上零售。2005年上半年,他关掉了全国12个门店。到2005年6月,京东没有一个员工认为,这个选择是错的。

立足微利

高毛利率对零售业没有意义,微利是京东立足的根本。100年来,每一种新的商业模式都围绕着两条线:供应链效率和成本。只要能够提升效率,压低成本,新模式就会颠覆旧模式。百货商场的毛利高达50%,沃尔玛只有15%,但沃尔玛的价值比百货商场高那么多,因为沃尔玛的成本更低,效率更高。它不需要50%的毛利,只要有15%就能赚钱。

刘强东选择了网上零售。相对于线下连锁,网上零售没有店面租金、水电、陈列品折旧,也不需要庞大的销售人员。国美等家电连锁企业的费用率在11%至12%之间,而京东关掉线下连锁店后,费用率立刻从10%降到了个位数。"虽然我现在比国美苏宁小很多,但是只要我的成本能永远比它低,周转率永远比它快,我就不用怕。"刘强东说。

对于零售企业,库存周转想要缩短一天,都意味着对供应链效率的巨大考验。细节管理直接与降价损失关联。2008年,京东全年因降价而产生的损失只有4.2万元。一台笔记本,1月份出厂,当月卖给消费者,毛利率达40%。三个月后,只有20%。"大家都说IT业利润越来越薄,其实是供应链效率低。细节管理做不好,你会发现没有20%的毛利,你就无法赢利,而这样意味着你在产业链上没有价值。"刘强东说。

京东商城是最先突破20亿、40亿,甚至100亿的中国B2C公司。它如何在痛苦、曲折中与供应商建立牢固的合作?它的IT系统足以支撑体系的运转吗?

刘强东说他三年只做成功一件事情,打通与产品供应商的关系。这个过程很痛苦、很曲折的,甚至至今也没有彻底完成。京东与产品供应商的矛盾不时被公开化,但刘强东相信,矛盾终究会解决,因为京东掌握如此多的终端用户,而且以每年3倍的速度增长。京东商城对传统零售业是一种颠覆,而它与线下零售企业的矛盾、与品牌企业的冲突不时被公开化。

2008年11月14日,明基对外发布声明,针对"个别企业以3 099元的非正常低价销售BenQ投影机产品",明基"不保证为原厂正货"、"不保证核心零组件为原厂生产"、"不保证提供正规质保服务",明基"决不允许不法分子以任何方式损害品牌声誉"。圈内人都知道,这个"不法分子"就是指京东商城。

京东的价格究竟有多低,以至于明基会发出如此措辞激烈的声明?以此次涉及的BenQMP512投影仪为例,当时的市场报价为3 999元,实际成交价通常会稍低,但也保持在3 600元以上,而京东的价格仅为3 099元,便宜了至少500元。这种价格优势对于消费者无疑有着极大的吸引力,而对传统渠道商则是致命的杀伤力。

正因如此,在过去的几年中,刘强东遇到无数次品牌厂商或代理商的抗议、打压和封杀。品牌厂商视京东为"捣乱者"甚至"怪胎",担心京东的低价冲击它既有的渠道价格体系。而对传统渠道商而言,京东的出现甚至威胁到了自己的生存。2007年,甚至有渠道商在论坛上发帖打听"老刘"的住址,扬言要把他"砍了"。

2008年2月,京东的产品品类扩展到家电。当年4月,韩国LG北京公司派人到京东调查,据说是LG韩国总部受到国美和苏宁的联合投诉:京东上销售的LG某款液晶电视产品比线下要便宜500元,冲击线下渠道,要求LG不要将产品供给京东。刘强东将该款产品的销售数据给LG的调查人员看:每天有多少人购买、是男是女、地域分布、联系方式等一目了然,这些信息都可以与LG共享。最为重要的是,在京东,LG不需要缴纳进场费、装修费、促销费、过节费。免去各种费用之后,LG通过京东销售产品的利润率可以达到3个点,这比通过传统渠道销售的利润率要高很多。此外,国美给厂商的返款周期为3个月,京东只需要20天。结果,LG没有给京东压力,反而在5月就和京东达成战略合作协议。其他家电品牌也陆续与京东开始了合作,"索尼是所有家电品牌里最难谈的了吧?但很快也会直接给京东供货了。"刘强东无不得意地说道。

本案例摘自新浪网,网址:http://blog.sina.com.cn/s/blog_6b99a64201016uom.html

分析

(1)刘强东创业过程中做过哪些产品?

(2)总结凝练刘强东每一个创业产品的商业模式?

(3)通过刘强东创业产品和商业模式的改变给创业者哪些启示?

第六章 创业资源

> **学习目标**
> 使学生了解创业过程中需要的资源类型，创业融资的内容，掌握创业资源整合方法，创造性整合资源的途径，创业资源管理的技巧与策略，创业所需资金的计算方法。

第一节 创业资源概述

> **学习内容**
> 创业的过程是创业资源整合的过程，了解创业过程中所需要资源的种类，掌握创业资源获取的途径与方法，创业资源获取的技巧与策略。

1.1 创业资源的内涵与种类

1.1.1 创业资源的内涵

创业资源是指新创企业在创造价值的过程中需要的特定的资产，包括有形与无形的资产，它是新创企业创立和运营的必要条件，主要表现形式为：创业人才、创业资本、创业机会、创业技术和创业管理等。

1.1.2 创业资源的种类

按照创业资源性质进行分类，可以分为人力资源、财务资源、物质资源、技术资源和组织资源五种。

人力资源。又称劳动力资源或劳动力，是指能够推动整个经济和社会发展、具有劳动能力的人口总和。人力资源是一切资源中最宝贵的资源，是第一资源。人力资源包括数量和质量两个方面。人力资源的最基本方面，包括体力和智力，从现实应用的状态，包括体质、智力、知识、技能四个方面。人力资源与其他资源一样也具有特质性、可用性、有限性。创业中的人力资源包括创业者及创业团队的知识、技能、特质等，也包括团队成员的智慧、判断力、视野、愿景及每个人本身的人际关系网络等。

财务资源。是指创业者及创业团队所拥有的资本以及其在筹集和使用资本的过程中所形成的独有的不易被模仿的财务专用性资产,包括独特的财务管理体制、财务分析与决策工具、健全的财务关系网络以及拥有独特财务技能的财务人员等,财务资源与资本之间存在着密切的联系,但又不完全等同于资本,财务资源比资本具有更丰富的内涵。创业初期,掌握充足的财务资源是新企业成功创办和顺利经营的前提。

物质资源。是创业和企业经营所需要的有形资源的总和,如场地、设施、机器、办公设备、原材料等,一些自然资源如矿山、森林、草原等有时也会成为新创企业的物质资源。

技术资源。技术是自然科学知识在生产过程中的应用,是直接的生产力,是改造客观世界的方法、手段。创业中的技术资源主要包括关键技术、制造流程、作业系统、专用生产设备等。

组织资源。是组织拥有的,或者可以直接控制和运用的各种要素,这些要素既是组织运行和发展所必需的,又是通过管理活动的配置整合,能够起到增值的作用,为组织及其成员带来利益的。创业中的组织资源一般指企业的组织结构、作业流程、工作规范、信息沟通、决策体系、质量系统、管理制度及正式和非正式的计划活动等。

按资源的表现形态分,可以分为有形资源和无形资源两大类。

有形资源。有形资源通常是指那些具有一定实物、实体形态的资源。如组织来以存在和发展的自然资源以及建筑物、机器设备、实物产品、资金等。

无形资源。无形资源是指那些不具有实物、实体形态的资源。组织赖以存在和发展的社会人文资源就是无形资源,典型的如信息资源、关系资源、权利资源等。

按资源的参与程度分类,创业资源可以分为直接参与资源和间接参与资源。

直接参与资源。是直接参与或影响创业规划的资源要素,如财务资源、管理资源、市场资源、技术资源、人才资源、科技资源等。

间接参与资源。是指不直接参与创业规划的制定和执行的资源,如政策资源、信息资源、文化资源等,它对创业的影响更多是提供便利支持。

按照创业资源的来源,可以分为内部资源和外部资源。

内部资源。是创业者或创业团队自身所拥有的可以用于创业的资源,如创业者或创业团队自身所拥有的可以用于创业的资金、技术、信息等。

外部资源。是来自外部机会的发现,是创业者从外部获得的各种资源,如从亲友、合作伙伴或投资者等筹集到的资金、设备、场地等资源。

1.2 创业资源与一般商业资源的异同

商业资源是指包括个人在内的具有商业价值的各类有形和无形的资产和其组合。创业资源是一种商业资源,但是不是所有的商业资源都是创业资源。两者的关系体现在两个方面。一方面,创业资源与一般商业资源在本质上都属于商业资源的范畴,因此两者必然具有一定的共同点;另一方面,两者作为商业资源的不同分支,也必然具有各自不同的一些属性。

1.2.1 创业资源与一般商业资源的相同点

创业资源作为商业资源的一部分,具有商业资源所具有的共同特性。首先,两者都具有稀缺性。资源相对于创业需求是稀缺的,这里所说的创业资源的稀缺性,既不是说这种资源不可再生或可以耗尽,也与这种资源绝对量大小无关,而是指这样一个事实,与成熟企业相比,新企业缺少时空上的资源积累,即在给定的时间内,与创业资源的需求相比,其供给量相对不足。其次,两者包含的内容相同。创业资源和商业资源从包含内容上讲都涵盖了厂房、场地、设备等有形资源,以及企业名称、商标、专利、营销能力、管理制度、信息资料、企业文化等无形资源。

1.2.2 创业资源与一般商业资源的不同点

创业资源作为一种特殊的资源有其典型的特点。首先,创业资源多为外部资源。新企业创业资源短缺,意味着企业直接控制的内部资源不足,创业者选择的途径是使外部资源内化(股权安排、专业化协作等)。利用外部资源来解决创业资源的短缺问题,能大大减少公司的风险与固定成本,加上创业公司本身的市场地位和市场空间都并不稳固,所以利用外部资源可以避免将来废弃这些资源的风险。其次,创业者在创业资源中的作用举足轻重。创业者开创事业的意图与开创事业前的决定都是之后新企业目标、策略与结构的成型因素,并且对日后新企业的存活与成长都有所影响,所以创业者是创业过程中最重要的创业资源。雇员的素质也是一种特别重要的人力资源,创业者可以利用市场的力量(金钱、竞争等)和个人人格的力量(如承诺、经验、品格等)影响雇员的投入。最后,专有化高的知识在创业资源中至关重要。创业所需要的资源中,知识是非常重要的一项,它为公司实施差异化战略提供了基础,一般是公司核心竞争力的根源所在,可为新企业在某些方面建立一定的竞争优势。这种竞争优势一方面取决于这种资源本身的价值,也和企业对于这项资源的运用方式和其他相关资源的配合密切相关;另一方面,专有知识不容易交易,比显性知识更容易建立起竞争优势。

创业者获取创业资源的最终目的,是为了通过组织这些资源追逐并抓住创业机会,提高创业绩效即获得创业的成功。无论创业资源是否直接参与企业的生产,它们的存在都会对创业绩效产生积极影响。

1.3 社会资本、资金、技术及专业人才在创业中的作用

创业者在创业过程中进行资源整合,不同的资源在创业过程中有不同的作用,社会资本、资金、技术及专业人才在创业中的作用尤为突出。

1.3.1 社会资本在创业中的作用

从其基本内涵看,社会资本是相对于经济资本和人力资本的概念,它是指社会主体(包括个人、群体、社会甚至国家)间紧密联系的状态及其特征,其表现形式有社会网络、规范、信任、权威、行动的共识以及社会道德等方面。社会资本存在于社会结构之中,是无形的,它通过人与人之间的合作进而提高社会的效率和社会整合度。第一,社会资本可以促进创业者创业资源的合理利用。大学生创业所需要的资源,一种是无形的资源,如社会关系网络、信息、人气、文化、政策、制度等;另一种是有形的资源,如土地、资金、设施设备、人力等。社会资本能够促进有形资本和无形资源的合理利用。第二,社会资本可以帮助创业者实现创业资源的整合。创业的组成因素包括创业主体、创业客体与中介,创业条件的形成正是三者互动的结果。创业的主体是大学生,创业的客体是所提供的产品或服务,创业的中介是学校、政府、市场或信息、技术、社会支持等。不同组合中的任何一个环节对创业者创业的影响可

能都是至关重要的。而社会资本在这方面就体现了它明显的优势。社会资本嵌入社会网络之中,其作用的发挥不仅体现在生产价值上,而且也体现在对共同体的维持和促进上。

> **案例导读 6-1**

改革开放中腾飞的华西村

华西村于1961年建立,当时人口667人,集体资产25 000元,欠债15 000元,可耕地841亩,被分成1 200多块,是远近闻名的穷村,甚至有不少人家依靠要饭为生,男的讨不到媳妇,女的嫁不出去的事情常常有。风调雨顺的年景,勉强能填饱肚子,遇到一点自然灾害,村民就只能在温饱线以下苦苦挣扎。

吴仁宝是这个穷村子的第一任村支书。年仅30岁的吴仁宝带领村民制定了一个华西村15年规划,平整土地、开挖沟渠。靠自己的亲身示范,凌晨两点钟开始干,从鸡叫干到狗叫,最苦最累的活都是书记带头,别人说干活太苦,但这是华西人唯一的出路。1972年,华西村粮食亩产超过一吨,成为当年的"农业学大寨"样板村。

1978年,伴随着改革开放的春风,工业化发展道路摆在人们面前。这时华西村的家底已有100万元固定资产和100万元银行存款。吴仁宝制定了华西村经济发展战略目标:实现工业化,建设一个新型小城镇。1988年,华西村实现了"亿元村"的目标。到2008年华西村销售超过500亿人民币,交税超过11亿人民币,可用资金超过35亿人民币。

本案例由本书编委会成员整理

1.3.2 资金在创业中的作用

资金在创业过程中无时无刻不在发挥着重要的作用,创业之初需要启动资金,在企业的销售活动产生现金流之前,企业需要购买和生产存货支付资金,需要支付员工薪水,需要对创业其他相关活动进行支出,每一个过程都需要资金。创业过程中需要运转资金,没有好的现金流,企业的经营会出现严重问题。据国外文献记载,倒闭的企业中有85%是盈利情况非常好的企业,这些企业倒闭的主要原因是由于资金链断裂。资金对企业,尤其是对初创型企业有着至关重要的作用。

> **案例导读 6-2**

富二代朱帅的创业

朱帅的父亲是四川欣通用建设集团董事长朱华忠。他初二时就到澳大利亚留学,学的是平面设计,因为在国外留学,所以他对中国文化更认同。自己很中意中式风格的建筑。2007年6月回到四川成都后,他没有进入父辈的公司上班,而是选择了另起炉灶,自己创业。

因为自己非常喜欢儒家的传统文化、注重孝道,所以言行上都比较懂事、听话。他选择推广中式风格的设计。为此,他创办了一家自己的公司。起初,他向父亲借了600万元注册资金,剩下的都是自己一点点摸索着在做。

他现在承担业务时,会主动跟客户推广中式的设计理念,但是几乎没人接受中式方案。为了实践自己的理念,他的公司为凉山州一所小学做免费公益设计,这些设计按照市场价要十几万元。

创业2年多,公司规模也发展到了100多人。业务领域,除了为家族企业产业链提供配套,也发展了很多外面的业务,已经把600万元的借款全部还上。

本案例摘自80后励志网,网址:http://www.201980.com/lzgushi/chuangye/1600.html

1.3.3 技术在创业中的作用

技术是人类为了满足自身的需求和愿望,遵循自然规律,在长期利用和改造自然的过程中,积累起来的知识、经验、技巧和手段,是人类利用自然改造自然的方法、技能和手段的总和。创业者在创业过程中如果掌握了某方面的核心技术,对创业将产生极大的促进作用,核心技术就是创业的核心资源,这种核心资源是其他人短时间内难以复制和模仿的,能够让创业者在创业初期占领高地,更好促进创业成功。

案例导读6-3

手游创业技术男的创业历程

2007年,潘卫国考入江科大计算机专业,大二第一学期,与同伴陆宏明共同组建了校内第一个工作室,名叫明宇软件工作室,零零散散做一些外包小项目。大三时,团队拓展到8个人,其中有3个研究生,5个本科生,都来自校内计算机专业和通信专业。

临近毕业,潘卫国回顾做的各种项目,看似经验丰富,实则方向不明。最终,8人团队忍痛解散。

2011年3月份,距离毕业尚有3个月。潘卫国想,未来肯定还会创业。因此,他招聘人员,并给来报名的200多学弟学妹专门开讲座,并从中物色创业合作伙伴。毕业季,大多数毕业生奔波于各大招聘会,他却坚持每周六给小伙伴们上课。一个培训班,大浪淘沙般最终筛选出8个人,这8个人成为后来创业的创始团队成员。

毕业后,潘卫国先就职于南京诚迈科技有限公司,随后他被派驻北京MTK公司上班。人在北京,潘卫国的心却记挂着学校那批伙伴。每周末,跟他们视频会议分派任务,每月从北京回镇江一次,商讨项目运作。"糖果恶霸"手机游戏创意就是在那时确定的。

2012年,在潘卫国的指引下,他的团队开发出物理引擎类休闲游戏《糖果恶霸》,以高分拿下"第二届移动MM百万青年创业计划"特等奖,更荣登大赛全部作品分会榜首,成为名副其实的一匹"黑马"。

2012年,手游市场发展迅速,本打算3年后创业的潘卫国辞职提前创业。7月份,在南京江宁一幢财务大厦,潘卫国租下一间50多平方米的房子。就他一个人全职,大三、大四的同学不定期来实习。他开始招聘员工,后来,因为没有钱,发不出工资,对外招聘的人员全部陆续离开。学校的团队成员回校做毕业设计,整个公司就剩下潘卫国一个人坚守。就这样潘卫国的第一次创业算是失败了。

2013年底,潘卫国着手成立新公司,全面放弃维护已经上线的十几款2D游戏,转而集中人力和精力研发精品3D游戏。2014年3月,小西网络公司成立。6月首款3D游戏研发成功,8月,一款摩托车竞技游戏上线,并产生数百万元月流水收入。同时小西网络获得资本数百万元投资,潘卫国创业取得初步成功。

本案例摘自创业网,网址:http://www.cye.com.cn/chuangyegushi/chuangfugushi/20141108_1982282_2.htm

1.3.4 专业人才在创业中的作用

人是创业的主题,在创业过程中起着决定性的作用,是人决定了创业项目,人的能力和素质决定了创业项目的启动方式和资金投入方式。创业者及创业团队的知识、技能和经验影响着创业的成败。能够组成一个有专业人才的一流的创业团队,能够极大促进创业的成功。专业人才的加入,能够增强新企业的竞争力,特别是一些高科技新创企业,专业人才的作用更加突出。

案例导读 6-4

史玉柱的创业故事

1984年,史玉柱大学毕业被分配到安徽省统计局工作,负责统计数据的分析和处理工作。传统的手工操作方式让他不满意,于是他决定动手编写软件,用电脑来提高工作效率。经过一段时间摸索和努力,非专业出身的他开发出了一个统计系统软件,在河北唐山召开的全国统计系统年会上向全国推广使用。出类拔萃的工作成绩引起了领导的关注,上级决定将他作为"第三梯队"培养,保送到深圳大学软科学管理系进修研究生,并且告诉他,只要一毕业,马上就可以定为处级干部,未来对他展现出一幅美好的蓝图。

读完研究生的史玉柱做了一个令人惊讶的决定:放弃唾手可得的仕途,辞职"下海"创办企业。领导为此而惋惜,同事为此而困惑,妻子和父母为此而感到不可思议。

读书期间呕心沥血开发出的一套软件——M6041桌面汉字处理系统,东挪西借的4 000元人民币。斥资17 000元,购买了一台电脑并在报纸《计算机世界》上做了M6041桌面汉字处理系统的广告,开始创业。广告的第13天,史玉柱拿到了订单,有接近2万元的汇款,从此他的小企业活了下来,4个月后,他的销售收入达到了100万元。

1991年,他移师珠海,注册成立了巨人新技术公司,1993年,巨人集团下属全资子公司已经发展到38个,迅速成长为全国第二大民办高科技企业。他获得珠海市政府的科技重奖:奥迪轿车、三室一厅的住宅和63万元人民币的奖金。当年,他31岁。他用五年时间成就了辉煌。

本案例由本书编委会成员整理

1.4 影响创业资源获取的因素

资源的获取是在确认并识别资源的基础上去获取资源。创业资源的获取对于创业的成功非常重要,资源获取的程度决定了创业由想法转化为行动的启动方式和切入方式,影响创业资源获取的主要因素有创业项目的商业价值、资源的配置方式、创业者的能力和社会网络。

创业项目的商业价值。不是所有的创业项目都具备较好的商业价值,具备商业价值的项目能够更加得到资源的青睐,更加有利于创业资源的获取。

资源的配置方式。资源配置是指资源的稀缺性决定了任何一个社会都必须通过一定的方式把有限的资源合理分配到社会的各个领域中去,以实现资源的最佳利用,即用最少的资源耗费,生产出最适用的商品和劳务,获取最佳的效益。资源配置的方式决定着资源具有一定的倾向性。创业者准确判断并把握资源的配置方式,就能有利于创业过程中资源的获取。

创业者的能力。创业者的能力是企业的软实力的重要表现,创业者的能力越强,创业者获取资源的可能性就越大。创业者能力包括沟通能力、学习能力、表达能力、管理能力、协调能力等,创业者能力的不断增强,能够为企业创造良好的经营环境。

社会网络。是指社会个体成员之间因为互动而形成的相对稳定的关系体系,社会网络关注的是人们之间的互动和联系,社会互动会影响人们的社会行为。社会网络对创业资源的获取具有重大的意义,不同的社会网络和网络地位,为人们之间的交流、沟通提供了不同的渠道。在社会网络中处于优势地位的创业者就能更加容易获得创业资源。

1.5　创业资源获取的途径与技能

从创业实践行动的视角,可以把创业资源分为创业必备资源(如资金、场地、人才、产品等)、支撑资源(如营销渠道、经营方案)和外围资源(如政策、环境、文化、信息等)。创业者在创业实践过程中,要不断增强支撑资源,巧妙获取必备资源和外围资源。

支撑资源的获取途径。创业者也是一个经营者,一定要在行动之前先明确方向,一般来说,创业者经营方案由四部分组成:创业愿景、企业目标、经营切入点和经营原则。

创业愿景。体现了创业者的立场和信仰,是创业者头脑中的一种概念,是这些创业者对企业未来的设想。是对"我们代表什么?""我们希望成为怎样的企业?"的持久性回答和承诺。创业愿景也不断地激励着创业者奋勇向前,拼搏向上。有了创业愿景,能够激发创业者更好获取创业资源。

企业目标。企业目标按时间分可分为:当前目标(1年以内)、短期目标(1年—3年)、中期目标(3年—5年)、长期目标(5年以上)。按整体与局部可分为:整体目标、部门目标。按职能也可分为:营销目标、销售目标、财务目标、生产目标、人力资源目标、研发目标等。按管理层级由低到高可分为:基层作业目标、中层职能目标、高层战略目标。在创业初期,创业者几乎是全能者,要处理各种各样的事情,在创业一开始,目标时间要短,尽可能控制在1个月到3个月制定一个目标,创业过程中,是一个一个小目标实现而最终成就了创业的梦想。

创业切入点选择。创业是一个从无到有的过程,创业经营要选择好切入点。能够更好促进市场的开拓。选择切入点的方法有精准切入、团队切入、线上线下组合、快速迭代等方法。精准切入方法,以数码相框为例,这曾经是一个很火的产品,但是后来逐步被手机和平板所替代,市场萎缩得厉害,但是需求还是存在的。随着人们生活水平的提高,对家庭和亲情也一定会越来越重视,这是很大的市场需求。其次是老年市场,中国的人口流动性越来越大,现在有接近一亿的空巢老人常年和子女分开住,大多不会用智能设备,只能靠电话和子女沟通，但是有了智能相框，就可以很简单地接收子女发送的照片，并且可以视频通话，能让老人心理得到极大的满足和宽慰。所以我们就选择它作为切入点。团队切入是建立一个有共同目标的团队，团队成员优势互补，能够齐心协力开发并推广产品。线上线下组合是通过低成本的策略实现市场的尝试推广，验证市场的真实情况。快速迭代主要是伴随之职能产品发展而提出来的，先制造出来核心功能，再依据客户需求等市场真实反映的情况来迅速迭代产品。

经营原则。 创业者是通过制订企业经营的原则来对自己的行为进行约束和规范。创业成功需要坚持以下10条原则。(1)不断试着跳出框架思考事情：即不要照单全收传统的观念，应尝试从新角度思考。(2)随时准备前进：不要只看到暂时的挫败，其实这只是一个章节的结束及另一个全新章节的开始。应该欣然接受自己总会碰到不顺利的事实，尽管不如意的事情是大是小。(3)好好照顾你的员工：因为任何事业的成败，最终仍系于基层人员的表现。要让员工看到你承诺要照顾他们的行为，尽一切力量，努力创造一个快乐的工作环境，员工就会自动提高生产力。(4)尊敬你的顾客：永远想着要提供给他们最好的服务。要确保顾客和公司的每次互动，强化你从他们身上得到的利益。只要有一半以上的生意来自大家的口碑宣传，就表示你们做对了。(5)及早承认自己犯的错误，但不要让错误影响你的进度。在追求完美的过程中，现实世界总是不能尽如人意。对于自己会犯错的事实，态度越开放，越有益于成长。(6)注意细节：注意所有的小细节，这些小细节可能会影响一般顾客的消费过程，让他们有一次难忘的消费经验。(7)仔细控制成本：切勿铺张浪费，凡事节俭，做任何事合理就好，尽量压低营运成本。(8)充分运用科技：尽量做到自动化。蓝天航空让票务人员在其自家接听订位电话，公司就不需另外成立及维持一个客服中心。蓝天航空的每一张机票都是通过电子管道开立的，上面有许多实时管理信息。(9)吸引更多注意力：运用游击战行销术，利用口碑广为宣传，可迅速打开知名度。让自己随时准备对着群众说话，设法让民众知道你们做了哪些与众不同的事。(10)坚守核心价值：建立一套核心价值，以后做任何事都以该核心价值为基础。

第二节 创业融资

学习内容

理解创业融资的含义，创业融资难的原因，掌握创业所需资金的测算方法，掌握解决创业资金的方法。

2.1 创业融资分析

对创业融资有所了解并掌握，有利于创业者对创业融资有比较理性地认识，有利于创业者做好创业融资准备，降低创业融资难度，更加容易地筹集到所需要的资金，促进创业成功。

2.1.1 融资的含义

融资是指为支付超过现金的购货款而采取的货币交易手段，或为取得资产而集资所采取的货币手段。从狭义上讲，融资即是一个企业的资金筹集的行为与过程，也就是说企业根据自身的生产经营状况、资金拥有的状况,以及公司未来经营发展的需要,通过科学的预测和决策,采用一定的方式,从一定的渠道向公司的投资者和债权人去筹集资金,组织资金的供应,以保证公司正常生产需要、经营管理活动需要的理财行为。公司筹集资金的动机应该遵循一定的原则,通过一定的渠道和一定的方式去进行。我们通常讲,企业筹集资金有三种目的:企业要扩张、企业要还债以及混合动机。从广义上讲,融资也叫金融,就是货币资金的融通,当事人通过各种方式到金融市场上筹措或贷放资金的行为。从现代经济发展的状况看,作为企业需要比以往任何时候都更加深刻,更加全面地了解金融知识、金融机构和金融市场,因为企业的发展离不开金融的支持。

2.1.2 创业融资难的原因分析

首先,创业企业的平均风险水平较高。即使是在创业活动相当活跃、融资渠道更为通畅的美国,新创企业的失败率也非常高。根据美国的一项长期研究表明:24%的创业企业在2年内失败,52%的创业企业在4年内失败,63%的创业企业在6年内失败。对于风险较高的创业企业贷款,商业银行自然要求更高的利率。但是,由于国内此前对贷款利率浮动范围的管制,使得许多中小企业贷款的利率水平不能抵偿其风险,进而必然会促使商业银行远离这些高风险的中小企业贷款,转向资信较好的大型企业。创业企业的高经营风险,常常缺乏稳健的现金流、弱担保能力(缺乏担保资产),加上商业银行所强调的稳健的经营偏好,决定了创业企业通常难以获得银行的贷款。

其次,创业难以获得股权融资。主要有两个因素。其一,创业者和外部潜在的投资者之间常常存在严重的信息不对称。这主要表现为:创业者通常自己更了解创意、技术或者商业模式的情况,而外部投资者并不了解。创业者常常由于担心企业的"天机被一语道破",不愿意过多告诉投资者相关的信息,投资者难以深入了解,这使得他们在极为有限的信息下,难以判断创业者项目的优劣。另外在创业项目的可行性、创业团队的素质和创业企业的财务状况等方面,创业者和外部投资者之间都可能存在严重的信息不对称,这往往会导致逆向选择问题,使得创业融资市场上出现"劣币驱逐良币"的现象。其二,创业企业发展存在很多的不确定性。这使得投资者常常难以判断机会的真实价值和创业者把握机会的实际能力,即使投资者愿意投资,双方也常常因对企业的发展前景和赢利能力判断的不同而导致对企业价值评估的巨大差异,双方难以就此达成一致,投资者只好放弃投资。

最后,综合环境导致创业者融资难。清华大学中国创业研究中心研究表明,"按照创业环境和创业活跃程度对GEM(全球创业观察)亚洲参与国家和地区分类,中国属于创业环境差,但是创业活动较为活跃的国家"。创业环境指标中包括了金融支持和创业企业提供的金融和非金融服务的商务环境。在中国创业活动活跃,创业融资需求自然大。该研究结果反映了我国创业融资需求和供给之间存在突出矛盾。中国的创业机会多,创业动机强,但创业能力不足,亟须通过创业教育和实践智慧的积累提高创业能力。缺乏有经验的创业者和投资者,加上目前国内支持创业的基础设施(包括融资、服务中介、法律和信用环境等)还不健全,这些因素更进一步加重了我国创业企业融资的难度。国内相当多的创业企业自身存在治理机制不健全、财务不透明等不规范之处,这也是创业企业难以获得融资的关键原因。

2.1.3 创业融资过程

第一,融资的前期准备。一个公司从考虑融资起,第一步应考虑自己公司是什么情况,应该选取哪一类的投资者,了解投资者的产业偏好。做出这个初步判断后,第二步就应考虑,如何把自己的企业更好的呈现给投资者。要考虑企业真正的价值在什么地方,也就是说有没有一些独创的地方,使得投资者会觉得这个企业有比较好的前景。第三步就是拟定商业企划书,不需要太长,但是需要包含一些比较重要的因素,如市场分析、商业模式介绍、人才团队构建、现金流预测、财务计划等信息。之后要推销企业,与投资者接触。通过有影响的中介机构和人士推荐或直接上门等体现创业者的综合素质,与投资者建立信任。

创业者在融资过程中不要走入概念误区,凭一个所谓的概念或者说一种想法去找投资,这往往会产生一些问题。投资方希望创业者对企业能有一个现实的判断,比如商业模式,企业未来是通过什么商业模式去盈利,还有企业团队的构建以及未来的财务方面的预期。有了这些相应的介绍,才能够加大投资者了解认可这个项目的机会。引资可以借力于中介机构。中介机构,不管是投资顾问还是财务顾问,他们的业务就是在不断地产生投资项目。他们找到好的项目,把它做下来,才能收到佣金。中介机构跟国外的很多投资基金或者说其他的潜在投资者一向都保持着比较好的联系,所以在有好的项目的时候,中介机构能够以一种比较顺畅的,把这个项目相应的情况介绍给潜在的投资者,起到一种资源整合的作用。

第二,配合投资者进行尽职调查。组织文件、财务状况、产权状况、管理层与雇员状况、业务状况等。作为一个投资者,或者作为一个买方,很大程度上要派自己的团队去对投资的公司进行相应的了解。这个了解一般会涉及财务和法律。财务他们会派会计师事务所去查看公司过去的财务报表,或者说其他的一些财务文件。从法律的角度,比如说公司成立的状况,有没有潜在的诉讼,或者说公司的产权上有没有抵押物权等这类的情况。根据这个行业的具体情况提供一份比较完整的清单。

第三,谈判/投资意向书。公司价值、义务、原始股东与新股东的关系、退出机制、投资意向书的法律效力(保密、排他性条款、争端解决条款)等。投资意向书的签订,根据项目的不同,有的时候,投资者和公司的股东可能是在尽职调查之前就签订了意向书。这个意向书里往往会制定一个公式,或者确定一个原则,如何对公司进行估值,或有一些具体价款的支付问题。或者说具体的情况,再根据尽职调查的结果去调整。但是也有先做完尽职调查然后再签订意向书的。

第四,签订协议。签订意向书,从商业角度上来讲,很大程度上是涉及考虑公司价值多少,用一个什么样的标准衡量它。从权利义务,原始股东与新股东的关系,以及退出机制等。因为作为私募投资者来讲,很重要的一个考虑就在于以这种私募的形式投资到公司里头,公司没有上市的情况下,这些投资将来是否能够退出,所以他会充分地考虑需要一种什么样的权利来保护他的利益,使得他将来需要退出的时候有这种退出的机制。当然这实际上是涉及投资者和原来的股东之间如何达成一种共识去提出相应的一个机制。

意向书一般并没有一个严格意义上的法律效力,但是它都有一些具体条款具有法律效力,比如说保密性,排他性条款等。排他性条款是指一旦签订这意向书之后,在一定的时间段之内,公司不得同其他的潜在投资者接触和洽谈投资意向。所以一般针对投资意向书来讲,也不能够单纯以为说它没有法律效力就不注意,因为很大程度上来讲,它里面一些条款会成为进一步谈判交易的基石,限制到公司的一些其他投资的行为。

2.2 创业所需资金的测算

创业者在创业融资前,要对创业需要的资金做好估算,以便更做好资金的筹备工作,合理高效地使用资金。

测算投入资金。资金的投入包括新创企业开业之前的流动资金投入、非流动资金投入以及开办费用支出所需要的资金投入。投资资金估算表如表 6-1 所示。

表 6-1　投资资金估算表

行次	项目	数量	金额	备注
1	房屋、建筑物			
2	设备			
3	办公家具			
4	办公用品			
5	员工工资			
6	创业者工资			
7	业务拓展费			
8	房屋租金			
9	存货及购置支出			
10	广告费			
11	水电费			
12	电话费			
13	保险费			
14	设备维护费			
15	营业税			
16	开办费			
17	……			
	合计			

上述表格有关项目的内容说明如下。

表格中 1—3 行投资资金的支出属于非流动资金支出,一般在计算创业资金时作为一次性资金需求予以考虑,在创业一开始,这些投入能不投入尽量不投入,采用资源整合的办法尽可能解决这些问题。表格中 4—15 行投资资金的支出属于流动性支出,在计算资金时需要考虑到持续性投入的问题,在这一部分资金的投入,要以销售回款时间为界限,即是销售收入能够补偿掉应运营资金。企业要预留充分的资金用于营运。表格中第 16 行是新创企业的开办费用,不同行业所需要的开办费用不同。表格中第 17 行是针对不同行业所需要的资金不同,创业者结合市场调查,将其创业所需要的其他资金支出项目填入其中。

创业者在做估算投资资金时,一方面要尽可能考虑所需要的各种支出,避免漏掉一些必需的项目,以充分估算资金需求;另一方面,由于新创企业筹集资金难度大,创业者要想尽办法节省开支,减少投资资金的花费。

编制利润表。利润表是反映企业一定会计期间(如月度、季度、半年度或年度)生产经营成果的会计报表。企业在一定会计期间的经营成果既可能表现为盈利,也可能表现为亏损,因此,利润表也被称为损益表,它全面揭示了企业在某一特定时期实现的各种收入、发生的各种费用、成本或支出,以及企业实现的利润或发生的亏损情况。利润表是根据"收入—费用=利润"的基本关系来编制的,其具体内容取决于收入、费用、利润等会计要素及其内容,利润表项目是收入、费用和利润要素内容的具体体现。从反映企业经营资金运动的角度看,它是一种反映企业经营资金动态表现的报表,主要提供有关企业经营成果方面的信息,属于动态会计报表。预计利润表如表 6-2 所示。

表 6-2　预计利润表　　　　　　　　　　　　　单位:(元)

项目	1	2	3	4	5	6	…	n
一、营业收入								
减:营业成本								
营业税金及附加								
销售费用								
管理费用								
财务费用								
二、营业利润(损失以"—"号标记)								
加:营业外收入								
减:营业外支出								
三、利润总额(损失以"—"号标记)								
减:所得税费用								
四、净利润(损失以"—"号标记)								

编制预计资产负债表。又称财务状况表,表示企业在一定日期(通常为各会计期末)的财务状况(即资产、负债和业主权益的状况)的主要会计报表,资产负债表利用会计平衡原则,将合乎会计原则的资产、负债、股东权益等交易科目分为"资产"和"负债及股东权益"两大区块,在经过分录、转帐、分类帐、试算、调整等会计程序后,以特定日期的静态企业情况为基准,浓缩成一张报表。其报表功用除了企业内部除错、经营方向、防止弊端外,也可让所有阅读者于最短时间了解企业经营状况。预计资产负债表如表 6-3 所示。

表 6-3　预计资产负债表　　　　　　　　　　　单位:(元)

项目	1	2	3	4	5	6	…	n
一、流动资产								
货币资金								
应收款项								
存货								

续表

项目	1	2	3	4	5	6	...	n
其他流动资产								
流动资产合计								
二、非流动资产								
固定资产								
无形资产								
非流动资产合计								
资产合计								
三、流动负债								
短期借款								
应付款项								
应交税费								
其他应付款								
流动负债合计								
四、非流动负债								
长期借款								
其他非流动负债								
非流动负债合计								
负债合计								
五、所有者权益								
负债和所有者权益合计								
六、外部筹集资源								

2.3 创业融资渠道

融资渠道是创业者筹集资金来源的方式和通道,主要有6种方式,分别是依靠创业者自有资源获取资金、政府扶持资金、天使投资、风险投资的股权融资、银行借款、知识产权融资。

依靠自有资源获取资金。 在创业过程中,创业者要时刻认识到,创业者的本事是在创业过程中练就的,创业者准备创业的时候,可以先赚钱,之后用个人的资金作为创业启动资金进行投入。个人赚钱有三种方式分别是:依靠体力资源赚钱、依靠智力资源赚钱和依靠环境借助资源赚钱。

大学生创业者共同的自有资源是年轻。年轻意味着拥有时间,时间是一切事物存在的条件,有了它就有了一切:去经历、体验、学习、磨练。年轻意味着不用害怕失去什么,失败得起,折腾得起。失败了又怎样?"只不过是从头再来",注定是在新的更高起点上从头再来,是积累人生资本的需要。

(1)以体力为主的本能资源。精力、体力是年轻人的财富,是创业的重要资源。只要有力气肯吃苦,就能够赚到创业的第一桶金。

案例导读 6-5

城 市 快 递

赵老师的亲戚兄妹两人从山东来到北京,指望赵老师帮助找个工作。赵老师问:"能吃苦吗?"他们说:"只要能赚钱,干什么都行。"赵老师又问:"你俩总共有多少钱?"他们说,租完了房还有 800 元。赵老师说:"那好,咱们就这么干……"

赵老师说,北京这个城市特大,人际交往与物品移动成本特高,愿意花钱买时间的人特多。这就产生了一个特大需求:给别人送东西,"学名"叫"城市快递"。干这个需要什么呀?能跑腿肯吃苦就行。

怎么开始呢?先创造以下最基本的条件。

(1)装部电话。
(2)买辆旧自行车。
(3)印 5 000 张名片。
(4)印 1 000 张四联单。
(5)起个公司的名字:"万佳仆速递公司"。

接下来做什么呢?

(1)"扫楼"。以住处为中心,向东西南北开扫,管他什么写字楼居民住宅,一个门也不漏掉。两个人分别干,两天放出 5 000 张名片。

(2)然后,姐姐守电话,弟弟取送物品。很快,电话陆续打进来,一件 10 元当天送到。业务就这样开始了。

(3)接着,就是"取"和"送"没完没了。在干的过程中熟悉这个城市,建立合理的工作流程。在干的过程中逐渐地学会运用统筹学来画路线图。

随着有了剩余资金,自行车变成了电动车;随着业务量增加,开始了招兵买马;随着"八月节"的来临,起早贪黑的送月饼;随着累得动不了,就趴在床上数钱。

本案例摘自《民富论》

(2)以智力为主的积累资源。这类资源是你现在就有,有待开发、改造与提升后,与某种需求切合的知识、技术、特长、经验、兴趣等。

案例导读 6-6

23 岁女孩靠手绘墙"涂鸦"创业

王茜找来几个同学一起成立了一个名为 80 后墙饰艺术工作室。一开始的时候,主要是通过到网上发帖,把自己的作品挂上去。手绘墙每平方米在两百元到五百元左右,视图案的复杂程度而定。

与此同时,她也印发了宣传册和名片,到处散发,很快有了第一个客户,帮对方画了电视背景墙。一做出来,对方很满意,很有成就感。

除了做家庭的墙绘之外,开始扩展店铺、商场、美容院、理发店等地方的墙绘,她得到了一笔大单子,雨花台区一家小学的大礼堂。一百多个平方米,全部是屋顶,每天站在六米多高的脚手架上画画,这一单她收获了一万多元。

王茜成立工作室已经一年了,她所设计的墙绘从来没有重复过,她一直坚持着这个原则,希望能为客户创造出一个个性空间,为一个家庭创造出温馨来,这也是她永远的宗旨。一般如果是家庭住宅的话,基本上只需要一天的时间就可以画完,不过前期要和客户沟通,在电脑里要先设计,前期其实要花很多时间,每笔业务说实话成本都不高,卖的是艺术和创意,赚的就是人工费和技术费用。忙不过来时,为了节省成本,她就请一些兼职的学生做。

一年来,扣除各种杂七杂八的费用,比如房租、水电、交通费、人工费等,也就赚了三万块钱,这笔钱虽然不多,但是对于初期创业来讲,她已经非常满意,她的工作室活下来了。

本案例摘自现代快报,网址:http://dz.xdkb.net/old/html/2009-03/12/content_67419892.htm

以环境为主的可借助资源。一切有商业价值的东西,都是源于人对其有用性的发现。"可借助资源",是与你的家庭背景、生存环境、人文历史、地理条件等相联系的,可以转化为财富的东西。例如,气候土壤的、历史文化的、风俗民情的、土产特产的、家传手艺、母校资源等元素。这些元素,有的直接就可以经营,有的需要挖掘、转化、改造。凡属这类项目,通常少量资金便可启动。

案例导读 6-7

稻草中的宝藏

辽宁省盘锦市共有160万亩稻田,由于近年来大力发展绿色农业,每亩可提供几十吨的无污染稻草,为生产符合国际环保要求和国际卫生标准的可降解植物纤维方便餐具提供了充足的原料。

但是众所周知,这种高档的环保产品在国内市场仍属"叫好不叫座"的行列,投资者大都持币观望。所以,这些丰富的稻草资源眼看着没有了出路。当地一家企业了解到该类方便餐盒由于是来自无污染的纯天然植物纤维,并且在不到一个月的时间里就可以自然腐烂为土,所以在国际市场深受欢迎,便毅然引进专利技术,建成了3条现代化可降解植物纤维方便餐具生产线,形成了年产4 500万只的生产能力。

本案例由本书编委会成员整理

政府扶持资金。创业者可以充分利用政府扶植政策,从政府方面获得融资支持,伴随着我国经济的发展,政府对创业的支持力度越来越大,由政府提供的政策扶持资金也在不断增加。设立了"小额贷款"、"创业基金"和"融资担保"。这是创业者应该利用的解决项目启动资金问题的现实出路。

案例导读 6-8

执着用科技改变生活的大学教授

南京农业大学信息学科朱教授,他并不甘心仅搞教学与科研,他希望办一个自己的高科技公司,充分发挥自己的才能,也让科技能转化为生产力。怎奈教师待遇微薄,没有资金创业,2012年他得到一条消息,南京开展"321科技人才创业计划",即用5年时间,大力引进3 000名领军型科技创业人才,重点培养200名科技创业家,加快集聚100名国家"千人计划"创业人才。对入选扶持的项目,政府将给予100万元创业启动资金,提供不少于100平方米工作场所和不少于100平方米人才公寓,三年内免收租金;根据项目需求,提供不低于150万元的创业投资和不低于150万元的融资担保,他按照要求申报了该项目,朱教授通过了资格审查。从此,他开办了自己的高科技企业。

本案例由本书编委会成员整理

天使投资。是权益资本投资的一种形式,是指富有的个人出资协助具有专门技术或独特概念的原创项目或小型初创企业,进行一次性的前期投资。根据美国资本主义的情况,一般规定了天使投资人的总资产一般在100万美元以上,或者其年收入在20万—30万美元,依据对创业者的项目的投资量的大小,可以分为3类:一是支票天使,相对缺乏企业经验,仅仅是出资,而且投资额较小,每个投资案约1万—2.5万美元;二是增值天使,较有经验并参与被投资企业的运作,投资额也较大,约5万—25万美元;三是超级天使,一般是具有成功经验的企业家,对新企业提供独到的支持,每个项目的投资额相对较大,在10万美元以上。

案例导读6-9

执着在创业路上的大学生创业者

童楚格是一名创业意愿极其强烈的大学生,大学一年级就开始思考创业的事情。经过观察和思考,他在大学一年级和几个同学在学校成立了"越前文化工作室",主要开发校园文化产品,例如文化衫、海报、定制化创意产品等,在半年的经营中,收支基本平衡,但因没有发展前景而放弃。

大学二年级,看到三国杀等桌游盛行,他们几个同学想,我们是否可以开发一款学生自己的桌游,于是他们开始了"大学时代"桌游的开发,最终产品没有得到市场的认可,宣告失败。

大学三年级,他们开始"刺猬大神网"的开发,这是专注于服务大学生的生活服务社区平台。"刺猬"面向大学生们提供的服务包括浏览/发布动态、发布心愿、在线求助、信息查询、评分吐槽、社团活动推动等。"刺猬大神"的交友模块提供互动、个人主页等功能,交友范围从本校轻松延伸至外校,拥有共同语言的同龄人、同学。刺猬团队正在创业的初期,每件事都需要亲力亲为,他既是整个团队的负责人,又是前台工程师,他常说:"只是自己的马仔"。与团队成员一起奋斗非常开心,在长达数月的设计开发历程中,整个团队高度凝聚,这一点令他非常自豪。2014年3月"刺猬大神网"在南京农业大学首先登陆,经历了一系列线上线下的推广工作,"刺猬"的用户引来了第一次高爆增长,迅速拿下了自己学校的市场,同时"刺猬"也帮助非常多的同学结识了真正的朋友,因团队诸多同学面临毕业就业等问题项目失败。

2014年8月,他毕业,结识了天使投资人,他们达成了共同的想法,做一个O2O写真拍摄项目,天使投资人投入了100万人民币,同年年底,成立了南京美狐佳网络科技有限公司,走上创业快车道。

本案例由本书编委会成员整理

风险投资的股权融资。从投资行为的角度来讲,风险投资是把资本投向蕴藏着失败风险的高新技术及其产品的研究开发领域,指在促使高新技术成果尽快商品化、产业化,以取得高资本收益的一种投资过程。从运作方式来看,是指由专业化人才管理下的投资中介向特别具有潜能的高新技术企业投入风险资本的过程,也是协调风险投资家、技术专家、投资者的关系,利益共享,风险共担的一种投资方式。

风险投资的六要素:分别是风险资本、风险投资人、投资目的、投资期限、投资对象和投资方式。

(1)风险资本。风险资本是指由专业投资人提供给快速成长并且具有很大升值潜力的新兴公司的一种资本。风险资本通过购买股权、提供贷款或既购买股权又提供贷款的方式进入这些企业。风险资本的来源因时因国而异。在美国,1978年全部风险资本中个人和家庭资金占32%;其次是国外资金,占18%;再次是保险公司资金、年金和大产业公司资金,分别占16%、15%和10%。到了1988年,年金比重迅速上升,占了全部风险资本的46%,其次是国外资金、捐赠和公共基金以及大公司产业资金,分别占14%、12%和11%,个人和家庭资金的比重大幅下降,只占到了8%。与美国不同,欧洲国家的风险资本主要来源于银行、保险公司和年金,分别占全部风险资本的31%、14%和13%,其中,银行是欧洲风险资本最主要的来源,而个人和家庭资金只占到2%。而在日本,风险资本主要来源于金融机构和大公司资金,分别占36%和37%,其次是国外资金和证券公司资金,各占10%,而个人与家庭资金也只到7%。按投资方式分,风险资本分为直接投资资金和担保资金两类。前者以购买股权的方式进入被投资企业,多为私人资本;而后者以提供融资担保的方式对被投资企业进行扶助,并且多为政府资金。

(2)投资人。风险投资人大体可以分为以下三类。一是风险资本家。他们是向其他企业家投资的企业家,与其他风险投资人一样,他们通过投资来获得利润。但不同的是风险资本家所投出的资本全部归其自身所有,而不是受托管理的资本。二是风险投资公司。风险投资公司的种类有很多种,但是大部分公司通过风险投资基金来进行投资,这些基金一般以有限合伙制为组织形式。三是产业附属投资公司。这类投资公司往往是一些非金融性实业公司下属的独立风险投资机构,他们代表母公司的利益进行投资。这类投资人通常主要将资金投向一些特定的行业。和传统风险投资一样,产业附属投资公司也同样要对被投资企业递交的投资建议书进行评估,深入企业作尽职调查并期待得到较高的回报。

(3)投资目的。风险投资虽然是一种股权投资,但投资的目的并不是为了获得企业的所有权,不是为了控股,更不是为了经营企业,而是通过投资和提供增值服务把投资企业作大,然后通过公开上市(IPO)、兼并收购或其他方式退出,在产权流动中实现投资回报。

(4)投资期限。风险投资人帮助企业成长,但他们最终寻求渠道将投资撤出,以实现增值。风险资本从投入被投资企业起到撤出投资为止所间隔的时间长短就称为风险投资的投资期限。作为股权投资的一种,风险投资的期限一般较长。其中,创业期风险投资通常在7年—10年内进入成熟期,而后续投资大多只有几年的期限。

(5)投资对象。风险投资的产业领域主要是高新技术产业。以美国为例,1992年对电脑和软件业的占27%;其次是医疗保健产业,占17%;再次是通信产业,占14%;生物科技产业占10%。

(6)投资方式。从投资性质看,风险投资的方式有三种:一是直接投资;二是提供贷款或贷款担保;三是提供一部分贷款或担保资金同时投入一部分风险资本购买被投资企业的股权。但不管是哪种投资方式,风险投资人一般都附带提供增值服务。

银行借款。银行贷款是指个人或企业向银行根据该银行所在国家政策以一定的利率将资金贷放给资金需求的个人或企业,并约定期限归还的一种经济行为。根据不同的划分标准,银行贷款具有各种不同的类型。如,按偿还期不同,可分为短期贷款、中期贷款和长期贷款;按偿还方式不同,可分为活期贷款、定期贷款和透支;按贷款用途或对象不同,可分为工商业贷款、农业贷款、消费者贷款、有价证券经纪人贷款等;按贷款担保条件不同,可分为票据贴现贷款、票据抵押贷款、商品抵押贷款、信用贷款等;按贷款金额大小不同,可分为批发贷款和零售贷款;按利率约定方式不同,可分为固定利率贷款和浮动利率贷款等。

适合于创业者的贷款方式有抵押贷款和担保贷款两种。其一是抵押贷款指借款者以一定的抵押品作为物品保证向银行取得的贷款。它是银行的一种放款形式、抵押品通常包括有价证券、国债券、各种股票、房地产以及货物的提单、栈单或其他各种证明物品所有权的单据。贷款到期,借款者必须如数归还,否则银行有权处理抵押品,作为一种补偿。其二是担保贷款。是指借款人不能足额提供抵押(质押)时,应有贷款人认可的第三方提供承担连带责任的保证。保证人是法人的,必须具有代为偿还全部贷款本息的能力,且在银行开立有存款帐户。保证人为自然人的,必须有固定经济来源,具有足够代偿能力,并且在贷款银行存有一定数额的保证金;保证人与债权人应当以书面形式订立保证合同。保证人发生变更的,必须按照规定办理变更担保手续,未经贷款人认可,原保证合同不得撤销。

案例导读 6-10

曾经的中国首富陈天桥

陈天桥,盛大网络董事长兼首席执行官,1973年出生于中国绍兴,1994年毕业于复旦大学经济学专业。1999年,陈天桥以50万元启动资金和20名员工为基础,创立了盛大网络有限责任公司,2001年,涉足网络游戏业,以30万美元取得韩国Actoz公司旗下网络游戏《传奇》在中国的独家代理权。其后,盛大以优质的服务、严格的密码保护等核心竞争力一举成为中国网络游戏业的领头羊。2004年,盛大在美国纳斯达克上市,2005年陈天桥身价到达150亿,跻身中国首富行列。陈天桥31岁就成为中国首富,是史上最年轻的央视年度经济人物,中国互联网产业的先驱者。

1993年开始,大学毕业的陈天桥进入了上海浦东的陆家嘴集团,第二年当上子公司的副总,两年后成为董事会秘书。90年代中期,多数中国人还不知互联网为何物的时候,他却能够在总裁办公室里24小时上网。

1999年投身COM大潮,自筹50万资金创立了盛大公司。建立了以社区游戏为主的"动漫网站"。漫网站建立后,同时在卡通、漫画等领域齐头并进,影响不断扩大,拥有100万的注册用户。这时他才获得了风险投资。

本案例由本书编委会成员整理

知识产权融资。知识产权的融资行为包括:质押贷款、知产引资、技术入股、融资租赁等。

(1)质押贷款。是指企业或个人以合法拥有的专利权、商标权、著作权中的财产权经评估后作为质押物,向银行申请融资。

(2)知识产权引资。是指现有也指企业通过知识产权吸引合作第三方投资,企业通过出让股权换取第三方资金,共同获利。

(3)技术入股。是指拥有专利技术/专有技术的企业或者个人,通过知识产权的价值评估后,与拥有资金的第三方机构合作成立新公司的一种方式,使得拥有专利技术/专有技术的企业或者个人获得企业股权;也指企业股东或者法人将自主拥有的专利/专有技术,通过知识产权的价值评估后,转让到企业,从而增加其持有的股权。

(4)知识产权融资租赁。与传统行业中的设备融资租赁具有类似性,在租赁期间,承租方获得知识产权的除所有权外的全部权利,包括各类使用权和排他的诉讼权。租赁期满,若知识产权尚未超出其有效期,根据承租方与出租方的合同约定,确定知识产权所有权的归属。知识产权的融资租赁在中国大陆区域属于尚未开拓的全新融资方式。

案例导读 6-11

上海鑫众专利抵押贷款

上海鑫众通信技术有限公司(以下简称"鑫众")成立于2005年10月,注册于上海市科技创业中心孵化器内的企业,主要的业务领域是从网络规划、网络设备、专业工程服务、业务平台到终端的"一站式网络优化服务"。公司由移动通信室内覆盖移动通信直放站、基站延伸覆盖、通信控制、WLAN无线局域网、无线网络质量检测和优化系统等无线通信产品作为主导产品。

鑫众公司的主要产品有:直放站、干线放大器、无源器件、天线等。公司拥有多项自主知识产权(7项实用新型专利),2009年10月获得"高新技企业"证书,2010年5月通过ISO9001质量管理体系认证和ISO14001环境管理体系认证。

贷款原因及用途

中国移动通信集团作为鑫众公司最大的客户,有着长期紧密的业务来往。在整个业务往来的过程中,由于行业的特点,应收账款账期较长,因此,鑫众公司流动资金的周转遇到问题。如果不增加流动资金的投入,会使企业经营受到极大影响,恰逢徐汇区出台知识产权质押融资试点方案,无形资产可以质押贷款,为企业融资开辟了新的渠道。为此,鑫众公司向上海知识产权交易中心提出用自主知识产权质押贷款300万,以补充企业流动资金,用于加大研发和扩大市场的投入力度。

贷款过程

鑫众公司向上海知识产权交易中心咨询知识产权质押融资相关事宜并提出申请,中心窗口进行受理,为企业提供所需材料清单、表格、知识产权质押融资委托代理合同。

鑫众公司与上海知识产权交易中心签订知识产权质押融资委托代理合同。

鑫众公司提交上述第1条所述的资料。

上海知识产权交易中心组织各专业会员单位根据企业提供的资料进行初审,并汇总各会员单位的意见,一致认为鑫众公司符合知识产权质押融资的条件,予以"通过初审"认定。

担保公司、评估事务所、银行等机构到企业现场进行考察。评估事务所出具评估报告；担保公司通过内审程序，出具担保方案；银行通过贷审会决定给予鑫众公司人民币300万元流动资金贷款。

由担保公司和企业、银行和企业、担保公司和银行分别签订贷款、担保合同。企业实际控制人将私有房产作反担保。

律师事务所出具法律意见书：认为本次知识产权质押融资贷款符合相关法定程序。

专利事务所为出质人和质权人办理专利质押登记的手续。

交通银行上海漕河泾支行给予放款。上海知识产权交易中心向徐汇区知识产权质押融资推进小组就本次质押贷款进行备案登记。中心和相关机构将进行贷后跟踪管理。

本案例摘自新浪网，网址：http://blog.sina.com.cn/s/blog_68f609380100u28v.html

2.4 创业融资的选择策略

在现阶段，新创企业的融资方式主要有股权融资和债权融资两大类。

股权融资。是指企业的股东愿意让出部分企业所有权，通过企业增资的方式引进新的股东的融资方式。股权融资所获得的资金，企业无须还本付息，但新股东将与老股东同样分享企业的赢利与增长。股权融资有两种方式，分别是公开市场发售和私募发售。所谓公开市场发售就是通过股票市场向公众投资者发行企业的股票来募集资金，包括我们常说的企业的上市、上市企业的增发和配股都是利用公开市场进行股权融资的具体形式。所谓私募发售，是指企业自行寻找特定的投资人，吸引其通过增资入股企业的融资方式。

债权融资。是指企业通过借钱的方式进行融资，债权融资所获得的资金，企业首先要承担资金的利息，另外在借款到期后要向债权人偿还资金的本金。债权融资有三个特点：其一是债权融资获得的只是资金的使用权而不是所有权，负债资金的使用是有成本的，企业必须支付利息，并且债务到期时须归还本金；其二是债权融资能够提高企业所有权资金的资金回报率，具有财务杠杆作用；其三是与股权融资相比，债权融资除在一些特定的情况下可能带来债权人对企业的控制和干预问题，一般不会产生对企业的控制权问题。

民营企业债权融资方式，主要可分为六类。(1)是民营企业老板的私人信用，相当于民间的私人借款。这是民营企业债权融资的独特方式；既是最不规范的企业融资方式，也是民营企业内最普遍的融资方式。融资金额一般较小，稳定性难以确定。(2)是企业间的商业信用。这是以应付购货款和应付票据的方式从供货厂家进行资金筹集的一种方法，即通过企业间的商业信用，利用延期付款的方式购入企业所需的产品，或利用预收货款、延期交付产品的方式，从而获得一笔短期的资金来源。(3)是租赁。现代租赁是一种商品信贷和资金信贷相结合的融资方式，对需方企业来讲，它具有利用租赁业务"借鸡生蛋，以蛋换钱"的特点，以解决企业的资金不足，减少资金占用，发展生产，提高效益。目前租赁的形式很多，有经营租赁、代理租赁和融资租赁等。(4)是银行或其他金融机构贷款。这种方法能够比较容易而迅速地达到融资的目的，其具体方式有票据贴现、短期借款、中期借款和长期借款。但是要大量及时取得银行等金融机构的贷款却是一件十分困难的事情，因为贷款人特别重视资金的安全性，并为此对企业提出了系统的财务指标控制如资产负债率、增长率、利润率等，尤其在企业暂时陷入困境时，很难满足银行的一系列要求。(5)是从资本市场融资。企业可以通过在金融市场发行债券的方式融资，这主要用于筹集长期资金的需要。目前，我国债券市场规模偏小,品种单一,有待于进一步完善。(6)是利用外资。其形式主要有卖方信贷、买方信贷、补偿贸易、外国政府贷款、国际金融机构贷款等。以上列举了六种类型的企业债权融资的方式,对企业来说,其负债的种类是多种多样的,是多种负债形式的组合,企业应根据自己的经营状况、资金状况及所具备的条件,决定本企业的举债结构,并随时间及企业经营状况的变化随时调整这一举债结构。

第三节 创业资源管理

> **学习内容**
> 掌握如何开发不同类型的创业资源的方法,掌握创业资源开发与管理的技巧。

创业者在一开始创业时,大都难以整合到充足的创业资源,一般都是在创业资源相对匮乏的情况下开始创业的,在这样的境况下,极大地激发了创业者的潜力,使创业者的能力不断提升,最后成为企业家。

3.1 不同类型资源的开发

在创业过程中,创业者需要丰富的资源去进行创业,而创业一开始又是资源匮乏的,进一步拓展资源的来源并有效使用显得尤为重要,创业资源内容广泛,这里重点讨论人脉资源、客户资源和创业资金三方面内容。

3.1.1 人脉资源的开发

人脉资源的含义。人脉即人际关系、人际网络、体现人的人缘、社会关系,通过各种渠道所达到的领域。是经过人际关系而形成的人际网络。美国钢铁大王卡耐基说:"专业知识在一个人成功中的作用只占15%,而其余的85%则取决于人际关系。无论你从事什么职业,学会处理人际关系,能够掌握并拥有丰厚的人脉资源,你就在成功路上走了85%的路程,在个人幸福的路上走了99%的路程了"。

人脉资源进行有效分类。任何事业的成功都离不开有效的规划,人脉的拓展同样如此。早一点对人脉资源进行有效的规划与分类,才能够早一点实现身边到处是可以随时协助你的专业人士,达到可快速解决棘手问题的境界。人脉资源根据所起作用的不同,可以分为:政府人脉资源、金融人脉资源、行业人脉资源、技术人脉资源、思想智慧人脉资源、媒体人脉资源、客户人脉资源、高层人脉资源、低层人脉资源等。人脉资源根据重要程度的不同,可以分为:核心层人脉资源、紧密层人脉资源、松散备用层人脉资源等。

创业者对人脉资源的定位。创业者要将人脉资源以事业的发展为第一考量。人脉资源的规划,离不开对自己的事业生涯的规划。在对人脉资源进行规划之前,首先要弄清楚以下几个问题:我的创业方向是什么?我准备在什么行业、什么领域创业?我的创业历程大体分为几个阶段？其次，还要弄清事业的人脉资源需求，主要包含以下几个问题：我目前的事业进展得顺利吗？如果顺利，是谁给了我最有力的支持和帮助？今后我还要得到他们什么样的支持？如果不顺利，原因是什么？假如不是我的能力问题，那么是谁没有给我最有力的支持？他们为什么没有帮我？为了实现我的创业目标，我需要哪些人脉资源的鼎力相助？我现在得到了吗？为了实现长远的创业目标，我还要开发哪些潜在的人脉资源？

人脉资源要兼顾物质、精神与生活的需要。不能只顾创业的发展，事业的成功，而忽视生活的丰富多彩和应急需求。比如，有的人尽管在你的事业上起不到什么作用，但是，他们却是你家长里短、柴米油盐日常生活中的好帮手。同时，也不能一头扎进追求名利的陷阱，而忘却了生命追求快乐和幸福的本义，比如，要有一两个真性情的朋友，哪怕他们性格粗糙，但他们可以对你很率真，他们会成为你成长的一面镜子。还应该有一两个善于倾听的伙伴，他们是你倾诉的对象，成功时他们与你一起分享，挫折时他们与你一起分忧。

经营人脉资源的方法。用"二八"原理经营人脉资源。企业经营管理中有一个著名的"二八"理论，通常的意义是说，在企业中20%的产品在创造企业80%的利润，20%的顾客为企业带来80%的收入。"二八"原理告诉我们，要抓住那些决定事物命运和本质的关键的少数。经营人脉资源也是如此。也许，对你一生的前途命运起重大影响和决定作用的，也就是那么几个重要人物，甚至只是一个人。所以，我们不能平均使用我们的时间、精力和资源，我们必须区别对待，我们必须对影响或可能影响我们前途、命运的20%的贵人花费80%的时间、精力和资源。

3.1.2 客户资源的开发

客户资源是指企业集群可以更好锁定和开拓目标客户，通过建立专业、细分、通畅的群内交易渠道，更好地获得客户需求，把握市场变化。在企业经营过程中，充分利用客户资源有的方法可循，如尝试做自己的客户、尝试做竞争对手的客户、学会与过去的老客户交流、让客户帮你寻找问题的症结、从客户中聘用重要人员等。

创业之初，快速开发有效客户显得尤为重要。在创业过程汇总，有如下六种开发客户的方法。

让客户介绍客户。在已有的客户中挖掘新客户。客户如果对新产品信任，他可能会向他的同行好友谈及你甚至是推荐你。这是因为，客户长期处于某一地区某一行业，他对自己的同行很清楚，甚至比业务员更有效判断自己同行好友是否需要这类产品。当然，在做渠道拓展时，这个方法更有效。

地毯式访问，即陌生拜访。创业之初，对营销和销售理解尚较浅薄。对准客户比较集中的地区采取这种方式，比较有效。基于网络和影像技术的普及，可以收集准客户的名称记下地址，回来利用网络初步查询相关信息，挑出匹配度高的准客户陌生拜访，如果能查到联系人也可以先电话预约，再行拜访，如此，成功率相对就高些。

创业和生活中积累客户。创业中，碰到的每一个人都可以试图询问并得到准客户信息。比如，你的朋友可能曾经在某公司工作过，而这个公司可能就是你的潜在客户。也有可能是你的朋友的好朋友、同学或配偶等在某公司任职过，你也可以发展为你的客户。相对陌生拜访来说，有人引荐或是给你指点到关键人，往往可以事半功倍。生活中比如朋友圈子，校友圈子，甚至是坐车坐在你旁边的乘客，都可以从有效的交流中挖掘潜在客户。

抓住重点客户。攻克了行业中有影响力的客户,新客户可能会更容易接纳你。新开发客户过程中,往往被问及公司与哪些客户合作过,这就是客户希望通过你已拥有的客户判断你公司作为一个供应商的素质和能力。有些准客户就是要找那些为知名品牌公司供货的企业作为自己的供应商,此种境况下,有可能客户主动打电话给你。

网络搜寻。这需要对客户行业的情况做一个详细了解,比如,市场前景、发展趋势、客户群体、产品类别等,然后对行业客户做一个梳理,找出匹配度高的准客户,再详细查询有关该准客户的相关信息,找到联系人。这个过程中,比较难的是甄别高匹配客户,关键人难以找到。

展会收集准客户资料。虽然在展会中收到大量广告推销类名片,但准客户名片也很多。公司参展过程中,与准客户在现场交流的信息要做笔记,返回后第一时间分析处理并联系,方便的情况下,及时拜访客户。

3.1.3 创业资金的合理使用

在创业过程中,创业资金起到的决定性作用是不可忽略的。很多创业者因为创业资金不足而放弃了自己的创业梦想。但拥有创业资金的创业者也往往是入不敷出,所以说,如何正确的合理使用创业资金成了创业者的大众问题。正确使用创业资金要注意如下三方面的问题。

重视创业成本。创业者很容易忽视创业成本的问题,有可能会导致将来出现种种财务危机。创业者满腔创业热忱,如果缺少理性思考和详细的计划,认为赚钱很容易,在运作上低估了成本,可能会给自己的企业带来很大危险,比如,资金周转不灵。所以,创业者一定要认真地计算出创业成本,要做好创业之初的资金投入计划。也不要把创业成本计算得过大,因为创业初期赚钱较难,成本太大,使得收回成本的机会减少,打击创业者的信心。在创业之初,尽量减少固定成本的投入,千方百计减少运营成本的支出。

重视现金流。现金流是企业的生命线。创业者要特别重视现金流。有许多减少现金流出的办法:可以购买便宜的办公用品,设法寻找租金较低的房子,还可以减少人员数量和工作时间,也可以推迟雇佣员工的时间,到需要人手时再招。

在增加现金流入方面,在想方设法提高销售额的同时,还要提高销售回款的速度。加快资金周转率。为了避免发生资金周转困难的现象,严格控制现金支出。在这个过程中,创业者对宣传费用的投入要特别慎重。宣传虽有必要,但企业真正成功并不是完全依靠宣传。从宣传到产生实际效益之间是需要一定时间,因此,宣传方面的支出要依企业发展现实状况而定,不能影响到资金的流转。如果不是非常必要,像房屋、设备这种有折旧年限的资产就不要花巨资购买。

定出合理利润率。创业者通常容易在计算毛利上犯两个极端的错误:其一是对自己的产品没有信心,怕与对手竞争,将毛利定得很低,导致出现商品脱销,却无利可图的现象;其二是由于不了解市场规律,希望赚得越多越好,将利润定得很高,导致商品卖不出去,形成积压。因此,创业者要恰当地掌握好收支平衡点,对自己的资金支出与收入有较清醒的认识,才能合理定出利润率,使自己创业成功的机会大大增加。

3.1.4 有限资源的创造性利用

创业者在有限资源条件下开始创业,要利用有限的资源创造不平凡的事业,这就需要创业者要善于使用有限资源,创业者通过对自身资源的挖掘、对现有资源的创造性整合,实现有限资源的创造性使用,去开创事业。

创业者自身资源的利用。 创业者所拥有的创业精神、独特创意以及社会关系等资源,具有战略性。对创业者而言,要借助自身的创造性,用有限的资源创造尽可能大的价值。创业者在创业过程中要步步为营。分多个阶段投入资源并在每个阶段投入最有限的资源,这种做法被称为"步步为营"。步步为营的策略首先表现为节俭,设法降低资源的使用量,降低管理成本。在强调降低成本的同时,不能影响产品和服务质量。其次表现为自力更生,减少对外部资源的依赖,目的是降低经营风险,加强对所创事业的控制。很多时候,步步为营不仅是一种做事最经济的方法,也是创业者在资源受限的情况下寻找实现企业理想目的和目标的途径,更是在有限资源的约束下获取满意收益的方法。习惯于步步为营的创业者会形成一种审慎控制和管理的价值理念,这对创业型企业的成长与向稳健成熟发展期的过渡,尤其重要。

创造性整合现有资源。 整合已有的资源,快速应对新情况,是创业的利器之一。学会拼凑。很多创业者都是拼凑高手,通过加入一些新元素,与已有的元素重新组合,形成在资源利用方面的创新行为,进而可能带来意想不到的惊喜。创业者通常利用身边能够找到的一切资源进行创业活动,有些资源对他人来说也许是无用的、废弃的,但创业者可以通过自己的独有经验和技巧,加以整合创造。

拼凑者善于用发现的眼光,洞悉身边各种资源的属性,将它们创造性地整合起来。这种整合很多时候甚至不是事前仔细计划好的,而往往是具体情况具体分析、摸着石头过河。而这也正体现了创业的不确定性特性,并考验创业者的资源整合能力。

在资源整合过程中,充分发挥资源杠杆效应。尽管存在资源约束,但创业者并不会被当前控制或支配的资源所限制,成功的创业者善于利用关键资源的杠杆效应,利用他人或者别的企业的资源来完成自己创业的目的:用一种资源补足另一种资源,产生更高的复合价值;或者利用一种资源撬动和获得其他资源。其实,大公司也不只是一味地积累资源,他们更擅长于资源互换,进行资源结构更新和调整,积累战略性资源,这是创业者需要学习的经验。对创业者来说,容易产生杠杆效应的资源,主要包括人力资本和社会资本等非物质资源。创业者的人力资本由一般人力资本与特殊人力资本构成,一般人力资本包括受教育背景、以往的工作经验及个性品质特征等。特殊人力资本包括产业人力资本(与特定产业相关的知识、技能和经验)与创业人力资本(如先前的创业经验或创业背景)。调查显示,特殊人力资本会直接作用于资源获取,有产业相关经验和先前创业经验的创业者能够更快地整合资源,更快地实施市场交易行为。而一般人力资本使创业者具有知识、技能、资格认证、名誉等资源,也提供了同窗、校友、老师以及其他连带的社会资本。相比之下,社会资本有别于物质资本、人力资本,是社会成员从各种不同的社会结构中获得的利益,是一种根植于社会关系网络的优势。在个体分析层面,社会资本是嵌入、来自于并浮现在个体关系网络之中的真实或潜在资源的总和,它有助于个体开展目的性行动,并为个体带来行为优势。外部联系人之间社会交往频繁的创业者所获取的相关商业信息更加丰富,从而有助于提升创业者对特定商业活动的深入认识和理解,使创业者更容易识别出常规商业活动中难以被其他人发现的顾客需求。

建立合理利益分配机制。 资源通常与利益相关,创业者之所以能够从家庭成员那里获得支持,就因为家庭成员之间不仅是利益相关者,更是利益整体。既然资源与利益相关,创业者在整合资源时,就一定要设计好有助于资源整合的利益机制,借助利益机制把包括潜在的和非直接的资源提供者整合起来,借力发展。因此,整合资源需要关注有利益关系的组织或个人,要尽可能多地找到利益相关者。同时,分析清楚这些组织或个体和自己以及自己想做的事情有利益关系,利益关系越强、越直接,整合到资源的可能性就越大,这是资源整合的基本前提。

3.2 创业资源开发的推进方法

创业者在创业过程所需要的各种资源往往只能通过创业者自身的努力而去获取,这就要求创业者在创业道路上要不断开发创业所需的资源,要稳步推进创业资源的整合和使用。创业资源开发过程中有两项重要内容:首先是创业核心竞争力的构建,其次是创业利益相关者的合作共赢。

3.2.1 核心竞争力打造

企业核心竞争力是是群体或团队中根深蒂固的、互相弥补的一系列技能和知识的组合,借助该能力,能够按世界一流水平实施一到多项核心梳程。企业核心竞争力就是企业长期形成的,蕴涵于企业内质中的,企业独具的,支撑企业过去、现在和未来竞争优势,并使企业在竞争环境中能够长时间取得主动的核心能力。主要包含四个方面的内容。

创新的技术。企业是否具备创新技术往往对其发展有着决定性作用。技术创新,它要求实现的是产品的功能性、独特性以及超越行业平均水平的尖端性。这种优势的技术,会为企业带来超过普通企业的客户关注度以及市场广泛度。

具备创新能力的人才。在信息时代,各种智能化设备的出现大大降低了对人力资源的要求,但是具备创新能力的人才依旧是这个时代不可多得的财富。因为创新技术,最终也必须是有创造才能的人才来完成开发设计。所以,在一个企业中,创新人才始终是一个企业能否引领行业潮流最重要的因素,它是企业构建核心竞争力的必要条件。

优秀的企业文化。企业文化,同样属于抽象意识的范畴,与一些生产要素相比,企业文化的价值往往是很难被评判的,尽管如此,在现代化的企业制度中,企业文化的地位却是被普遍认可和尊重的。这是因为,一个企业的文化内涵,影响着企业的管理工作、人才队伍建设的水平等较为具体的方面。当前,一个企业是否具备优秀的文化,已经不再是企业内部员工重视的问题,越来越多的消费者在选择产品时,会考虑到一个企业的文化。这是因为,一个有着优秀文化内涵的企业,它会在社会责任承担、质量安全等方面获得消费者的信任,这是企业建设重要的软实力。

品牌影响力。品牌是市场竞争加剧的产物,越来越多的企业重视品牌战略的打造。在商品高度趋同的今天,消费者已经很难从使用价值的层面来判断究竟哪一种产品是满足自己需要的,使用价值已经成为一种较低层次的需求。品牌是一个企业的产品区别于其他企业产品的重要标志,它也是表示企业文化、价值、特色的符号。在现代社会,品牌影响力意味着财富的积聚程度,拥有广泛影响力、口碑良好的品牌对企业的发展有着至关重要的作用。品牌的建立是一条漫长积累的道路,但是毁灭品牌却是朝夕之间的事,品牌影响力的打造,需要企业长期的坚持。

3.2.2 利益相关者的合作共赢

创业资源整合过程中，要善于识别利益相关者，综合协调利益相关者之间的利益，达到合作共赢的效果，促进创业快速发展。

管理学意义上的利益相关者是组织外部环境中受组织决策和行动影响的任何相关者。包含所有者和股东、银行和其他债权人供应商、购买者和顾客、广告商、管理人员、雇员、竞争对手、地方及国家政府管理者、媒体公众利益群体等，在不同的创业项目中，涉及的利益相关者可能不同，创业者要在创业过程中识别利益相关者。在利益分配过程中要实现合作共赢。

本章小结

创业资源是指新创企业在创造价值的过程中需要的特定的资产，包括有形与无形的资产，它是新创企业创立和运营的必要条件，主要表现形式为：创业人才、创业资本、创业机会、创业技术和创业管理等。

按资源的表现形态分，可以分为有形资源和无形资源两大类。

按资源的参与程度分类，创业资源可以分为直接参与资源和间接参与资源。

按照创业资源性质进行分类，可以分为人力资源、财务资源、物质资源、技术资源和组织资源五种。

创业资源的获取途径是创业者要不断提升自己和创业项目本身。创业者也是一个经营者，一定要在行动之前先明确方向，一般来说，创业者经营方案由四部分组成：创业愿景、企业目标、经营切入点和经营原则。

融资渠道是创业者筹集资金来源的方式和通道，主要有六种方式，分别是：依靠创业者自有资源获取资金、政府扶持资金、天使投资、风险投资的股权融资、银行借款、知识产权融资。

创业中重要的三类资源：人脉资源、客户资源和创业资金。

案例分析

租赁单车：3 000 元起步盈利 60 万

投资 3 000 元开自行车租车行盈利 60 万元，湖北工业大学的郭敬佩俨然成为大学生创业"神话"，毕业季启幕，校园里的每一场创业分享会都不想错过他。主管学院创业工作的谭蔚老师笑言"他已是声名远扬"。实现 200 倍收益的创业故事在大学校园里的确够"传奇"，只因在人海中多关注了一眼"单车"，郭敬佩的大学 4 年就打上了"单车迷"烙印——2012 年开自行车租车行，2014 年转向创办自行车资讯互动网站。

相比拥有自行车固定资产的租车行，创办网站简直"烧钱"——从线上研发、线下活动到公司大小事宜、员工薪水，流水的花销，一旦不成功都将化为乌有的风险让郭敬佩"没有退路,只能一路向前",历经艰辛,郭敬佩更愿意说:"这一次,才终于开始了真正意义上的创业。"

3 000元起步的创业神话

郭敬佩出生于河北衡水一个商人之家,父亲开了一家当地最大的面粉厂。从小耳濡目染,郭敬佩一直心怀创业梦,跨入大学校园,他暗暗给自己定下了目标:首先要顺利毕业,其次是在大学里开家公司,毕业前开上一辆比亚迪"F0",这款车当时的售价是2.99万元,"不想依靠家里,为了凑足这笔钱我总得干点什么。"

学习艺术设计的郭敬佩最早也动过开家广告公司或装修公司的念头,但思前想后,"有太多类似的公司了,打开市场太不容易。"对创业的关注让他把握了先机。大一到安徽黄山写生时,喜欢户外骑行的他注意到一个现象:当地提供自行车租赁的店很少,而且租金很高。回到武汉,郭敬佩开始在学校周边转悠,"高校密集的武汉有广阔的自行车租赁市场,却缺少好的租车服务公司",他为自己的发现欣喜不已。

"我们开一家租车行吧。"郭敬佩在寝室"卧谈会"上说出了自己的想法。室友们纷纷叫好,可最后敢于筹钱实干的只有郭敬佩一个人。他从家里借了3 000元,买了10辆普通自行车,在学校附近租了一间小店面,通过张贴小广告吸引顾客前来,每辆车每天租金15元。最初,他每天早上6点钟就匆忙赶去车行,晚上小店关门再回宿舍往往已经到了门禁时间。就这样,仅仅一个月时间,他就把3 000元的本金全部挣了回来。

"这个生意可做!"摸到门道的郭敬佩开始雇同学帮忙,除去工资和房租,他把其他的钱全部用来扩大车行规模。处于上升期的市场给了郭敬佩一个成长的空间。自行车数量从20辆到100辆,再到300辆,档次也从最初的一两百元一辆提高到后来几千元一辆的都有。

自行车被盗的现象在高校校园里屡见不鲜,更何况是几千元一辆的高档自行车。"再好的防盗措施也挡不住偷车贼的惦记。"郭敬佩想到了一个两全其美的方法,"我把所有自行车的锁都下掉了,这样做不仅节约了给自行车安防盗锁的成本,而且因为没有锁,租车人就会做到车不离人,也防止了被盗现象。"从此,郭敬佩再也没有丢过一辆车。

为了提高租车行的知名度,郭敬佩积极和各高校的社团开展合作,为社团的户外活动免费提供自行车。郭敬佩的业务渐渐越做越大,还增添了露营设备租赁等业务,除去人力成本和车辆维修清洗费用等,他不仅还清了家里支持的费用,还拥有了一批固定资产。在谭蔚老师眼中,这是校园里一位难得的"眼界开阔者","他和其他学生创业者不同的是,他不是为了赚点零花钱换个苹果手机,是把创业当作事业在做。"

单纯的租车盈利模式的脆弱性逐渐显露,易被复制的租车模式让郭敬佩开始思考后续的发展。后来,他尝试向更专业的户外骑行业务发展,提供帐篷等露营设备租赁,把盈利重心放到专业爱好者的身上。

大三那年,郭敬佩已拥有了150辆山地车,附带出租的帐篷等露营设备达30套,在武昌、洪山等10余所高校设立了租车点,2013年租赁业务带来的销售收入超过30万元。

长途骑行带来的创意与释放

张腾是郭敬佩的班长,也是他在班上最好的朋友。在张腾眼里,郭敬佩积极向上、具有掌控能力。实际上,创业的每一天,郭敬佩都身处高压状态,但无论如何他总能给身边人带来"积极、乐观、好脾气"的印象。

掌控情绪,郭敬佩有自己的一套方法,"来一段长途骑行,一路上静到只能和自己对话"。

每逢不堪重负时,他都会投入一段长途骑行,在释放压力中思考未来。从武汉到咸宁、宜昌、长沙甚至老家河北,他在一路的骑行中迸发了关键的创意。比如在单车租赁之外增加露营的项目,还有就是创办"单车迷"网站。

武汉的租车市场渐渐趋于饱和,租车行生意如何发展成为困扰在郭敬佩心里的一道难题。2014年春节,郭敬佩选择从武汉骑行回几百千米之外的河北老家。在路上,他想起从武汉骑行到长沙的经历,那是他第一次骑长途,带了很多东西,但等到车胎爆了的时候才发现,真正需要的东西都没有准备。创建一个平台,打造服务于"单车迷"的网络之家的想法随之催生。

受互联网汽车营销平台"汽车之家"的启发,他发现目前国内还没有供单车爱好者交流的专业平台,于是他决定办一家专业的自行车资讯互动网站。郭敬佩说,在普通人眼里,自行车只是代步工具,而在骑行爱好者眼中,自行车从品牌到配件,从保养到维修,有很多值得分享交流的话题,单车迷们"迷"的就是这些。"比如有人打算从武汉骑车到拉萨,他需要准备备胎、打气筒等备用工具,还要提前计划好路线和露营地点,如果把相关的整车、配件销售植入进来,就能达到宣传和推广的目的。"

通过在北京风投公司工作的姐姐,郭敬佩认识了一位同样爱好骑行的天使投资人,递交商业策划书,几轮交流下来,他获得了200万元的风投资金。

有了这200万元,加上个人投资的60多万元,郭敬佩心里有底了。他和计算机学院的朋友冯文杰认真研究"汽车之家"的商业模式,通过分析自行车用户群体兴趣热点,规划网站构架及调试更新后,2014年11月,郭敬佩的"单车迷"网站正式上线,网站定位是提供买车、用车、养车信息以及与之相关的全程服务的营销平台。

只要坚持,办法总比困难多

早在高中阶段,为了自己的艺术梦,郭敬佩曾三度高考,仍与八大美院失之交臂。但他始终没有忘记自己的"笔头功夫"。至今,他的出租房里一直放着画板,没事儿的时候最喜欢"涂涂画画"。这背后,是他对自己"梦想"的坚持追求。因为创业,郭敬佩成了大学课堂的稀客,每个月仅在月初和月末才现身课堂,但平时他会准时上交作业,他也没忘记要"在工作中学习,在创业中运用艺术设计的知识"。在租车行的时候,他利用专业优势,设计了一份"点车菜单",学生们可以根据菜单选择车型和时间。后来,在"单车迷"的发展过程中,公司名片、网站广告、宣传广告等各方面,郭敬佩都发挥优势,"设计得和别人不一样,有自己的特色"。

创办网站之初,缺乏市场考察与技术能力的郭敬佩一度将网站外包给专业公司,却常遇到后台维护难题。最终他下决心把网站收回来自己做,重新组建技术团队,因为资金问题聘请以学生为主的技术团队,又让网站摸黑走了一阵子。他说:"学生没经验,流动性大,对网站的技术造成了很大的困扰。后期聘请专业人员,又因为公司规模等原因,很多人面试完就走了。"

面对"单车迷"一路走来的弯路,郭敬佩第一次真正意识到创业的风险与艰辛。技术遭遇难关、网站至今未达投资标准、技术人才难以招募……每一样都牵动着郭敬佩的心。为了留住难得的技术人才,郭敬佩为每个技术员工分了公司的虚拟股份,他觉得只有这样大家才能拧成一股绳。现在,公司拥有一支14人的队伍,每个人各司其职、加班加点护着"单车迷"一路成长。"让'单车迷'网站发展为中国的'单车之家'"是郭敬佩目前最大的心愿。

等完成上线修正和抗压测试后,郭敬佩会重新开始寻找新一轮的投资,一个利好的消息是,"单车迷"在各大搜索引擎同类网站搜索中排名第一,"环保是一种趋势,单车的普及与网站的发展也是必然的,我不会退缩,相信'单车迷'可以迎来春天"。

本案例摘自 51 资金项目网,网址:http://renwu.51zjxm.com/caifugushi/20150519/10333.html

分析

(1)郭敬佩如何找到创业项目的?
(2)郭敬佩在创业过程中都涉及到了哪些资源?
(3)郭敬佩如何获得创业中所需要的资源的?

翻转课堂教学视频

《创业需要多少钱》

内容概要与学习收获

在本片中,一位大学生在大学期间就开了个淘宝店,积累了一些经验,毕业时,他准备开一个经营母婴用品的网店,实现自己的创业梦想。通过对这位大学生计算启动资金的过程进行分析和判断,以及帮助这位大学生做出合理的资金规划和测算,并结合专家的讲解和点评,可以帮助同学们了解创业时应该在哪些方面做好资金准备,以及确定合理金额的方法,为将来创业时筹措适当的资金提供参考依据。

《创业资金从哪里来》

内容概要与学习收获

在本片中,两位大学生准备创办一个种植花卉的企业,在筹措资金的时候,她们面临多个资金来源的选择。因为这些资金来源各有利弊,她们一时也拿不定主意,于是她们打算征求一下父母的意见,看看哪种资金来源是最合适的。通过对这些资金来源的分析、思考和判断,结合专家的讲解和点评,可以帮助同学们了解创业最常见的几种资金筹措渠道,以及这些渠道的优点和缺陷,以便在将来筹措创业资金时做出正确的判断和恰当的选择。

《如何拓展自己的人脉》

内容概要与学习收获

在本片中,两名大学生因为酷爱户外运动,对各种户外器械和装备也非常熟悉和了解,于是想创办一个户外俱乐部,开始自己的创业之路。他们想通过几个人脉关系和渠道做一些宣传和推广,但在资金有限的情况下,对于应该主要选择哪个人脉关系和渠道进行投入拿不定主意。通过对他们所拥有的各种人脉关系的分析、思考和判断,结合专家的讲解和点评,可以帮助同学们了解在创业初期应该如何有效地建立和拓展人脉资源,以及这些人脉资源的利弊因素,为同学们将来创业之后合理利用人脉资源提供切实的参考依据。

《如何保护知识产权》

内容概要与学习收获

在本片中,一位大学生设计出了一款非常实用的单反相机保护套,并且开设了一个网店,专门销售他的产品。在开始的一段时间,他的产品受到了消费者的青睐,销售状况非常好,但不久后,网上开始出现大量的仿制品,并且以低廉的价格迅速占领了市场。这位大学生开始考虑应该通过哪种途径有效保护自己的知识产权,确保自己的商业利益不受到侵害。通过对片中提到的知识产权保护方式的分析和思考,结合专家的讲解和点评,可以帮助同学们了解常见的知识产权保护方式和特点,以便将来自己在创业过程中合理有效地保护自己的知识产权,维护自己的正当合法权益。

第七章 创业计划

> **学习目标**
> 使学生认识到创业计划的作用,掌握创业计划的基本结构、编写过程和编写方法与技巧。

第一节 创业计划

> **学习内容**
> 认识到创业计划的作用,理解制订一份创业计划需要大量的调研和实践工作,掌握创业计划目标制定与市场调研的方法。

1.1 创业计划的作用

创业计划,又称商业计划,是引领创业的纲领性文件,是创业者创业行动的指南。制定商业计划需要从深入分析行业发展趋势,研究竞争对手的竞争能力和竞争策略,理清自身的基本情况入手,选择业务发展方向,确定生意模式(包括产品、服务、竞争策略以及盈利模式),制定经营目标和行动计划(包含组织资源、配置资源、风险防范等),编制出以商业计划为基础的财务预算。在创业实践中,创业者应充分认识到创业计划的作用,其作用体现在如下几个方面。

1.1.1 创业计划是创业者把握创业项目的总纲领

创业计划有两方面重要的内容:其一是创业追求的目标;其二是实现创业目标的路径规划。创业行动与创业计划越接近,创业成功的可能性就越大。创业者通过创业计划书的撰写,能够更加明确创业的方向和市场的切入点,理清创业思路。一份优秀的创业计划是对创业者创业实践的总结,是对创业者创业感悟的凝练,是对创业项目的充分认识。对创业者来说,创业计划是创业者操作创业项目的总纲领。

1.1.2 创业计划是创业融资的重要参考资料

一个好的创业计划是获得贷款和投资的关键因素之一。如何吸引投资者,特别是风险投资家参与创业投资项目,一份高质量且内容丰富的创业计划书,将会使投资者更快、更有效地了解投资项目,对项目充满信心,并投资参与该项目,最终达到为项目筹集资金的作用。创业计划书是争取项目融资投资的敲门砖。投资者每天会接收到很多商业计划书,商业计划书的质量和专业性就成为了企业需求投资的关键点,企业家在争取获得风险投资之初,首先应该将商业计划书的制作列为头等大事。

1.1.3 创业计划能让创业者全面了解创业项目

通过制定相应的创业计划,创业者会对自己企业的各个方面有一个全面的了解。它可以更好地帮助创业者分析目标客户,规划市场范畴形成定价策略,并对竞争性的环境做出界定,在其中开展业务以求成功。创业计划书的制定保证了这些方方面面的考虑能够协调一致。同样的,在制定过程中往往能够发现颇具竞争力的优势,或是计划书本身所蕴藏的新机遇、不足。只有将计划书制定完善,这样才能确保提高创业者管理创业项目的能力。创业者也可以集中精力,抢在情况恶化之前矫正计划书中出现的任何偏差。同时,创业者将有足够的时间为未来做打算,做到防患未然。

1.1.4 创业计划书可以向合作伙伴提供信息

使用创业计划书,为业务合作伙伴和其他相关机构提供信息。在编撰计划书过程中,最重要的目的是找到一个能够与自己合作的战略合作伙伴,以期待企业更加充满活力,达到多方的共同发展。

案例导读 7-1

"中国人才网"对创业计划书意义与用途的评价

创业计划是创业者叩响投资者大门的"敲门砖",一份优秀的创业计划书往往会使创业者事半功倍。

意义

创业计划书是一份全方位的商业计划,其主要用途是递交给投资商,以便于他们能对企业或项目做出评判,从而使企业获得融资。创业计划书有相对固定的格式,它几乎包括投资商所有感兴趣的内容。

从企业成长经历、产品服务、市场、营销、管理团队、股权结构到组织人事、财务、运营到融资方案。只有内容详实、数据丰富、体系完整、装订精致的商业计划书才能吸引投资商,让他们看懂您的项目创业运作计划,才能使您的融资需求成为现实。创业计划书的质量对创业者的项目融资至关重要。

融资项目要获得投资商的青睐,良好的融资策划和财务包装,是融资过程中必不可少的环节,其中最重要的是应做好符合国际惯例的高质量的商业计划书。目前中国企业在国际上融资成功率不高,不是项目本身不好也不是项目投资回报不高,而是项目方创业计划书编写的草率与策划能力让投资商感到失望。

创业计划书的起草与创业本身一样是一个复杂的系统工程,不但要对行业、市场进行充分的研究,而且还要有很好的文字功底。对于一个发展中的企业,专业的创业计划书既是寻找投资的必备材料,也是企业对自身的现状及未来发展战略全面思索和重新定位的过程。

用途

一份高质量的创业计划书是基于产品分析,把握行业市场现状和发展趋势,综合研究国家法律法规、宏观政策、产业中长期规划、产业政策及地方政策、项目团队优势等基本内容,着力呈现项目主体现状、发展定位、发展远景和使命、发展战略、商业运作模式、发展前景等,深度透析项目的竞争优势、盈利能力、生存能力、发展潜力等,最大限度地体现项目的价值。

一般而言,创业计划书具有如下三方面的作用。

首先,创业计划书可以作为项目运作主体的沟通工具。

创业计划书必须着力体现企业(项目)的价值,有效吸引投资、信贷、员工、战略合作伙伴,包括政府在内的其他利益相关者。

其次,创业计划书可以作为项目运作主体的管理工具。

创业计划书可视为项目运作主体的计划工具,引导企业(项目)走过发展的不同阶段,计划具有战略性、全局性、长期性。

第三,创业计划书可以作为项目运作的行动指导工具。

创业计划书内容涉及企业(项目)运作的方方面面,能够全程指导项目开展工作。

该内容摘自中国人才网,网址:http://www.cnrencai.com/goldjob/jihua/92459.html

1.2 创业计划的内容

一份优秀的创业计划书,要回答 6 个问题,分别是:创业要提供的产品是什么?谁是产品的使用者?创业的产品在市场上是否有同类产品及差异化如何?通过怎样的销售渠道提供产品给客户?制造并销售创业产品所需要的资源和资本?创业者如何获取资源和资本并使得创业项目取得长足发展?关于创业计划书撰写,有不同的样本可供参考,一般情况下,一本创业计划书主要有三大部分。第一是事业本体的部分,就是创业项目的主要内容。第二是财务相关的数据,比如,预测会有多少的营业额,成本如何,利润如何,未来还需要多少的资金周转等。第三是补充文件。专利证明,有没有专业的执照或证书,或者是意向书、推荐函。创业计划书撰写可以分成十章。

第一章:事业描述。就是准备创立的事业到底是什么。必须描述所要进入的是什么行业。是制造业还是服务业?卖什么产品?还是提供什么服务?谁是主要的客户?还有进入产业目前的生命周期是处于萌芽、成长、成熟还是衰退阶段?再来要进入事业的状况是新创的,还是加入或承接既有的?那么是要用独资的方式还是合伙或公司的形态?为何能获利、成长?打算何时开业?要不要配合节庆?营业时间有多长?是否有季节性?

第二章:产品/服务。提供的产品和服务到底是什么?具有什么特色?产品和服务能带给客户什么利益?跟竞争者有什么差异?如果产品和服务是创新、独特的,如何唤起消费者的购买欲望?如果的产品服务并没有特别之处,消费者为什么要购买?

第三章:市场。就是提供的产品和服务要卖给谁?先界定目标市场在哪里,客户的年龄层,是在既有的市场去服务既有的客户?还是在既有市场去开发新客户,还是在新市场去服务既有客户,或是在新市场去开发新客户?不同的市场、不同的客户都有不同的营销方式。先找到的客户在哪里,找出客户后想办法促进客户对产品和服务进行消费。销售时要精准定位客户在哪里。充分把握产品和服务给客户带来的利益,选择合适的营销方式,做好产品和服务的定位、上市和促销事宜。当市场成长时,要能够初步判断市场占有率会上升还是下降,市场是否竞争激烈,原因是什么,再来如何定价,预算要怎么做,要采取什么样的策略等。

第四章:地点。一般公司对地点的选择可能影响不那么大,但是如果要开店,店面地点的选择就很重要,要不然为什么麦当劳要开在街口转角。通常一个不好的地点会加速开店的失败,好的地点会让利润多一点。

第五章:竞争。在下列三种时候要做竞争分析,留意跟竞争者的关系。一是当要创业或要进入一个新市场时,要先做竞争分析。二是竞争有时是来自直接的竞争者,有时是来自其他的行业,所以当一个新竞争者进入在经营的市场时要做竞争分析。三是随时随地做竞争分析,这样最好最省力,可以从以下五个方向去想:谁是最直接的竞争者?他们的业务如何?他们的业务与自己业务相似的程度?从他们那里学到什么?如何做得比他们好?

第六章:管理。要建立自己的管理专业及相关背景,清楚自己的弱势,创业团队之间如何互补?创业团队之间的强弱势,彼此间职务及责任如何分工?职责是否界定明确?除了团队本身是否有其他资源可分配和取得?中小企业98%的失败来自于管理的缺失,其中45%是因为管理缺乏竞争力,目前还没有明确的解决之道。另外,20%是因为公司内部专业不均衡,这要加强自己的专业。还有18%是缺乏管理经验,要找互补性的事业伙伴来弥补。另外还有9%是没有相关产业的经验,3%是经营者掉以轻心,2%被人家诈欺背信,最后1%是来自天然或人为的灾难。中小企业其他2%的失败就不是以上的因素。

第七章:人事。要考虑现在、半年内、未来三年内之人事需求是什么?需要引进哪些专业技术?有专业技术的人在哪里?可否引入?是需要全职还是非全职的人力?薪水是算月薪或时薪?所提供的福利有哪些?是不是有加班费?如何安排企业内部的教育培训?这些人事成本会是多少?

第八章:财务需求与运用。筹资/融资款项要如何运用呢?是要拿来营运周转,还是添购设备、备料进货或是技术开发等?要何时动用?还有供货商、规格、品牌、价格、数量、运费、税金等需求如何计算?筹融资款对专业的获利有何贡献?未来3年的损益表、资产负债表和现金流量表预估了吗?第1年报表要以每月为基础,第2、3年则以每年为基础。

第九章:风险。经营企业一定会有风险,平时就要注意。风险不是说有人竞争就是风险。另外还要注意当风险来时如何应对。

第十章:成长与发展。在创业计划书中要想下一步要怎么样,三年后要怎么样,五年以后要怎么样,这个计划是要能持续经营的,所以在规划时要能够做到深耕化、多元化和全球化。

1.3 创业计划的基本结构

一份完整的创业计划书一般由标题、执行概要、目录、正文和附录五部分组成。

1.3.1 创业计划标题

标题要明确创业项目的名称,体现创业项目的经营范围。标题一般在封面上以醒目的字体标示出来,起到一目了然的效果,比如,《×××创业计划书》。

1.3.2 创业计划执行概要

执行概要是创业计划书的重要组成部分,是创业计划书的核心内容。执行概要中要清楚回答创业做什么、谁来做、怎么做这三个问题。执行概要要简单明了。根据不同创业计划的情况,有两种常用执行概要格式:提纲性执行概要和叙述性执行概要。

1.3.3 创业计划目录

目录是正文的索引。这里需要按照章节逐一顺序排列每章的大标题、每节小标题以及章节对应的页码。

◆ 案例导读 7-2

《××能源有限责任公司创业计划书》目录的全部内容

第一章 概述 9
1.1 公司 9
1.2 产品 10
1.3 市场 10
1.4 公司组织与财务 11
第二章 项目背景 15
2.1 项目背景 15
2.2 产品技术原理 17
2.2.1 压电陶瓷 17
2.2.2 电能收集匹配电路部分 17
2.2.3 能量产生装置 18
2.3 产品技术优势 19
2.3.1 压电陶瓷装置的优势 19
2.3.2 压电换能器的振动理论简要分析 21
2.3.3 微型压电陶瓷振动发电储能分析及收集电路的匹配 21
2.3.4 储能装置简介 23
2.4 产品创新点 26
2.5 产品特点 27
2.6 产品应用前景 27
第三章 市场调查与分析 31
3.1 企业外部环境分析 31
3.1.1 政治环境 31
3.1.2 自然地理环境 32
3.1.3 经济环境 32
3.1.4 科技环境因素 32

3.2 市场调查　33
3.2.1 调查目的　33
3.2.2 调查内容　33
3.2.3 调查手段　33
3.2.4 调查结果　34
3.3 市场分析及预测　40
3.3.1 市场细分　40
3.3.2 目标市场选择　41
3.3.3 市场预测　42
3.4 波特模型竞争力分析　43
3.4.1 国内同类产品　43
3.4.2 原材料供应商　45
3.4.3 购买者　45
3.4.4 替代产品　45
3.5 SWOT分析　45

第四章 公司战略　51
4.1 公司概述　51
4.2 总体战略　51
4.3 发展战略　52
4.3.1 初期(1—3年)　52
4.3.2 中期(4—6年)　52
4.3.2 长期(7—10年)　53

第五章 营销对策　57
5.1 市场特征　57
5.2 市场定位　57
5.3 目标市场　57
5.4 市场细分　58
5.5 产品策略　58
5.5.1 产品质量策略　59
5.5.2 品牌策略　59
5.5.3 包装策略　59
5.5.4 售后服务策略　59
5.5.5 产品开发策略　60
5.6 价格策略　60
5.7 价格调整策略　61
5.8 促销策略　61
5.8.1 广告策略　61
5.8.2 体验营销　62
5.8.3 人员推广策略　63

5.8.4 公关策略　64
5.9 销售渠道策略　65
5.10 市场进入　66
5.11 市场开发　66
5.11.1 节能发电服务公司　66
5.11.2 融资租赁公司　67

第六章 生产组织与管理　71
6.1 厂址选择　71
6.2 项目实施进度安排　72
6.3 工厂技术方案　73
6.4 环境保护与劳动安全　76
6.5 质量管理　77

第七章 投资分析　83
7.1 公司性质　83
7.2 公司规模及股本结构　83
7.3 资金来源与分配　83
7.4 费用支出　85
7.5 收益分析　85
7.6 投资回报　86
7.7 盈亏平衡分析　87
7.8 敏感性分析　88
7.9 投资回报政策　88

第八章 财务报表　91
8.1 利润表　91
8.2 利润分配表　91
8.3 资产负债表　92
8.4 现金流量表　93

第九章 财务分析　97
9.1 财务比率分析　97
9.2 杜邦财务分析体系　100
9.3 分析结论　101

第十章 风险分析　105
10.1 技术风险　105
10.1.1 技术侵权风险　105
10.1.2 技术寿命风险　105
10.2 财务风险　106
10.2.1 成本控制风险　106
10.2.2 应收账款变现风险　106
10.2.3 应付账款变现风险　106

10.2.4 存货管理风险　107
10.3 市场风险　107
10.3.1 市场接受程度风险　107
10.3.2 市场容量风险　108
10.3.3 市场竞争　108
10.4 人力资源风险　109
10.5 来自外界环境的特殊风险　110
第十一章 管理体系　113
11.1 公司性质　113
11.2 组织形式　113
11.3 人力资源管理　114
11.3.1 人力资源规划　114
11.3.2 创业团队　114
11.3.3 薪酬与激励　116
11.4 公司层面职能部门　118
11.4.1 总裁办　118
11.4.2 人力资源部　119
11.4.3 财务管理部　120
11.4.4 法律事务部　121
11.4.5 产品研发部　122
11.4.6 客户服务部　123
11.4.7 市场部　124
11.4.8 销售部　125
11.4.9 质量管理部　126
第十二章 风险资本的退出　131
12.1 退出方式　131
12.2 退出时间　131
附件

本案例由本书编委会成员整理

1.3.4 创业计划正文

正文是创业计划书的主要内容,包括公司描述、产品和服务、市场分析、营销战略与实施计划、组织管理概要、资金需求和退出策略、财务计划和风险因素及其对策等内容。

1.3.5 创业计划附录

附录是对主体部分的补充。受到篇幅限制,不宜在主体部分过多描述,或不能在一个层面展示需要提供的参考资料、数据内容等,一般放在附录部分,以供参考。附录部分一般包括营业执照、审计报告、专利授权、相关统计文件、新产品鉴定、商业合同、企业资质、相关荣誉等内容。

1.4　创业计划中的信息搜集

创业者要创业成功,必须依靠各方面信息来组织生产、从事经营,只有这样,创业者才有可能最终赢得市场。创业计划的制订离不开各种与创业有关的环境信息的收集,制订创业计划前需要收集的创业环境信息包括创业宏观环境信息和创业微观经济信息。

创业宏观环境信息。宏观环境又叫总体环境,是指那些给企业造成市场机会或环境威胁的主要社会力量,内容包括政治、经济、社会、技术、自然和法律等因素。宏观环境的种种变化,可能会给企业带来两种性质不同的影响:一是为企业的生存和发展提供新的机会;二是可能会对企业生存造成威胁。这样,企业要谋求继续的生存和发展,就必须研究和认识外部环境,主要包括人口环境分析、经济环境分析、政治法律环境、社会文化环境、自然环境分析、科技环境分析等。

创业微观经济信息。指拟创业项目在创业区域所面临的具体条件,如投资项目产品所需的能源、水源、基础设施、原材料、劳动力等生产要素情况以及产品销售市场,出口经营权和经营自主权等。

案例导读 7-3

大学生村官陈平的创业路

2007年,陈平毕业后,回到家乡括苍镇,成了一名大学生村官。

他发现,括苍镇没有一个专门独立的网络平台,镇里的一些政策、旅游资源、农副特产,不能被更多的人知道。

在短短两年时间里,陈平建立了中国括苍政府门户网、括苍旅游网、括苍桃花观赏网。

网站自创建以来,市民或游客通过登录括苍旅游网站的方式,前去咨询、游玩的多达上千人次。括苍镇旅游网站建好后,吸引了不少本地及外地旅游者的目光。括苍镇外地游客不认识路,不知道如何来。于是,陈平与一批大学生村官想到了建立一个像旅行社的机构,以电话或网络咨询旅游路线,还可以带团旅游,这样既方便游客,又扩大了当地旅游的知名度。

每到周末,括苍镇括苍山景区人气高涨。不少来自宁波、杭州、上海、温州等地的游客通过当地旅游网介绍来到这里,登上括苍山,欣赏云海日出。

本案例由本书编委会成员整理

1.5　市场调查的内容和方法

市场调查,指运用科学的方法,有目的、有系统地搜集、记录、整理有关市场营销的信息和资料,分析市场情况,了解市场现状及其发展趋势,为市场预测和营销决策提供客观、正确的资料。内容包括市场环境调查、市场状况调查、销售可能性调查,还可对消费者及消费需求、企业产品、产品价格、影响销售的社会和自然因素、销售渠道等开展调查。

1.5.1 市场调查的作用

首先，市场调查有助于创业者更好地掌握国内外先进经验和最新技术，为创业提供参考。 当今世界，科技发展迅速，新发明、新创造、新技术和新产品层出不穷，日新月异。这种技术的进步自然会在商品市场上以产品的形式反映出来。通过市场调查，可以得到有助于我们及时地了解市场经济动态和科技信息的资料信息，为创业提供最新的市场情报和技术生产情报，以便更好地学习和吸取同行业的先进经验和最新技术，改进创业的生产技术，提高人员的技术水平，增强创业者的危机意识，从而提高产品的质量，加速产品的更新换代，增强产品和企业的竞争力，保障新创企业的生存和发展。

其次，市场调查为创业提供决策依据。 任何一个创业项目，都只有在对市场情况有了实际了解的情况下，才能有针对性地制定市场营销策略和新创企业经营发展策略。在创业者要针对某些问题进行决策时，如进行产品策略、价格策略、分销策略、广告和促销策略的制定，通常要了解的情况和考虑的问题是多方面的，主要有：新创企业产品在什么市场上销售可能较好，有发展潜力；在哪个具体的市场上预期可销售数量是多少；如何才能扩大企业产品的销售量；如何掌握产品的销售价格；如何制定产品价格，才能保证在销售和利润两方面都能上去；怎样组织产品推销，销售费用又将是多少等。这些问题都只有通过具体的市场调查，才可以得到具体的答复，而且只有通过市场调查得来的具体答案才能作为企业决策的依据。否则，就会形成盲目的和脱离实际的决策，盲目则往往意味着失败和损失。

第三，市场调查能够增强新创企业的竞争力和生存能力。 商品市场的竞争由于现代化社会大生产的发展和技术水平的进步，而变得日益激烈化。市场情况在不断地发生变化，而促使市场发生变化的原因不外乎产品、价格、分销、广告、推销等市场因素和有关政治、经济、文化、地理条件等市场环境因素。这两种因素往往又是相互联系和相互影响的，而且不断地发生变化。因此，企业为适应这种变化，就只有通过广泛的市场调查，及时地了解各种市场因素和市场环境因素的变化，从而有针对性地采取措施，通过对市场因素如价格、产品结构、广告等的调整，去应付市场竞争。对于企业来说，能否及时了解市场变化情况，并适时适当地采取应变措施，是新创企业能否取胜的关键。

1.5.2 市场调查的内容

市场调查的内容十分广泛，与创业密切相关的调查内容包括：市场环境调查、市场需求调查、消费者行为调查、竞争对手调查和经营策略调查。

市场环境调查。 是指对影响新创企业生产经营活动的外部因素所进行的调查。它是从宏观上调查和把握新创企业运营的外部影响因素及产品的销售条件等。对企业而言，市场环境调查的内容基本上属于不可控的因素，包括政治、经济、社会文化、技术、法律和竞争等，它们对所有企业的生产和经营都产生巨大的影响。主要包括企业政治环境、企业法律环境、企业经济环境、企业技术环境、企业社会文化环境、企业自然地理环境、企业竞争环境等。

市场需求调查。 是指一定时间内和一定价格条件下，消费者对某种商品或服务意愿而且能够购买的数量，必须注意，需求与通常的需要是不同的。市场需求的构成要素有两个：一是消费者愿意购买，即有购买的欲望；二是消费者能够购买，即有支付能力，两者缺一不可。市场需求调查具体包含以下内容。

(1) 消费者偏好。在市场上，即使收入相同的消费者，由于每个人的性格和爱好不同，人们对商品与服务的需求也不同。消费者的偏好支配着他在使用价值相同或相近的商品之间的消费选择。但是，人们的消费偏好不是固定不变的，而是在一系列因素的作用下慢慢变化。

(2) 消费者的个人收入。消费者收入一般是指一个社会的人均收入。收入的增减是影响需求的重要因素。一般来说，消费者收入增加，将引起需求增加，反之亦然。但是，对某些产品来说，需求是随着收入的增加而下降的。随着经济的迅速增长，消费者的收入水平将不断提高，在供给不变或供给增长率低于收入增长率的情况下，一方面使得市场价格上升，另一方面也将引起商品需求量的增加。

(3) 产品价格。这是指某种产品的自身价格。价格是影响需求的最重要因素。一般来说，价格和需求的变动呈反方向变化。

(4) 替代品的价格。所谓替代品，是指使用价值相近、可以相互替代来满足人们统一需要的商品，如煤气和电力，石油和煤炭，公共交通和私人小汽车等。一般来说，在相互替代商品之间某一种商品价格提高，消费者就会把需求转向可以替代的商品上，从而使替代品的需求增加，被替代品的需求减少，反之亦然。

(5) 互补品的价格。所谓互补品，是指使用价值上必须相互补充才能满足人们的某种需要的商品，如汽车和汽油，家用电器和电等。在互补商品之间，其中一种商品价格上升，需求量降低，会引起另一种商品的需求随之降低。

(6) 消费者预期。是人们对于某一经济活动未来的预测和判断。如果消费者预期价格要上涨，就会刺激人们提前购买；如果预期价格将下跌，许多消费者就会推迟购买。

消费者行为调查。消费者行为是指消费者为获取、使用、处置消费物品或服务所采取的各种行动，包括先于且决定这些行动的决策过程。消费者行为是与产品或服务的交换密切联系在一起的。在现代市场经济条件下，企业研究消费者行为是着眼于与消费者建立和发展长期的交换关系。为此，不仅需要了解消费者是如何获取产品与服务的，而且也需要了解消费者是如何消费产品，以及产品在用完之后是如何被处置的。因为消费者的消费体验，消费者处置旧产品的方式和感受均会影响消费者的下一轮购买，也就是说，会对企业和消费者之间的长期交换关系产生直接的作用。传统上，对消费者行为的研究，重点一直放在产品、服务的获取上，关于产品的消费与处置方面的研究则相对地被忽视。随着对消费者行为研究的深化，人们越来越深刻地意识到，消费者行为是一个整体，是一个过程，获取或者购买只是这一过程的一个阶段。因此，研究消费者行为，既应调查、了解消费者在获取产品、服务之前的评价与选择活动，也应重视在产品获取后对产品的使用、处置等活动。只有这样，对消费者行为的理解才会趋于完整。影响消费者行为的环境因素主要有：文化、社会阶层、社会群体、家庭等。

消费者行为可以看成是由两个部分构成。一是消费者的购买决策过程。消费者在使用和处置所购买的产品和服务之前的心理活动和行为倾向，属于消费态度的形成过程。二是消费者的行动。消费者行动则更多的是购买决策的实践过程。在现实的消费生活中，消费者行为的这两个部分相互渗透，相互影响，共同构成了消费者行为的完整过程。

竞争对手调查。是一项关于竞争环境、竞争对手和竞争策略的调查研究。是通过一切可获得的信息来查清竞争对手的状况，包括：产品及价格策略、渠道策略、营销（销售）策略、竞争策略、研发策略、财务状况及人力资源等,发现其竞争弱势点,帮助企业制定合适的进攻战略,扩大自己的市场份额;对竞争对手最优势的部分,需要制定回避策略,以免发生对企业的损害事件。了解竞争的优势和劣势,能够促进创业的成功。

根据竞争对手市场调查与分析的结果,针对某一产品或者某一企业选定自己的竞争对手,并制定出自己的竞争策略,通常这些策略包括以下几种。(1)回避策略。由于竞争对手很强大,自己目前还没有足够的实力直接面对对手,此时如果正面竞争,会对自己造成不利的影响,在这种情况下通常需要选择回避策略。(2)攻击策略。由于竞争对手与自己实力相当或者弱于自己,打击竞争对手会扩大自己的市场份额,并且在各方面基本做好直接竞争的准备,因此,可以对这样的竞争对手发起必要的攻击。(3)跟随策略。由于竞争对手与自己实力相当或者强于自己,如果直接出击面对竞争者没有胜算把握,这时可以选择跟随策略,包括在产品、技术和市场三个环节紧跟竞争对手,为进一步实施攻击和超越竞争对手做准备。

经营策略调查。主要包括产品的价格调研、销售渠道调研、广告、商标及外包装存在的问题及跟进情况调研。

销售策略的制定要重点解决三个问题。一是产品的卖点的提炼。产品卖点的提炼一定要和产品的品质和特点相联系,否则就是无源之水。产品卖点一定是产品最本质的东西,越是本质的东西越简单,越容易让消费者记住。二是销售通路利润和促销的合理设定。新品的通路利润至少是畅销品利润的两倍时,通路客户才有推广新品的积极性。针对不同区域,通路利润要求是不一样的。三是铺货期终端促销设定问题。铺货期的终端促销是解决消费者首次"买不买"新产品的问题。不同的渠道终端促销的方式也不相同。对于常规渠道整箱购买的消费者,箱内投奖卡或实物效果较好;对于特通渠道,采用"高价高促"直接返现金较好。

1.5.3 市场调查的步骤

市场调查工作必须有计划、有步骤地进行,以防止调查的盲目性。一般来说,市场调查可分为确定目标、正式调研、数据处理和撰写调研报告四个步骤。

确定目标。市场调查目标是由界定的市场调查问题而决定的,是为了解决研究问题而明确的最终达到的目的。通常一个具体的市场调查就是根据调查目标而展开的,一个市场研究项目,目标可能是一个,也可能是多个。

正式调研。(1)要设计市场调查方案。调查方案的设计实际上是研究方法的选择。市场调查项目的差异化十分显著,不同企业面临的市场问题是不同的,研究者一般根据调查项目达到的目标,在探索性研究、描述型研究及因果关系研究三种研究方法中选择适合的研究方法。(2)辨别所需信息的类型及可能来源。市场调查的信息从根本上来说分为两类,即原始数据及二手数据。原始数据是通过现场实施后得到的;而二手数据则是指已存在的数据,通过文献研究就可以实现研究目的。(3)确定信息获得方法。一旦市场研究的数据类型确定之后,就需要明确数据获得的方法。如果市场研究所需的数据是二手数据,则只需要利用现有的数据资源;如果市场研究所需的数据是原始数据,则必须通过市场调查的现场实施,收集所需信息。原始数据收集的方法主要有入户访问、拦截访问、电话调查、邮寄调查等定量方法以及小组座谈会、深度访谈等定性方法,一般两者结合使用。(4)设计数据及信息获得工具(问卷、访问提纲等)。一般收集数据的工具有两种,一种为结构式问卷,即问卷的格式是确定的,所有问题都有具体的选项,回答者只需选出适合自己的选项即可;另一种为非结构式问卷,问题是开放式的,被访者可以根据自己的实际情况给出相应的回答。问卷或访问提纲是市场调查获得信息的重要工具。如果市场调查已明确研究目标及调查方法,但缺少一个好的问卷或访问提纲,仍会导致研究绩效的下降或失去调查意义。(5)设计抽样方案及确定样本量。设计抽样方案及确定样本量一般是针对定量研究来说的。一项定量研究的抽样设计必须把握三个问题,首先,要根据研究的问题确定研究总体;其次,规划怎样在样本框中抽出需要的样本;最后要明确研究需要的样本量,即这次调研中需要调查多少调查对象。(6)现场实施——收集数据信息。现场实施是数据收集过程。大部分现场实施访问是由经过培训的访问员进行,有时研究者也会进行一些难度较大、研究问题较深的访问。在访问过程中,由于访问员、研究者或受访对象的原因,经常出现非抽样误差,造成调查结果的准确性降低。任何调查都无法避免非抽样误差,需要现场实施过程中采取有效方式尽可能控制,从而提高调查结果的信度。

数据处理、分析。现场实施调查所获得的数据为初始数据,也称"生"数据,需要进行计算机处理。首先,需要将问卷"生"数据录入到计算机,然后进行逻辑检查获得"干净"的数据库,再通过数据分析软件对数据进行分析。

调研报告撰写。市场调查的最后一个步骤是在数据分析的基础上,形成分析报告。研究报告是客户获得调查结果的最主要形式,因而一个好的研究报告既要充分解决客户在调查初期提出的需求,而且还应适时加入市场研究人员的专业判断。报告完成后,报告结果的口头陈述是市场调研项目结果展示的另外一种形式,这种形式需要在报告的基础上进行内容提炼,并可以图片辅助展示结果。

调研报告的正文包括前言、主体和结尾三部分。调研报告的前言简要地叙述为什么对这个问题(工作、事件、人物)进行调查;调查的时间、地点、对象、范围、经过及采用的方法;调查对象的基本情况、历史背景以及调查后的结论等。这些方面的侧重点由写作者根据调研目的来确定,不必面面俱到。调研报告开头一般要求紧扣主旨,为主体部分做展开准备。文字要简练,概括性要强。主体是调研报告的主干和核心,是引语的引申,是结论的依据。这部分主要写明事实的真相、收获、经验和教训,即介绍调查的主要内容是什么,为什么会是这样的。主体部分要包括大量的材料,如人物、事件、问题、具体做法、困难障碍等,内容较多。所以要精心安排调研报告的层次,安排好结构,有步骤、有次序地表现主题。调研报告中关于事实的叙述和议论主要都写在这部分里,是充分表现主题的重要部分。结尾是调研报告分析问题、得出结论、解决问题的必然结果。不同的调研报告,结尾写法各不相同,一般来说,调研报告的结尾有以下五种:对调研报告归纳说明,总结主要观点,深化主题,以提高人们的认识;对事物发展做出展望,提出努力的方向,启发人们进一步去探索;提出建议,供领导参考;写出尚存的问题或不足,说明有待今后研究解决;补充交代正文没有涉及而又值得重视的情况或问题。调研报告结尾要简洁有力,有话则长,无话则短,没有必要也可以不写。

1.5.4 市场调查的方法

询问法。这是在市场调研中最为常用的一种方法,调查人员准备好调查表或提纲,向被调查者了解情况，获取信息，这也是最基本的调查方法。包括人员访问、电话调查、问卷调查和小组座谈四种常用的方法。

（1）人员访问。是通过调查者与被调查者面对面交谈以获取市场信息的一种调查方法。询问时可按事先拟定的提纲顺序进行，也可以采取自由交谈方式。按活动空间分为街头访问和入户调查两种情况。按访问方式分为既定提纲询问和自由交谈。在获得数据的价值中，访问人员是第一要素。因此，要做好人员访问调查必须加强访问人员的培训。通过以下内容的培训来提供有关调查工作的指导：特定调查的介绍、调查目的、访问时间、调查流程、可能调查对象的选择、初次接触和获取合作的特定程序等。

（2）电话调查。是指市场调查相关工作人员通过电话向被调查者进行问询，了解市场情况的一种调查方法。它是访问法中的一种调查方法。由于彼此不直接接触，而是借助于电话这一中介工具进行，因而是一种间接的调查方法。电话调查分为传统电话调查和计算机辅助电话调查。优点：取得市场信息资料的速度最快；节省调查时间和经费；覆盖面广，可以对任何有电话的地区、单位和个人进行调查；被调查者不受调查者在场的心理压力，因而能畅所欲言，回答率高；对于那些不易见到面的被调查者，如某些名人，采用此方法有可能取得成功；采取计算机辅助电话系统，更有利于访问质量的监控；访问人员的管理更为系统规范、达到管理集中，反馈及时之效。缺点：由于电话调查的项目过于简单明确，而且受到通话时间的限制，调查内容的深度远不及其他调查方法；电话调查的结果只能推论到有电话的对象这一总体，因而存在着先天母体不完整的缺陷，不利于资料收集的全面性和完整性；没有办法提供直观的教具；电话调查是通过电话进行的，调查者不在现场，因而很难判断所获信息的准确性和有效性等。

（3）问卷调查。用书面形式间接搜集研究材料的一种调查手段。通过向调查者发出简明扼要的征询单（表），请示填写对有关问题的意见和建议来间接获得材料和信息的一种方法，包括传真问卷、信函问卷、网络问卷、报告问卷和实地问卷五种常见样式。

一份好的调查问卷是需要经过精心设计的，每个问题都有一定其所能体现的方向，因此设计问卷也需要有一定的方法和注意事项。问卷中应该包含了调查者想做的调查的各个方面，首先，要针对具体的情况，全面而不遗漏重点问题。对于受访者的区分如年龄、所在地区、所属行业等应该划分明确，这也是为了方便日后统计数据的需要。其次，问卷设计涉及的题目不宜过多，进行问卷调查要求人群密集、地点分散，受环境地点的影响应考虑到被访人的时间花费和被访问时的心情，不能耽误被访问人太多的时间，牵扯其太多精力，问题设置多以选择为主，需要表达主观想法的只设置一道或者不设置，以节省时间。第三，调查问卷设计问题应该简单明确，不宜太过晦涩难懂，让人读后云里雾里，不知所云，答案选项应该具体，不能有包含或重复，或者模棱两可、似是而非。第四，调查问卷不宜涉及个人隐私和敏感问题，一些词汇的运用不能让被访问者感到难堪，同时也应考虑到地域文化和风俗习惯，保持对被访问者的尊重。第五，问卷的版面设计，文字的字体、大小、颜色、间距等应该能符合大部分人的审美和阅读习惯，不能有太过强烈的视觉刺激，让被访问者有不适感。

（4）小组座谈。又称焦点访谈法，就是采用小组座谈会的形式，挑选一组具有代表性的消费者或客户，由主持人就某个专题对到会人员进行询问，从而获得对有关问题的深入了解的一种调查方法。小组座谈法是资料收集中一种比较独特的方法，它远不止是一问一答式的面谈，而是在主持人的引导下，进行深入地讨论，是一种主持人与被调查者之间、被调查者与被调查者之间互动的过程。通过这种深入讨论的过程,调查人员可以从中获取很多有用的信息。这种方法在国外十分流行,被广泛地采用。

小组座谈法是一种特殊的访问法,相比较而言,它所收集的信息不是一个个体的资料,而是一个群体的资料。要想取得预期效果,不仅要求主持人要做好座谈会的各种准备工作,熟练掌握主持技巧,还要求有驾驭会议的能力。

观察法。研究者有目的、有计划地在自然条件下,通过感官或借助于一定的科学仪器,对社会生活中人们行为的各种资料的搜集过程。通过资料的收集、整理和分析,得出结论,从中发现机会。常见的观察方法有:核对清单法;级别量表法;记叙性描述。观察一般利用眼睛、耳朵等感觉器官去感知观察对象。由于人的感觉器官具有一定的局限性,观察者往往要借助各种现代化的仪器和手段,如照相机、录音机、显微录像机等来辅助观察。

观察法的注意事项。(1)观察要有序、全面。观察时要有序,即时间或空间的先后次序。按时间顺序观察,多适用于动态观察,如观察日出、动植物生长过程等,就是按事物发展变化的时间先后进行观察,按空间顺序观察,多适用于静态观察。如观察校园中的植物分布等,可由近及远、从上到下、从左到右去观察。观察时要全面,即从不同角度、不同顺序、不同方法去观察,从不同角度、不同方法去观察事物,会获得不同的信息和感受,从而可以把握观察对象的整体和实质。(2)观察要有"观"和"察"有效地、真正地观察是观察与思考相结合。因为观察,是由"观"和"察"两个程序组成的,缺一不可。观察者要有洞察事物的理智之光,既要以科学的眼光去看,又要以科学的道理去想,还要有独特的求异心,时刻保持观察的好奇心,才能观出名堂,察出奥秘,观察与思考的结合,还有利于建立起不同事物之间的有机联系,能看到常人难以看到的事物间的联系和规律,然后有所发现,有所创造。(3)观察要精细。在观察过程中,要特别留意那些稍纵即逝的现象,偶然出现的现象;关注自然现象细微的差别,不可轻易放过任何一个微小的发现,小小的发现有时会导致意想不到的商机。

抽样法。从研究对象的全部单位中抽取一部分单位进行考察和分析,并用这部分单位的数量特征去推断总体的数量特征的一种调查方法。包括四种常见的方法。(1)单纯随机抽样。将调查总体全部观察单位编号,再用抽签法或随机数字表随机抽取部分观察单位组成样本。(2)系统抽样。又称机械抽样、等距抽样,即先将总体的观察单位按某一顺序号分成n个部分,再从第一部分随机抽取第k号观察单位,依次用相等间距,从每一部分各抽取一个观察单位组成样本。(3)整群抽样。总体分群,再随机抽取几个群组成样本,群内全部调查。四是分层抽样。先按对观察指标影响较大的某种特征,将总体分为若干个类别,再从每一层内随机抽取一定数量的观察单位,合起来组成样本,有按比例分配和最优分配两种方案。

第二节 撰写创业计划

学习内容

理解研讨创业构想的内容与意义,学会撰写和展示创业计划书。

2.1 研讨创业构想

创业不能只存在脑海中,还要描述到纸面上,落实到行动中。在行动之前,需要制定一份创业计划书,创业计划书将创业项目展示给创业者或创业团队,展示给创业相关合作伙伴,展示给投资者。提高创业成功率,在真正开办企业前要进行深入研讨,判断一个商业计划是否可行,主要从如下四个方面进行研讨,分别是:创业提供的产品和服务、行业和目标市场、创业所需要的资源、创业者整合资源的能力。

2.1.1 研讨创业提供的产品和服务

创业是从一个想法开始的,把想法转化为一个创业项目,在这个过程中,是满足消费者未被满足的需求,或替代目前市场上已经满足消费者需求的产品。这就要求创业者要结合消费者需求,科学、合理定位创业提供的产品和服务。

客户的需求往往是多方面的、不确定的,需要创业者去分析和引导,很少有客户、尤其是消费品的购买者对自己要购买的消费品形成了非常精确的描述,这就要求创业者要准确定位客户的需求,在此基础上,开发出满足客户需求的产品或服务。

案例导读 7-4

女学生靠家传手艺走上创业路

2009年7月,大学刚刚毕业,李剑便回到家乡,从母亲那借来3万元钱,成立了宁夏艺盟礼益文化艺术品有限公司,可这3万元租了间办公室后,就花光了。

男友给了她最坚定的支持,将铺盖直接寄到宁夏,随身带着辛苦打工攒下的4万元钱和李剑一起创业。在政府的帮助下,资助等项目贷款终于到账。第一个产品——剪纸贺卡正式问世。"最苦的日子挺过来了。"两个年轻人相视一笑。

第一笔单子是300多张贺卡,一个星期内交工,没有工人,李剑号召全家上阵,妈妈、妹妹、小姨,一家人剪了4天,才完成贺卡的剪纸部分。由于印数太少,印刷厂不接活,两人就在办公室用打印机打印。正值数九寒天,打印机又出了故障,等到修好机子,完成贺卡,两人连续24小时没合眼。

东西送到顾客那里,顾客提出希望在贺卡上有祝福语,并且第二天就要,两人下午5点一直写到了凌晨4点,虽然累得够呛,但是交单的那一刹那,感觉好轻松,好兴奋。

第一年,贺卡只卖出去3 000多张,收入不到1万元,公司亏了近10万元。"传统的剪纸市场就只能做这么大,要想突破就必须有创新!"在一次去杭州考察的过程中,李剑为杭州丝绸所吸引,"为什么不能做丝绸剪纸画?"打定主意,咬咬牙,李剑批发了4 000多元钱的丝绸回家开始尝试,虽然那批丝绸成为了试验品,但是在投入了几万元后,他们成功地将剪纸与丝绸完美融合。这项发明一举拿下"全国妇女手工制品最佳创意奖"。

有了新产品,该如何推销出去?两人用了最笨的办法,背着产品挨家挨户推销,闭门羹吃了无数,却少有成功。总结经验,李剑认为:宁夏最缺这种有回族文化气息的剪纸产品,应该会很受这些单位的欢迎。

对准了市场,便找到了门路,新产品果然一炮打响,李剑逐步尝到了创业的甜头。2011年公司总销售额达到370万元,2012年则突破500万元。事业走上了正轨,荣誉接踵而来,银川市政协委员、创业之星……

本案例由本书编委会成员整理

2.1.2 研讨行业和目标市场

不同的行业有不同的行业规则,不同的行业给创业者带来的市场空间和前景不同,在创业前期要充分分析行业发展状况,要综合应用统计学、计量经济学等分析工具对行业经济的运行状况、产品生产、销售、消费、技术、行业竞争力、市场竞争格局、行业政策等行业要素进行深入的分析,从而发现行业运行的内在经济规律,进而进一步预测未来行业发展的趋势。行业分析是介于宏观经济与微观经济分析之间的中观层次的分析,是发现和掌握行业运行规律的必经之路,是行业内企业发展的大脑,对指导行业内企业的经营规划和发展具有决定性的意义。

目标市场的研讨和分析。市场空间很大,能够属于创业者的市场空间却非常少,在创业初期,创业者要敏锐地洞察目标市场,找到新创企业期望并有能力占领和开拓,为新创企业带来最佳营销机会与最大经济效益,新创企业选择一个细分市场,集中力量为之服务。一般这样专门填补市场的某一部分。集中营销使企业深刻了解该细分市场的需求特点,采用有针对性的产品、价格、渠道和促销策略,从而获得强有力的市场地位和良好的声誉。

案例导读 7-5

厨师上门服务

李先生到城里学了一手过硬的厨艺,并在一家餐馆当厨师。2006年回家过春节,家乡有人办宴席,李先生主动请缨当大厨,并且声明是帮忙,不收一分钱。摆宴席时,人们看到盘子中雕刻制作的鲜花、小鸟、鱼儿,大加赞赏。一下子,他成了十里八乡的名人,大家都提着礼品上门,请他来当厨师,为自家的喜宴增光添彩,老乡们给288元或388元的红包,半个月下来,他赚取了3 000多元的红包。

李先生想,为什么不当一个"乡村的应召厨师"呢?农村人办宴席,请厨师,借桌椅、借餐具等劳神费力,做出的菜品味道还并不理想。心动不如行动。李先生购买了20套桌椅和一些餐具,取名"小天使应召酒店",开始为乡亲们提供服务,既为乡亲们节约了人力、物力、财力,也把优秀的服务引到了农家,贴近农村。

为了让乡亲们有更多的选择,李先生把承办的宴席分为几个档次,如婚宴有"龙凤呈祥宴席"、"百年好合宴席"、"永结同心宴席"等,寿宴有"福寿双全宴"、"南极星辉宴"等。很快他的"酒店"每月有万余元的收入,并声名远扬。

本案例由本书编委会成员整理

2.1.3 研讨创业所需要的资源

市场中未被满足的需求有很多,创业机会也有很多,不是每个创业机会都能够创业成功。在行动过程中,要分析该创业项目需要的资源条件有哪些,一般情况下,资源不足是所有创业者和创业团队创业初期面临的共同特点。要有完全充分的资源也是不可能的,在资源具备上,要符合两种条件:一是要有进入一个行业的核心的资源;二是具备差异性资源。如果任何条件均不具备,创业成功的可能性很小。

创业资源条件主要包括几个方面。

(1)财务资源:是否有足够的启动资金。

(2)客户资源:有较好的目标客户。

(3)行业经验资源:对该行业资讯与常识的积累。

(4)行业准入条件:某些行业受到一些政策保护与限制,需要进入资格条件。

(5)人力资源条件:是否有合适的专业人才,也许你不专业,但必须有专业人才帮助你。

以上资源创业者也不需要100%的具备,但至少应具备其中一些重要条件,其他条件可以通过市场化方式来获取。创业者如有足够的资金资源,其他资源欠缺也可以适当弥补;如果有足够的客户资源,其他资源的欠缺也容易改变。在创业开始到收支平衡阶段足够的资本是关键一步,每天因资金四处奔跑可能会改变你创业初衷。了解行业十分重要,行业经验不足意味着要付出代价。

案例导读 7-6

九 洋 纸 杯

投资纸杯厂需要较大的经济实力,仅设备和原材料就要30万左右。谭政决定先做资金门槛低的"纸杯中介",即纸杯经销商和广告代理商,利用自己的销售经验积累资金后,再从长计议。公司起名"九洋",寓意做遍九州四海的生意。他联系了一家较大的纸杯厂委托生产,他提供生产要求。

他分析:好多经销商存在这样的误区,往往希望拿厂家现成的品牌。看似省时省力,实则把自己摆在了一个被动的位置,想从上游厂家要优惠政策很难;如果能打响经销商自己的品牌,效果就不一样了;厂家会主动找你合作,优惠自然更多。于是他注册了"九洋"商标,防止自己的品牌推广工作给他人做了嫁衣。

规划妥当之后,谭政印刷了几千张DM广告彩页,将九洋纸杯健康时尚的特点和良好的广告功能图文并茂地展示出来。将主要投放对象确定为写字楼内的公司以及各行政部门,因为这些地方对纸杯的需求程度较高。

他的第一个客户是写字楼里的一家小型IT公司。订单很小,只有50个杯子,只赚几份盒饭钱,但他还是认真地去做了。之后又招聘了两名专业销售人员。他们采用最笨的方法,全面"扫荡式"地攻占市场。随后,他们改变策略,自掏腰包从厂家订了一批印有"九洋"宣传内容的纸杯,免费发放给目标客户。就这样从难而易,从排斥到接受,他们的产品很快进入了当地主要企事业单位,"九洋"品牌在经销渠道出名了。在那个纸杯行业的暴利年代,一年多的时间,就让谭政赢利上百万元。

本案例由本书编委会成员整理

2.1.4 研讨创业者整合资源的能力

创业之初,创业资源是缺乏的,这就需要创业者去创造性地整合资源,创业者创造性整合资源的能力决定了创业项目的推进速度,进而决定了创业如何开始,如何进行等重要问题。创造性地整合资源是创业者成功的关键因素之一。

案例导读 7-7

峰回路转的创业者宫同学

宫同学出生在一个普通的农民家庭,1998年初中毕业,怀揣对大城市生活的向往,他只身一人从家乡来到了济南,投奔同村的哥哥,开始厨艺学习生涯。因为是初学,他只能从基础开始练习刀工,切到手、胳膊酸软、被葱蒜呛得眼睛流泪是经常有的事儿。每天还要住在阴冷的地下室,他心灰意冷,甚至绝望。

就在这时,他收到了东营农校入学通知书。他觉得自己机会来了,入学后,他万分珍惜这来之不易的学习机会,读书、实践都特别努力。三年级时,他在老师的推荐下到"好利来"实习,他选择的是业务岗。凭借自己吃苦耐劳的精神,加上初生牛犊不怕虎的干劲,他很快荣升到大区经理的职位。

几个有激情的同学沟通,打工不如创业,于是他们凑了8万元钱,靠专业知识和几年的业务经验自己配置产品,设计自己的产品包装,各自负责各自的市场进行销售,成立了东营佳好生物科技公司,主营业务是动物药品的生产与销售。因为动物药品市场鱼龙混杂,他们销售过程中遇到了很多问题,最后他们总结,办法只有一个,就是多跑用户,多次拜访,公司生存了下来,慢慢发展壮大。

本案例由本书编委会成员整理

2.2 分析创业可能遇到的问题和困难

创业过程中,创业者始终是一路问题,一路解决。创业路上的有些问题和困难可以预见,有些问题和困难无法预见,创业者要结合市场的现实反映,在创业实践中作出选择和判断。创业者在创业初期遇到的9大问题及困难的解决思路如下。

问题1:身兼数职,压力倍增

解决思路:刚开始创业,创业者集管理、销售、财务、生产、物流、人事于一身,忙了这头,顾不了那头,难以分身,怎么办?这是最痛苦的时候,也是最艰难的时候,此时可以列好工作清单和计划,设置一周工作内容,比如周一以生产为主,周二以解决财务为主,周三做管理,分解任务,做好时间管理,不要胡子眉毛一把抓,每天晚上记得做一下总结和后几天的安排,释放压力。可以把财务、人事、行政,甚至销售拿去外包,先把自己最擅长的那部分做到极致。

问题2：资金紧张，生产和销售困难

解决思路：要树立一个意识，创业者总是缺钱的，自己创业也同样要面临的问题。首先，在创业过程中要千方百计地省钱，对于创业，能否赚钱是未来的事情，在不能确定收回多少钱的境况下，省钱非常重要。有钱的投资者很多，要重点打造项目的优势，写出一份有含金量的商业计划书，靠项目的优势获得投资。了解好创业政策，善于使用创业优惠政策获得资金。

问题3：创业后，发现生意冷清

解决思路：再烂的项目总会有生意做，正如郎咸平教授所说："没有夕阳产业，只有夕阳思维"，创业初期，如何打开市场，吸引客源是关键，如何吸引眼球，吸引人气，吸引媒体，怎么做？举个例子，湖南一家边远地区靠在小路边上的小餐饮店，墙上贴了很多雷人的标语：发奖金不请客者，本店不接待；高考考上了，奖一个鸡蛋；过生日的统统6折。这些诙谐的标语一下子红遍了大江南北，从此该小店名声鹊起，食客不断。生意怎么做窍门有很多，如何发挥创意，整合资源等，超出客户的想象和期待，你的生意才能好起来。

问题4：应酬缠身，应接不暇

解决思路：抓住客户的一些身体问题，站在为客户着想的视角，去思考问题，问题迎刃而解。创业者要始终认识到，业务公关是创业过程中不可或缺的内容，创业者要善于在创业过程中组建创业团队，团队分工合作，能够分担应酬带来的压力。产品是创业者的核心内容，无论任何境况下，创业者要把开发出来适合市场需求的产品放在创业的首要地位。

问题5：发不出工资，资金链面临断裂

解决思路：资金链要断了，十分危险。赊账的事情最好不要做，为了避免这样事情发生，平常建立良好的信用，关键时刻才有可能找亲友借到钱，渡过难关，现在流行的童装品牌绿盒子最高峰时欠债800万元，员工把房子抵押借钱给老板，所以平常注意凝聚人心，人心齐万山移，经营企业就是经营人心，企业好不好，不是看你在发展好的阶段，而是在危机面前，有多少人能帮你，有多少员工愿意跟着你一起走，这就是企业发展的灵魂。

问题6：创业压力重重，个人情绪低落

解决思路：首先要调整自己的精神状态，每天都要给自己不停鼓励，微笑面对一切，笑容可以化解紧张的神经，相信自己，更要天道酬勤；其次调整自己的身体状态，身体状态会影响心理和情绪，坚持锻炼，做企业有时候仅仅比的是财力和智力，更是拼的是体力；再次，改变自己的生活习惯，烟酒少碰，多吃蛋白质、维生素、矿物质含量丰富的食物。

问题7：创业的孤独感，没人支持

解决思路：这个世界上能够决定自己命运的人并不多，创业者是其中之一，既然选择了创业就无怨无悔，成功者其实都是孤独的思考者，敢于实践的创新者，勇于承担风险的勇敢者，自己决定自己命运的人，自己决定自己活法的人，创造你的想要的生活，提升你的智慧和应变力。

问题8：创业如何面对竞争

解决思路：面对竞争是一件很正常的事情，如果对手比你强大很多，当然最好不要与其正面冲突，尽量多了解多方面的优劣势，企业和人一样，总有短处，扬长避短是不二法门。对待竞争对手，不要被动迎战，更不要去打价格战，找到自己的优势，进行营销差异化的设计，总能获得突破，常胜将军是善于选择战场，战场在哪里，不是对手说了算的。

问题 9：创业失败

解决思路：失败不可怕，创业路上学到了经验，积累了各种资源和人脉，为下一次创业做准备，下一次创业的成功概率就会大增，下一次创业是站在更高起点的开始。

2.3　凝练创业计划的执行概要

执行概要也叫做执行总结，是创业计划的重要组成部分。创业计划书内容繁多，执行概要是对创业计划书的高度总结和概括。执行概要用最凝练的文字，把要做的事、怎么做、谁来做回答清楚，使读者对创业计划有一个整体了解。凝练执行概要的两种方法如下。

提纲性执行概要。要求结构简单，开门见山，内容单刀直入，一目了然，让投资者能立即了解你需要投资的目的。提纲性执行概要的每一段基本上就是商业企划书中每一章的总结部分。它的特点是容易撰写，缺点是语言比较平涩，文章没有色彩。提纲性执行概要基本上包括了商业企划书的所有方面，面面俱到，各个部分在提纲性执行概要中所占比例基本相等。提纲性执行概要的基本格式，是用简短明晰的话摘选出商业企划书每章中的重点。每一个方面的描述不要超过三句话。只阐述与企业和项目关系最密切和给人印象最深刻的部分，关键是要给投资者留下一个最好的印象。为了突出重点，可以在每段的开头写上标题，为了压缩内容，精简篇幅，在执行概要部分可以把相关的内容合并。

叙述性执行概要。是给投资者讲一个动听的故事，可以把商业计划书写得有声有色，娓娓动听。叙述性执行概要需要很高的写作技巧，它要求作者既要有对企业经营的知识和经验，还要有深厚的文学底蕴。撰写叙述性执行概要难度很大。执行概要既要传达所有必要的信息，刺激投资者的激情，但是又不能夸张。叙述性执行概要要写得恰到好处，许多投资者要通过执行概要看到企业的眼光、激情和经验。有梦想的企业家才可能实现梦想，但是光有梦想还不够，还要有经验才能真正把梦想变成现实。叙述性执行概要特别适用于需要语言描述的新产品、新市场、新技术等。叙述性执行概要很适用于有良好历史或者内涵的创业项目。叙述性执行概要的段落比提纲性执行概要少，它把重点集中在描述企业的基本情况、突出项目特点上。叙述性执行概要要具有明显的人性化特点，它要讲述企业的创立者是如何建立企业并获得成功的，讲述企业是如何根据社会和技术的变革制造新的产品或提供新的服务的。叙述性执行概要对各段落的关系没有明确的规定，重点是要能够明确地在投资者面前展示出你的企业，给投资者留下良好的深刻印象。各个部分的比重也不要求平均，也许可以用两到三个段落来描述企业的基本情况，而只用一两句话描述企业的创始人。

◆ 案例导读 7-8

七招看你创业计划是否可行？

(1) 你能否用语言清晰地描述出你的创业构想？你应该能用很少的文字将你的想法描述出来。根据成功者的经验，不能将这想法变成自己的语言的原因大概也是一个警告——你还没有仔细地思考吧！

(2) 你真正了解你所从事的行业吗？许多行业都要求选用从事过这个行业的人，并对其行业内的方方面面有所了解。否则,你就得花费很多时间和精力去调查诸如价格、销售、管理费用、行业标准、竞争优势等。

(3)你看到过别人使用过这种方法吗?一般来说,一些经营红火的公司的经营方法比那些特殊的想法更具有现实性。有经验的企业家中流行这样一句名言:"还没有被实施的好主意往往可能实施不了。"

(4)你的想法经得起时间考验吗?当未来的企业家的某项计划真正得以实施时,他会感到由衷的兴奋。但过了一个星期、一个月甚至半年之后,将是什么情况?它还那么令人兴奋吗?或已经有了完全不同的另外一个想法来代替它。

(5)你的设想是为自己还是为别人?你是否打算在今后5年或更长时间内,全身心地投入到这个计划的实施中去?

(6)你有没有一个好的网络?开始办企业的过程,实际上就是一个组织诸如供应商、承包商、咨询专家、雇员的过程。为了找到合适的人选,你应该有一个服务于你的个人关系网。否则,你有可能陷入不可靠的人或滥竽充数的人之中。

(7)明白什么是潜在的回报?每个人投资创业,其最主要的目的就是赚最多的钱。可是,在尽快致富的设想中隐含的绝不仅仅是钱。你还要考虑成就感、爱、价值感等潜在回报。如果没有意识到这一点,那就必须重新考虑你的计划。

本案例摘自青年创业网,网址:http://www.qncye.com/qibu/jihua/0813333.html

2.4　把创业构想变成文字方案

一份优秀的创业计划书,是在不断思考与实践中撰写出来的,是对问题深入思考的一种表现形式。在写作的过程中,会发现很多问题,创业计划书也是对创业过程中遇到问题的思考与回答。一份优秀的创业计划书从如下10个方面进行着手。

1. 封面设计

封面是创业计划书的脸面,它首先呈现在读者面前,因此,创业计划书封面设计一定要花一些心思,做到封面与内容相对应。封面设计一般以简约、明确为主。

2. 项目概述

项目概述是计划书正文的第一部分,是最重要的部分。在这里要将创业项目的启动方式、存在方式、未来发展、企业愿景、近期目标等事宜进行介绍,概述一定要精简,不需要展开长篇大论。

3. 市场分析

市场分析这一份部分内容在创业计划书中有着十分重要的作用。对市场分析不充分,会使创业计划书的可行性极大降低。市场分析中要更好了解产品的目标客户的状况,了解客户是否愿意购买你的产品?客户通过什么样的渠道购买你的产品?客户愿意用多少价格购买你的产品等信息。另外在市场分析中,要充分分析竞争对手状况,同类产品状况和宏观政策经济状况,完成市场调研,要投入相当多的时间和精力。

<u>目标市场分析</u>。是创业者期望并有能力占领和开拓,能为新创企业带来最佳营销机会与最大经济效益的具有大体相近需求、新创企业决定以相应商品和服务去满足其需求并为其服务的消费者群体。初创企业要进行市场细分,其目的是通过对顾客需求差异予以定位,

来取得较大的经济效益。众所周知,产品的差异化必然导致生产成本和推销费用的相应增长,所以初创企业必须在市场细分所得收益与市场细分所增成本之间做一权衡。由此,得出有效的细分市场必须具备以下三个特征。(1)可衡量性。即市场特性的可衡量性:指各个细分市场的购买力和规模能被衡量的程度,如果细分变数很难衡量的话,就无法界定市场。(2)可赢利性或市场开发的效益性:指企业新选定的细分市场容量足以使企业获利。(3)可进入性或可实现性:指所选定的细分市场必须与企业自身状况相匹配,企业有优势占领这一市场,可进入性具体表现在信息进入、产品进入和竞争进入,考虑市场的可进入性,实际上是研究其营销活动的可行性。企业在进行市场细分的时候应该回答如下问题。

(1)细分市场是什么?
(2)市场空间有多大?
(3)创业者能够占有的市场有多大?
(4)消费者对产品的认可程度如何?
(5)消费者现实购买价格是多少?
(6)如何切入市场?
(7)未来3—5年的发展计划是什么?
(8)当前的优势是什么?

竞争对手分析。在进行竞争对手分析时,需要对那些现在或将来对客户的战略可能产生重大影响的主要竞争对手进行认真分析。主要有两类竞争对手。其一是现有直接竞争对手。新创企业应该密切关注主要的直接竞争对手,尤其是那些与自己同速增长或比自己增长快的竞争对手,必须注意发现任何竞争优势的来源。一些竞争对手可能不是在每个细分市场都出现,而是出现在某特定的市场中。因此不同竞争对手需要进行不同深度水平的分析,对那些已经或有能力对公司的核心业务产生重要影响的竞争对手尤其要密切注意。其二是新的和潜在的进入者。现有直接竞争对手可能会因打破现有市场结构而损失惨重,因此主要的竞争威胁不一定来自它们,而可能来自于新的潜在的竞争对手。新的竞争对手包括以下几种:进入壁垒期的企业;有明显经验效应或协同性收益的企业;前向一体化或后向一体化企业;非相关产品收购者,进入将给其带来财务上的协同效应、具有潜在技术竞争优势的企业。竞争对手分析中要回答如下问题。

(1)明确直接竞争对手?
(2)分析潜在竞争对手?
(3)竞争对手的市场?
(4)竞争对手的营销方案?
(5)竞争对手的推广?
(6)竞争对手的优势劣势?
(7)预测竞争对手的下一步计划?
(8)企业面对竞争对手采取的应对策略?

行业状况分析。行业是企业要进入的市场。创业者要认真分析并选择创业所在的行业,遵守行业发展规则,在进行行业分析时,要重点回答如下问题。

(1)行业现状如何?
(2)行业发展趋势?

(3)影响行业的宏观政策?
(4)行业中企业的整体状况?
(5)行业中存在的市场机会?
(6)如何切入该行业?

案例导读 7-9

回归本行的创业者

谢艳红出生在湖南株洲打石镇。1992年她开始在广东一家工艺厂打工,进行饰品的加工和销售工作。心灵手巧的她很快就掌握了所有的工艺流程和技术,并迅速从无名小卒成长为技术和业务骨干。而4年后,不愿安于现状的她毅然回到家乡开始了自己的创业之路。

当时,株洲城郊和一些小村镇的人们开始富了起来。人们对家电电器的需求日渐增大,特别是彩电利润较大,机不可失,谢艳红很快筹集资金搞家电销售和批发,开始生意不错,但随着同行的增多,生意缩水厉害,最终不得不关门停业,此时的她已是两手空空。

面对生意上的挫折谢艳红开始冷静地思考:自己的失败主要是对家电行业不熟悉,为何不干自己的老本行——饰品呢?当年自己设计的几种新颖别致的饰品在市场上很畅销,于是,谢艳红满怀憧憬地开始了详尽的饰品市场分析。她发现我国饰品市场正按每年19%的速度递增。随着国民生活质量和品位不断提高,特别是年轻人对饰品的消耗量增大,但与国际市场相比,我国女性饰品市场人均占有率不足5%,而日本是98%,韩国是68%,新加坡是48%。据预计,至2005年,我国女性饰品占有率将增至55%以上。从事实和数据分析都可看出,饰品业前景广阔。

目标选定,她立即行动,用借来的6 000元钱从广东等地批发各种女性饰品运回株洲销售,由于对女性饰品的工艺和制作有着独到的见解,她进的货深受顾客的喜爱,因此生意还算不错。但在经营过程中,有些顾客对想买的东西总是还价很低,有时比进价还低。谢艳红渐渐弄明白了原因:虽然有些产品属高档,但品牌不响,顾客怀疑它们值不值所标的价格。看来,没有品牌,再好的东西也难卖上好价钱。针对这种顾客心理,谢艳红精心选择加盟了一个品牌首饰。因为品牌效应,生意改观不小,让谢艳红高兴了好一阵子。但过了一段时间,她又发现所选择的这个品牌有一个很大的缺点——品种单一,不能完全满足顾客的需要。而一些些男性顾客抱怨没有他们的饰品。顾客是最忠实的生意伙伴,总是在有意无意中指点着市场,只有满足他们的需求,才能在商场上突破、发展和完善。谢艳红决定开自己的公司生产自己的品牌饰品。

本案例由本书编委会成员整理

4. 产品介绍

基本的产品介绍,不仅表明了产品是什么,也应该告诉别人产品的相关细节,这不仅是对消费者的负责,也是对产品本身的一种变相推广法,只有消费者看到了产品的描述才能奠定一个购买的基础。产品介绍应当包含四方面内容。

<u>产品简介</u>。产品简介是产品介绍中最为关键的部分,也是说明产品是什么的部分。如

饮品、保健产品、电子产品、减肥产品等等,是对产品本身的总概况,包括产品的名称、用途、技术甚至产地、厂家等信息,但点到为止,仅仅做个简短的说明,不需要展开,消费者一眼就能看出这件产品自己需要不需要。

产品功能。产品功能也是需要简要说明的部分之一,如减肥需要说明瘦身、瘦腿、瘦腰、瘦肚子等,电子产品需要说明录音、录像、电子书、电影等功能,药品则需要说明治疗效果、针对的病症等,有时名称不同,如药品可能写成针对症状,但表达的是一个意思。

产品原理。这部分不同的产品写法大致相同,如配料什么、配料具有哪些功能,借助某些材料的功能从而实现什么功效等。总之讲述这件产品为什么能够实现这些功效,让消费者相信产品的功效有迹可循,能够实现而不是消费欺骗者。其中这部分科技含量占比较重,比较专业。

产品保质期、注意事项、使用方法等。这些基本的元素跟产品的说明书大同小异,必须体现消费者关心的基本问题,以免出现各种不良后果。在保健产品、药品中尤其重要,什么群体不能使用,或者使用时需要注意什么,都是非常关键的部分。且需要简明扼要,写的准确甚至精确,不会误导消费者。

在做产品介绍时,需要详细了解产品的特性,全面统筹安排,同时可以借鉴相关相似产品的产品介绍,把各种项目全面而完善地体现。可以把自己的当做消费者,把自己所关心的问题都能得到解决作为衡量的一个标准。

产品介绍重点回答的几个问题。

(1)产品能够带给顾客的价值是什么?帮助顾客解决了什么问题?
(2)与竞争对手相比,产品的优势是什么?
(3)产品的核心功能是什么?
(4)产品的品质从哪些方面体现?
(5)产品的价格策略是什么?
(6)切入市场的核心产品是什么?

案例导读 7-10

红酒头牌:拉菲酒庄(波尔多)介绍

拉菲-罗斯柴尔德酒庄是波尔多最著名、也是世界上最著名的酒庄。早在 18 世纪初,拉菲酒庄便闻名欧洲。在 1855 年波尔多历史上首次正式认定的分级中,拉菲酒庄贵为一级首位,其地位至今没有改变,拉菲酒也历来位于最具收藏价值的葡萄酒之顶。

品酒:富有独特香气的回味持续时间长,香气萦绕久久不散,在顶级葡萄酒中独树一帜。

酿造:将葡萄运到酒庄,直接倒进大槽中,去梗破碎后便入发酵罐。发酵前不进行冷渗泡皮,发酵基本是自然进行的,尽量减少人为干预。橡木桶培养是 100% 的新橡木桶。拉菲酒庄的特点是自己制造所有的橡木桶,橡木桶烘烤程度为中度,所以拉菲酒没有浓重的熏烤味。橡木桶培养一般为 18—20 个月,装瓶前轻微澄清。

葡萄园:拉菲酒庄有 10 万多平方米葡萄园,在波亚克村最好的地段。拉菲葡萄园土壤的砾石层有数米厚,30%—80% 是沙砾石土壤,11%—15% 是黏土壤,葡萄村平均树龄为 30

年,酿头牌酒的葡萄来自40年以上的葡萄树。

本案例摘自第一农经网,网址:http://rum.1nongjing.com/a/201509/112122.html

5. 组织结构及人员组成

创业需要将计划变成现实,这一过程离不开人,即创业者和创业团队,要建立合理的组织架构,明晰创业者即创业团队的权责,使创业计划更好得到执行。

组织结构介绍。组织结构就是企业的管理架构,有很多成熟企业或者大企业的组织结构十分复杂,创业初期,组织结构不宜太复杂,要简单、明了,确定所有人员的权、责、利。

创业主要发起人介绍。创业主要发起人是创业项目的执行者,这些人决定了创业的成败。对于每一位主要发起人要进行概述和重点介绍,概述的内容是发起人的基本信息,重点介绍的内容是发起人的优势和在创业团队中的作用。

6. 市场预测

市场预测就是运用科学的方法,对影响市场供求变化的诸多因素进行调查研究,分析和预见其发展趋势,掌握市场供求变化的规律,为经营决策提供可靠的依据。预测为决策服务,是为了提高管理的科学水平,减少决策的盲目性,需要通过预测来把握经济发展或者未来市场变化的有关动态,减少未来的不确定性,降低决策可能遇到的风险,使创业目标得以顺利实现。

预测应该遵循一定的程序和步骤以使工作有序化、统筹规划和协作。市场预测的过程大致包含以下的步骤。

确定目标。明确目的,是开展市场预测工作的第一步,因为预测的目的不同,预测的内容和项目、所需要的资料和所运用的方法都会有所不同。明确预测目标,就是根据经营活动存在的问题,拟定预测的项目,制定预测工作计划,编制预算,调配力量,组织实施,以保证市场预测工作有计划、有节奏地进行。

搜集资料。进行市场预测必须占有充分的资料。有了充分的资料,才能为市场预测提供进行分析、判断的可靠依据。在市场预测计划的指导下,调查和搜集预测有关资料是进行市场预测最重要的一环,也是预测的基础性工作。

选择方法。根据预测的目标以及各种预测方法的适用条件和性能,选择出合适的预测方法。有时可以运用多种预测方法来预测同一目标。预测方法的选用是否恰当,将直接影响到预测的精确性和可靠性。运用预测方法的核心是建立描述、概括研究对象特征和变化规律的模型,根据模型进行计算或者处理,即可得到预测结果。

分析修正。分析判断是对调查搜集的资料进行综合分析,并通过判断、推理,使感性认识上升为理性认识,从事物的现象深入到事物的本质,从而预计市场未来的发展变化趋势。在分析评判的基础上,通常还要根据最新信息对原预测结果进行评估和修正。

编写报告。预测报告应该概括预测研究的主要活动过程,包括预测目标、预测对象及有关因素的分析结论、主要资料和数据,预测方法的选择和模型的建立,以及对预测结论的评估、分析和修正等。

7. 营销策略及切入市场策略

营销策略是企业以顾客需要为出发点,根据经验获得顾客需求量以及购买力的信息、商业界的期望值,有计划地组织各项经营活动,即4P原则:产品策略、价格策略、渠道策略和促销策略,为顾客提供满意的商品和服务而实现企业目标的过程。

产品策略。即指企业制定经营战略时,首先要明确企业能提供什么样的产品和服务去满足消费者的要求,也就是要解决产品策略问题。它是市场营销组合策略的基础,从一定意义上讲,企业成功与发展的关键在于产品满足消费者需求的程度以及产品策略正确与否。

价格策略。是根据购买者各自不同的支付能力和效用情况,结合产品进行定价,从而实现最大利润的定价办法。价格是决定公司市场份额和盈利率的最重要因素之一。在营销组合中,价格是唯一能产生收入的因素,其他因素表现为成本。

渠道策略。包括渠道的拓展方向、分销网络建设和管理、区域市场的管理、营销渠道自控力和辐射力的要求。企业营销渠道的选择将直接影响到其他的营销决策,如产品的定价。它同产品策略、价格策略、促销策略一样,也是企业是否能够成功开拓市场、实现销售及经营目标的重要手段。

促销策略。是市场营销组合的基本策略之一。促销策略是指企业如何通过人员推销、广告、公共关系和营业推广等各种促销方式,向消费者或用户传递产品信息,引起他们的注意和兴趣,激发他们的购买欲望和购买行为,以达到扩大销售的目的。

切入市场策略是指创业初期,产品切入市场的方法。在创业初期,产品是不成熟的,创业者市场经验是缺乏的,用户对产品的认可度是相对较低的,创业资源是相对匮乏的。在这种境况下,要集中优势,选择从局部市场的一个点上突破。

8. 生产计划

生产计划是关于企业生产运作系统总体方面的计划,是企业在计划期应达到的产品品种、质量、产量和产值等生产任务的计划和对产品生产进度的安排。它反映的并非某几个生产岗位或某一条生产线的生产活动,也并非产品生产的细节问题以及一些具体的机器设备、人力和其他生产资源的使用安排问题,而是指导企业计划期生产活动的纲领性方案。初创企业一般没有自己建立生产线的能力,所需要选择适当的合作伙伴,做好生产控制。

创业计划书中生产计划包含如下内容:生产商家及地点选择;产品制造的核心技术及核心技术的应用状况;生产流程及关键环节控制;新产品生产计划;生产成本分析;质量控制方法等。

9. 财务状况

创业计划书财务状况有两种。其一是有一定实践经历的创业计划书,这类创业计划已经有实践经营,真实的财务数据,在这一类创业计划书撰写过程中,要分成两个部分,一是现实经营数据,这里要真实表述创业项目实践过程中的各项财务数据;二是未来财务整体规划。重点回答近期财务费用的预期。其二是没有实践经历的创业计划书,这类计划书撰写过程中只做未来近期财务费用的预期。

在财务状况撰写过程中,创业者要回答如下问题。

(1)产品的生产成本有多少?
(2)产品的销售价格是多少?
(3)产品固定时间周期的销售量预期多少?
(4)产品运营成本是多少?
(5)产品投资回收期多长时间?

(6)企业现金流状况?

10.风险控制

创业一定存在着各种风险,如市场风险、技术风险、管理风险、资金风险等,在创业计划书中,要针对不同的风险给出应对风险的解决办法。

2.5 创业计划书的撰写和展示技巧

2.5.1 创业计划书撰写

创业计划书是创业者所写的商业文件中最重要的一个。一份好的创业计划书应做到以下四点。

了解市场。创业计划书要给投资者提供企业对目标市场的深入分析和理解。要细致分析经济、地理、职业以及心理等因素对消费者选择购买本企业产品这一行为的影响,以及各个因素所起的作用。创业计划书中还应包括一个主要的营销计划,计划中应列出本企业打算开展广告、促销以及公共关系活动的地区,明确每一项活动的预算和收益。创业计划书中还应简述一下企业的销售战略。

关注产品。在创业计划书中,应提供所有与企业的产品或服务有关的细节,包括企业所实施的所有调查。这些问题包括:产品的市场前景分析,它的独特性怎样?企业分销产品的方法是什么?产品的生产成本是多少?售价是多少等。企业发展新的现代化产品的计划是什么?把出资者拉到企业的产品或服务中来,这样出资者就会和创业者一样对产品有兴趣。在创业计划书中,企业家应尽量用简单的词语来描述每件事——商品及其属性的定义对企业家来说是非常明确的,但其他人却不一定清楚它们的含义。

表明行动的方针。企业的行动计划应该是无懈可击的。创业计划书中应该明确下列问题:企业如何把产品推向市场?如何设计生产线,如何组装产品?企业生产需要哪些原料?企业拥有哪些生产资源?还需要什么生产资源?生产和设备的成本是多少?企业是买设备还是租设备?产品组装、存储以及涉及的有关固定成本和变动成本的情况。

敢于竞争。在创业计划书中,创业者应细致分析竞争对手的情况。要明确每个竞争者的销售额、毛利润、收入以及市场份额,然后再讨论本企业相对于每个竞争者所具有的竞争优势,而且要向投资者展示自身的优势。创业计划书要使它的读者相信,本企业不仅是行业中的有力竞争者,而且将来还会是确定行业标准的领先者。在创业计划书中,企业家还应阐明竞争者给本企业带来的风险以及本企业所采取的对策。

对初创的风险企业来说,创业计划书的作用尤为重要,一个酝酿中的项目,往往很模糊,通过制订创业计划书,把正反理由都书写下来,然后再逐条推敲。创业者这样就能对这一项目有更清晰的认识。可以这样说,创业计划书首先是把计划中要创立的企业推销给了创业者自己,其次创业计划书还能帮助把计划中的风险企业推销给风险投资家,公司创业计划书的主要目的之一就是为了筹集。

2.5.2 创业计划书展示

创业计划书是给战略合伙人与风险投资人看的,创业者一定要避免与主题无关的一些内容,要开门见山直接切入主题,用平实、简洁的语言描述中心思想。创业者应该能在开场的两分钟之内,就把自己的项目说清楚:找到言简意赅的一两句话,把自己项目说明白。创业者可以设身处地、换位思考,假设自己是一位战略合伙人或风险投资人,自己所最关心的问题,自己判断的标准是什么。

创业方案陈述时要抓重点,不必追求面面俱到,要尽量用缜密的分析和可靠的数据来说明问题。在展示时,展示手段要多元化,要尽量利用书面文档、PPT投影、影像资料、实物等辅助手段来吸引战略合伙人与风险投资人的注意力。要围绕创业目标,以及如何实现这些目标。创业计划要体现出随着执行的情况而进行调整。

答辩阶段,相关人员会向创业者提出感兴趣的问题。提出的问题可能会非常尖锐,创业者要直面问题,从有利于客户和投资人的视角去回答问题。当遇到不知道的问题的时候,勇敢地承认不知道,这完全是一种得体的应答,并无损于自身。

本章小结

创业计划又称商业计划,是引领创业的纲领性文件,是创业者创业行动的指南。

创业计划主要内容包括执行概要、产品介绍、市场调查、营销分析、财务预算、风险控制等内容。

创业计划书一般由标题、执行概要、目录、正文和附录五部分组成。

一份优秀的创业计划书从如下10个方面进行着手,分别是:封面设计、项目概述、市场分析、产品介绍、组织结构及人员组成、市场预测、营销策略及切入市场策略、生产计划、财务状况和风险控制。

创业计划书的内容和结构因创业项目的不同而有所差异,但一份成功的创业计划书一般具有客观性、可行性、创新性和逻辑性等特点。

案例分析

基于云计算的农产品安全生产
控制追溯数字化商务平台创业计划书

第一部分 项目背景

在当今中国社会,不断凸现"三聚氰胺"、"毒豇豆"、"瘦肉精"等食品安全事件,严重影响了消费者对农业生产者的信任,他们对了解并参与农产品生产流通过程日益强烈,全社会尤其是高收入群体对绿色、有机、无公害优质农产品的需求巨大,一些以都市白领为代表的时尚食客族掀起了"网上买健康菜"的潮流。

当前,随着我国农产品生产加工企业的发展,基于"公司加农户"模式下的专业合作社数量也与日俱增;另一方面,技术壁垒限制了我国农产品加工企业走出去的步伐。日本、韩国等国家明确要求出口国在其出口食品的生产过程中实施HACCP管理信息系统或具有同等的保障消费者健康的其他管理系统。

就我国而言,造成农产品质量问题的主要原因之一是相关生产加工没有形成一套完整有效的全程质量控制与溯源技术体系:一是没有制定和完善针对"目标农产品"(有机、无公害、绿色、出口等标准,以下同)"高产、优质、高效、生态、安全"的标准体系;二是农户与经纪人相对分散地进行生产管理,其生产质量控制效果无法达到预期目标,缺乏可行的监测与评价体系;三是相关企业内部标准化管理机制不完善,其供应链的"封闭程度"不够,没有建立完整的质量追溯体系,生产过程信息备案不足,无法进行有效追溯。

解决以上问题的有效途径之一,是研究开发适合农产品安全生产全程控制的优化动态工作流程,并建立相应的数字化控制支撑技术体系。

(1)工作流模型与专业合作供应链耦合是未来发展的趋势。

动态工作流(DL-Workflows)是一种协同技术(Thomas Kwok et al.,2008),它是"公司加农户"内部管理、经纪人、农户、专家等多主体协同控制目标农产品安全生产的业务流程,在计算机/智能终端支持下全自动或者半自动地执行过程,即工作流管理系统(WFMS)。工作流广泛应用于企业标准化生产,解决其繁琐复杂的事务处理(Daniela Grigori et al.,2001)。工作流模型的使用将促进复杂的农业生产系统半结构化问题的解决,更是一种推动农业标准化的技术方法。目前农业生产优化管理主要是任务图和计划评估技术(Cottrel. W D et al.,1999),不能很好适应合作社模式下分散的农业生产。早在1999年Ivanovic等就提出一个面向代理的农业工作流框架,用于提高农业决策效率,Yongyun Cho等(2010)利用工作流模型进行作物生长信息监测,并自动执行种植服务和农业智能应用服务。朱建东等(2010)首次利用混合Petri网的农业生产工作流模型,对耕地、播种、培植、施肥、灌溉和收割等优化管理取得很好模拟效果;吴敬花等(2011)将工作流模型成功用于农产品物流管理信息化;Jia Guo等(2011)基于J2EE平台开发了工作流管理系统,用来进行农产品认证;徐海燕等(2012)抽象出一系列工作流程定义实现了区域农产品动员辅助决策。相关研究开发表明,专业合作社作为多主体参与的复杂农业生产系统,工作流程优化是目前实现其农产品标准化生产管理的有效途径之一。

(2)工作流模型与相关标准化体系融合是农产品质量控制的未来方向。

目前,HACCP(危害分析与关键点控制)体系已经成为一种国际公认的能有效确保食品生产安全质量的监测体系(Baker,1995),与现代信息技术相结合形成e-HACCP(电子HACCP)体系,并与GAP(良好农业生产规范)、ISO14001等多个认证管理模式相结合。美国、加拿大、日本、新西兰和欧盟等已在农产品生产加工业领域全面应用HACCP体系(Thomas G. Blaha,2002),我国近年来大力推广基于HACCP的"CHINAGAP"认证(CNAB-SI52:2004)。未来HACCP、GAP与目标农产品高产栽培技术相结合将广泛用于目标农产品生产全过程,许多目标农产品标准化生产企业及其专业合作社已开始制订并逐步实施HACCP&GAP计划。由于HACCP的制定与执行本身就是一个协同工作流程,其与工作流技术的结合,实施HACCP体系信息化,能够显著提高目标农产品标准化生产效率。申广荣等(2005)将HACCP与GAP融入到企业出口目标农产品生产过程中,实现安全生产的过程控制。澳大利亚Icon Global公司开发了基于HACCP认证的辅助管理系统(HEAT),可实现对整个生产计划的集成管理。美国NWA公司专门开发了一套基于e-HACCP的食品安全自动化管理软件(www.nwasoft.com),实现了管理者在遵循HACCP体系规范的同时,降低企业的生产成本。张方田等(2011)首次把工作流技术应用到HAC-

CP 体系的原理和方法之中，提出了构建基于工作流技术的 HACCP 体系信息化方案，取得了很好的效果。

（3）目标农产品安全生产全程控制工作流的实现，需要借助现代信息处理技术，特别是与"云计算"、"物联网"的有机融合，建立相应的数字化控制与溯源支撑系统。

当前，以计算机多媒体、光纤和卫星通信等技术为主要特征的数字化和信息化浪潮正在席卷全球。21 世纪信息技术特别是基于 Internet/物联网/云计算的应用技术正向农业领域渗透，为世界农业科技革命和现代农业飞跃发展带来了契机。信息化是促进目标农产品产业发展的关键，为标准化生产管理和决策、提高产品质量、保障食品安全、增加生产效益、防范企业危机等方面开辟了新的途径。以质量安全为主旨的信息管理系统正在世界范围内迅速得到开发和推广应用。日本、印度正在发展农业信息化技术。美国 41.6% 的家庭农场都装备有电子计算机和传感器。欧洲的农业网络已进入实用阶段。我国实施目标农产品生产信息化多年，专家系统、智能控制系统、决策支持系统的开发为目标农产品的安全生产特别是质量控制提供了技术支持，形成了目标农产品产业的信息化服务体系。

物联网（Internet of Things）是利用感知技术与智能装备对物理世界进行感知识别，通过网络传输互联，它集传感技术、通信互联技术与计算机智能应用为一体，是本世纪初新兴的、极具发展潜力的网络技术。云计算（Cloud Computing）是近年来兴起的一种 IT 部署和架构新模式，在复杂逻辑计算、海量存储以及多种软件服务上优势明显，它在降低软硬件成本的同时，为用户提供高效、廉价、丰富的网络服务（维基百科，2011）。目前，国外如亚马逊、Google、IBM、微软、Dell 和国内华为、大唐电信等 IT 巨头已开始提供相关的云服务。物联网与云计算的有机融合，将广泛应用在农业生产相关领域，为专业合作社目标农产品安全生产数字化控制与溯源开辟了新的解决思路。微软的云计算平台与 RFID 等技术相结合在中国成都率先实现"农业云"落地（微软网站，2010），对进入市场的猪肉产品提供云服务（溯源）。国内李光达等（2011）开始探索云计算的农业信息服务，陈敏克等（2011）研究开发基于云计算的农业信息资源共享系统建设思路。日本富士通公司的 Mitsuyoshi Hori 等（2010）引进最先进的传感器、无线网络以及富士通云计算平台等技术，建立了目前为止最为完善的物联网与云服务融合模型（原型），提出了改进的"PDCA"工作流，进行农业生产指导与控制，并在两个日本农业公司进行示范试验。2011 年该公司的 Yuichi Satake 继续将富士通云平台与智能终端等技术用于农产品供应链管理，旨在提高其效率和价值。目前富士通的"农业云"构架正成为其未来的业务增长点。

综上所述，近年来，众多研究开发人员从不同角度研究开发和开发用于目标农产品的质量控制技术体系，将云计算与物联网有机耦合，HACCP&GAP 与高产栽培技术结合将广泛用于目标农产品生产全过程，对于专业合作社标准化生产管理而言将是可行的途径。然而，如何实现目标农产品"云落地"相关的快捷部署中间件、目标农产品安全生产控制工作流模型及其引擎接口、目标农产品安全生产全程数字化控制系统等关键问题有待深入研究开发。

第二部分 项目内容

团队计划在华为"OceanStor"CSE 云部署设备上开发的一个面向出口、有机、无公害或绿色等目标农产品生产加工企业，对农产品生产、加工、储存、流通、销售等环节进行全程追溯、安全控制、专家预警指导和商务交易等功能的公共云服务平台。该平台由两部分组成：一是为企业提供有关优质农产品安全生产控制追溯数字化云服务的"e 追溯"平台；二是为消费客户与企业之间搭建的"溯菜源"高端电子商务平台（B2B 和 B2C）。

2.1 平台盈利模式

企业客户加入云服务平台成为会员后,首先需要支付一定数额的加盟费,可以享受在一定时期内免费使用平台里的各种应用程序和软件服务的权益。当数据使用流量超过一定数额后,计算中心将通过监视、控制资源使用并产生报表采取按量收费的形式。

2.2 拟解决的关键问题

(1)"云落地"问题:建立有效可行的目标农产品公共云计算构架、快捷部署的透明云中间件和接口协议。

(2)农产品生产加工企业的目标农产品"质量与产量"目标控制问题:基于产量和生产标准约束的目标农产品安全生产动态模拟模型构建与集成。

(3)农产品生产加工企业的农产品安全生产控制机理:基于目标农产品公共云计算构架,利用HACCP、GAP研究开发多主体协同的目标农产品安全生产全程数字化控制工作流,并能够通过生产管理实验修正,通过建立控制指标体系、感知生产全程信息、安全生产预警、空间模拟分析与专家远程指导等方法集成来实现。

2.3 创新之处

(1)设计目标农产品公共云构架。

此处涉及商业核心内容(省略)

(2)将高产技术、生产标准、HACCP&GAP与专家知识相结合,在目标农产品公共云构架之上研究开发开发适合于相关企业的目标农产品安全生产全程控制工作流模型。

此处涉及商业核心内容(省略)

第三部分 商业方案

3.1 平台客户定位

3.1.1 企业加盟客户

企业加盟客户:优质农产品(出口、有机、绿色、无公害)生产加工出口企业。

选择本平台的原因。

日本、韩国等进口地明确要求出口国在其出口食品的生产过程中实施HACCP管理信息系统或具有同等的保障消费者健康的其他管理系统。

企业自行购买服务器开发系统成本较高,后期维护费用需要大量财力和人力。使用本公共服务云平台可以为其减少服务器购买成本和后期维护费用。

3.1.2 高端消费客户

高端消费客户:高收入群体、高端酒店、运动员基地。

选择本平台的原因。

从平台上购买的农产品有全生产档案记录,食用放心。

网上购买农产品快捷方便,配送服务一步到位。

客户对农产品的身份标识、透明化生产和高效化流通有很高的要求。

3.2 市场前景分析

江苏省目标农产品出口面积近6万亩,约有200多家目标农产品加工出口企业,65.4%的目标农产品加工企业没有标准化的目标农产品安全生产控制数字化系统;据项目组调研显示,项目第一期实施地江苏省东台市有目标农产品脱水加工企业近130家,带动3万多种植户,有22万亩次目标农产品为之配套种植。全市已有29家脱水目标农产品企业获得自营出口权,53家企业通过ISO9001、HACCP国际标准论证,产口出口到50多个国家和地区。80%的企业希望得到安全廉价的目标农产品安全生产追溯云服务。

南京地区调查结果显示,79.2%的月收入超过7 000元的高收入群体愿意多支付10%—15%的价格购买优质农产品;23.2%的网民有网络买菜习惯,65.3%的网民愿意尝试网络买菜;南京地区86.6%的高端酒店对此类目标农产品直供需求强烈。

3.3 市场竞争分析

3.3.1 竞争对手确认

农业信息科技公司。

农产品电子商务网站。

3.3.2 竞争对手分析

农业信息科技公司。

中国农业信息化服务市场上需求量很大,同类型企业发展速度较快,业务也趋于多元化。竞争对手开展的业务主要集中在农产品电子商务平台和物联网硬件集成设备的开发。在食品安全信息化服务方面,竞争对手开发的系统没有形成集成化技术体系,作用发挥有限。

农产品电子商务网站。

近几年,一些专业化销售新鲜目标农产品的网站发展速度较快,配送服务大受消费者欢迎,如上海买菜网、小毛驴等。而一些网站在提供商品交易功能的同时也提供可视化、农场运动会等多功能娱乐化服务,如视农网等。

但在运营过程中这些网站遇到了农产品鲜化储存、物流配送等难题,消费者关注度和新鲜感难以持久,短期难以盈利。

3.4 竞争对手存在的问题分析

略

3.5 竞争优势

全产业链完整解决方案:

平台系统服务贯穿于目标农产品生产加工产业链始终,集目标农产品生产、加工、销售、交易、指导、溯源、信息发布为一体,为客户提供信息化完整解决方案,并且通过公共性云服务平台打造健康目标农产品全产业链、销售链和专家指导链。

产品"透明化"的电子商务平台:

"溯菜源"电子商务平台构架在生产追溯控制数据"工作流"之上,有全产业链和专家指导做支撑,真正实现新鲜果蔬透明化消费。

平台运行能力:

国内首创基于"工作流服务"下的高端果蔬电子商务平台提高复杂逻辑运算能力,在降低目标农产品加工企业软硬件成本的同时,为其提供高效、廉价和丰富的食品安全软件服务。

3.6 公司战略

3.6.1 总体战略

公司坚持"高校依托,政府合作,产业支撑,品牌运作,谋求上市"的发展战略。公司立足沿海优质农产品加工出口产业带,辐射脱水目标农产品产业集聚群带,抢占华东地区优质农产品电子商务市场。公司以前期与各地农委部门建立的产学研合作关系为切入点,着重与实力雄厚的龙头企业建立稳定长期的合作关系,促进"透明云"品牌运作模式多元化,开放多轮融资回合,积极谋求创业板上市条件。

3.6.2 分步战略

初创期(1—2年)。

在苏州市注册成立江苏省金麦云农业科技有限责任公司。

选择在南京农业大学高校"苏北—高效农业"基地(江苏省东台市)确定第一期合作伙伴;建立公司东台市云计算分中心,并且以此为中心向苏北高效农业基地进行辐射;完成"e追溯"生产全程控制预警指导平台和"溯菜源"高端电子商务平台在华为"OceanStor"CSE云部署"透明云"实验平台上的部署,初步展开商业化运营。

成长期(2—5年)。

建立金麦云公司江苏省常州市和苏州市云计算分中心,并且以此为中心向苏南高效农业基地进行辐射;建立稳定的客户关系和扩大销售网络,与常州市知名农产品加工企业建立长期战略合作关系;完善目标农产品安全生产全程控制数字化工作流及其引擎与接口协议,提高一云平台对多调度中心的实际运营能力。

成熟期(5—8年)。

在华东地区建立十到二十个金麦云公司云计算分中心;升级"透明云"品牌化运作,并建立发展实体店,实现线上线下协调发展;开放第二轮融资,积极谋求创业板上市条件。

3.7 营销策略

3.7.1 产品策略

公司旨在建立一个对优质农产品(出口、有机、绿色、无公害)种植、生产、加工、销售等环节进行全程追溯、安全控制、在线专家指导和商务交易等云服务的公共性云服务平台。基于不同时期市场特点的考虑,分别制定导入、成长、成熟这三个时期产品的营销目标以及相应的推广战略。

3.7.2 导入期策略(第1年)

1. 市场特点

本云服务平台属于农村云计算的细分市场,该市场几乎一片空白,集团客户观念上很难接受,对平台使用的持续性和忠诚度方面有所欠缺。由于刚开始建,消费客户在理解上仍有问题。

公司在导入期选择在苏北地区,苏北地区本身具有平台导入的先决条件,如,目标农产品出口加工企业比较多,农民专业合作社信息化需求高等等。

2. 营销目标

(1)在苏北高校农业基地(江苏省东台市)目标农产品加工企业(萃源、奥利维)推广本平台的使用,力争当地80%的目标农产品加工企业成为本平台的会员。

(2)锁定目标客户群体,重点宣传平台"透明菜"的理念和功能特点,引导产生与本平台相符的消费行为。

3. 基本策略

与地方政府部门开展合作,着重于推广"透明目标农产品云"平台理念。

加盟企业:缴纳佣金的加盟企业起初可以在既定流量内免费使用平台系统,并派发可追溯目标农产品信息的会员卡;为加盟企业免费提供专家远程的技术与服务指导。

消费者:通过广告公关媒体重力向城市消费者宣传商务平台"透明化"的概念,初步打响平台知名度。同时在电子商务网站上推出不同养生功效的目标农产品搭配和种类繁多的配送套餐,满足用户在网上买菜的多元化体验需求。

3.7.3 成长期策略(第2—5年)

1. 市场特点

本公司"透明目标农产品云"理念在市场上得到人们的初步接受,并形成了一个较为稳定的顾客群体,品牌也打出一定的知名度。此阶段市场逐渐趋于稳定,公司资本得到一定回收并增加,市场影响力有了较大的增强,公司网站被相当一部分人所熟知,公司收入来源扩大,公司进入稳步发展状态。

2. 营销目标

(1)公司基本收回先期投资在技术研发方面的成本。

(2)进一步迅速扩大经营规模,完善商业模式。

3. 基本策略

成长阶段,基本策略侧重于进一步推广平台,搭建网络销售平台,同时树立良好的企业品牌形象。

(1)区域推广策略:平台从苏北地区进一步辐射到江苏全省,在苏州、常州建立"透明目标农产品云"平台分中心。

(2)平台开放策略:对加盟企业与非加盟企业搭建一个开放性的电子商务交易平台,实现"线上线下"的目标农产品营销组合。

(3)信息反馈策略:通过加盟商满意度调查,收集加盟商使用平台的信息,进行及时的信息反馈,在业内树立良好的口碑。

3.7.4 成熟期策略(第5—8年)

1. 市场特点

产品更新换代节奏加快,并在形式上有所突破或创新。客户群体逐渐庞大并有一定影响力。

2. 营销目的

公司计划到5—8年时将公司的经营范围推广到整个华东地区,并且与外贸企业进行合作并且公司也不再仅仅做目标农产品交易,也会把经营种类拓展为目标农产品、水果等多种农产品;进一步扩大品牌效应,加强与相关企业的合作,为企业的发展创造更新更广的渠道。

3. 基本策略

进入成熟阶段后,产品基本策略即更进一步推广平台,建造多元化盈利模式,打造出一个具有较高社会影响力的公共企业形象。

(1)地区全面推广策略:借助已实现的资本积累,同时凭借多种目标农产品宣传推广渠道,把"透明目标农产品云"平台从江苏省进一步推广到整个华东地区,全面进入当地目标农产品主流市场,开拓新的集团客户群体。

(2)多元化盈利策略:通过目标农产品电子商务交易平台,吸引广告加盟商植入广告;同时与目标农产品加工、进出口企业建立良好合作关系;加快新品种开发,满足更广泛群体的使用习惯。

(3)企业品牌形象策略:深化"透明目标农产品云"平台的品牌影响力,同时建立食品安全社会公益基金,进一步凸显出本企业的理念与愿景。

第四部分 财务论证

4.1 资金来源及应用分析

4.1.1 资金来源

公司注册资本600万元。

创业人员自筹资金120万元，占20%的股份。
项目技术作价150万元，占25%的股份。
战略合作伙伴投资80万元，占13.3%的股份。
吸引风险投资商投资250万元，占41.7%的股份。

4.1.2 资金流向（初期流向）

初始流动资金550万（包括第一年向银行借三年期长期贷款100万），主要用于：

(1) 公司用地租金（办公用地）和设备费用。
(2) 初期工作人员培训费和其他管理费用。
(3) 支付给销售和生产人员的工资、奖金等支出及福利。
(4) 市场推广和宣传费用。
(5) 初期流动资金。

4.2 财务预算

4.2.1 主要财务假设

(1) 银行的长期贷款年利率为6%。
(2) 固定资产采用平均年限法摊销，摊销期为10年，期末无残值；无形资产也采用年限平均法计提折旧考虑到软件领域的更新速度，摊销期5年。
(3) 办公用房租赁等费用为长期待摊费用，于每季度末计提。
(4) 假设会计主体持续经营，采用人民币作为计账本位币。
(5) 我公司属于大学生自主创业，按现行税法规定，前三年免税，三年后征收所得税。
(6) 据2007年3月颁布的《中华人民共和国企业所得税》新规定采用新准则，按新准则纳税标准以25%上交企业所得税。
(7) 公司前三年不分股利，第四年按净利润的25%分配利润。

4.2.2 固定资产投资预算（表7-1）

表7-1 固定资产投资预算　　　　　　　　　　　（单位：万元）

办公设备费	25
电脑	10
空调	4
桌椅	2.5
办公用品	0.5
装潢费用	5
摄像机、照相机、打印机等	2.5
其他日用设备	0.5
车辆购置费	35
服务设备购置费	45
总计	105

注：其中的"服务设备购置费"包含各项电子商务平台服务器的购置、网络接口的安装等；第二、第三年分别添置50万元的固定资产，第四、第五年再各增加100万元的固定资产，主要为了更新信息技术设备。

4.2.3 服务销售预算(表7-2、图7-1)

表 7-2 销售预算   (单位:万元)

项目		第一年	第二年	第三年	第四年	第五年
面向加盟商						
	新增加盟商数	50	100	150	250	500
	加盟商初始注册费	0.8	0.8	0.8	0.8	0.8
	注册费合计	40	80	120	200	400
	增值服务费	19	61	131	232	383.5
	个性化系统方案费用	15	48	102	204.5	169
	专家指导费用	7.5	24	51.5	92	142
	信息托管服务费用	40	140	330	556	1078.5
	总计	121.5	353	734.5	1284.5	2173
面向平台会员						
注册会费	新增注册人数	20	30	40	60	80
	年注册费用	0.2	0.2	0.2	0.2	0.2
交易提成	预计商务平台交易额	508.6	1 968.5	3 095.8	3 876.4	4 926.5
	交易提成比例	5%	5%	5.20%	5.30%	5.50%
广告宣传	预计广告投资(次)	40	48	56	58	60
	平均广告价格(万元/季)	0.3	0.4	0.5	0.5	0.6
增值服务	增值业务收费	18.2	29.1	48.9	86.6	160.2
	总计	59.6	152.7	245.9	333.1	483.2
	合计	181.1	505.7	980.4	1 617.6	2 656.5

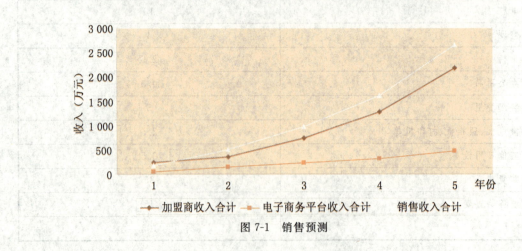

图 7-1 销售预测

4.2.4 服务成本预算(表7-3)

表7-3 服务成本预算　　　　　　　　　　　　（单位：万元）

	第一年	第二年	第三年	第四年	第五年
流量使用费	9.8	29.3	58.5	97.3	150.2
设备安装费	7.5	15	22.5	30	40
合计	17.3	44.3	81	127.3	190.2
电子商务平台维护	10	20	35	50	65
网络工作人员工资及福利	42	76.5	114.4	168.1	208.6
合计	52	96.5	149.4	218.1	273.6
总计	69.3	140.8	229.4	345.4	463.8

"流量使用费"是公司为了向加盟商提供信息服务托管服务,向微软和华为购买数据流量所必需的开支,其增长变动随着分中心的设立和加盟商数量的增长而变化。与此同时,公司为了保证电子商务平台及云服务平台的高效运作,将聘用IT行业有一定工作经验的员工进行日常的操作和定期的维护。

4.2.5 管理费用预算(表7-4)

表7-4 管理费用预算表　　　　　　　　　　　（单位：万元）

项目	第一年	第二年	第三年	第四年	第五年
研发费用	20	30	45	60	85
办公用地租赁费用	8	8	12	18	25
管理人员工资及福利	58.5	85.5	136.4	211.4	265.1
折旧与摊销	40.5	45.5	50.5	60.5	70.5
固定资产折旧	10.5	15.5	20.5	30.5	40.5
无形资产摊销	30	30	30	30	30
总计	127	169	243.9	349.9	445.6

综合考虑现代信息技术较快的更新速度和公司持有的先进专利技术,"研发费用"的第一年的投入只有20万元,但后期将逐渐加大投入力度,力图保持公司在本行业本领域的领先地位。

4.2.6 销售费用预算(表7-5)

表7-5 销售费用预算　　　　　　　　　　　　（单位：万元）

项目	第一年	第二年	第三年	第四年	第五年
市场推广与宣传费用	30	45	63	85	110
公共关系	15	23	28	35	45

续表

项目	第一年	第二年	第三年	第四年	第五年
报纸杂志等	10	15	18	20	25
客服	5	8	10	15	20
广告	10	20	25	35	45
组织参观	5	7	10	15	20
推广人员薪金及福利费	15.6	31.7	64.4	112.6	154.1
总计	45.6	76.7	127.4	197.6	264.1

4.3 财务报表

4.3.1 资产负债表(表 7-6)

表 7-6　资产负债表　　　　　　　　　　（单位:万元）

项目	第一年	第二年	第三年	第四年	第五年
流动资产:					
货币资金	418.7	550.4	845.66	1220.99	1822.71
固定资产:					
固定资产	105	144.5	179	258.5	328.5
减:累计折旧	10.5	15.5	20.5	30.5	40.5
固定资产净值	94.5	129	158.5	228.5	288.5
无形资产:					
无形资产	150	120	90	60	270
减:累计摊销	30	30	30	30	30
无形资产净值	120	90	60	30	240
资产合计	633.2	769.4	1 164.16	1 479.49	2 351.21
负债					
流动负债:					
长期贷款	100	100	100	0	0
流动负债合计	100	100	100	0	0
负债合计	100	100	100	0	0
所有者权益:					
实收资本	600	600	600	600	600
盈余公积	0	13.62	40.91	58.78	120.07
未分配利润	−66.8	55.78	423.97	820.71	1 631.14
所有者权益合计	533.2	669.4	1 064.16	1 479.49	2 351.21
负债和所有者权益合计	633.2	769.4	1 164.16	1 479.49	2 351.21

从资产负债表可以看出,公司的负债率很小,其中所有者权益占了很大的比例,所以一旦资本退出将对我公司的营运产生很大的影响,但是由于公司具有较强的盈利能力,并且投

资回收期是 3 年半左右,因此可以弥补一些这方面的损失。

4.3.2 利润表(表 7-7)

表 7-7 利润表 (单位:万元)

项目	第一年	第二年	第三年	第四年	第五年
收入	181.1	505.7	980.4	1 617.6	2 656.5
减:主营业务成本	69.3	140.8	229.4	345.4	463.8
二、主营业务利润	111.8	364.9	751	1 272.2	2 192.7
加:其他业务利润	0	23	35.4	59	118
减:财务费用	6	6	6	0	0
减:管理费用	127	169	243.9	349.9	445.6
减:销售费用	45.6	76.7	127.4	197.6	264.1
三、营业利润	-66.8	136.2	409.1	783.7	1601
减:所得税	0	0	0	195.93	400.3
净利润	-66.8	136.2	409.1	587.77	1200.7
减:法定盈余公积	0	13.62	40.91	58.78	120.07
减:分配股利	0	0	0	132.25	270.2
五、未分配利润	-66.8	122.58	368.19	396.74	810.43
累计未分配利润	-66.8	55.78	423.97	820.71	1631.14

4.3.3 现金流量表(表 7-8)

表 7-8 现金流量表 (单位:万元)

项目	第一年	第二年	第三年	第四年	第五年
一、经营活动产生的现金流量					
提供服务收到的现金	181.1	505.7	980.4	1 617.6	2 656.5
收到的税费返还					
收到的其他与经营活动有关的现金	0	23	35.4	59	118
现金流入小计	181.1	528.7	1 015.8	1 676.6	2 774.5
购买流量、设备安装支付的现金	17.3	44.3	81	127.3	190.2
经营租赁所支付的现金	8	8	12	18	25
支付给职工的现金	116.1	193.7	315.2	492.1	627.8
支付的所得税	0	0	0	195.93	400.3
支付股利	0	0	0	132.25	270.2
支付其他与经营活动有关的现金	65	155	393	420	500
现金流出小计	206.4	401	801.2	1385.58	2013.5
经营活动产生现金流量净额	-25.3	127.7	214.6	291.02	761
二、投资活动产生的现金流量					

续表

项目	第一年	第二年	第三年	第四年	第五年
购建固定资产所支付的现金	105	50	50	100	100
投资活动产生现金流量净额	−105	−50	−50	−100	−100
三、筹资活动产生现金流量					
吸收权益性投资所受到的现金	250	0	0	0	0
借款所收到的现金	100	0	0	0	0
现金流入小计	350	0	0	0	0
偿还借款所支付的现金	0	0	0	100	0
偿付利息所支付的现金	6	6	6	0	0
现金流出小计	6	6	6	100	0
筹资活动产生现金流量净额	344	−6	−6	−100	0
四、现金及现金等价物净增加额	418.7	131.7	295.2	375.39	601.72

支付其他与经营活动有关的现金:该项目反映企业除上述各项目外、支付的其他与经营活动有关的现金流出,如罚款支出、支付的差旅费、业务招待费现金支出、支付的保险费等。本项目可根据有关科目的记录分析填列。

从现金流量表可以看出,公司的流动资金占了很大的比例,通过各种周转率的计算结果可以看出资金的运作比较安全,可以保证公司能在激烈的市场竞争中保持有力地位。

4.4 经济指标分析

4.4.1 偿债能力分析

1. 流动比率＝流动资产/流动负债

公司为了保持流动资金的充足,在第一年向银行申请100万元的三年期贷款,流动比率超过现在默认的2∶1,说明公司的短期偿债能力较强。

2. 资产负债率＝负债总额/资产总额

公司第一年和第二年末的资产负债率分别为15.79%和12.99%,表明公司的长期偿债能力足以解决可能遇到的突发情况,其稳实的财务基础是长期发展的保证。

4.4.2 盈利能力分析(表7-8,图7-2)

(1)销售利润率＝净利润/销售净利

(2)资产收益率＝净利润/资产

表7-8 盈利能力分析

项目	第一年	第二年	第三年	第四年	第五年
销售利润率	−0.5975	0.373253	0.54474	0.462011	0.54759
资产收益率	−0.1055	0.177021	0.351412	0.397279	0.510673

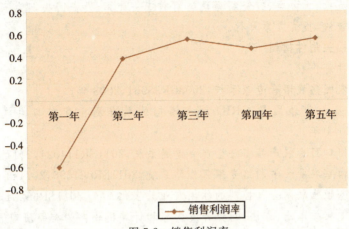

图 7-2 销售利润率

从第二年起,我公司的销售利润率保持在40%左右,呈现稳健的增长势头。而正是因为公司积极开拓市场,并保持技术的创新性和先进性,才可以看出公司从创建就保持一路增长的势头,这无疑是对本公司最好的肯定。

从总体上看,我公司的资产负债率较低,而所有者权益比例较高,公司财务结构较为稳健;而资本收益率也呈积极上升的趋势,充分证明了投资的获利空间巨大,投资者的选择是正确的。

4.4.3 投资分析(表7-9,表7-10)

表7-9 投资分析1

	每年净现金流入量	复利现值系数	折现后的净现金流量	累计的折现净现金流量
第一年	418.7	0.909	380.5983	−283.1
第二年	131.7	0.826	108.7842	−174.3158
第三年	295.2	0.751	221.6952	47.379
第四年	375.39	0.683	256.3914	303.7708
第五年	601.72	0.621	373.6681	677.4389
净现值				677.4389
内含报酬率				37%
投资回收期				2.78年

表7-10 投资分析2

	第一年	第二年	第三年	第四年	第五年
税前净现金流量	418.7	131.7	295.2	571.32	1002.02
税后净现金流量	154.14	136.14	45.14	375.39	601.72
税前内含报酬率					
税后内含报酬率					

注:投资回收期=累计净现值出现正值年数−1+未收回现金/当年现值

通过净现金流量、折现率、投资额等数据用插值法计算,投资回收期为三年半,投资回收期较短且投资见效快,投资方案可行。

第五部分　相关附件材料

团队相关软件著作权。

(1)软件权,农民热线语音专家系统,2008SR38961,2008年。

(2)软件权,基于耕地质量GRID动态模拟的精准测土配方与供施肥数字化平台2011SR140827,2011年。

(3)软件权,出口目标农产品安全生产e追溯系统,2011SR114024,2011年。

(4)软件权,南京农业大学网络专家工作站系统,2011SR061696,2011年。

(5)软件权,基于物联网全程控制的休闲农业数字化系统,2011SR66231,2011年。

以上研究开发相关理论、方法、研究开发内容和计算机软件的相关研究开发成果为项目开发奠定基础,保障本研究开发顺利完成。

分析

(1)这份创业计划书有哪些特色?

(2)这份创业计划书有哪些不足?

(3)你认为这份创业计划书的可行性如何?

翻转课堂教学视频

《小超的商业计划》

内容概要与学习收获

在本片中,一位大学生准备创办一个种植盆栽韭菜的企业。经过一段时间的考察和准备,他对经营这个项目已经有了很大的把握,可就差一部分启动资金。恰好学校举办了一个创业项目投资洽谈会,如果创业项目得到投资机构的认可,就可以提供一笔帮扶资金。这位大学生下决心要争取到这笔钱,好尽快实现自己的创业梦想。经过认真的准备,他来到洽谈会的现场,向投资机构的负责人阐述自己的商业计划。通过对这位大学生在阐述商业计划时的表现,以及对这份商业计划书的内容进行分析和思考,结合专家的讲解和点评,可以帮助同学们了解商业计划书的基本构架和内容,以及在展示商业计划书时应该注意的要点。

第八章　新企业的开办

> **学习目标**
> 　　使学生对企业组织形式、建立流程和新企业成立的相关法律法规有一定的了解和认识，理解新企业管理的特殊性，新企业成长的驱动因素，掌握新企业选址的方法与技巧，掌握新企业成长和管理的技巧及风险化解的方法。

第一节　成立新企业

> **学习内容**
> 　　了解企业的组织形式内容与特点，企业注册流程，编写企业注册相关文件。

1.1　企业组织形式选择

企业组织形式是指企业财产及其社会化大生产的组织状态，它表明一个企业的财产构成、内部分工协作与外部社会经济联系的方式。

创业者对新企业组织形式的确定，是新企业生存和发展的重要法律基础。根据市场经济的要求，现代企业的组织形式按照财产的组织形式和所承担的法律责任划分，国际上通常分类为：独资企业、合伙企业和公司企业（包括有限责任公司和股份有限公司）。这三种组织形式没有好坏之分，对于创业者，掌握不同组织形式的优势和劣势，结合创业项目，确定新创企业的组织形式。

独资企业。即为个人出资经营、归个人所有和控制、由个人承担经营风险和享有全部经营收益的企业。以独资经营方式经营的独资企业有无限的经济责任，破产时借方可以扣留业主的个人财产。

独资企业是企业制度序列中最初始和最古典的形态，也是民营企业主要的企业组织形式。其主要优点为：(1)企业资产所有权、控制权、经营权、收益权高度统一，这有利于保守与企业经营和发展有关的秘密，有利于业主个人创业精神的发扬；(2)企业业主自负盈亏和对企业的债务负无限责任成为了强硬的预算约束，企业经营好坏同业主个人的经济利益乃至身家性命紧密相连，因而，业主会尽心尽力地把企业经营好；(3)企业的外部法律法规等对企业的经营管理、决策、进入与退出、设立与破产的制约较小。缺点:(1)难以筹集大量资金,因为一个人的资金终归有限,以个人名义借贷款难度也较大,因此,独资企业限制了企业的扩展和大规模经营,(2)投资者风险巨大,企业业主对企业负无限责任,在硬化了企业预算约束的同时,也带来了业主承担风险过大的问题,从而限制了业主向风险较大的部门或领域进行投资的活动,这对新兴产业的形成和发展极为不利;(3)企业连续性差,企业所有权和经营权高度统一的产权结构,虽然使企业拥有充分的自主权,但这也意味着企业是自然人的企业,业主的健康状况出现问题及他和其家人的知识和能力的缺乏,都可能导致企业破产,(4)企业内部的基本关系是雇佣劳动关系,劳资双方利益目标的差异,构成企业内部组织效率的潜在危险。

设立个人独资企业的条件,按照《中华人民共和国个人独资企业法》第八条规定,设立个人独资企业需满足以下条件。

(1)投资者为一个自然人。

(2)有合法的企业名称。

(3)有投资人申报的出资。

(4)有固定的生产经营场所和必要的生产经营条件。

(5)有必要的从业人员。

合伙企业。是指自然人、法人和其他组织依照《中华人民共和国合伙企业法》在中国境内设立的,由两个或两个以上的自然人通过订立合伙协议,共同出资经营、共负盈亏、共担风险的企业组织形式。合伙企业一般无法人资格,不缴纳所得税,缴纳个人所得税。类型有普通合伙企业和有限合伙企业,其中普通合伙企业又包含特殊的普通合伙企业,国有独资公司、国有企业、上市公司以及公益性事业单位、社会团体不得成为普通合伙人。合伙企业可以由部分合伙人经营,其他合伙人仅出资并共负盈亏,也可以由所有合伙人共同经营。

和合伙企业的优点和缺点。优点:(1)与个人独资企业相比较,合伙企业可以从众多的合伙人处筹集资本,合伙人共同偿还债务,减少了银行贷款的风险,使企业的筹资能力有所提高;(2)与个人独资企业相比较,合伙企业能够让更多投资者发挥优势互补的作用,比如技术、知识产权、土地和资本的合作,并且投资者更多,事关自己切身利益,大家共同出力谋划,集思广益,提升企业综合竞争力;(3)与一般公司相比较,由于合伙企业中至少有一个负无限责任,使债权人的利益受到更大保护,理论上来讲,在这种无限责任的压力下,更能提升企业信誉;(4)与一般公司相比较,理论上来讲,合伙企业盈利更多,因为合伙企业交的是个税而不是企业所得税,这也是其高风险成本的收益。缺点:(1)由于合伙企业的无限连带责任,对合伙人不是十分了解的人一般不敢入伙,就算以有限责任人的身份入伙,由于有限责任人不能参与事务管理,这就产生有限责任人对无限责任人的担心,怕他不全心全意的干,而无限责任人在分红时,觉得所有经营都是自己在做,有限责任人就凭一点资本投入就坐收盈利,又会感到委屈,因此,合伙企业是很难做大做强的;(2)虽说连带责任在理论上来讲有利于保护债权人,但在现实生活中操作起来往往不然,如果一个合伙人有能力还清整个企业的债务,而其他合伙人连还清自己那份的能力都没有时,按连带责任来讲,这个有能力的合伙人应该还清企业所欠所有债务,但是,他如果这样做了,再去找其他合伙人要回自己垫付的债款就非常麻烦,因此,他不会这样独立承当所有债款的,还有可能连自己的那一份都等大家一起还。

按照《中华人民共和国合伙企业法》第十四条规定,设立合伙企业,应当具备下列条件。
(1)有两个以上合伙人。合伙人为自然人的,应当具有完全民事行为能力。
(2)有书面合伙协议。
(3)有合伙人认缴或者实际缴付的出资。
(4)有合伙企业的名称和生产经营场所。
(5)法律、行政法规规定的其他条件。

公司企业。 是指依照《中华人民共和国公司法》在中国境内设立的有限责任公司和股份有限公司。

有限责任公司是指根据《中华人民共和国公司登记管理条例》规定登记注册,由五十个以下的股东出资设立,每个股东以其所认缴的出资额对公司承担有限责任,公司以其全部资产对其债务承担责任的经济组织。有限责任公司包括国有独资公司以及其他有限责任公司。《中华人民共和国公司法》所称的有限责任公司是指在中国境内设立的,股东以其认缴的出资额为限对公司承担责任。

有限责任公司的优点和缺点。优点:设立程序比较简单,不必发布公告,也不必公布账目,尤其是公司的资产负债表一般不予公开,公司内部机构设置灵活。缺点:由于不能公开发行股票,筹集资金范围和规模一般都比较小,难以适应大规模生产经营活动的需要。因此,有限责任公司这种形式一般适合于中小企业。

按照《中华人民共和国公司法》第二十三条、第二十六条规定。设立有限责任公司应具备以下条件。
(1)股东符合法定人数。
(2)股东出资达到法定资本最低限额。
(3)股东共同制定公司章程。
(4)有公司名称,建立符合有限责任公司要求的组织机构。
(5)有公司住所。

一人有限责任公司是指由一名股东(自然人或法人)持有公司的全部出资的有限责任公司。2014年2月18日国务院印发了注册资本登记制度改革方案,取消有限责任公司最低注册资本3万元、一人有限责任公司最低注册资本10万元、股份有限公司最低注册资本500万元的限制。

股份有限公司。是指公司资本为股份所组成的公司,股东以其认购的股份为限对公司承担责任的企业法人。设立股份有限公司,应当有2人以上200以下为发起人,股东以其所认购股份对公司承担有限责任,公司以其全部资产对公司债务承担责任;每一股有一股应有的表决权,股东以其所认购持有的股份,享受权利,承担义务;公司应当将经注册会计师审查验证过的会计报告公开。

股份有限公司的优点和缺点。优点:(1)可迅速聚集大量资本,可广泛聚集社会闲散资金形成资本,有利于公司的成长;(2)有利于分散投资者的风险;(3)有利于接受社会监督。缺点:(1)设立的程序严格、复杂;(2)公司抗风险能力较差,大多数股东缺乏责任感;(3)大股东持有较多股权,不利于小股东的利益;(4)公司的商业秘密容易暴露。

设立股份有限公司的条件。按照《中华人民共和国公司法》地七十七条、第七十八条、第八十五条规定,设立股份有限公司应具备以下条件。

(1)发起人符合法定人数。
(2)发起人认缴和社会公开募集的股本达到法定资本最低限额。
(3)股份发行、筹办事项符合法律规定。
(4)发起人制订公司章程,并经创立大会通过。
(5)有公司名称,建立符合股份有限公司要求的组织机构。
(6)有固定的生产经营场所和必要的生产经营条件。

1.2 企业注册流程

企业注册是指创业者依据国家法律法规相关规定获得合法经营手续的行为.新企业注册的流程包括名称核准、工商注册、缴纳出资、办理营业执照、办理印章、代码登记、银行开户、税务登记、社会保险登记等。

名称核准。企业注册登记时,必须先进行名称核准,主要看看名称有没有违反国家相关规定,有没有已被其他公司注册,同时审核用名是否做到简明扼要,符合工商注册登记的要求。

名称由四部分组成:行政区划+字号+行业特点+组织形式。例如,北京(北京市)+康达来+商贸+有限公司。北京(北京市)为行政区划;康达来为字号,为减少重名,建议您使用三个以上的汉字作为字号;商贸是行业特点,应与您申请经营范围中的主营行业相对应;有限公司是组织形式。分支机构的名称应冠以主办单位的全称。

企业名称不得含有下列内容的文字。(1)有损于国家、社会公共利益的。(2)可能对公众造成欺骗或者误解的。(3)外国国家(地区)名称、国际组织名称。(4)政党名称、党政军机关名称、群众组织名称、社会团体名称及部队番号。(5)外国文字、汉语拼音字母、阿拉伯数字。(6)其他法律、行政法规规定禁止的。

名称核准过程的注意事项。(1)名称有效期。预先核准的名称有效期为 6 个月,有效期届满,预先核准的名称失效。预先核准的名称在有效期内,不得用于从事经营活动,也不得进行转让。(2)名称延期。预先核准的名称有效期届满前 30 日内,申请人可以持《企业名称预先核准通知书》或《企业名称变更预先核准通知书》向名称登记机关提出名称延期申请。申请名称延期应由全体投资人签署《预先核准名称信息调整申请表》,有效期延长 6 个月,期满后不再延长。(3)名称注销。申请人可以在名称有效期内向名称登记机关申请注销原预先核准名称。申请注销名称时应当提交由全体投资人签署的《预先核准名称信息调整申请表》并同时缴回《企业名称预先核准通知书》或《企业名称变更核准通知书》。名称预先核准后,登记管辖机关因申请人改变拟设企业登记事项而发生变化的,申请人应当向原名称登记机关申请注销预先核准的名称,名称注销程序依照前款规定。

工商注册。工商注册登记是新企业开办的法定程序。创业者应该主动到当地工商行政管理部门办理新企业工商注册登记手续,使新企业的经营活动合法化,并受到法律保护。工商注册一般要经历名称查重、填写登记申请书并提交有关材料、缴纳出资、验资、审查与核准及办法营业执照等程序。

名称查重。按照国家有关规定,企业名称具有唯一性和排他性,一旦经核准登记,在规定范围内享有专用权,受到法律保护,其他企业或个人不得与之混用或假冒。创业者在给企业起名时,尽量事先设计 3—4 个企业名称备用,通过网络平台实现进行搜索查询,做到有备无患。

填写登记申请书并提交有关资料。申请人应按照国家工商行政管理总局制定的申请书格式文本提交申请,并按照其他相关规定提交有关材料。涉及法律、行政法规和国务院发布的决定确定的企业前置许可项目的,申请人应当提交法定形式的许可证或者批准文件。

缴纳出资。创业者登记有限责任公司,股东应该按其足额缴纳公司章程规定的各自认缴的出资额。对公司每一股东(发起人)认缴和实缴的出资额、出资时间、出资方式作为登记事项的不同理解,可能在具体的登记工作中会产生很大差异。目前,最主要的理解有两种。一种是:登记的某一股东(出资人)认缴的出资额和出资时间应当是其各期认缴的出资额和出资时间,实缴的出资额和出资时间则应当是其已完成缴付的各期出资额和出资时间。另一种是:登记的某一股东认缴的出资额和出资时间应当是登记时其认缴的出资总额和缴纳全部认缴出资的最终时间,实缴的出资额和出资时间则应当是其登记时已缴付的出资总额和缴纳全部实缴出资的最终时间。

验资。是指注册会计师依法接受委托,对被审验单位注册资本的实收情况或注册资本及实收资本的变更情况进行审验,并出具验资报告。验资分为设立验资和变更验资。验资是注册会计师的法定业务,《中华人民共和国注册会计师法》明确将验资业务列为注册会计师的法定业务之一。因此,企业(个人独资企业、合伙企业等工商登记机关不要求提交验资报告)在申请开业或变更注册资本前,必须委托注册会计师对其注册资本的实收或变更情况进行审验。

审查与核准。按照《中华任命共和国公司法》第三十条规定,股东的首次出资经依法设立的验资机构验资后,由全体股东指定的代表或者共同委托的代理人向公司登记机关报送公司登记申请书、公司章程、验资证明文件,申请设立登记。

办理营业执照。营业执照是企业或组织合法经营权的凭证。《营业执照》的登记事项为:名称、地址、负责人、资金数额、经济成分、经营范围、经营方式、从业人数、经营期限等。营业执照分正本和副本,两者具有相同的法律效力。正本应当置于公司住所或营业场所的醒目位置,营业执照不得伪造、涂改、出租、出借、转让。

办理印章。新企业领取营业执照后,创业者需要到当地公安局特行科办理新企业印章,并向特行科提供相关文件,包括营业执照、法定代表人身份证明等。公安局审批后到指定的印章刻制单位刻制新企业印章。

代码登记。自核准登记之日起30日内,持有关批准文件或者登记证书,到批准成立或者核准登记的机关所在地的质量技术监督部门申请代码登记,领取代码证。需提交的资料:携带各级工商行政管理部门颁发的营业执照原件,法定代表及经办人身份证原件,复印件。变更、换证单位还需提交税务登记证书原件及复印件。

银行开户。新办企业银行开户程序:(1)银行交验证件。(2)客户如实填写《开立单位银行结算账户申请书》,并加盖公章。(3)开户行应与存款人签订的"人民币单位银行结算账户管理协议",开户行与存款人各执一份。(4)填写"关联企业登记表"。(5)银行送报人行批准核准。核准并核发《开户许可证》后,开户行会将《开户许可证》正本及密码、《开户申请书》客户留存联交与客户签收。

税务登记。企业、包括企业在外地设立分支机构和从事生产、经营的场所,个体工商户和从事生产、经营的事业单位(以下统称从事生产、经营的纳税人),向生产、经营所在地税务机关申报办理税务登记的活动。从事生产、经营的纳税人领取工商营业执照(含临时工商营业执照)的,应当自领取工商营业执照之日起30日内申报办理设立税务登记,税务机关核发税务登记证及副本(纳税人领取临时工商营业执照的,税务机关核发临时税务登记证及副本);纳税人在申报办理税务登记时,应当根据不同情况向税务机关如实提供以下证件和资料。

(1)工商营业执照或其他核准执业证件。
(2)有关合同、章程、协议书。
(3)银行账户证明。
(4)组织机构统一代码证书。
(5)法定代表人或负责人或业主的居民身份证、护照或其他合法证件。

社会保险登记。社会保险登记是指根据《社会保险费征缴暂行条例》第2条、第3条、第29条的规定应当缴纳社会保险费的单位,按照《社会保险登记管理暂行办法》规定的程序进行登记、领取社会保险登记证的行为。社会保险登记是社会保险费征缴的前提和基础,从而也是整个社会保险制度得以建立的基础。县级以上劳动保障行政部门的社会保险经办机构主管社会保险登记。

缴费单位申请办理社会保险登记时,应填报《社会保险登记表》,并出示以下证件和材料。

(1)企业持《企业法人营业执照》(副本)。
(2)事业单位持《事业单位法人证书》(副本)。
(3)社会团体持《社会团体法人登记证》(副本)。
(4)国家机关持单位行政介绍信。
(5)国家质量技术监督部门颁发的组织机构统一代码证书。
(6)其他核准执业的证件。

1.3 企业注册相关文件的编写

新企业工商注册需要向当地所在工商行政管理部门提交相关材料,创业者根据所需选择的企业组织形式和具体要求,填写登记表,编写合伙协议、企业章程、发起人协议等相关文件。

合伙人协议编写。合伙协议是依法由全体合伙人协商一致、以书面形式订立的合伙企业的契约。按照《中华人民共和国合伙企业法》,订立合伙协议、设立合伙企业,应当遵循自愿、平等、公平、诚实信用原则。合伙协议经全体合伙人签名、盖章后生效,合伙人按照合伙协议享有权利,履行义务。修改或者补充合伙协议,应当经全体合伙人一致同意;但是,合伙协议另有约定的除外。合伙协议未约定或者约定不明确的事项,由合伙人协商决定;协商不成的,依照本法和其他有关法律、行政法规的规定处理。

案例导读 8-1

合伙人协议范本

协议范本编辑
第一章 总则
第一条 依照《中华人民共和国合伙企业法》及其他有关法律、法规,经全体合伙人协商一致,达成本协议。

第二条 全体合伙人应自觉遵守本协议,违约者应依照法律、法规和本协议的约定承担违约责任。

第二章 合伙目的和合伙企业的经营范围

第三条 合伙目的:为了成立本合伙企业。

第四条 合伙企业经营范围及方式。

第三章 合伙企业名称和住址

第五条 合伙企业名称。

第六条 合伙企业住址(主要经营场所的地点)。

第四章 合伙人的姓名及住址

第七条 合伙企业合伙人共 人。

姓名　　住址　　身份证号码

第五章 合伙人出资的方式、数额和交付出资的期限

第八条 合伙人出资的方式、数额如下。

合伙人姓名　　出资方式　　数额　　评估作价(元/人民币)　　评估方式

第九条 合伙人应在　年　月　日前交付出资。

第十条 合伙企业存续期间,合伙人依照合伙协议的约定或者经全体合伙人决定,可以增加对合伙企业的出资,用于扩大经营规模或者弥补亏损。

第六章 合伙企业的财产

第十一条 合伙企业存续期间,合伙人的出资和所有以合伙企业名义取得的收益均为合伙企业的财产。

合伙企业的财产由全体合伙人依法共同管理和使用。

第十二条 合伙企业进行清算前,合伙人不得请求分割合伙企业的财产,但《中华人民共和国合伙企业法》另有规定的除外。

第十三条 合伙企业存续期间,合伙人向合伙人以外的人转让其在合伙企业中的全部或部分财产份额时,须经其他合伙人一致同意。

合伙人之间转让在合伙企业中的全部或者部分财产时,应当通知其他合伙人。

第十四条 合伙人依法转让其财产份额的,在同等条件下,其他合伙人有优先受让的权利。

第十五条 经全体合伙人同意,合伙人以外的人依法受让合伙企业财产份额的,经修改合伙协议即成为合伙企业的合伙人,依照修改后的合伙协议享有权利,承担责任。

第十六条 合伙人以其在合伙企业中的财产份额出资,须经其他合伙人一致同意。未经其他合伙人一致同意,合伙人以其在合伙企业中的财产份额出资的,其他行为无效,或者作为退伙处理;由此给其他合伙人造成损失的,依法承担赔偿责任。

第七章 合伙企业事务的执行

第十七条 合伙企业的议事方式为。

第十八条 合伙人对合伙企业有关事项的表决方式如下。

第十九条 经全体合伙人协商确定,由下列合伙人执行合伙企业事务。

执行合伙企业事务的合伙人,对外代表合伙企业。

第二十条 执行合伙事务的合伙人应当每 个月向其他不参加执行事务的合伙人报告一

次,报告内容包括:事务执行情况以及合伙企业的经营状况和财务状况。

第二十一条 不参加执行合伙企业事务的合伙人,有权监督执行事务的合伙人,检查其执行合伙企业事务的情况。

第二十二条 合伙人为了了解合伙企业的经营状况和财务状况,有权查阅帐簿。

第二十三条 合伙人可以对其他合伙人执行的事务提出异议。提出异议时,应暂停该项事务的执行,如果发生争议,可由全体合伙人共同决定。

被委托执行合伙企业事务的合伙人不按照合伙协议或者全体合伙人的决定执行事务的,其他合伙人可以决定撤销该委托。

第二十四条 合伙人执行合伙事务所产生的收益归全体合伙人,所产生的亏损或者民事责任由全体合伙人承担。

第二十五条 合伙企业的下列事务必须经全体合伙人同意。

(一)处分合伙企业的不动产。

(二)改变合伙企业名称。

(三)转让或者处分合伙企业的知识产权和其他财产权利。

(四)向企业登记机关申请办理变更登记手续。

(五)以合伙企业名义为他人提供担保。

(六)聘任合伙人以外的人担任合伙企业的经营管理人员。

(七)依照合伙协议约定的有关事项。

第二十六条 合伙人不得自营或者同他人合作经营与合伙企业相竞争的业务。

非经全体合伙人同意,合伙人不得同本合伙企业进行交易。

合伙人不得从事损害本合伙企业利益的活动。

第八章 利润分配、亏损分担及债权债务

第二十七条 合伙人对合伙企业利润的分配比例如下。

第二十八条 合伙人对合伙企业亏损的承担比例如下。

第二十九条 合伙企业每月结算一次,对前一时期的利润分配或者亏损分担的具体方案由全体合伙人根据第二十七条和第二十八条协商确定并记录在案。

第三十条 合伙企业对其债务,应先以其全部财产进行清偿。合伙企业财产不足清偿到期债务的,各合伙人应当承担无限连带责任。

第三十一条 以合伙企业全部财产清偿合伙企业债务时,其不足部分,由合伙人按照本协议第二十八条约定的比例用其在合伙企业出资以外的自有财产承担清偿责任。

合伙人由于承担连带责任,所清偿数额超过其承担的数额时,有权向其他合伙人追偿。

第三十二条 合伙企业中某一合伙人的债权人,不得以该债权抵消其对合伙企业的债务。

第三十三条 合伙人个人负有债务,其债权人不得代位形使该合伙人在合伙企业中的权利。

第三十四条 合伙人个人财产不足清偿其个人所负债务的,该合伙人只能以其从合伙企业中分取的收益用于清偿;债权人也可以依法请求人民法院强制执行该合伙人在合伙企业中的财产份额用于清偿。

对该合伙人的财产份额,其他合伙人有优先受让的权利。

第九章 入伙及退伙

第三十五条 新合伙人入伙时,应当经全体合伙人同意,并依法订立书面入伙协议。

订立入伙协议时,原合伙人应当向新合伙人告知原合伙企业的经营状况和财务状况。

第三十六条 入伙的新合伙人与原合伙人享有同等的权利,承担同等责任,入伙协议另有约定的,从其约定。

入伙的新合伙人对入伙前合伙企业的债务承担连带责任。

第三十七条 合伙协议约定合伙企业的经营期限的,有下列情形之下时,合伙人可以退伙。

（一）合伙协议约定的退伙事由出现。

（二）经全体合伙人同意退伙。

（三）发生合伙人难于继续参加合伙企业的事由。

（四）其他合伙人严重违反合伙协议约定的义务。

第三十八条 合伙协议未约定合伙企业的经营期限的,合伙人在不给合伙企业事务执行造成不利影响的情况下,可以退伙,但应当提前三十日通知其他合伙人。

第三十九条 合伙人违反第三十七条、第三十八条规定起,即取得该合伙企业的合伙人资格。

合法继承人不愿意成为该合伙企业的合伙人的,合伙企业应退还其依法继承的财产份额。

合伙继承人为未成年人的,经其他合伙人一致同意,可以在其未成年时由监护人代行其权利。

第四十三条 合伙人退伙的,其他合伙人应当与该退伙人按照退伙时的合伙财产状况进行结算,退还退伙人的财产份额。

退伙时有未了结的合伙事务的,待了结后进行结算。

第四十四条 退伙人在合伙企业中财产份额的退还办法由合伙协议约定或者由全体合伙人决定,可以退还货币,也可以退还实物。

第四十五条 退伙人对其退伙前已发生的合伙企业债务,与其他合伙人承担连带责任。

第四十六条 合伙人退伙时,合伙企业财产少于合伙企业债务的,退伙人应当按照本协议第二十四条的约定分担亏损。

第十章 合伙企业解散、清算

第四十七条 合伙企业经营期限　　年。

第四十八条 合伙企业有下列情形之一时,应当解散。

（一）合伙协议约定的经营期限届满,合伙人不愿继续经营。

（二）合伙协议约定的解散事由出现。

（三）全体合伙人决定解散。

（四）合伙人已不具备法定人员。

（五）合伙协议约定的合法目的已经实现或者无法实现。

（六）被依法吊销营业执照。

（七）出现法律、行政法规规定的合伙企业解散的其他原因。

第四十九条 合伙企业解散应当进行清算、清算人由全体合伙人担任;未能由全体合伙人担任清算人的,经全体合伙人过半数同意,可以自合伙企业解散后十五日内指定一名或数名合伙人或者委托第三人,担任清算人。

十五日内未确定清算人的,合伙人或者其他利害关系人可以申请人民法院指定清算人。

第五十条 清算人在清算期间执行下列事务。

(一)清理合伙企业财产,分别编制资产负债表和财产清单。

(二)处理与清算有关的合伙企业未了结的事务。

(三)清缴所欠税款。

(四)清理债权、债务。

(五)处理合伙企业清偿债务后的剩余财产。

(六)代表合伙企业参与民事诉讼。

第五十一条 合伙企业财产在支付清算费用后,按下列顺序清偿。

(一)合伙企业所欠招用的职工工资和劳动保险费用。

(二)合伙企业所欠税款。

第五十二条 本协议未尽事宜,双方可以补充规定,补充协议与本协议有同等效力。

第五十三条 本协议一式三份,合伙人各一份,委托代理人一份。本协议自合伙人签字(或盖章)之日起生效。

合伙人:(签字或盖章)
合伙人:(签字或盖章)
××××年××月××日
本案例由本书编委会成员整理

公司章程编写。是指公司依法制定的、规定公司名称、住所、经营范围、经营管理制度等重大事项的基本文件,也是公司必备的规定公司组织及活动基本规则的书面文件。公司章程是股东共同一致的意思表示,载明了公司组织和活动的基本准则,是公司的宪章。公司章程具有法定性、真实性、自治性和公开性的基本特征。公司章程与《公司法》一样,共同肩负调整公司活动的责任。作为公司组织与行为的基本准则,公司章程对公司的成立及运营具有十分重要的意义,它既是公司成立的基础,也是公司赖以生存的灵魂。

公司章程特性。公司的股东和发起人在制定公司章程时,必须考虑周全,规定得明确详细,不能做各种各样的理解。(1)法定性。法定性主要强调公司章程的法律地位、主要内容及修改程序、效力都由法律强制规定,任何公司都不得违反。公司章程是公司设立的必备条件之一,无论是设立有限责任公司还是设立股份有限公司,都必须由全体股东或发起人订立公司章程,并且必须在公司设立登记时提交公司登记机关进行登记。(2)真实性。真实性主要强调公司章程记载的内容必须是客观存在的、与实际相符的事实。(3)自治性。自治性主要体现在:其一,公司章程作为一种行为规范,不是由国家而是由公司依法自行制订的,是公司股东意思表示一致的结果;其二,公司章程是一种法律以外的行为规范,由公司自己来执行,无需国家强制力来保证实施;其三,公司章程作为公司内部规章,其效力仅及于公司和相关当事人,而不具有普遍的约束力。(4)公开性。公开性主要对股份有限公司而言。公司章程的内容不仅要对投资人公开,还要对包括债权人在内的一般社会公众公开。

案例导读 8-2

《×××广告有限公司章程》

第一章 总则

第一条 公司宗旨：通过设立公司组织形式，由股东共同出资筹集资本金，建立新的经营机制，为振兴经济做贡献。依照《中华人民共和国公司法》和《中华人民共和国公司登记管理条例》的有关规定，制定本公司章程。

第二条 公司名称：重庆×××××广告有限公司。

第三条 公司住所：重庆市永川区萱花路230号。

第四条 公司由2个股东出资设立，股东以认缴出资额为限对公司承担责任；公司以其全部资产对公司的债务承担责任。公司享有股东投资形成的全部法人财产权，并依法享有民事权利，承担民事责任，具有企业法人资格。

股东名称（姓名）证件号（身份证号）

甲＊＊＊＊＊＊＊＊＊＊＊＊＊＊＊＊＊＊＊＊＊＊

乙＊＊＊＊＊＊＊＊＊＊＊＊＊＊＊＊＊＊＊＊＊＊

第五条 经营范围：从事各类广告的制作、发布。（涉及经营许可，凭许可证经营）

第六条 经营期限：20年。公司营业执照签发日期为本公司成立日期。

第二章 注册资本、认缴出资额、实缴资本额

第七条 公司注册资本为20万元人民币，实收资本为20万元人民币。公司注册资本为在公司登记机关依法登记的全体股东认缴的出资额，公司的实收资本为全体股东实际交付并经公司登记机关依法登记的出资额。

第八条 股东名称、认缴出资额、实缴出资额、出资方式、出资时间一览表。

股东名称（姓名）　　认缴情况　　实缴情况

认缴出资额出资方式　　认缴期限实缴出资额　　出资方式出资时间

货币　　实物货币　　实物

甲

乙

第九条 各股东认缴、实缴的个公司注册资本应在申请公司登记前，委托会计师事务所进行验证。

第十条 公司登记注册后，应向股东签发出资证明书。出资证明书应载明公司名称、公司成立日期、公司注册资本、股东的姓名或者名称、缴纳的出资额和出资日期、出资证明书的编号和日期。出资证明书由公司盖章。出资证明书一式两份，股东和公司各执一份。出资证明书遗失，应立即向公司申报注销，经公司法定代表人审核后予以补发。

第十一条 公司应设置股东名册，记载股东的姓名、住所、出资额及出资证明书编号等内容。

第三章 股东的权利、义务和转让出资的条件

第十二条 股东作为出资者按出资比例享有所有者的资产受益、重大决策和选择管理者等权利，并承担相应的义务。

第十三条 股东的权利。

一、出席股东会,并根据出资比例享有表决权。

二、股东有权查阅股东会会议记录和公司财务会计报告。

三、选举和被选举为公司执行董事或监事。

四、股东按出资比例分取红利。公司新增资本时,股东可按出资比例优先认缴出资。

五、公司新增本金或其他股东转让时有优先认购权。

六、公司终止后,依法分取公司剩余财产。

第十四条 股东的义务。

一、按期足额缴纳各自所认缴的出资额。

二、以认缴的出资额为限承担公司债务。

三、公司办理工商登记注册后,不得抽回出资。

四、遵守公司章程规定的各项条款。

第十五条 出资的转让。

一、股东之间可以相互转让其全部出资或者部分出资。

二、股东向股东以外的人转让其出资时,必须经其他股东过半数同意。股东应就其股权转让事项书面通知其他股东征求同意,其他股东自接到书面通知之日起满三十日未答复的,视为同意转让。其他股东半数以上不同意的,不同意转让的股东应当购买该转让的出资,如果不购买该转让的出资,视为同意转让。经股东同意转让的出资,在同等条件下其他股东对该转让的出资有优先购买权。两个以上股东主张行使优先购买权的,协商确定各自的购买比例;协商不成的,按照转让时各自出资比例行使优先购买权。

三、股东依法转让其出资后,公司应将受让人的姓名、住所以及受让的出资额记载于股东名册。

第四章 公司机构及高级管理人员资格和义务

第十六条 为保障公司生产经营活动的顺利、正常开展,公司设立股东会、执行董事和监事,负责全公司生产经营活动的策划和组织领导、协调、监督等工作。

第十七条 本公司设经理、业务部、财务部等具体办理机构,分别负责处理公司在开展生产经营活动中的各项日常具体事务。

第十八条 执行董事、监事、经理应遵守公司章程、《中华人民共和国公司法》和国家其他有关法律的规定。

第十九条 公司研究决定有关职工工资、福利、安全生产以及劳动保护、劳动保险等涉及职工切身利益的问题,应当事先听取公司工会和职工的意见,并邀请工会或者职工代表列席有关会议。

第二十条 公司研究决定生产经营的重大问题、制定重要的规章制度时,应当听取公司工会和职工的意见和建议。

第二十一条 有下列情形之一的人员,不得担任公司执行董事、监事、经理。

一、无民事行为能力或者限制民事行为能力的人。

二、因犯有贪污、贿赂、侵占、挪用财产罪或者破坏社会经济秩序罪;被判处刑罚,执行期未满逾五年,或者因犯罪被剥夺政治权利。执行期满未逾五年者。

三、担任因经营不善破产清算公司(企业)的董事或者厂长、经理,并对该公司(企业)破产负有个人责任的,自该公司(企业)破产清算完结之日起未逾三年者。

四、担任因违法被吊销营业执照的公司(企业)的法定代表人,并负有个人责任的,自该公司(企业)被吊销营业执照之日未逾三年者。

五、个人所负数额较大的债务到期未清者。

公司违反前款规定选举、委派执行董事、监事或者聘用经理的,该选举、委派或者聘任无效。

第二十二条 国家公务员不得兼任公司的执行董事、监事、经理。

第二十三条 执行董事、监事、经理应当遵守公司章程,忠实履行职责,维护公司利益,不得利用在公司的地位和职权为自己谋取私利。执行董事、监事、经理不得利用职权收受贿赂或者其他非法收入,不得侵占公司的财产。

第二十四条 执行董事、经理不得挪用公司资金或者将公司资金借给任何与公司业务无关的单位和个人。

执行董事、经理不得将公司的资金以其个人名义或者以其他个人名义开立帐户存储,亦不得将公司的资金以个人名义向外单位投资。

执行董事、经理不得以公司资产为本公司的股东或者其他个人债务提供担保。

第二十五条 执行董事、经理不得自营或者为他人经营与其所任职公司经营相同或相近的项目,或者从事损害本公司利益的活动。从事上述营业或者活动的,所得收入应当归公司所有。

第五章 股东会

第二十六条 公司设股东会。股东会由公司全体股东组成,股东会为公司最高权力机构。股东会会议,由股东按照出资比例行使表决权。出席股东会的股东必须超过全体股东表决权的半数以上,方能召开股东会。首次股东会由出资最多的股东召集,以后股东会由执行董事召集主持。

第二十七条 股东会行使下列职权。

一、决定公司的经营方针和投资计划。

二、选举和更换执行董事,决定有关执行董事的报酬事项。

三、选举和更换非由职工代表出任的监事,决定有关监事的报酬事项。

四、审议批准执行董事的报告或监事的报告。

五、审议批准公司年度财务预、决算方案以及利润分配、弥补亏损方案。

六、对公司增加或减少注册资本作出决议。

七、对公司的分立、合并、解散、清算或者变更公司形式作出决议。

八、修改公司的章程。

九、聘任或者解聘公司的经理。

十、对发行公司的债券做出决议。

十一、公司章程规定的其他职权。

股东会分定期会议和临时会议。股东会每半年定期召开,由执行董事召集主持。执行董事不能履行或者不履行召集股东会会议职责的,由监事召集和主持;监事不召集和主持的,代表十分之一以上表决权的股东可以自行召集和主持。召开股东会会议,应于会议召开十五日前通知全体股东。

(一)股东会议应对所议事项作出决议。对于修改公司章程、增加或减少注册资本、分立、合并、解散或者变更公司形式等事项做出决议,必须经代表三分之二以上表决权的股东同意通过。

(二)股东会议应对所议事项作成会议记录。出席会议的股东应在会议记录上签名,会议记录应作为公司档案材料长期保存。

第六章 执行董事、经理、监事

第二十八条 本公司不设董事会,只设董事一名。执行董事由股东会代表三分之二以上表决权的股东同意选举产生。

第二十九条 执行董事为本公司法定代表人。

第三十条 执行董事对股东会负责,行使下列职权。

一、负责召集股东会,并向股东会报告工作。

二、执行股东会的决议,制定实施细则。

三、拟定公司的经营计划和投资方案。

四、拟定公司年度财务预、决算,利润分配、弥补亏损方案。

五、拟定公司增加和减少注册资本、分立、变更公司形式、解散、设立分公司等方案。

六、决定公司内部管理机构的设置和公司经理人选及报酬事项。

七、根据经理的提名,聘任或者解聘公司副经理、财务负责人,决定其报酬事项。

八、制定公司的基本管理制度。

第三十一条 执行董事任期为三年,可以连选连任。执行董事在任期届满前,股东会不得无故解除其职务。

第三十二条 公司经理由股东会代表三分之二以上表决权的股东聘任或者解聘。经理对股东会负责,行使下列职权。

一、主持公司的生产经营管理工作,组织实施股东会决议,组织实施公司年度经营计划和投资方案。

二、拟定公司内部管理机构设置的方案。

三、拟定公司的基本管理制度。

四、制定公司的具体规章。

五、向股东会提名聘任或者解聘公司副经理、财务负责人人选。

六、聘任或者解聘除应由执行董事聘任或者解聘以外的管理部门负责人。

七、股东会授予的其他职权。

第三十三条 公司不设监事会,只设监事一名,由股东会代表三分之二以上表决权的股东同意选举产生;监事任期为每届三年,届满可以连选连任;本公司的执行董事、经理、财务负责人不得兼任监事。

监事的职权。

一、检查公司财务。

二、对执行董事、高级管理人员执行公司职务的行为进行监督,对违反法律、行政法规、公司章程或者股东会决议的执行董事、高级管理人员提出罢免的建议。

三、当执行董事和经理的行为损害公司的利益时,要求执行董事和经理予以纠正;在执行董事不履行本法规定的召集和主持股东会会议职责时召集和主持股东会会议。

四、向股东会会议提出提案。

五、依照《中华人民共和国公司法》第一百五十二条的规定,对执行董事、高级管理人员提起诉讼。

六、公司章程规定的其他职权。

第七章 财务、会计

第三十四条 公司依照法律、行政法规和国家财政行政主管部门的规定建立本公司的财务、会计制度。

第三十五条 公司在每一会计年度终了时制作财务会计报表,按国家和有关部门的规定进行审计,报送财政、税务、工商行政管理等部门,并送交各股东审查。

财务、跨季报告包括下列会计报表及附属明细表:一、资产负债表;损益表;三、财务状况变动表;四、财务情况说明书;五、利润分配表。

第三十六条 公司分配每年税后利润时,提取利润的百分之十列入法定公积金,公司法定公积金累计超过公司注册资本百分之五十时可不再提取。

公司的法定公积金不足弥补以前年度亏损的,在依照前款规定提取法定公积金之前,应当先用当年利润弥补亏损。

第三十七条 公司弥补亏损和提取公积金后所余税后利润,按照股东出资比例进行分配。

第三十八条 法定公积金转为资本时,所留存的该项公积金不得少于转赠前公司注册资本的百分之二十五。

公司除法定会计账册外,不得另立会计账册。

会计账册、报表及各种凭证应按财政部有关规定装订成册归档,作为重要的档案资料妥善保管。

第八章 合并、分立和变更注册资本

第三十九条 公司合并、分立或者减少注册资本,由公司的股东会作出决议;按《中华人民共和国公司法》的要求签订协议,清算资产、编制资产负债及财产清单,通知债权人并公告,依法办理有关手续。

第四十条 公司合并、分立、减少注册资本时,应编制资产负债表及财产清单,10日内通知债权人,并于30日内在报纸上公告。债权人自接到通知书之日起30日内,未接到通知书的自公告之日起45日内,有权要求公司清偿债务或者提供相应担保。

第四十一条 公司合并或者分立,登记事项发生变更的,应当依法向公司登记机关办理变更登记;公司解散的,应当依法办理公司注销登记;设立新公司的,应当依法办理公司设立登记。

公司增加或减少注册资本,应依法向公司登记机关办理变更登记。

第九章 破产、解散、终止和清算

第四十二条 公司因《中华人民共和国公司法》第一百八十一条所列(1)(2)(4)(5)项规定而解散的,应当在解散事由出现之日起15日内成立清算组,开始清算。逾期不成立清算组进行清算的,债权人可以申请人民法院指定有关人员组成清算组进行清算。

公司清算组自成立之日起10日内通告债权人,并于60日内在报纸上公告。债权人应当自接到通知书之日起30日内,未接到通知书的自公告之日45日内,向清算组申报债权。

公司财产在分别支付清算费用、职工的工资、社会保险费用和法定补偿金,交纳所欠税款,清偿公司债务后的剩余资产,有限责任公司按照股东的出资比例分配。

公司清算结束后,公司应依法向公司登记机关申请注销公司登记。

第十章 工会

第四十三条 公司按照国家有关法律和《中华人民共和国工会法》设立工会。工会独立自主地开展工作,公司应支持工会的工作。公司劳动用工制度严格按照《劳动法》执行。

第十一章 附则

第四十四条 公司章程的解释权属公司股东会。

第四十五条 公司章程经全体股东签字盖章生效。

第四十六条 经股东会提议公司可以修改章程,修改章程须经股东会代表公司三分之二以上表决权的股东通过后,由公司法定代表人签署并报公司登记机关备案。

第四十七条 公司章程与国家法律、行政法规、国务院规定等有抵触的,以国家法律、行政法规、国务院决定等为准。

全体股东签章:
年 月 日

第二节 企业成立相关问题

> **学习内容**
> 了解企业注册相关法律,企业相关的伦理问题,企业社会责任的内容与新企业社会认同,学会新企业选址的技巧与方法。

2.1 注册企业必须考虑的法律与伦理问题

注册企业必须了解和遵守国家法律法规,与新企业密切相关的法律法规有知识产权法、劳动法、合同法、相关税法、产品质量法等,在企业创办和经营过程中,要重视伦理问题。使企业走上健康发展的道路。

注册企业必须考虑的法律问题如下。

新企业与知识产权法。知识产权法是指因调整知识产权的归属、行使、管理和保护等活动中产生的社会关系的法律规范的总称。知识产权法的综合性和技术性特征十分明显,在知识产权法中,既有私法规范,也有公法规范;既有实体法规范,也有程序法规范。但从法律部门的归属上讲,知识产权法仍属于民法,是民法的特别法。知识产权法仅是一个学科概念,并不是一部具体的制定法。知识产权法律制度主要由著作权法、专利法、商标法、反不正当竞争法等若干法律行政法规或规章、司法解释、相关国际条约等共同构成。

知识产权法对新企业的作用体现在三个层面:其一是使新企业的知识产权受到法律保护,不受他人侵害;其二是知识产权的认定结果是可以进行产权交易的,知识产权可以使新企业直接获得经济收入;其三是拥有知识产权的企业,能够极大提高企业的影响力。

新企业与劳动法。劳动法是指调整劳动关系以及与劳动关系有密切联系的其他社会关系的法律。离不开调整劳动关系这一核心内容。《劳动法》是国家为了保护劳动者的合法权益,调整劳动关系,建立和维护适应社会主义市场经济的劳动制度,促进经济发展和社会进步,根据宪法而制定颁布的法律。从狭义上讲,我国《劳动法》是指 1994 年 7 月 5 日八届人大通过,1995 年 1 月 1 日起施行的《中华人民共和国劳动法》;从广义上讲,《劳动法》是调整劳动关系的法律法规,以及调整与劳动关系密切相随的其他社会关系的法律规范的总称。

其内容主要包括:劳动者的主要权利和义务;劳动就业方针政策及录用职工的规定;劳动合同的订立、变更与解除程序的规定;集体合同的签订与执行办法;工作时间与休息时间制度;劳动报酬制度;劳动卫生和安全技术规程等。

新企业与合同法。合同是当事人或当事双方之间设立、变更、终止民事关系的协议。依法成立的合同,受法律保护。合同作为一种民事法律行为,是当事人协商一致的产物,是两个以上的意思表示相一致的协议。只有当事人所作出的意思表示合法,合同才具有法律约束力。依法成立的合同从成立之日起生效,具有法律约束力。

合同法是国家制定的调整平等主体之间合同关系的法律规范的总和。其立法的目的是为了保护合同当事人的合法权益,维护社会经济秩序,促进社会主义现代化建设。新企业应该建立完善的合同管理机构及制度,创业者要对进行管理和归档,对合同签订与履行进行监督和检查。

新企业与相关税法。税法是国家制定的用以调整国家与纳税人之间在纳税方面的权利及义务关系的法律规范的总称。税法是税收制度的法律表现形式。

新企业与产品质量法。产品质量法是国家为了加强对产品质量的监督管理,提高产品质量水平,明确产品质量责任,保护消费者的合法权益,维护社会经济秩序,而制定的法律。新企业要明确产品质量法中对其所提供的产品和服务的质量要求,在产品和服务提供给消费者时,确保符合质量要求。

2.2 新企业选址策略和技巧

新企业选址是企业在经营之前对经营地址进行论证和决策的过程。创业者要充分认识到选址的重要性,要把握影响选择的因素,掌握选址的技巧。

新企业选址的重要性。在新企业发展过程中,企业地址是企业成败的重要因素,在不同的企业中,地址的作用表现不同,企业地址重要性体现在如下四个方面。

(1)地址是企业制订经营战略及目标的重要依据。经营战略及目标的确定,首先要考虑所在区域的社会环境、地理环境、人口、交通状况及市政规划等因素。依据这些因素明确目标市场,按目标顾客的构成及需求特点,确定经营战略及目标,制定包括广告宣传、服务措施在内的各项促销策略。事实表明,经营方向、产品构成和服务水平基本相同的餐厅,会因为选址的不同,而使经济效益出现明显的差异。不理会餐厅周围的市场环境及竞争状况,任意或仅凭直观经验来选择餐厅地址,是难以经受考验而获得成功的。

(2)地址选择是对市场定位的选择。地址在某种程度上决定了客流量的多少、顾客购买力的大小、顾客的消费结构、餐厅对潜在顾客的吸引程度以及竞争力的强弱等。选址适当,便占有了"地利"的优势,能吸引大量顾客,生意自然就会兴旺。

(3)地址选择是一项长期性投资。不论是租赁的,还是购买的,一旦被确定下来,就需要大量的资金投入。当外部环境发生变化时,餐厅的地址不能像人、财、物等其他经营要素一样可以做相应的调整,它具有长期性、固定性特点。因此,对餐厅地址的选择要做深入的调查和周密的考虑,妥善规划。

(4)地址选择反映了服务理念。地址选择要以便利顾客为首要原则。从节省顾客的购买时间、节省其交通费用的角度出发,最大限度地满足顾客的需要。否则就会失去顾客的信赖和支持,也就失去了存在的基础。

影响新企业选址的因素。 创业者选择新企业的地址,一般从两方面进行考察:首先是选择地区,主要考虑不同区域的政治、经济、文化、技术等总体发展状况;其次是选择具体地址,主要考虑交通、文化、商业环境、人口状况、消费群体、配套资源等因素。

新企业选址技巧。

(1)跟随竞争者。很简单,跟着你的竞争者,在其店址附近的一定区域内选址。肯德基、麦当劳选址考察论证科学细致,周围环境优越。做中式快餐连锁可以跟随其选址。

(2)跟随业态互补者。有些业态在经营、服务内容上是互补的,你就可以把店开在它旁边,为顾客带来完整的"一条龙"服务。比如,在体育场内及旁边,前来运动的人们存在其他需求,你可以提供餐饮、运动服装零售、便利店或咖啡茶饮等。在旅游景点旁边,你可以开设餐饮、照相馆、照片冲洗店、便利店。手机充电服务,纪念品零售店等。

(3)借助合作伙伴选址。如果有很强的交际能力或有一定的人脉关系,可以与和你业务有密切联系的公司结成战略合作伙伴关系,不仅选址成本更小,业务还有保障。如国内某SPA和某知名连锁酒店合作,双方约定该连锁酒店每家都以较低价格出租一定的面积用来开设SPA。如此,不仅方便了酒店的客人,也给SPA带来了极大的便利。

搜寻免费地址源信息。各种媒介都有可能提供关于企业选址的信息,要善于发现并利用这些信息,尤其是那些免费或以极低的成本就可轻松获得的店址信息。有三种获取信息的途径。其一是互联网。你可以在专业搜索网站输入关键词搜索,也可以在专业中介网站、分类信息网站、地区性网站、各种论坛、聊天室里查询或发布信息。热点新闻的评论、自己的网站,博客也是不错的选择。其二是店外张贴。那些意欲出让自己店面的人经常会在店外及附近张贴海报,可以留意所要进入区域的这些张贴。其三是广告。通常城市日报或晚报上会有大量的这种广告,只要留意,一定会发现不少企业地址信息。

2.3 新企业的社会认同

新企业成立后,要守法经营,主动承担社会责任,为社会发展做出贡献,赢得社会认同。

企业社会责任。 是指企业在创造利润、对股东承担法律责任的同时,还要承担对员工、消费者、社区和环境的责任,企业的社会责任要求企业必须超越把利润作为唯一目标的传统理念,强调要在生产过程中对人的价值的关注,强调对环境、消费者、对社会的贡献。

任玉岭建议,应从以下八个方面来确立我国企业的社会责任标准。

明礼诚信。 确保产品货真价实的责任。由于种种原因造成的诚信缺失正在破坏着社会主义市场经济的正常运营,由于企业的不守信,造成假冒商品随时可见,消费者因此而造成的福利损失每年在2 500—2 700亿元,占GDP比重的3%—3.5%。很多企业因商品造假的干扰和打假难度过大,导致企业难以为继,发展岌岌可危。为了维护市场的秩序,保障人民群众的利益,企业必须承担起明礼诚信确保产品货真价实的社会责任。

科学发展。企业的任务是发展和赢利,并担负着增加税收和国家发展的使命。企业必须承担起发展的责任,搞好经济发展,要以发展为中心,以发展为前提,不断扩大企业规模,扩大纳税份额,完成纳税任务,为国家发展做出大贡献。但是这个发展观必须是科学的,任何企业都不能只顾眼前,不顾长远,也不能只顾局部,不顾全局,更不能只顾自身,而不顾友邻。所以无论哪个企业,都要高度重视在"五个统筹"的科学发展观指导下发展。

可持续发展。中国是一个人均资源特别紧缺的国家,企业的发展一定要与节约资源相适应。企业不能顾此失彼,不顾全局。作为企业家,一定要站在全局立场上,坚持可持续发展,高度关注节约资源。并要下决心改变经济增长方式,发展循环经济、调整产业结构。尤其要响应中央号召,实施"走出去"的战略,用好两种资源和两个市场,以保证经济的运行安全。这样,我们的发展才能持续,再翻两番的目标才能实现。

保护环境。随着全球和我国的经济发展,环境日益恶化,特别是大气、水、海洋的污染日益严重。野生动植物的生存面临危机,森林与矿产过度开采,给人类的生存和发展带来了很大威胁,环境问题成了经济发展的瓶颈。为了人类的生存和经济持续发展,企业一定要担当起保护环境维护自然和谐的重任。

文化建设。医疗卫生,公共教育与文化建设,对一个国家的发展极为重要。特别是公共教育,对一个国家的脱除贫困、走向富强就更具有不可低估的作用。医疗卫生工作不仅影响全民族的身体健康,也影响社会劳力资源的供应保障。文化建设则可以通过休闲娱乐,陶冶人的情操,提高人的素质。我们的国家,由于前一个时期对这些方面投入较少,欠债较多、存在问题比较严重。而公共产品和文化事业的发展固然是国家的责任,但在国家对这些方面的扶植困难、财力不足的情况下,企业应当分出一些财力和精力担当起发展医疗卫生、教育和文化建设的责任。

发展慈善事业。虽然我们的经济取得了巨大发展,但是作为一个有13亿人口的大国还存在很多困难。特别是农村的困难就更为繁重,更有一些穷人需要扶贫济困。这些责任固然需要政府去努力,但也需要企业为国分忧,参与社会的扶贫济困。为了社会的发展,也是为企业自身的发展,我们的广大企业,更应该重视扶贫济困,更好承担起扶贫济困的责任。

保护职工健康。人力资源是社会的宝贵财富,也是企业发展的支撑力量。保障企业职工的生命健康和确保职工的工作与收入待遇,这不仅关系到企业的持续健康发展,而且也关系到社会的发展与稳定。为了应对国际上对企业社会责任标准的要求,也为了使中央关于"以人为本"和构建和谐社会的目标落到实处,企业必须承担起保护职工生命、健康和工资待遇的责任。作为企业要坚决作好遵纪守法,爱护企业的员工,搞好劳动保护,不断提高工人工资水平和保证按时发放,企业要多与员工沟通,多为员工着想。

发展科技。当前,就总的情况看,我国企业的经济效益是较差的,资源投入产出率也十分低。为解决效益低下问题,必须要重视科技创新。通过科技创新,降低煤、电、油、运的消耗,进一步提高企业效益。改革开放以来,我国为了尽快改变技术落后状况,实行了拿来主义,使经济发展走了捷径。但时至今日,我们的引进风依然越刮越大,越刮越严重,很多工厂几乎都成了外国生产线的博览会,而对引进技术的消化吸收确没有引起注意。因此,企业要高度重视引进技术的的消化吸收和科技研发,加大资金与人员的投入,努力做到创新以企业为主体。

新企业承担社会责任的对象包括企业员工、股东、消费者、环境、社区和政府等。

新企业对员工的责任。首先，不歧视员工。现代企业的一个显著特征就是员工队伍的多元化。为了调动各方面的积极性，企业要同等对待所有的员工，不搞三六九等。其次，定期或不定期培训员工。决定员工去留的一个关键因素就是员工能否在合适的工作岗位上，做到人尽其才，才尽其用，而且在工作过程中，要根据情况的需要，对他进行培训。这样做既满足了员工自身的需要，也满足了企业的需要，因为通常情况下，经过培训后的员工能胜任更具挑战性的工作。第三，营造一个良好的工作环境。工作环境的好坏直接影响到员工的身心健康和工作效率。企业不仅要为员工营造一个安全、关系融洽、压力适中的工作环境，而且要根据本单位的实际情况为员工配备必要的设施。第四，善待员工的举措。有社会责任感的企业都有各种各样的善待员工的举措，例如，推行民主管理，提高员工的物质待遇，对工作表现好的员工予以奖励等。

新企业对股东的责任。企业首要的责任是维护股东的利益，承担起代理人的角色，保证股东的利益最大化，这是最基本的东西。保证股东的利益实际上是企业或企业家实现承担社会责任的基础，这是一个基本命题。虽然企业追求股东利益最大化并不能保证企业其他利益相关者的利益最大化，但是反过来，企业如果不追求股东利益最大化，其他利益相关者的利益就无法得到保证。也就是说，追求股东利益最大化是实现企业其他利益相关者利益的必要条件。

新企业对消费者的责任。企业是通过为消费者提供产品和服务而获取利润的组织，企业为消费者提供质优、价廉、安全、舒适和耐用的商品，满足消费者的物质和精神需求是企业的天职。企业对消费者的重要责任集中体现对消费者权益的维护，按照消费者权益保护法，消费者有四个方面的权利：安全的权利、知情的权利、自由选择的权利和听证的权利。如果企业在这方面侵犯了消费者的权利，使消费者的利益受到损害，企业的行为就是不道德的。

企业对消费者的最基本责任，向消费者提供安全可靠的产品。消费者购买企业提供的产品是为了满足自己的物质和精神需求，而如果企业向消费者提供了有安全隐患的产品，不仅消费者的消费需求得不到满足，而且在未来还有付出人身伤害和财产损失的巨大代价，这一切企业负完全责任。

企业对消费者的第二个责任，尊重消费者的知情权和自由选择权，使消费者尽可能多地了解企业的产品，在公平交易的前提下自由地选择产品。消费者的知情权和选择权是密切相连的只有全面的知情权才有自由的选择权。任何消费者在购买产品之前有权通过产品的广告、宣传材料和产品说明书对产品的可靠性、性能方面等方面的知识进行全面地了解，以便在琳琅满目的商品中选择到自己称心如意的商品。企业如果在产品的广告、宣传材料和说明书中过分夸大产品的功效，对产品的不足之处极力隐瞒或只字不提；如果产品的说明书、标签与内容严重不符，这种企业以自身的信息资源优势隐瞒产品的不足、夸大产品功效的行为造成了交易过程中严重不公正，侵犯了消费者的知情权和自由选择权，是企业不尊重消费者，对消费者严重不负责的表现。

新企业对环境的责任。生态环境与自然环境是人类赖以生存和发展的家园，是企业成长与发展的基本条件。新企业应该承担起对生态环境的保护和生态文明建设的责任。节约使用各种有限资源，推动绿色发展、低碳发展、循环发展。企业应当加强环保及生态文明建设，减少对大气、水、土壤等污染，实现可持续发展。

新企业对社区的责任。 社区是若干社会群体或社会组织聚集在某一个领域里所形成的一个生活上相互关联的大集体,是社会有机体最基本的内容,是宏观社会的缩影。各社区应该包括一定数量的人口、一定范围的地域、一定规模的设施、一定特征的文化、一定类型的组织。新企业应该积极参与社区活动,为社区提供给就业岗位,保持社区清洁,为社区人民提供更好的生活环境。

新企业对政府的责任。 政府是企业重要的利益相关者,要为企业营造良好的宏观环境。同时新企业也要对政府承担一定的责任。新企业要接受政府部门的监督、管理和指导,企业的经营要遵守法律法规和规章制度,确保提供的信息准确、真实,自觉接受社会舆论监督。

第三节 新企业生存管理

学习内容

理解新企业管理的特殊性,新企业发展的驱动因素,掌握新企业成长与管理的技巧与方法,新企业风险控制的方法。

3.1 新企业管理的特殊性

新企业在成功创立之后,进入了企业发展的初创期,通常要经历一段时间。初创企业的企业没有统一的标准,商业模式不够成熟,内部管理体制处于形成期,企业存在诸多潜在的威胁,做好新企业的管理,要明确新企业的特殊性,主要体现在如下三个方面。

(1)新企业是以生存为第一目标。新企业的经营运作是一个从无到有的过程,企业面临的首要任务是生存的问题,是用销售收入能够补偿企业的运转耗费问题,能生存下来的企业,才有可能盈利。在创业初期,要以生存作为新企业的第一目标,所有的管理都围绕着让企业活下来为标准。

(2)创业型企业战略规划的动态性。创业者往往因为拥有某种优势、资源或机遇而创建企业,在成立之初根据其拥有的技术资源、吸引的人员、资金等资源条件制定战略,企业战略规划涉及的期限通常较短,也相对比较具体。随着企业的发展,内部资源条件发生变化,外界产业环境也发生了变化,企业必须结合内外部条件的变化进行发展战略的调整,以适应发展的需要并有力地把握商业机会,从而表现出企业发展路径与创业初期产生了明显差异。此外,企业后期的发展还与企业家的开拓精神和企业的技术学习能力有很大关系。因此,创业企业的成长过程可以看作是企业不断改变战略追求商业机会的过程。企业在成长过程中的不同阶段战略规划呈现出适应资源条件的动态性的特点。

(3)对现金流的高度渴望。对于初创期的企业而言,对销售收入、现金流的渴望高于一切,在这一阶段,规范化、流程化、科学化,以及各种与管理相关的话题都显得不那么重要;在这一时期,企业最重要的是现金流。因此,初创期企业需要提升人员的行动力,要能够最快速、最直接的执行企业的各项决策,完成销售,并且实现销售回款。对初创期的企业而言,最好的管理者是那些行动力强、敢闯敢冲的管理者,重要的是迅速果断的行动,而非思考是否应该行动以及如何行动。

3.2 新企业成长的驱动因素

新企业生存下来后,伴随着产品和服务逐步被市场和消费者认可,销售收入不断增加,新企业向前发展,新企业向前发展的驱动因素有四个,分别是:创业者、创业团队、市场和企业运行机制。

创业者驱动新企业向前发展。 伴随着新创企业的不断成长,创业者的能力不断提升,创业者对机会的识别、市场的把握、人员的管理、资源的整合能力越来越强,促进了企业的发展。在创业获得初步成绩时,创业者并不满足于现状,创业者需要不断成长,创业者的成长是通过企业的成长与发展实现的,创业者的成长欲望驱动着企业向前发展。

创业团队驱动新企业向前发展。 创业团队是新企业成长的重要影响因素。创业团队的创业精神驱动新企业向前发展,主要表现为创业欲望,创业决心等,在创业团队的作用下,新创企业会形成自己的企业风格。创业团队的专业水平驱动新企业不断向前发展,创业团队有明确的分工,各负其责,相互协作,团队成员的专业水平和业务能力会形成合力,这种合力体现出来创业团队的价值,合作越强,对新企业的成长作用越大。

市场驱动新企业向前发展。 在市场环境中,新企业面临着激烈的市场竞争,从新企业本身视角来说,主要是产品的价格及消费者的满意度。产品价格要在消费者心理预期及购买能力范围之内,这就要求新创业企业在产品开发及运营过程中要尽可能控制成本,要以更加合理价格将产品提供给消费者。这就驱动新企业要不断改进生产技术,优化运营程序,不断向前发展;消费者的满意程度决定了新企业的市场发展速度,新企业要不断提高消费者满意度,这就要去新企业要从各个方面去优化,驱动其向前发展。从企业所处的市场环境来说,新企业面对强大的竞争对手,竞争不断向前发展;产品替代品不断出现,替代品的出现,迫使企业要改良、创新、升级原有产品,驱动企业向前发展。

新企业运行机制驱动新企业向前发展。 企业运行机制体现的是企业内部产品流动方式和资金流动方式。主要包括企业的组织结构、作业流程、工作规范、决策体系、财务管理等。新企业运行机制不断完善,将提高企业的运转效率,促进企业不断向前发展。

3.3 新企业成长管理的技巧和策略

新企业成长与发展是一个动态过程,在成长和发展中,创业者要不断学习,强化思考,要带领企业不断向前发展,在新企业中,有如下管理技巧。

其一,创业者以身作则,团结员工,树立良好个人和企业形象。 首先,创业者要以身作则,遵守公司的各项制度,起到表率作用,员工才能够信服你,不应该想我是经理我可以随便,不遵守纪律;其次,要关心员工,在日常工作中多注意发现员工的问题和需要,并尽力帮助员工解决问题,团结大多数员工是重要的一件事,创业者带领的是一个团队,对待员工上要一切以工作为准,少加入个人的一些因素;最后,树立良好的个人和企业形象,使公司经营良好,提高员工利益分配机制,让每个员工能够真正明白并为此去努力工作。

其二,创业者要创新思维。 创业者必须创造性地思考,从而在工作和决策中培养新的思路和方法。创新思维需要从不同的角度考虑问题,有时需要通过其他利益相关者的角度来考虑问题。此外,创新思维也意味着鼓励整个团队的创造性思维。创业者需要建立一个开放空间,鼓励不同员工在工作时间里参观开放空间,以培养他们的创新思维。

其三,利用优点。利用优点是指利用现有的优点,而不是那些需要重新建立和开发的优点。但现实中,很多管理者总是致力于与之相反的方面,即开发新的优点,而不是发挥现有的优点。如果这样,即使管理方法很有技巧,看上去也很科学,但造成的管理失误却是无法弥补的。在新企业中,各方面资源都相对匮乏,这时候要尽可能利用现有的人力、物力和财力资源创造更大的价值。

其四,充分授权,留住骨干。管理方法不改进,老板事事亲力亲为的公司,一般很难过15人。一个人能力强,可直接管理七八个人,能力一般,则只能直接领导四五个人。各个国家效率最高的部门就是军队,看看军队的组织结构:一个班十一二个人,除班长外还有一个副班长,三个班一个排,三个排一个连,以此类推。团长管一千多人,可能只认识其中百十来人。团长看见某个士兵有问题,绝对不会骂士兵,他只会骂士兵所在营的营长,营长则再骂连长,一级管理一级,最后由班长来处理士兵的问题。所以军队尽管有千军万马,依然能做到令行禁止。在新企业管理发展过程中,要充分授权给管理者,充分授权不意味失去管理的主动权,是要最大限度激发员工的潜能。新企业员工状况可能很不稳定,这时候要善于留住骨干员工,可以采取发展骨干员工入股的方法,将公司股份买一送一,半价销售给骨干员工,五年内退股只退还本金,五年以上退股成倍赎回。每年拿出利润的一定比例分红。这样做到了有钱大家赚,但股东一旦做了对不起公司的事,加倍惩罚,由股金中扣除。

其五,学会说"不"。中国人好面子,"不"字很难说出口,而老板又是公司的最后一道关口,有时不得不拉下脸说"不"。有时公司的不少规定都有特殊情况,但在原则问题上老板一定站稳立场,规定面前人人平等,所谓不患多寡患不公,没有不透风的墙,只要开了先例,以后其他员工就不好管了。当老板该说"不"时就说"不",无论对谁,虽然当时被人骂难受一下总比公司垮掉难受一辈子强,有很多公司就因为老板抹不开面子,盲目给别人担保或随意借款给人结果最后自己公司倒闭了。当老板不对自己的公司负责,别人是不会为你着想的。

其六,做好财务管理。财务制度一定要健全并被严格执行,公司员工不断增加,人员素质参差不齐,如果财务制度上有漏洞,难免有人会加以利用并非法得利,这样不仅公司利益受到损失,而且起了一个坏的带头作用,其他员工会觉得自己不利用公司财务漏洞相对来说就是吃亏,任何小的财务漏洞都应予以弥补。同时,原始凭证亦极为重要,记住半年前每一笔花销的细节很难,而一张规范的原始凭证正好可以弥补这一点。财务制度及规范自有他的道理,有时看起来连老板的自由也限制了,但财务人员是否配齐,财务制度是否健全正是做企业和干个体户的重要区别之一。比如,在管理上可以这样处理,凡业务员交回现金,都由当班出纳现场收好并验明真伪,然后开具现金收据交给业务员,收据上写明金额、交款人、客户名称、日期并由交款人签字确认。业务员将收据的一联交给会计做账,会计每天根据现金收据对公司现金结存进行盘点。规定凡当班出纳收到业务员交回的支票后,必须在业务员工作单上签字确认,而业务员事先也须在工作单上注明所交支票的支票号及金额,如有纠纷,随时备查,这样一环套一环,责任明确。

3.4 新企业的风险控制和化解

新企业在生存与成长过程中,将面临着企业外部环境变化和内容决策不当而导致的各种风险,这些风险处理的是否得当,将直接影响新企业的成功与失败。新企业的风险可以分为新企业创业和新企业成长两个阶段的风险。

<u>新企业创业阶段风险</u>。是指新企业从无到实现收支平衡阶段的风险。企业创立阶段,存在三个方面常见的风险。一是缺乏流动资金,创业者资金不充分,或者将资金过多投入到企业固定资产等方面,出现缺乏流动资金状况,导致项目夭折或者严重影响企业的发展;二是缺乏管理经验,新企业创立阶段,各项经营千头万绪,大家都忙于各种事情,可能会导致疏忽日常管理,企业内部一片混乱,导致给企业的生存带来困难;三是缺乏消费市场。企业创立阶段,消费者对企业提供产品和服务商未达到认可的程度,若创业者判断不准确,可能出现市场远远低于预期,会导致企业成长困难。

企业创立阶段风险控制方法。在创业阶段,创业者要严格控制现金流的使用,千方百计减少各种投入,尽可能降低或者抛弃固定成本投入,要在企业创建过程中完成财务管理制度、销售管理制度、员工薪酬制度等核心制度的制定。要妥善处理好各种事情,尽量做到当日事当日毕,不要拖延。

<u>新企业成长阶段的风险</u>。是指新企业创立到企业产生高额回报期间产生的风险,企业从成长期到成熟期的风险。创业者变成企业正式组织中的领导者。此阶段可能面临的风险与问题是资金需要量大,企业的初创期表现为企业的高投入期且任何不确定的风险因素都会直接或间接地转化为对投资增加的需求,创业期民营企业存在的最大问题是资金不足。新成立的企业将注入大量的资金进行批量生产;工艺技术尚不稳定,产品的工艺性创新过程和创新结果可能需要改进与强化;企业规章制度不健全,企业管理体制高度集权,管理者可能过于自负从而导致决策常常出现差错;对生产经营活动和外部环境缺乏全面的了解,知识和经验均不足,从而会面临相当大的不确定性与创业风险,信息不足导致不确定性,而不确定性导致风险。在这种风险的作用下,企业难以找到适合于自身特点的业务方向,难以准确地进行市场定位,一旦出现大的挫折或失误,便可能导致企业在新生期夭折;企业尚缺乏核心的竞争力,构成企业竞争力的几大要素:人力资源、资本实力、技术实力、品牌、市场网络等,对于新生企业来说都是缺少的,当竞争对手采用价格竞争手段来竞争时,新生企业显然缺乏降价能力,难敌竞争对手;企业人脉尚不广泛,缺乏"社会网络",一方面不能快捷地获取社会资源以求得迅速发展,另一方面必须为建立这种社会网络而进行必要的初期投入,从而增加了创业成本及财务风险;当初创企业资金流出长久地大于流入时,企业就有可能倒闭。

实现了创业到成长的平稳过渡后,企业进入到快速发展时期,在这时会面临着一些问题与风险,主要是:由于市场的扩张与销售规模的扩大,管理者可能头脑发胀,易制定不切实际的规划与目标,企业很容易掉入多元化陷阱,并导致企业规模迅速膨胀;随着企业规模的扩大,创业者在管理上会日感力不从心,如聘请职业化经理人,但往往又难以放权,造成新来的经理人员不能顺利地开展工作。由于企业高速成长,开始引起竞争对手的注意,竞争对手通过设置进入障碍、低价倾销、垄断中间商等方式来限制、阻止成长期企业的进一步发展,从而使竞争风险进一步加剧;随着企业经营规模和人员规模的扩大,管理日益复杂,如果领导者

的有限精力和原有组织的无规则等相互作用,容易导致企业的经营管理混乱。

新企业成长阶段风险控制方法。在企业的创办后的一段时期要求生存期,企业应该把主要精力放在抓建设质量和生产的准备工作上,包括产品的设计、流动资金的筹措、原材料的准备、人员的培训以及管理组织模式的选择等。只有把这些工作抓好,企业才有可能顺利投产。在此阶段,最关键的是企业成长方向的选择,其实质是关于创建企业的重大决策问题,这涉及新建企业所处行业、规模、产权属性等许多基础性的决策,这些决策属于影响企业未来寿命长短的"先天性因素",因而对企业未来成长至关重要。企业家要具有较高的的市场敏感度和创新精神,应把市场信息收集与分析判断、机会的把握和资源的充分利用是企业成长方向管理的重点。要促进企业快速产生与成长,尽快成长到抵抗风险所需的基本规模。企业对成长动力管理的重点主要集中在"创新力"培育方面,例如,开拓市场、开发新产品、获取资金优势等,能够培育出一定的"创新点",从而奠定企业日后成功的基础。

到了高速发展期,扩大规模成为企业成长的主旋律,企业成长管理的重点在于如何通过市场渗透或者市场开拓,扩大市场占有率,从区域上拓展市场覆盖面。企业家应该未雨绸缪,认识到企业高速成长背后的潜伏危机,判断企业现有成长方向对企业可持续发展的支撑力量如何,思考如何延续企业的高速发展阶段。要注意企业各项管理工作的规范性,注重完善各项基础工作,让企业的管理能够与企业的发展相匹配。在继续推进技术产品和市场的创新的同时,针对不同领域设立专门业务单位,将企业运作予以制度化,避免组织过度受制于企业家个人,从而提高企业"控制力",作为企业成长动力协调管理的重点。

本 章 小 结

新企业可以选择的企业组织形式主要有:个人独资企业、合伙企业、公司制企业(包括有限责任公司和股份有限公司)。

企业注册是指创业者依据国家法律法规相关规定获得合法经营手续的行为。新企业注册的流程包括名称核准、工商注册、办理印章、代码登记、银行开户、税务登记、社会保险登记。

新企业工商注册需要向当地所在工商行政管理部门提交相关材料,创业者根据所需选择的企业组织形式和具体要求,填写登记表,编写合伙协议、企业章程、发起人协议等相关文件。

注册企业必须了解和遵守国家法律法规,与新企业密切相关的法律法规有知识产权法、劳动法、合同法、相关税法、产品质量法等。

新企业承担社会责任的对象包括企业员工、股东、消费者、环境、社区和政府等。

推动新企业不断向前发展的驱动力包括:创业者、创业团队、市场和新企业运行机制。

新企业的风险可以分为新企业创业和新企业成长两个阶段的风险。创业者要从风险存在出发,思考并解决创业路上的问题。

案例分析

丁磊的创业故事

学生时代

丁磊出生在一个高级知识分子家庭,他四五岁的时候也很淘气,但不是像别的孩子一样整天在外面调皮捣蛋,而是喜欢待在家里摆弄他的小玩意:一些电子管件、半导体之类的东西——丁磊的父亲是宁波一个科研机构的工程师,后来丁磊迷上无线电,很大程度上是受了父亲的影响。初一的时候,他组装了自己的第一台六管收音机,在当时,那是一种最复杂的收音机,能接受中波、短波和调频广播,这项发明,在当地一时传为佳话,都说丁家出了个"神童",长大以后一定是当科学家的料子。

敢于挑战的创业时代

大学毕业后,丁磊回到家乡,在宁波市电信局工作。电信局旱涝保收,待遇很不错,但丁磊觉得那两年工作非常地辛苦,同时也感到一种难尽其才的苦恼。1995年,他从电信局辞职,遭到家人的强烈反对,但他去意已定,一心想出去闯一闯。

他这样描述自己的行为:"这是我第一次开除自己。人的一生总会面临很多机遇,但机遇是有代价的。有没有勇气迈出第一步,往往是人生的分水岭。"

他选择了广州。后来,有朋友问他为什么去广州,不去北京和上海?他讲了一个笑话:广州人和上海人,其实就是南方人和北方人的比较,如果广州人和上海人的口袋里各有一百块钱,然后去做生意,那上海人会用50块钱作家用,另外50块钱去开公司;而广东人会再向同学借100块钱去开公司。

初到广州,走在陌生的城市,面对如织的行人和车流,丁磊越发感到财富的重要性。最现实的是一日三餐总得花钱吧?也不可能睡在大街上成为盲流吧?那时,丁磊身上带的钱不多,他得省着花,因为他当初执意要打破"铁饭碗",现在根本不容许自己混到走投无路的时候还要靠父母接济。那时,他最大的愿望就是希望能找到一份工作,哪怕钱少一点,但总比漂泊着强。

不知道去多少公司面试过,不知道费过多少口舌,凭着自己的耐心和实力,丁磊终于在广州安定下来。1995年5月,他进入外企Sebyse工作。

最初的日子是艰难的,后来,一位熟知丁磊的女性朋友说,他后来精湛的"厨艺"和"古筝"弹奏,从某种程度说,就是那段日子"苦中作乐"的明证,也可以说是这种乐观和勤劳的性格,成就了今天的这位"首富"。

丁磊喜欢吃上海菜,但那时收入不高,不可能每天都能到馆子里去"潇洒",而且很多广州做的上海菜都不是原汁原味,于是他亲自到市场去买菜,亲自下厨。平时工作很忙,他就利用周末时间,给自己做个"醉鸡"或者清蒸鲫鱼,算是犒劳自己。

在Sebyse广州分公司工作一年后,丁磊又一次萌发离开那里和别人一起创立一家与Internet相关的公司的念头。在当时他可以熟练地使用Internet,而且成为国内最早的一批上网用户。

离开Sybase也是丁磊的一个重要选择,因为当时他要去的是一家原先并不存在、小得可怜的公司。支撑他的唯一信心就是,他相信它将来对国内的Internet会产生影响,他满怀着热情。当时,除了投资方外,公司的技术都是他在做。也许是在1996年他还只有技术背景,缺乏足够的商业经验,最后发现这家公司与他当初的许多想法发生了背离,他只能再次选择离开。

1997年5月,丁磊决定创办网易公司。此后,在中国IT业,丁磊成了足以浓墨重彩的一笔。出名后的丁磊对于金钱的要求,还保持着当初到广州时的艰苦作风。他说年轻人少花点钱,也许就少了一样诱惑,但老人不同,他现在琢磨的是怎么找个放心的人,教会父母花钱——因为他每次汇给家里的钱,父母都给他存着,他们认为孩子在外面挣钱不容易,积攒着的话,还能在他需要的时候派上用场。到现在,老家的电话还是个无绳的,煲水的壶用了七八年还没换成热水器。

网易移居北京后,在公司队伍建设方面有了很大改进。没有很多股东在背后指手画脚,也不存在历史积淀或创业者本身带来的消极因素,公司发展很快。在公司经理层会议上,CEO丁磊经常受到批评,说他这做得不好,那做得不对,他总是能谦虚的接受,"有人批评,工作才能做得更好"。

一举成名的财富时代

2001年初的丁磊最迫切的愿望就是想把网易卖掉,但没人敢买。到了9月,想卖也卖不掉了,网易因涉嫌财务欺诈,停牌长达4个月。

丁磊下定决心将网易的三大业务重点锁定为在线广告、无线互联和在线娱乐。由此可见,网络游戏在丁磊的战略规划中占据着极其重要的地位。自从2001年底推出《大话西游》以来,网易已经从网络游戏领域的"小人物"变成该领域的巨头之一。事实证明,尽管网络游戏市场竞争激烈,网易的投入还是获得了很好的回报。

网易成功了,2002年是中国短信"爆炸"的一年,而在遍布中国的网吧里,年轻人正尖叫着大把花钱。2002年8月后,这家公司变成暴利企业。随后是网易股价连续暴涨,当年逃离网易的老员工现在动辄唉声叹气。

现在看来,停牌事件是网易业务的转折点。2002年1月1日凌晨,美国纳斯达克股票交易市场管理委员会发布消息称,纳斯达克计划于2002年1月2日上午10点恢复网易公司的股票交易。悬空多时的"网易事件"突然峰回路转,网易历经财务风波安然无恙。

经历了如此变故的网易现在对于财务问题更加谨慎。财富的聚集是整个社会关注的焦点。相对来说,互联网与其他的新经济企业有一个共同的背景:他们所创办的企业的运营环境无论是从其内部的管理机制来看,还是外部的市场环境来看,都要比中国多数的传统行业更为规范。更关键的是,这些人的财富来的极端透明、清楚,谁都能看得见,说得明白。当网易在近3个月内从不到10美元一路撑杆跳到36美元的时候,谁都能看得见丁磊那张笑脸,也就是说,财富暴长的过程就发生在每个人的眼皮底下。

丁磊的个人财富在与网易股价一起飙升,丁磊的纸面财富也跃上了50亿人民币的台阶。他的创富速度在中国史无前例,网易刚满6岁,而他自己也还不过32岁。

许多人都还记得,1999年初,当时的网易已经创立两年有余,正在向门户网站迈进,与新浪、搜狐相比还是一个刚刚崭露头角的小网站。那时丁磊奔走于京粤之间,为互联网、为网易摇旗呐喊,俨然一个互联网旗手。那时,《互联网周刊》还收到了一篇题为"我和网易"的投稿,作者丁磊细心的附上了标准照和详细的个人档案,如今,想采访丁磊绝对成了一件不容易的事情。

时过境迁。丁磊已厌倦拿股价去计算财富,"我又不能一股脑儿把股票都卖掉,首富头衔毫无意义"。

一个有趣的故事就是:某电视台的几个记者去网易采访,想找一间靠窗有阳光的办公室架机位,网易的接待人员就推荐了丁磊的办公室。扛着机器的摄像师说,好呀,顺便可以参观一下中国互联网行业最豪华的办公室了。但故事的结局使摄像师大跌眼镜:那只不过是一个小小的三角形空间,和所有员工一样的桌椅,一些唱片,一台普通的桌面音响。如此而已。

一位熟悉丁磊的人说,丁磊不善于理财。更有意思的是,丁磊有时会向一起出去的人借钱,因为他根本没有在身上装钱的概念。自从福布斯和胡润的两张富豪榜都把丁磊评为"中国大陆首富",丁磊恨不得所有人都忘记丁磊的存在。

怀抱理想,不言放弃

一个人想要实现自己的目标,除勤奋外,就是要积极进取和创新。从创业到现在,丁磊每天都在关心新的技术,密切跟踪 Internet 新的发展,每天工作 16 个小时以上,其中有 10 个小时是在网上,他的邮箱有数十个,每天都要收到上百封电子邮件。

他认为,虽然每个人的天赋有差别,但作为一个年轻人首先要有理想和目标。尤其是年轻人,无论工作单位怎么变动,重要的是要怀抱理想,而且决不放弃努力。

丁磊现在没有成为科学家,他成了富有的企业家。但他本人还是在技术方面动脑筋,他所在这方面有一点聪明之处,但如果没有积极进取,没有在技术方面不停地摸索,也不会有熟能生巧的本领和一些创新。

丁磊的大学时期,用传统眼光看,他并不是一个好学生。除了第一个学期他每天按时作息之外,其他三年多时间,第一节课他是从来不去上的,因为他很困惑,难道书本上的知识一定要老师教才会吗?同时,他觉得眼睛还没睁开就去听课效率一定不好。

丁磊说,大学四年,他最大的收获就是学会了思考。而思考这种意识形态的东西,是任何人都无法强灌输进去的。

因为没有听第一堂课,又不得不做作业,所以他会很努力地去看老师上一堂讲的东西,会很努力地去想老师想传达什么样的消息。在这个过程中,他很快掌握了一种重要的技巧,那就是思考的技巧。

后来在接触到 Internet 的时候,他才知道这种技巧对他是多么的重要,因为 Internet 在刚进入中国的时候,没有人知道它是什么样子的,也没有一本书很系统地告诉你 Internet 的整个结构,里面的软件以及其他一些东西。

走这样一条路,丁磊经历了比别人更多的困难。丁磊最苦的日子是 2001 年 9 月 4 日。这一天,网易终因误报 2000 年收入,违反美国证券法而涉嫌财务欺诈,被纳斯达克股市宣布从即时起暂停交易。随后又出现人事震荡。丁磊经历了无数个不眠之夜,他也曾心灰意冷过,但家人的鼓励起了很大的作用。父亲说:人生哪能不遇到挫折,挺一挺也就过去了,大不了从头再来,你还年轻,有点失败的经验未必是坏事。苦难终于没有把他压倒,直到 2003 年 6 月 6 日,网易再创历史新高——每股 34.90 美元。

本案例摘自 80 后励志网,网址:http://www.201980.com/lzgushi/xueshu/1126.html

分析

(1)丁磊经历了怎样的创业历程?
(2)丁磊创业过程中遇到了哪些风险?如何应对解决?
(3)丁磊的创业故事给大学生的启示是什么?

> 翻转课堂教学视频

《创业地点如何选择》

内容概要与学习收获

在本片中,一位大学生想开一间美甲店,于是她和同学一起出去寻找合适的经营场所。房产中介带着她们看了几个不同的店面,这些店面环境不同,位置不同,房租也有较大的差别。通过对这几个店面的实际情况以及美甲店的经营特点进行综合分析、思考和判断,结合专家的讲解和点评,可以帮助同学们了解经营特定创业项目应该如何合理选择经营场所,以及各种典型经营场所的利弊因素,以便在将来选择创业经营场所时做出恰当的选择。

《应该注册哪种企业组织形式》

内容概要与学习收获

在本片中,一位大学生想开一间咖啡厅,在办理经营执照的时候,却了解到可以选择个体工商户、有限责任公司和一人有限责任公司等不同的企业组织形式。对于自己应该选择哪种企业组织形式进行注册,她一时拿不定主意。通过对咖啡厅的项目特点,以及这几种不同的企业组织形式进行分析和思考,结合专家的讲解和点评,可以帮助同学们了解不同企业组织形式的特点和优势,以及特定创业项目在选择企业组织形式时的原则和依据。

第九章 创业销售方法

学习目标

理解单点销售、互联网营销、微信营销的含义,学会使用单点销售、网站营销和微信营销方法。

第一节 单点销售

学习内容

理解单点销售的含义和企业销售中的"虹吸现象",学会单点销售的使用方法。

1.1 单点销售的含义

单点的含义。单点有三层含义。首先是一个城市,是创业者所在的城市,取得局部经验后则是大城市。其次是一个区域,是一个城市中的一个区域。城市可能很大,在城市中选择最适合创业者进行产品销售的区域,以这个区域作为创业销售的切入点进行销售。第三是一个地方,是创业者把创业之初有限的人、财、物都集中在一个地方,如把仓库储备、人员食宿、通讯地址、电话传真、运输工具、包装材料、办公设备、办公地址等,统统集中在一起。

销售规模的含义。单点中销售规模有两层含义。首选是渠道,在一个城市或者一个城市中的一个区域,有多条渠道能够进行创业产品的销售。比如,创业者做服装类产品,服装可以通过商场进行销售,可以通过批发市场进行销售,可以通过专卖店进行销售,可以通过服装店进行销售,可以通过商品市场进行销售等。创业者要掌握创业产品所有销售渠道,最终实现每一条渠道能够进行产品销售。其次是销售终端,比如,在某个城市中有 M 个小商品百货市场,在城市的某个区域中有 N 个小商百货品市场,创业销售从小商品百货市场这条渠道开始进行,首先在 M 个小商品百货市场中,每一个小商品百货市场都发展销售终端,之后再拓展城市中其他小商品百货市场中的终端和其他销售渠道中的终端。

单点销售的办法。单点销售使用的是蚕食的铺货办法。不靠做广告,不通过经销商,靠创业的销售队伍,代表企业直接与销售终端连接。从一条销售渠道开始,一个一个销售终端进行开拓,最后做到在一条销售渠道中所有点都开辟了销售终端,之后再开辟第二条销售渠道,在第二条销售渠道中销售终端的开拓过程中,可以吸收第一条销售渠道开辟的经验。伴随着销售渠道的拓展和销售终端的不断增加,要组成专门的销售小组通过数据分析,对消费群体进行深入分析、研究,提升消费群体对产品的评价。

企业销售中的"虹吸效应"。

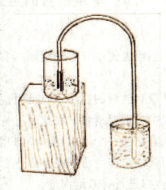

图9-1 虹吸效应

虹吸效应。是让液体经过高于自己液面的位置,把液体引向低处的现象。是能够让液体通过高处阻隔,自由地向低处的一个现象。如图9-1所示,由于两边的气压基本相同,高位管口由于伸入液面的深度远低于低位管口伸入液面的深度,故从管口处来说,低位管口处的压强要大于高位管口处的压强,但液体仍会从高位容器流入低位容器。之所以会产生这种现象,是因为这里的压力仅仅只能传导到液体的上表面。所以低位的杯子里的管子虽然压力较高,但是无法传导到高位杯子里去,所以也无法阻止液体下落。而这种液体通过高空阻隔自由流向低位杯子的现象就是虹吸效应。

可以把高端液面比作企业,低端液面比作消费者,管子比作销售渠道,液体比作产品,企业只要把销售渠道选择出来,把每一条销售渠道中的销售终端开拓出来,同时创造企业的高位或者相对高位,企业的产品就会自由地流动到消费者手中,这就是企业销售中的"虹吸效应"。

单点决定蚕食的铺货办法的可行。单点创造了短距离。企业与销售终端的短距离,使得蚕食的铺货办法运用成为可能。单点创造了低成本,蚕食的铺货办法的特点是需要时间,而时间联系着费用,是单点创造了低成本的条件,让创业者步步为营做好创业销售。蚕食的铺货办法产生销售的规模,是在不同销售渠道上持续的使用蚕食的铺货办法,在一条销售渠道上持续的使用蚕食的铺货办法,大量铺货后,铺货的规模就产生了,铺货规模产生和销售总终端销售的概率共同创造了企业的相对高位,企业销售中的"虹吸效应"自然发生。

1.2 单点销售实施办法

首先创业者准备一张城市地图,准确找出创业者所在的区域的地点。然后思考产品有那些销售渠道,找到这些销售渠道后,在地图上做好标记。用不同的颜色代表不同的销售渠道,相同颜色中用空心圆代表有待开辟的销售终端,用实心圆代表已经开辟的销售终端,这样,在一个城市中及城市的一个区域中有多少销售渠道,每条渠道上有多少销售终端一目了然。

操作流程。(1)开拓先行。先是开通一条销售渠道:一个一个的寻找销售终端,一个一个销售终端去进行洽谈。以签订销售代理协议为目的。一条渠道做透后再开辟第二条渠道。(2)两个同步。开辟与送货同步进行。随着《销售代理协议》的签订,开始给销售终端送货。与此同时,开拓市场持续进行。(3)三个结合:送货、续货、结算结合起来,三件事一个人,一辆车一条路线,完成当日任务。

管理方式。以创业者为中心,以市场开拓人员和送货结算人员为两翼的管理模式。创业者负责整体把控,市场开拓人员负责选择销售渠道,拓展销售终端,以签订产品销售代理协议为目标。创业者依据销售代理协议和电话记录等信息,制定《送货结算任务书》,通过结算人员依《送货结算任务书》制定行走线路图,完成任务。

1.3 单点销售的益处

单点销售解决了创业资源有限的问题。 创业之初,创业者处于资源紧缺状态,单点销售让创业者集中有限的资源,创造了局部的相对优势,进而实现销售单点上的突破。

单点销售解决了创业者在实践中学习销售的问题。 创者在创业之初,对于如何销售产品没有清晰的思路,单点销售从一条销售渠道开始,逐个销售终端拜访,让创业者在销售实践中去学习销售。在这个过程中,创业者能够学会如何进行有效的客户管理,因为客户与创业者在同一个城市,会对客户管理带来很大的方便,提高客户管理效率;创业者能够学会如何管理销售队伍。由于创业者与销售队伍经常在一起,这样就能够最快速度收集信息、反馈信息,进行有效地沟通。

单点销售能够节约销售成本,解决销售回款问题。 单点销售是在一个城市进行,有效地节约了差旅费、开办办事处费及广告费等相关费用,极大地节约了创业企业的开支;产品卖出去后,还要将货款收回来,单点销售创业者与销售终端在同一个城市,为收获销售回款创造了便利条件。

案例导读 9-1

逼出来的销售套路

缘起

1999 年年底,便携太阳帽的第二代产品开发成功。与第一代比较,除了功能的调整之外,最重要的是由于发现了新的开模具技术,使开模具的成本大幅度下降,这样,就为在帽子的构架上使用注塑件,也就是用注塑件代替原来的金属冲压件提供了条件。这样,占单个帽子材料成本 80% 的构架成本下降了 80%。

大好事啊!大跳跃啊!价格大幅度下降与利润小幅度增长同步啊!这是多大的进步!这是这个项目开发进程中最具有基础意义的历史性事件。但是——既不能投入有规模的生产,也不能马上投放市场。

为什么呢?

库存,第一代产品有 32 000 件库存。不把它消化掉,生产第二代产品就没有资金。不把它消化掉,第二代一露面第一代产品就寿终正寝了。能不能卖掉这批货,成了这个项目乃至我的企业生死存亡的关口。

怎么卖掉这 32 000 件存货?

各种各样的销售通路都走过了,各种各样的销售方式都试过了,仍然没有稳定的通路与成熟的模式。最为"辉煌"的是在全国建了 7 个销售办事处,从没有冬天的海南岛到遍地流油的大庆。一年下来,销售总成本大于销售总收入。什么意思呢?也就是卖货收回的钱,还没有为了卖这些货花出去的钱多。那是什么心情:如果我坐在松花江大桥上,把我的货一箱一箱的仍到江里,那我还赚了成本大于销售额的"差价"几万元。

按照过去3年的干法,还要花上3年时间30万费用——显然没任何可能性。就是在这万般无奈的境况下,怀着几分悲情壮志和背水一战的决心,一个大胆而又颇具风险的想法付诸实施。

辉煌

把一切可能调动与支配的优秀资源集中起来握成一个拳头,专打北京一个市场,且由我亲自坐镇。

从1月中旬那个漆黑的傍晚,一辆12米长的载重大货车,以超重的负荷,向着2500公里外的未知世界进发。从那时起到6月初的一个早晨,一家专门经营旅游产品的公司的小卡车,把最后6000件产品"兜"走为止,历时4个半月,32000件产品销售告罄。战果之辉煌简直是出乎意料:

——销售数量,约等于前3年销售量的总和;

——销售成本,相当于前3年总销售成本的1/17;

——销售回款,不算少量大商场待结算货款,是100%;

——销售价格,5种方式平均下来,相当于原批发价的90%。

此外,还签了两份大额定单(都是有30%预付定金的)。一份是一家专门向韩国出口中国产品的贸易公司,另一份是黄山风景区管委会下属的旅游品经营公司,数量都在两万件以上。

最后一批出货的那天下午,我给我的8名跟着我披星戴月,死打硬拼的勇士放了假,我自己则走进了一家洗浴中心,看着小了一圈的脸黑瘦黑瘦,再看看磨穿了底的皮鞋——这已经是第3双,突然百感交集,眼泪不由自主地流了出来,此时的我多想放声大哭一场……

这是一段惊心动魄的历史,是绝路逢生的幸运,是死打硬拼的奇迹,是厚积薄发的辉煌。是在漫漫长夜里苦苦的摸索,终于见到了黎明的曙光,顿觉豁然开朗,激动得浑身颤抖,似乎能感觉到血液像山泉溪水流淌一样。

本案例由本书编委会成员整理

第二节 网站营销

学习内容

理解网站营销的含义与特点,掌握网站营销的方法,掌握网上开店的内容与方法。

2.1 网站营销的含义

网站营销也称为网络营销,是以互联网络为基础,利用数字化的信息和网络媒体的交互性来辅助营销目标实现的一种新型的市场营销方式。从广义上讲,只要是企业利用网络技术开发市场营销工作都可以称为网络营销。传统的有实效的网络营销方式包括如大型网站的固定广告、搜索引擎竞价广告、搜索引擎自然排名、免费信息发布、付费会员营销、论坛营销、博客营销、网上代销、网上零售、邮件群发广告、微博营销、聊天工具营销等。

2.2 网站营销的特点

网站营销具有经济性。通过互联网进行信息交换,代替以前的实物交换,一方面可以减少印刷与邮递成本,可以无店面销售,免交租金,节约水电与人工成本,另一方面可以减少由于迂回多次交换带来的损耗。

案例导读 9-2

小小装修队——依靠网络年赚百万

在江苏有一个装修队,最大的特点就是没有实体店,但是又有别于街边的游击队,依靠QQ空间以及网络论坛宣传,一年的营业额1 000多万元,净利润150多万元。

小海是这个装修队的老板,他有自己的公司,但是没有实体的办公地点,他的队伍是"游击队",小海旗下的客服人员全部在家中办公,一切沟通都通过电话、网络、微信实现,既节省了他的开支,也方便她们工作。而小海与客户的所有订单几乎都是在肯德基里签下的。

在取得同样的业务量的时候,他肯定要比有办公室的同行挣得多,因为房租以及各种日常办公支出,能吃掉差不多30%的净利润。

小海网络推广巧方法有技巧。

首先,他在国内一些著名的装修论坛上装专家,当有客户问问题时,他就打电话咨询真专家,然后解答,慢慢地他在论坛上就成为了一个真正的专家。

其次,写文章曝光业内黑幕,别看是负面文章,但是抓住了顾客的需求点,反响很大,颇受论坛里的网友支持。

第三,引导一些顾客写文章在论坛上发表,其实做装修这行,"金杯、银杯不如顾客的口碑",只要有了顾客的好口碑,生意自然就会找上门来,而小海又不是骗人,只是让顾客将经历自己写完发到网上,当然这里如果有顾客发牢骚,他也会针对问题,在网上进行回应,这样更真实。毕竟孰能无过,让更多潜水的顾客知道小海是真的在做事,而不是骗人。现在随着微信的发展,如果业主对小海装修满意,就在朋友圈里发一下。小海表示,慢慢地这人气就聚起来。

同时,小海表示,这个宣传是一个积累的过程,并不会在短时间内爆发,自己的积累大约用了两年多的时间,如果快速爆发,后果不堪设想,毕竟缺乏很多经验的积累。

案例摘自创业第一步网,网址:http://www.cyone.com.cn/Article/Article_29287.html

网站营销具有个性化。互联网上的促销是一对一的、理性的、消费者主导的、非强迫性的、循序渐进式的,而且是一种低成本与人性化的促销,避免推销员强势推销的干扰,并通过信息提供与交互式交谈,与消费者建立长期良好的关系。

案例导读 9-3

利用网络个性化定制生财有道

"立面图经过设计师反复酝酿,方案简洁大气,规划合理,细节考虑周到,沟通及时,有问必答。设计非常专业,态度非常好,注重细节……事实证明我的选择没有错。"正在装修婚房的 80 后小吴在拿到装修效果图后,在网店中这样评论。

现在越来越多的年轻人在装修新家的时候选择和设计师签约,而不是装修公司,庞大的市场需求为设计师行业提供了宽广的市场空间,不少设计师选择将工作室开在网上,通过线上交流,线下服务的模式进行运作,为客户提供个性化定制服务。

本案例由本书编委会成员整理

网站营销具有成长性。 互联网使用者数量增长之快,已经改变了人们的生产生活、思考的方式,现在互联网已经遍及全球,使用者多属年轻中产阶级、高教育水准的人群,由于这部分群体购买力强而且具有很强市场影响力,他们有强烈的自我表达愿望,因此,充分挖掘并利用这些人的特点,能够有效促进市场销售。

案例导读 9-4

众筹网:互联网金融的一匹黑马

在中国的互联网金融界,有一种当下火爆得不行的模式——众筹模式。可能很多人对"众筹"二字还比较陌生,简单说来,众筹是要给予每一个人一个平台,让他们有机会去展示自己在某一领域的创意,看是否有人对该项目有所需求并提供资助。当资助达到一定数量,项目便可以顺利启动。而资助者可以得到项目生产相关产品或服务。

而对于发展才一年多时间的众筹网,自 2013 年 2 月上线以来,众筹网联合长安保险推出的"爱情保险"项目创出了国内融资额最高众筹记录,筹资额超过 600 万元。截止 2014 年,众筹网已经成功上线了 736 个项目,累计支持人达 71 952 人,累计融资额超过 2 000 万。

众筹网是网信金融集团旗下的众筹模式网站,为项目发起者提供募资、投资、孵化、运营一站式综合众筹服务,目前,是国内众筹市场最具影响力的平台,深受各大媒体关注。在筹资项目开展前,国内众筹网站都会核实发起人的身份,要求对方提供身份证、毕业证书、公司执照等,并调查对方是否有完成项目的能力。项目开始后,所募集的资金一般都先汇入众筹网站开立的账户,再由众筹网站平台将钱分两次或三次打给项目发起人。发起人只有按期完成回报,才能拿到所筹集的全部资金。

本案例摘自创业第一步网,网址:http://www.cyone.com.cn/Article/Article_28357.html

网站营销具有交互式。 商家可以通过互联网展示商品的图像,商品信息资料库提供有关的查询,来实现供需互动与双向沟通。并且可以借助在线聊天工具与商家进行沟通,还可以进行产品测试与消费者满意调查等活动。互联网为产品联合设计、商品信息发布、以及各项技术服务提供最佳工具。

案例导读 9-5

工程师辞职做农民网上卖土货生意火

家住重庆市大渡口新宝龙的雷东是重庆一家高科技公司的网络工程师,在一家IT公司做了6年,月薪过万。因为厌倦了朝九晚五的打工仔生活,在2013年10月份辞职,开始做一个"土农民",不过他这个农民不是去种地,而是在网上卖土货。

老家有产地,互联网又可以帮忙建立销售渠道。这样即可以帮助老家的乡邻,又可以帮助城里的朋友们吃上放心的土货。他的"赛一"网店十分火爆,它的土特产不仅在朋友圈内卖得很好,在主城九区卖得都很好。土鸡蛋、大米、土鸭、土鸡、土鲫鱼、返乡采购、选货、包装、配送……这些都取代了编程的代码,成为雷东每天的工作内容。

本案例摘自创业第一步网,网址:http://www.cyone.com.cn/Article/Article_28243.html

网站营销具有整合性。 互联网上的营销可由商品信息至收款、售后服务一气呵成,因此也是一种全程的营销渠道。另一方面,企业可以通过互联网,将不同营销活动进行统一设计规划和协调实施,以统一的传播咨询向消费者传达信息,避免了不同渠道传播中内容不一致性产生的消极影响。

案例导读 9-6

草根1万元开始的互联网创业故事

发友网创立之初,租了一个虚拟空间,由于流量被限制,网站经常打不开。两家植发机构加起来一年给了1万多元钱赞助,购置了一台服务器。

头发可盈利的点大概有:(1)植发手术;(2)健发养发服务;(3)美发服务;(4)围绕前三者的客户介绍佣金;(5)头发洗护产品销售。对于前三种服务不能在发友网上进行;第四种或许能快速地赚到一些钱,不过能介绍的主要是植发客户,这个市场很小,稍微做一下就能触摸到天花板了;剩下的只有第五个点。

在2012年的时候,启用了苏玫氏这个商标,针对小众市场做了一个健发品牌,做出来第一支单品,是一款洗发水。这个过程中发友网作为支点发挥了很大作用,因为单单做出一款好产品是不够的,需要有人说好,说好的人又要足够权威。在前期我们把产品给很多相关的医护人员和发友网上的活跃发友去用。此时就依托了发友网的公信力,否则一个新品牌没几个人愿意去用的,尤其这些权威人士相当挑剔和谨慎。经过几轮的试用后,产品很快就实现了良性运转。

本案例摘自创业第一步网,网址:http://www.cyone.com.cn/Article/Article_27589.html

网站营销具有技术性。 网络营销是建立在高技术作为支撑的互联网的基础上的,企业实施网络营销必须有一定的技术投入和技术支持,改变传统的组织形态,提升信息管理部门的功能,引进既懂营销又掌握计算机技术的复合型人才,未来才能具备市场的竞争优势。

案例导读 9-7

赶 集 网

2005年3月20号,赶集网正式上线,到4月份全国分类信息网站有200多家,6月份的时候逼近2 000家,搜狐、新浪等门户网站也纷纷加入进来,顶着巨大的竞争压力,当时10万美元折合成人民币约80万元,每个月房租和市场成本是3万元,10名员工,人均月工资2 000元,每个月要支出5万元,这样能坚持16个月,到那时再吸引不来投资游戏就结束了。

那时几乎所有的网站都在做全国业务,赶集网最开始也做全国业务,后来觉得不对,刚回国几个月,广东、深圳等城市都没有去过,怎么去做这些市场?决定只做北京市场,而且只做三个类别——交友、租房和二手货,聚焦于重点城市和重点业务,这样一来,市场宣传就非常有针对性。半年以后,这些做法带来的效果已经很明显:虽然赶集网的总访问量在分类信息网站中并非最大,但其北京地区的用户访问量则稳居第一。赶集网提供的分类信息所面对的服务对象与内容超越了门户网站,当年的六七月份,赶集网已经从同类网站中脱颖而出。

网站营销有其固有的特点,在使用网络营销办法过程中,要善于思考,找到自己的产品或服务与网络的结合点,要善于利用网络营销特点去为产品销售服务,创造更好的效益。

本案例由本书编委会成员整理

2.3 网站营销的方法

事件营销。策划具有新闻价值、社会影响以及名人效应的人物或事件,吸引媒体、社会团体和消费者的兴趣与关注。通过对互联网现象的充分了解和丰富的网络策划经验为企业和产品提高知名度、美誉度,树立健康的品牌形象。以小博大,让网站快速红遍网络。

操作办法。策划一件事情;测试当这件事件发生之后,它本身是否具备新闻价值就决定了它能否以口头形式在一定的人群中进行小范围的传播;进一步判断具备的新闻价值大小;通过适当的网络途径被新闻媒体发现;然后通过其他网络媒体形式来向公众发布。

案例导读 9-8

我为什么辞职卖肉夹馍

2014年4月,借助于一篇"我为什么辞职卖肉夹馍"的网络帖子在朋友圈里面大量转发而走红,由于西安交通大学的身份出来卖肉夹馍,被媒体的大量报道之后,吸引了众多食客慕名而来。在开张100天后,创下了日销售肉夹馍2 000个,一日进账万元。

帖子部分描述:从北京北站出发的京包铁路的第五个道口,故名"五道口",位于北京市海淀区成府路。伴随着最后一班火车的通过,我站在五道口刚刚装修好的西少爷肉夹馍店外,看着夜色下来来往往的人群,我想起自己IT北漂这三年没日没夜的加班,想起每天和100万人挤13号线的毫无存在感,想起五道口成为宇宙中心那天我却为了省钱被迫搬到昌平租房的酸楚……

经过半年的研发,用掉 5 000 斤面粉和 2 000 斤肉料,我们终于研制出西少爷特有的配方和流程,利用电烤箱即可完全还原出肉夹馍的香酥口感!我享受着每一份肉夹馍带给我实实在在的成就感……

希望好事多磨,一切的努力都没有白费。

期待 4 月 8 号开业那天。

为这一天,我们已经等待了 192 天了。

五道口,晚安!

本案例摘自卢松松博客网,网址:http://lusongsong.com/info/post/757.html

视频营销。视频营销将"有趣、有用、有效"的"三有"原则与"快者为王"结合在一起。这正是越来越多网站选择网络视频作为自己营销手段的原因。它具有电视短片的种种特征,例如,感染力强、形式内容多样、肆意创意等,又具有互联网营销的优势,例如,互动性、主动传播性、传播速度快、成本低廉等等。可以说,网络视频营销,是将电视广告与互联网营销两者"宠爱"集于一身。

操作办法。其一是用高人进行高超技艺表演。因为是高人由不得你不信。但表演的动作太高难度了,太神了。例如,小罗连续四次击中门柱称为耐克的广告。其二是炒作。古永锵离开搜狐进军视频领域。建立优酷网,靠张钰视频一举成名。其三是煽情。就是善搞,以情系人,用情动人。传递一种真情,用祝福游戏的方式快速病毒性传播。有这样的 flash,把一些图片捏合在一起,配上有创意的语言设计,用搞笑另类的祝福方式进行传播。其四是搞笑。搞笑的视频广告带给人很多欢乐,带给人欢乐的视频人们就更加愿意去传播。其五是恶搞。这个很典型,已经泛滥了。最经典的例子要属胡戈的"馒头"。《无极》上亿投入获得的效应,胡戈几乎没花钱就获得相同的影响力,足以让世人见证恶搞的实力。

案例导读 9-9

"屌丝"视频让 SKYCC 成行业"高富帅"

简单的制作,粗糙的画面,由"一个视频看哭了 1 万个站长"引出视频"一个 IT 屌丝的自白"爆红站长网络营销圈。可就是这样一则视频,发布短短三天,首发平台优酷观看次数高达 30 万,让 SKYCC 组合营销软件赚足了人气。视频借一个 IT 屌屌丝站长的自白,讲述了 IT 创业者和草根站长生活的艰辛以及对未来的迷茫,让同为 IT 创业者和站长的朋友们深有感触,甚至有的网友被感动流泪。也正是因为这个视频抓住了用户内心最薄弱的地方,所以许多人疯狂转发和关注这个视频。而在视频中一带而过的广告,让关注视频的朋友不会去特意注意,但是会在不经意间记住这款叫 SKYCC 组合营销软件的产品。再加上官方的一些炒作和不明真相的网络用户的加入,SKYCC 的百度指数暴涨,赚足了人气。

本案例由本书编委会成员整理

品牌营销。网站的生存之道,要紧紧围绕网站品牌推广策略,无论何种营销方式,都是对自己品牌的植入传播,而网络时代为品牌的发展提供了更广阔的空间,同时也提供了全新的传播形式,尤其在 WEB2.0 时代,网络已经成为品牌口碑传播的阵地。品牌推广,塑造企业品牌形象,进行品牌营销。一个优秀品牌的建立不但要有较高的知名度,同时还要有较好的美誉度。信息化时代,搜索引擎的使用是四亿网民每天上网必经的过程,要让你的品牌被大家所熟知,首先必须让自己的产品和服务在搜索引擎的展现上出类拔萃。

操作办法。第一步:分析行业环境,寻找差异化概念。从市场上的竞争者开始,弄清竞争者在消费者心中的大概位置,以及竞争者的优势和弱点。你要寻找一个概念,使自己与竞争者区别开来。第二步:卓越的品质支持。必须以质量为根本树立形象。这里所指的质量,是一个综合性品质的概念,给消费者优秀的客户体验。第三步:持续的传播与应用。通过网络传播,将品牌植入消费者心里,并且在营销过程中建立企业形象,企业的方方面面都能够展示出品牌,强化消费者认识。

案例导读 9-10

夫妻回乡创业　网上卖野菜种年入 30 万元

焦先生和小王是大学同学。两个人放弃了优越的工作条件,回乡创业。村里果树等经济作物多,树下的空地如果能利用起来搞种植就好了。2011 年创业之初,焦先生和妻子利用自家的几亩林地以及租赁的 10 亩水浇地与 10 亩山地发展野菜种植。从全国考察学习引进种子种苗试种,两人并不是专业农学出身,但是埋头学习对他们不是难事。

试种的过程艰难又辛苦,亲自授粉、上肥,两位大学毕业生返回农田干活,需要勇气和毅力。忙起来就不顾自己了,一次干活时手背受伤,掌骨骨折,即使如此也未停止劳作。虽然是家中独生子,但家人并没让他养成娇惯的习惯。焦先生对自己要求高,走路快说话快,一刻不闲着,怎么都是一辈子,让自己有梦想,为理想奋斗,过得才有意思。经过发展,他已经成为全国最早一批从事野菜、保健菜种植销售的人,不仅如此,他还继续拓展起林下金蝉养殖。

他们主打品牌的养生野菜也陆续上市,野菜及野菜种子、种苗销往全国各地。他觉得自己最大的成绩是做网络销售,焦先生和妻子大学专业所学密切相关,两人毕业于计算机专业,对 B2B 电子商务、网络营销等互联网应用服务研究深刻,直接奠定了网络销售的基础。焦先生还建立了中国林下经济网、中国野菜网、中国野菜种子网等网站,通过网络推销野菜及野菜种子。建立野菜品牌。2012 年,收入突破 20 万元,2013 年突破 30 万元大关。

本案例摘自希财网,网址:http://www.csai.cn/touzi/557636.html

整合营销。网站营销是一个整体课题,随着中小企业工作效率的提高及人们对网站营销的认识和运用,单一营销模式能带来的效果将会越来越小,而网站整合营销策划对中小企业将会显得越来越重要。它是基于互联网平台,整合互联网资源,全方位的,全方面展示企业信息,树立品牌,宣传产品。

操作办法。首先,以整合为中心。着重以消费者为中心并把企业所有资源综合利用。其次,讲求系统化管理。整体配置企业所有有限资源,调动企业全体力量,参与其中。第三,强调协调与统一。企业营销活动的协调性,企业内部所有流程与外部环境协调一致,共同努力以实现整合营销。第四,注重现代化。现代化的管理手段可为企业实施整合营销提供有效保障。

> **案例导读 9-11**

武汉豆香聚食品有限公司整合营销

产品与质量的整合。不断推陈出新和加强质量控制产品质量和创新是企业的生命线，企业只有不断地提高自己产品的质量和创新自己的产品，才能在市场中立于不败之地。这一点上，武汉豆香聚食品有限公司做得非常成功，为了打开武汉市场，公司针对武汉人只会将黄豆磨成豆浆，再制成白豆腐，并没什么花样的状况，经过学习和多次的试验，推出了六个豆制品新品种。

线上线下渠道结合。公司首先立足的是传统的销售市场即武汉三镇集贸市场，在赢得市场和信誉，豆制品新品种在武汉三镇集贸市场名声鹊起。建立公司网站，通过网络推广促进公司销售。

文化、媒体和口碑整合。第一步是认知，目的是使顾客对新品牌有所认识，对其产品和服务基本了解。第二步是推动顾客尝试购买产品，让顾客能了解该产品与服务的质量和特点。第三步是运用各种营销传播手段并加以整合，促使顾客反复购买自己的产品。并且通过网上评价、转发转载等多种途径分享购买食用经验体会。

本案例由本书编委会成员整理

搜索引擎排名。搜索引擎营销。就是根据用户使用搜索引擎的方式，利用用户检索信息的机会尽可能将营销信息传递给目标用户。简单来说，搜索引擎营销就是基于搜索引擎平台的网络营销，利用人们对搜索引擎的依赖和使用习惯，在人们检索信息的时候尽可能将营销信息传递给目标客户。其有两种方式，其一是搜索引擎自然排名，把网站在搜索引擎中排名尽量靠前是一项很高深的技术工作，需要专门的知识来完成；其二是搜索引擎竞价排名。就是付钱给搜索引擎公司，谁付钱多就能够在搜索结果中占有更好的位置。对于创业者而言，优先选择自然排名，对于竞价排名使用要特别慎重。

搜索引擎自然排名操作流程：制作产品宣传网站，可以自己制作或者请有专业技术的人代为制作，使用专业手段进行网站优化，可以自己学习专业技术，也可以委托别人来操作。

> **案例导读 9-12**

吸塑包装厂的网站营销

张先生任职一家吸塑包装厂的厂长，偶尔也会和同行在一起聚一聚，交流一下，那些做业务起家的私营老板总是劝说他：张厂长，你也要学会抽烟、喝酒，不然怎么和客户应酬啊！过了一年，张厂长网络上的业务已经接不过来了，当时经常把一些不合适的订单介绍给这些老板做时，老板们感到很惊讶，因为他们也在做网络推广，每年也给百度不少钱，为什么效果还没有基本上没有给钱的张厂长好。

因为张厂长开始接触吸塑工艺时，市面上连一本这方面的专业书都没有，在做网站推广的同时，也抱着做学问的态度，一点一点地把吸塑行业的专业术语定义，英汉对照表、常见问题及解决方案等专业性很强的知识搬到了网站上。从网站访问的统计数据来看，对于吸塑专业知识的搜索量比那些搜索"吸塑厂"的量还要大,业务自然也就多起来了,因为从网络上看,张厂长的厂子比其他厂子更专业一些,实际上他的只是一个很小的厂子而已。

本案例由本书编委会成员整理

2.4　如何建立网店

网店是电子商务的一种形式,是一种能够让人们在浏览的同时进行实际购买,并且通过各种在线支付手段进行支付完成交易全过程的网站。网店大多数都是使用淘宝、易趣、拍拍、京东、苏宁购物等大型网络贸易平台完成交易的。其具有方便快捷、交易迅速、不易压货、投入资金少、安全稳定、形式多样、经营便利等特点,越来越成为年轻人购物的选择方式。

网店店主,是在网上开店的店铺主人,他们通过电子商务,让人们在浏览网页后同时实施购买行为,并且通过有效支付手段进行支付,完成交易的全过程。网店不像实体店,需要一个用于经营的店铺,也不需要从一开始就招聘员工看守店铺,没有必须进行工商注册的法律规定,因此网店的经营成本较低,很适宜资金不足和经验不足的人员进入商业经营领域。绝大部分的店主在家里进行网店管理和操作,理论上可以实现 24 小时在线服务,把经营时间最大化,在方便客户的同时也为自己获得了更多的生意机会。

▶▶ 案例导读 9-13

因母爱而走上创业路

2012 年 4 月,怀孕中的贝贝,利用下班时间在微博开始记录自己作为准妈妈的感受,并与朋友和粉丝们互动,由于记录的内容既全面又实用,很快便聚集起人气。2012 年 8 月 31 日,贝贝的孩子顺利出生,之后,李贝贝与粉丝分享的内容就更为丰富,从母婴用品到产后恢复,从孩子一日三餐的配餐到孩子的穿着打扮等,点点滴滴记录着孩子的成长。

衣服等婴儿用品在家里都堆成了小山,她开始在微博发帖,转让这些物品。一位妈妈看上了她家孩子正在穿的衣服,而这套衣服是她在韩国的妹妹寄回来的。在跟这位妈妈解释之后,这位妈妈仍然执意请求她从韩国给她代购一套,并同意支付 100 元的代购费。就这样她走上了代购的道路,在淘宝上开了一个店铺。

每天上午 8 点,贝贝准时打开工作微信,用微信、QQ、微博等回复前天晚上客户的留言,比如询价、货号等问题;然后处理国外厂家通过邮件发给她的货物清单和价目表,从中筛选出适合自己客户的产品,计算出货物的上架价格;之后撰写描述,并配上货物图片;最后将完整的商品信息在淘宝网店、微信朋友圈、QQ 空间、微博,以及一些论坛上面发布。

在 MSN、QQ、微博上的个性签名上附上自己网店的链接,以便客户能够轻松找到;她还通过注册论坛,加入 QQ 群和微信群等方式来寻找目标客户。

在她的精心经营下,网店已小有规模。经营的商品种类包括女包、女鞋、女装、配饰等;网店收入也从之前的月均 4 000 元达到月均 20 000 元。

本案例由本书编委会成员整理

淘宝网店注册流程。 首先要去银行开通网上银行,开通之后按照下面的步骤申请。

第一步:注册淘宝会员。(1)登录淘宝网,点击页面左上角"免费注册";(2)进入注册页面,填写会员名和密码(会员名一旦注册不可以更改);(3)输入一个你常用的电子邮件地址,用于激活你的会员名;(4)将校验码添入右侧的输入框中;(5)仔细阅读淘宝网服务协议,同意条款后点击提交;(6)此时,淘宝将发送一封确认信到刚才你所填写的电子邮箱中;(7)请登录该邮箱,完成你的淘宝会员注册;(8)牢记你的用户名和密码。这个就相当于你实体店的钥匙。

第二步:申请支付宝实名认证。要开店必须要通过淘宝的支付宝实名认证,就是让你的支付宝和店铺和你的身份挂钩,让你的店铺和支付宝有名有分。一是注册支付宝账号。在你注册淘宝会员时淘宝会自动送你一个支付宝账号,注册淘宝成功的页面右下角,系统会提供您一个绑定的支付宝账户,账户名即您注册淘宝时的邮箱地址(你也可以自己绑定一个自己的邮箱作为支付宝账号)。二是申请支付宝实名认证。登陆淘宝,点击上方"我的淘宝",在页面中间"欢迎您×××,小二在此恭候多时了!"下面点击"想卖宝贝先进行支付宝认证,请点击这里",进入认证页面,也可以登录您的支付宝账户,在"我的支付宝"首页,请点击"未认证"的提示,点击后进入认证流程,如果通过了淘宝支付宝实名认证,那么恭喜你,你可以开店了,只需要发布十个宝贝并保持上线状态淘宝就将赠送你一个免费的店铺。

第三步:宝贝(商品)发布及开店。淘宝规定通过支付宝实名认证的会员必须要发布十件商品并保持在线销售的状态就可以免费获取一个店铺。如何上架宝贝呢?登陆淘宝,点击上方"我的淘宝",然后点击上方的"我要卖",然后点击"一口价发布"。

案例导读 9-14

三个 90 后开淘宝店的故事

三个 90 后,一个人脉比较广,做采购和对外工作;一个是广告公司的设计总监,负责设计;一个负责淘宝的运营和推广,他们走上了创业道路,经过一个多月的沟通和密谋,反复讨论,最终切入 3C 数码配件手机壳这个产品。

刚开始时,为了节省成本,每天就是拍照、做资料上产品、设计 logo、装修店铺,学习淘宝规则,不懂的就去论坛学习,看培训课件,每天从早 9 点一直工作到晚 10 点。第一个星期就是在做基础工作,装修店铺、发布商品、学习拍照和装修,摸索着前进。产品上了,店铺装修完成了,可发现根本无人问津。商量后决定每人发展 5 个朋友到店里买东西,不需要也没关系,只要他们拍下,我们就给他们发货,钱退给他们。这个方法很管用,客户买了几十个商品。等有了一定的销量基础后,第二个星期的周三,来个了不认识的客户来购买,完成了第一单,接下来,就有第二个、第三个,越来越多客户来购买。一个月就升到了钻。

本案例由本书编委会成员整理

伴随网络技术的发展,网上批发零售交易节节攀升,选择电子商务为切入点创业是当前青年人创业的主流之一,有越来越多的年轻人开始在网上做生意,在易趣网的上万个网上店铺中,年轻人的"个人店铺"超过半数,也有很多毕业的学生把开网店作为毕业就业的一种选择。

开网店门槛低,容易进入,但切入点不好,不踏踏实实,不持之以恒,也很容易失败,开网店也要经过深思熟虑,细致调研。

2.5 网上开店实操

店铺装修。店铺最关键的展示区是两个,其一是店铺首页,其二是商品展示页面,其他的展示区还有很多,比如,个人空间、信用区、店铺介绍区等。旺铺可以让自己发挥,可以内置网页程序代码,可以参考网店装修之家,专业的店铺设计,就可以充分利用首页空间,达到美化店铺,对产品对店铺背景进行宣传的目的。宝贝分类。针对淘宝产品宝贝分类那一模块的地方进行装修装饰,根据不同的设计和布局以及素材的搭配,达到预想到的效果,从而达到正规店铺页面,让人感觉到更加的美观大方。为了更好吸引消费者,要对宝贝图片做好处理,适当加上店铺背景音乐。宝贝说明页面十分重要。要配备产品图+推荐理由+细节图+尺码标注+促销活动+相关推荐等其他信息。

案例导读 9-15

学生淘宝创业 带动全家创富

小丁同学,一进学校就没闲着。他和同学一起在校园里练摊、到市场给公司当"小蜜蜂"发传单,虽然没赚到多少钱,但每一次经历都给他新鲜的体验。做咨询、发传单、跑市场、谈价格,这些都能发现商机,对他以后开网店很有帮助。

2009年暑假,小丁到学长那里当客服,学习如何和客户交流,了解产品的特性,处理客户投诉。杨甫刚每天有100多个订单,业务量大,对于客户管理、仓库管理、货源开发的要求很高。小丁得到学长面对面手把手的指导之后,更有信心了,他开始独自开网店。

开网店要有自己的"明星产品",要有"镇店之宝"。丁洋波的"忆铭轩"格子铺主要经营有创意的家居生活产品。开店之初,为了提升销量,丁洋波常常关注别人店铺里热销的商品,到市场上找货源,不断更新货物。精心装修自己的店铺,他的店铺总是看起来不一样。三个月内以每月冲一钻的速度快速升级为三钻店主,在义乌工商职业技术学院的淘宝大军中被誉为奇迹。

小丁最引以为豪的是新中国60华诞前夕把握住"手摇小红旗"的商机,在短短一个月时间里销售出15万面,销售额突破5万元,收入逾万元。他销售的"手摇小红旗"也在单项产品人气排行榜中名列全淘宝网首位。在小丁的网店里,有时20%的商品创造了80%的利润。

冬天来临时,他发现取暖贴这种商品特别好卖,天气寒冷,可爱美的女性不喜欢包裹着厚厚的冬装,有了取暖贴就可以"美丽动人但不冻人"。这个产品一上架就卖火了,每天要发出去二三十箱。最火的时候,每天只要登录"旺旺"一两个小时,就能完成100多个订单。小丁填发货单都填到手软,待发的包裹堆得像小山,连上门收货的快递员都目瞪口呆。

妈妈原来是义乌一所学校里的保洁员,去年夏天就辞去工作给儿子打工了,哥哥的专业是电气自动化,原来在义乌一家工厂里做维修工,也辞职帮弟弟开网店,现在主要负责接单、填发货单,处理客户投诉。兄弟俩配合特别默契,收入也比在工厂打工好很多。

本案例摘自睢这网,网址:http://www.795.com.cn/wz/90195.html

橱窗推荐。当买家选择搜索或者点击"我要买"根据类目来搜索时,橱窗推荐宝贝就会出现在页面中,橱窗推荐位是通过搜索的方法让您的宝贝能有更多的浏览量及点击率。橱窗推荐位的数目是据店铺的宝贝数、开店时间、信用度(卖家信用度+买家信用度的一半)及交易额度而定的。合理利用橱窗推荐位,将大大提高点击率。

案例导读 9-16

小朱同学的"石头小铺"

"石头小铺"于 2008 年 11 月 3 日开张,主销产品是创意家居和太阳能车饰。开店前,小朱同学做了个小调查,发现身边开淘宝网店的同学中,做得最多的、业绩最好的大多是卖化妆品的。但经过一番思考,朱科杰却选择了相对冷门的主销产品。老百姓生活品质在不断提升,家居、车饰这些小物件,也会慢慢热起来。

开网店,客户的好评很重要。一些商家走捷径,出钱找人进行多次虚拟交易,自己给自己打"最佳"评分。对于这种用假交易换真好评的做法小朱同学并不认同他觉得造假刷好评的网店,客户少,服务不佳,难有生命力。'跑'出来的好评,才真正过硬。

为了帮客户买一件有特色的产品,朱科杰经常利用课余时间到国际商贸城去淘宝。凭着这始终如一、真诚服务的"劲儿",如今他的"石头小铺"已展销汽车内饰工艺、时尚竹炭精品、创意毛绒布艺、家居收纳用品、个性装饰工坊等类别的 1 500 余种商品,销售量月月增加。

创业初期,找到好的货源很不容易,而找到有特色和个性化的货源则更难。国际商贸城里的商户刚开始根本看不上小朱同学。多跑几趟。渐渐地,不少商户和他混熟了,小批量拿货,也照样给他最低价。

小朱在总结自己发展主要有原因有三。其一是深入理解经营的产品;其二是积极储备要供应的货物;其三是掌握尽可能多的淘宝开店技巧,如橱窗推荐、店面装修、网上交流等。

本案例摘自金华新闻网,网址:http://www.jhnews.com.cn/zzxb/2010-05/06/content_1026131.htm

巧用商品上架时间。在搜索商品时,商品默认是按照商品下架的剩余时间排序的,越接近下架的商品,就越排名靠前。根据剩余时间决定排名先后,商品在即将下架的一个到数个小时内获得最有利的宣传位置。

不同的时间淘宝上人流量也不一样,上网人流量最大的时间段是 11:00~17:00 和 19:00~23:00。如果商品在下架时刚好遇上上网高峰期,那么即将下架的商品获得很靠前的排名,为店铺带来的流量会暴增。

掌握了这个上网"黄金时段"规律后,就可以按照此规律发布商品。发布商品的有效期是 7 天或者 14 天,一般选择 7 天。

案例导读 9-17

女生创业开淘宝店

三年级女生陈同学拥有两间淘宝网店,分别经营时尚饰品和服装。一年时间内,两家店铺分别有了四钻和两钻的业绩,这样的成绩在开网店创业的女生中算得上佼佼者。

高中阶段,陈同学是住校生,学习比较忙,没什么时间逛街。那时候网购还是新鲜事,她听同学说可以在网上买衣服,感到很新奇,周末回家时就上网搜索了一番。"当时家里管得严,每次只能上半个小时网,这点时间都被我用来网购,向掌柜问东问西。"虽然她只买过两次衣服,但是却无意间点击了网店开铺流程,注册了时尚超市这家网店。

她身边有不少同学开始经营网店,陈同学才想起自己早已注册的这家网店。当时开网店的同学中做得最多的是经营化妆品和家居用品,她决定从自己感兴趣的服饰、饰品做起。起初,出售的大多数是韩剧款式的饰品,但是由于网上类似的产品太多,她的店规模小,价格也没有优势,生意并不好。有心的她开始在网络上搜索,找出各种最流行的饰品图片以及模特图片,再按照样子去国际商贸城淘宝到网店卖。紧跟潮流,甚至比流行还快半拍,她的网店渐渐火了起来。

另外,她无意间发现人们上网时间的规律,想到服装一般又是要看过后才心动的,她巧用时间差上架货品,效果明显,浏览量增加了不少。在她的时尚超市里,卖得最火的是亚克力质地的手镯,曾经创造一个月近300件的销量。后来,她开始卖自己DIY的手链和项链。为此,她还添置了专门的设备,几把钳子,把买回来的各种规格的金属链,装饰上皮绳,改造成欧美流行的手链和项链,也在网上接受预订,很受欢迎。

本案例摘自金华新闻网,网址:http://www.jhnews.com.cn/zzxb/2009-03/12/content_478853.htm

巧用阿里妈妈。主要是基于阿里巴巴网站技术模式,定位于系统运行的持续稳定性和安全性方面,阿里妈妈作为信息、广告中介服务平台,它的系统运行要求是严格的,通信系统采用互联网和通讯网,在服务器的构建上要保证交易信息在通信网络上的安全传递。可以帮助淘宝卖家在整个互联网上推广。而且阿里妈妈是按照效果来收费的。淘宝卖家选择需要推广的商品放到阿里妈妈的网站上,淘选择自己想要推广的商品,通过各种途径帮助卖家推广,交易完成后,按照一定比例佣金给帮助推广的淘客。

案例导读 9-18

小蒋的开店体会

小蒋2009年毕业后,进入了武汉当地的一家电子商务公司,淘宝在当时算得上是比较新兴的行业。在接触了一段时间后发现这个行业对他充满了太多的吸引力,经过一通宵的商议,最后决定还是开一家以女装为主的店铺,毕竟淘宝大部分都是卖女装,应该有市场的。

申请店铺,取名为"时光宅",在制定好了店铺的风格后,紧接着的一周就着手于货源。考虑到自己所在城市周边有许多外贸工厂,利用一下这个资源,做外贸单。这些工厂大多都是做日本外贸单的工厂,价格给的很合理,拿货又方便,非常符合新店的运作。解决了货源问题后,紧接着要装修店铺。店铺的装修质量可能会在短时间内就让买家决定要不要下单,至关重要。

第一次卖的是一件日系的短裙,买家上门后,她非常激动,原价150的商品,到最后110元成交。买家收到货后,一直说衣服质量很好,老板服务态度很好,她高兴了几天,也有了坚持开店的信心。起初由于没有学习过关于平面设计和拍摄得相关知识,这个做起来确实比较费时费力。

新店的劣势有很多:没有人气积累,没有固定的客户群体,没有相对成熟的运营经验,也没有过多的资金去做直通车,去做各种的收费广告。商品标注的价格不高,利润也比较低,再加上商品的数量不多,店铺的信誉度过低,整体的实力真的不太适合去开直通车,勉强花钱去做推广也很可能白白浪费钱。

她建立自己的博客,发一些原创的帖子,与买家进行互动,也增强买家的信任感。注册使用阿里妈妈,重点培养"人气商品",增加网店的人气。

本案例由本书编委会成员整理

降低进货成本。一般来说,从厂家直接进货,成本比较低;从批发市场进货,货品较多,可以货比三家,在阿里巴巴网站上进货比较便捷,不出门就可以进货。理想的供货商应该有如下条件:其一是商品质量优质可靠;其二是商品畅销,在市场上有竞争力;其三是商品批发价格合理,销量大有利润返点;其四是能够及时提供最新商品信息;其五是能够第一时间发货;其六是良好的退换货办法。在与厂家和批发商打交道时需要多注意,防止上当受骗。

案例导读 9-19

学生创业"带头大哥"

一年级开学没多久,杨同学开始在校内捡矿泉水瓶、易拉罐卖钱。但刚开始干不久,他就遭到学校门卫的强烈不满:"大学生捡垃圾,还读什么大学?"被说成是"捡垃圾的"让杨甫刚大受打击,之后,他又找了一条稍"高端"的路线,到学生宿舍推销义乌名牌——梦娜袜子。他天真地以为只要自己勤奋,就能把梦娜袜子从学校一步步销往全国。在遭到了很多同学的白眼甚至闭门羹之后,杨甫刚懵懵懂懂地明白,做生意不能蛮干,上门推销并不是一条好路子。

2007年4月,在朋友的推荐下,杨甫刚开始转战淘宝,而他所拥有的创业成本只是1辆自行车与500块生活费。在淘宝网申请了账号后,他拿出了身上仅有的500元钱,又向同学借了1 000元钱,凭着这1 500元钱,来到商贸城进货。开始经营自己的网上店铺。

杨同学先是找到了同学的妈妈,在她那里进了五六百元的健身球、瑜伽垫。还有一个供货商是在网上认识的,是义乌人,比他大一岁,他告诉那个供货商人自己是学生,没有钱。那个供货商倒也直爽,告诉他说去拿货即可。

回到寝室,他将所进的货定好了价格,发到网上。开张的第二天晚上,杨甫刚发现已有一名上海客户下了订单。客户选购一件产品,如果发货,除掉运费,他只能赚0.5元。但杨甫刚没有放弃,为赚这0.5元,他舍不得坐公交车,而是步行送货,因为坐公交车要花去1.5元,那这趟生意就亏本了。为赚这0.5元,口渴时他连纯净水也舍不得买。也许太渴望成功,所以他能做别人不愿做的事。客户无论大小,但服务和信誉不能打折。在实现了零的突破后,杨同学更加注重把握营销方向、价格定位、产品质量。经过一番调查,他发现网络销售排行第一的是化妆品,于是,他决定再次转方向卖化妆品。在做这个决定的时候,杨甫刚其实对化妆品一窍不通,但他天天泡相关的论坛、在网上寻找资料,硬是把自己"泡"成了化妆品专家。从事化妆品销售之后,他的业务量稳步上升,最终稳定在每天100多笔订单、每月20多万元的销售额。

客户就是我的上帝,他们不管要买多少东西、最后决定买不买,只要找到了杨同学,都会和他们好好聊聊,向他们介绍自己的产品。有的时候还会在发货的时候放点小礼品送给买家,这样买家会对商家很有好感,还会带来不少新顾客。依托义乌的化妆品产业集群,杨同学能以很便宜的价格进货,在淘宝上生意节节攀升。就这样,他走上了学生致富的道路。

本案例摘自幼儿学习网,网址:http://www.jy135.com/gushi/149844.html

明确定位。在开淘宝店时,对自己的店铺需要有一个明确的定位。发现商品的内在价值。包括五个方面:一是价格,可以以价格来出击进行定位,靠价格来打动消费者,遵守薄利多销原则;二是专业,以优质专业的服务来出击进行定位,通过自己的专业和耐心来留住顾客;三是特色,以商品的特色来出击进行定位,激起顾客的购买兴趣;四是附加值,通过提供商品以外的服务来打动顾客,可以通过提供更好的服务强调品牌价值或附加商品来实现;五是情感,以情感为出击点进行定位,挖掘顾客的情感需求。以及顾客对商品的需求。

案例导读 9-20

医生淘宝上开网店 卖"儿科咨询"

"本人是温州市某三甲医院的一名儿科主治医生,很乐意与各位宝妈分享育儿经验,或为宝妈们及时解答育儿方面遇到的问题。"在温都博客写了两年多文章,博客开久了,咨询的读者越来越多。可是用博客咨询不方便,对方问完问题后就"失踪"了。一来,很难与对方一问一答,二来,很多时候咨询需要发送图片。不方便,于是袁医生开了家淘宝店铺,取名"传说中的老爸",在线为新生儿的父母排忧解难,每次收费5元。有网友表示,这种形式为急需看病问诊的人提供了不少便利。

每天都有一两个人来咨询,还算不错。只要是显示"售出"的记录,袁医生都给卖家解答。也遇到过不信任的买家,说要"先咨询,再付钱",甚至有咨询了不付钱的。有一天晚上11时半,一个孩子的父亲给袁医生留言,说孩子体温近40℃,他家附近的诊所药店又都关门了。他及时为孩子父亲做了解答。

本案例摘自创业第一步网,网址:http://www.cyone.com.cn/net/28416.html

第三节 微信营销

学习内容

理解微信营销的含义,微信营销的特点,掌握微信营销的方法与技巧。

3.1 微信营销含义

微信营销。是网络经济时代企业营销模式的一种。是伴随着微信的产生而兴起的一种网络营销方式。微信不存在距离的限制,用户注册微信后,可与周围同样注册的"朋友"形成一种联系,订阅自己所需的信息,商家通过提供用户需要的信息,推广自己的产品,从而实现点对点的营销。

微信营销主要体现在以安卓系统、苹果系统、Windowsphone 8.1 系统的手机或者平板电脑中的移动客户端进行的区域定位营销,商家通过微信公众平台二次开发系统展示商家微官网、微会员、微推送、微支付、微活动、微 CRM、微统计、微库存、微提成、微提醒等,已经形成了一种主流的线上线下微信互动营销方式。

> **案例导读 9-21**

4 个女学生创办送奶"微店"

最近几个月,每天夜幕降临,在某校园里,经常能看到一些学生提着箱子,敲开各寝室大门,给学生送去鲜牛奶。某学校文传学院广告学四个三年级学生,在"微店网"上开了一家店,专门为学生派送鲜牛奶。别看这是小生意,他们每月销售额也有两万多元。

四个女学生"合伙"创业,她们曾在校园里制作发行了明信片、建立了校园二手交易线上平台。后来她们做了个 300 例样本的小调查,发现超过一半的同学,喜欢睡前喝牛奶,这给了他们创业的灵感。她们想到了"微店",在"微店网"上面开店,只需几张商品图片,基本的信息介绍,不用设计网页,也不用缴纳保证金,顾客直接在微店下订单,使用支付宝付款,方便快捷,成本低,比较适合大学生创业。说干就干,她们雇了10 来个学生,联系了本土一家奶制品企业,每天下午 5 点半接收鲜奶,8 点半至 9 点半送奶。鲜牛奶 4.5 元一杯,20 天一个套餐,每送一杯,他们能赚约 9 毛钱,3 个月时间里,他们已经有 200 多个学生客户。学校师生员工有接近 3 万人,市场潜力很大。为了扩大微店的知名度和影响力,四个合伙人还发挥自身专业优势:做图配文,扫楼发传单;在学校最繁华的地方摆摊,提供试吃,在社交网站上推广。除了送奶,他们还通过微信平台,推送各种服务资讯,开展活动与学生互动,比如女生节送赠语,送惊喜,送礼物。

本案例摘自浙江在线,网址:http://zjnews.zjol.com.cn/system/2014/03/21/019922463.shtml

微信公众平台。是在微信的基础上新增的功能模块,通过这一平台,个人和企业都可以打造一个微信的公众号,并实现和特定群体的文字、图片、语音的全方位沟通、互动。企业应该将微信作为品牌的根据地,要吸引更多人成为关注企业的普通粉丝,再通过内容和沟通将普通粉丝转化为忠实粉丝,当粉丝认可品牌,建立信任,自然会成为顾客。

注册公众帐号时首先得有一个 QQ 号码,然后登陆公众平台网站注册即可。申请了公众帐号之后在设置页面对公众帐号的头像进行更换,可以更换为店铺的招牌或者 LOGO,大小以不变形可正常辨认为准。微信用户信息填写店铺的相关介绍。回复设置的添加分为被添加自动回复、用户消息回复、自定义回复三种,商家可以根据自身的需要进行添加。同时商家需要对每天群发的信息做一个安排表,准备好文字素材和图片素材。一般推送的信息可以是最新的菜式推荐产品、文化、优惠打折方面的内容。粉丝的分类管理可以针对新老顾客推送不同的信息,同时也方便回复新老顾客的提问。一旦这种人性化的贴心服务受到顾客的欢迎,触发顾客使用微信分享自己的消费经验进而形成口碑效应,对提升商家品牌的知名度和美誉度效果极佳。

案例导读 9-22

微信里的鸡蛋营销

国强同学深知禽类养殖存在巨大的风险,尤其是在防控防疫方面,稍有不慎,可能辛苦创造的一切都不复存在,但他还是毅然走上了养殖创业的道路。而且他坚信,既然要销售的是纯绿色散养鸡蛋,那么一定要保证品质。很多商家也是打着散养鸡蛋的口号,但其实鸡都是笼养的,因为笼养的产蛋率高,效益自然好,可这并不是长久之计,在创业之初就商定好,不论多么困难,都要保证品质。

在经营思路和运作方式上更加的创新、大胆。他创业之初就创建了品牌的微信账户,及时更新内容,把企业的概况、养殖规模、订购信息以及其他相关及时发布,这便于消费者更好了解产品,取得了很好的效果。在销售的时候,联系好卖家,先把他们的优质鸡蛋免费供应,卖家什么时候卖完了,觉得卖的不错,再和他们订货的时候,再收钱。就是用这样的方式,他迅速打开了市场。

本案例由本书编委会成员整理

3.2 微信的特点

高到达率。营销效果很大程度上取决于信息的到达率,微信公众账号所群发的每一条信息都能完整无误的发送到终端手机,到达率高达 100%。

高曝光率。曝光率是衡量信息发布效果的另外一个指标,微信是由移动即时通讯工具衍生而来,天生具有很强的提醒力度,比如铃声、通知中心消息停驻、角标等,随时提醒用户收到未阅读的信息,曝光率高达 100%。

高接受率。2013 年 6 月微信用户已接近 4 亿之众,其数量还在不断增加,而且是以年轻人为主要群体。由于公众账号的粉丝都是主动订阅而来,信息也是主动获取,完全不存在垃圾信息遭致抵触的情况。

高精准度。事实上,那些拥有粉丝数量庞大且用户群体高度集中的垂直行业微信账号,才是真正炙手可热的营销资源和推广渠道。

高便利性。移动终端的便利性再次增加了微信营销的高效性。相对于 PC 电脑而言,携带方便,用户可以随时随地获取信息。

> **案例导读 9-23**

做微信项目赚下第一桶金

依靠 5 万元创业资本金补助,90 后在校生刘同学开始圈地打造自己的"沙滩"。刘同学踏出校门发现的第一个商机不是 APP,而是微信。微信的"圈子营销"模式有高效率、高曝光率、高接收率、高精确率等特点,已获得众多商家青睐,其中最紧缺的便是打造平台的技术人。

刘同学看准了这个市场。第一单业务是为一家餐饮连锁店设计微信平台业务。用户只要登录该店的公共平台,就能查询餐厅信息、订餐、点菜,到店即可开吃。他花了一个多月的时间,给这家餐饮店制作了一个微信平台,除去 1 万多元的制作成本,第一桶金赚了 2 万元。随后,他又成功拿下了 UME、巴将军、武陵山珍、美茜百货等企业打造公众企业微信平台的订单。

在网络购物世界里,微信巧妙地切合着消费者与商家双方的需求,既带给消费者新鲜的感受,又帮助商家拉近了与消费者的距离,在消费者与商家之间建立了感情沟通的桥梁。

微信营销在和平的气氛中进行,双方以聊天的方式沟通,还为营销这节省了大量的时间,可以与消费者对讲通话,可以传送产品信息,这种简单快捷的帮助,让消费者及时获得信息,及时为消费者解决问题。

本案例摘自企业加油站网,网址:http://www.cycn.com/?/createmeeting/create-meeting/newsdetails/fid-61__aid-2049

3.3 微信营销方法

精准定位,探寻商机。 微信营销并不是营销者简单地利用微信进行营销活动。而是一个由微信为主要构成部分的营销系统。包括营销主体、营销人员和营销方式。可以选择直接使用普通微信平台进行销售,通过"朋友圈"等功能实现,如果让微信发挥更大的作用,要注册一个微信公众号,建立好营销主体。要保证营销的高质量、高效率,就要准确定位营销对象,寻找相同或相近产品的消费群体,利用微信添加朋友的功能,搜索客户的信息并添加;通过二维码,让客户扫描到企业的微信,并添加好友。总之,不断增加微信好友的数量,同时要关注质量,质量就是关注你产品的微信用户。

> **案例导读 9-24**

解密刘谦蛇年春晚魔术

2013 年春节刚刚过,正当全国人民处于欢天喜地之中时,中搜搜悦推出了这样一项微信活动——解密刘谦今年春晚魔术。中搜搜悦的这次活动十分及时,也十分成功,因为春晚刚刚过,大众对刘谦第四次春晚精彩表现热情还在。这是中搜搜悦迎合大众心理,抓住时机,第一时间爆出热料、猛料,满足广大网民心理需求,抓住了他们的心理。在这条解密信息下面紧跟着中搜搜悦的营销信息,消费者可以通过中搜搜悦订阅、搜索自己喜爱、关注的人物、事件等各种信息。

这次微信营销活动看起来十分平常,但是正是这样简单的营销活动为中搜搜悦增加了大量的财富,中搜搜悦将解密刘谦春晚魔术活动的文章在微信群和微信公众平台上广泛推广,得到广大粉丝的转发,短时间超过了十万次,提升了中搜搜悦的知名度和用户数。

本案例由本书编委会成员整理

丰富资料,树立形象。(1)头像的设置。使用LOGO做微信头像突出企业形象,使用产品图片做头像突出产品,使用清新、优雅富有特色的头像容易与客户产生共鸣。在微信头像的选择上需要下一番功夫。(2)签名设置。简单明了地介绍能让消费者迅速了解产品,内涵深刻、富有深意的签名更能唤起消费者共鸣,一句好话很重要。(3)自动回复。是微信营销中最直接、最有效的功能之一,设置不同的关键词回复不同的信息,做到应答精准,服务到位。

案例导读 9-25

胖妞销售

聪明的营销者总是可以从各个角度,利用各种手段去抓住消费者的需求。某个致命减肥茶专卖店有这样一位营销者,这位营销者的身材明显偏胖,但是这位营销者的业绩却远远超过了身材苗条的同事。

大家营销的都是同样一款产品,使用的工具也都是完全相同,为什么这位胖妞却比其他的同事们受到欢迎呢,她有自己一套独特的方法。她与同事们一起进行微信营销,同事们都劝说她找一张苗条淑女的图像来做头像,更加容易吸引消费者。但是胖妞却没有这么做。她把自己胖胖的脸蛋贴到微信信息中,个性签名栏中写上这样一句话:"共进,减肥,一起嘲笑那些没有体会过丰满的瘦子"。

这张脸蛋和这个签名一下子引起了许多需要减肥的消费者共鸣。有减肥需求的消费者看到后,既感受到亲切又倍受鼓舞,这就是胖妞如此受欢迎的原因。

有了共同语言之后,胖妞为自己拉了不少粉丝,然后与大家交流减肥经验。顺其自然地对自己的产品进行营销,而且效果显著。后来,胖妞越来越瘦,变成一位标准的窈窕淑女,但是她的头像和签名从来没有改过。

本案例由本书编委会成员整理

善用功能,快速传播。(1)查看附近人功能。通过这一功能,可以查到周围数千米内使用微信的用户,从而与之互动,兴趣相同的可以通过这个平台称为朋友。(2)品牌漂流瓶。漂流瓶的功能分为"扔一个"和"捡一个"。使用"扔一个"功能,可以把语音和文字扔进大海,如果有客户"捞"到,有可能就开始对话。(3)扫一扫功能。扫一扫可以"扫"到朋友,同时扫一扫可以"扫"出商家的优惠信息,扫出活动内容,让客户轻而易举通过微信获得便利与实惠,顺利推广营销活动。(4)朋友圈功能。朋友圈的建立一般都是依靠工作与生活关系建立的,有很强的精准性、较高的信任度、较深的影响力。

> **案例导读 9-26**

"朋友圈"里做零风险生意

许多学生选择微信平台做生意,就是看中它不用租房子、不用注册公司,等于"零成本"投入;并且它不像淘宝,需要保证金和层层认证的流程,只需要手机号、身份证号就能快速开店。

2014年冬天,小静在"朋友圈"卖暖手宝就成交了200个,平均每个赚5元钱,赚了1 000多元。小静同时感慨,毕竟"朋友圈"里只有那么几百人,能挖掘的客户资源有限,赚更多的钱有一定难度。

四年级学生小庞的朋友圈里除了同学、老师,还有很多"富二代"和潮男靓女,她看准这个市场,找到一手货源,在"朋友圈"里卖起了奢侈品。名包、名表、名服饰,她只负责传图卖,有人看中了就给她汇款下单,她把成本钱打给线下卖家,通知厂家发货。挣差价,小庞的卖品性价比好,生意不断,每月的收入够自己花销。

本案例由本书编委会成员整理

创造品牌,吸引顾客。 微信公众号可以给企业带来良好的营销效果,但是企业自己人的个人账号同样是不可忽略的营销力量,两者要相辅相成,共同互补,相互结合才能够发挥出更大的作用。创新与消费者交流的方式,巧妙进行营销。微信有一个优点是信息覆盖速度快,随着大众智能时代的到来,微信可以凭借全方位多媒体的优势制造一种全新视觉感受广告,凸显品牌宣传效果。微信营销与实体店营销遥相呼应。商家保持微信营销与实体店营销同步,在实体店关注微信有同样的优惠活动。

> **案例导读 9-27**

微信创业获惊喜

三个学生组成"三分度"创业团队,他们通过微信卖红枣、电脑耗材、运动文具等,生意不错,还获得了"院长奖学金",微信卖红枣还引起某上市公司关注,包括易迅网、良品铺子等在内的多家企业闻讯,主动与"三分度"联系,希望共同开发高校"微"市场。

某枣业公司湖北分公司在该校贴吧发帖,寻求"三分度"负责人联系方式。取得联系后,第二天就派人到学校洽谈合作事宜。

经过一个多月筹备,该公司在高校的首个门店开张。这次,企业提供了很多优惠条件。包括该公司10个品种20件价值万元的货物,无需押金及任何保障协议,卖完付款。宣传单的印制、物流等方面的费用全部由企业承担。企业还给出八折优惠,提供了500张校园会员卡。微信虚拟门店将与校园实体门店对接,线上线下同步销售。"三分度"计划逐步向武汉其他高校发展校园代理店。

开业第一天,销售额达到3 000多元。

本案例由本书编委会成员整理

传播广告,推陈出新。 微信打折券发放:商家、企业将打折优惠的相关信息制定成二维码方式,然后通过各种途径,传播给消费者,消费者通过扫描二维码,便可以得知打折优惠信息,并且享有信息的使用权。一对一活动:微信是一对一的交流工具,那么要发挥其不同于其他交流工具的特色,基于微信点对点精准定位功能,开展一对一营销活动,在一对一中,微信营销的优点更容易被凸显,营销的转化率、成功率更高。将广告宣传以非广告形式宣传出去:武术的最高境界是以无招胜有招,手中无剑,心中有剑,将广告由显性转化为隐性是一种市场趋势,面目全非的隐性广告的作用要远远大于传统模式的广告效果。在广告中植入幽默:幽默营销大多数在文字范围内,编写一两句搞笑的软文,制造一点幽默的氛围,能够让营销有更佳的效果。

案例导读 9-28

不断升级　不断卓越

河北邢台有一家极具特色的咖啡厅。从装修设计到屋内摆设到员工服务到咖啡产品,都非常与众不同,这是它能长久生存发展的核心竞争力。

这家咖啡厅 80% 的顾客是老客户,咖啡厅推出一项"你提我改,有奖升级"活动,只要顾客能提出建设性改善意见,咖啡厅主动赠送特色咖啡一杯。活动一开始并没有取得良好的效果,正当一筹莫展的时候,有一位店员却连续几天收集到有见地的客户期望改善信息,店长十分激动,请教收集方法,员工回答只有两个字:微信。

从此,店员们开始利用微信一对一交流的方式查看附近的人,定位当前顾客,然后用聊天的方式与之展开交谈,当与对方建立有效链接后,获取意见信息就很轻松。

各种简单有特色的改善意见收集到位,咖啡厅开始行动。秋千座椅到位,定期更换音乐,增加了咖啡品种,调整了咖啡价格,从各个方面满足消费者需求。随后又开通了微信公众平台,消费者可以把建议以留言的形式传给咖啡厅。

本案例由本书编委会成员整理

关注细节,提升品质。让客户听到你的声音:微信可以实时对讲,可以组织一个交流平台,与多位消费者共同沟通,消费者听到感兴趣的话题就会参与讨论,也可以与消费者进行单独交流,解决其个性化需求。定位导航:有时候顾客想要购买产品但是找不到具体的地点,上门送货时,也不知道客户的具体位置,可以利用定位功能把自己的位置发送给好友,接收到位置信息之后,可以直接利用导航功能,寻找到商家或客户。绑定微博,线上线下双管齐下:微博是信息分享、传播以及获取的平台,公众可以通过多种途径获取,微信自动为每一位客户生成二维码名片,只要点击发送,可以让微博粉丝看到微信名片,增加微信关注度。视频聊天,让客户看到真实的产品:通过微视频拍摄产品的信息,让客户对产品有更加深入的了解和认识。

案例导读 9-29

"吃货"美女微信卖小吃月入 20 万

1989 年出生的晶妹,是一位重庆小清新美女。她变身互联网卖家,从 32 个粉丝起家,利用微信卖起了妈妈亲手制作的麻辣小吃,并用"买家秀"、树"品牌性格"等"怪招",吸引了近3 000个微信粉丝,单月销售额突破20万元。

她采取的微信经营策略如下。

(1)"买家秀"顾客帮忙做推广。现在大部分年轻人都喜欢晒自拍照,所以就把这种方式嫁接到微信营销上。她在微信上推出了"美女买家秀",就是买家把自己与产品的合影发到朋友圈里,然后她再截图发在自己的微信上,在发每一个"买家秀"时,都会配上一段评价的文字,只要有一个买家这样做,其他人也会跟风。晶妹坦言,她还会对"买家秀"进行编号,现在都已经有100多号了,买家还可以自己挑选"买家秀"号数,"这些照片在微博、朋友圈迅速传开,就可以很快打响自己品牌的知名度"。

(2)"三不"原则树"品牌性格"。她的营销也有三个原则,即不打折、不送货、不自取,因为产品利润薄,所以一直坚持不打折,而自己是个弱女子,也没车进行同城配送,所以便选择了以快递的方式寄送,"这样顾客足不出户,也能收到产品"。"我现在的客源中,重庆的占了60%,外地的有40%。"晶妹说,这"三不"原则,一方面可以节约自己的时间,让自己的营销更加条理化,另一方面也是在树立自己的"品牌性格"。

(3)甜美语音秀温情和顾客成朋友。在服务上,晶妹也是做得尽善尽美,她告诉记者,因为自己卖的麻辣小吃油比较多,所以每次给买家寄货时,都会免费赠送一次性手套、塑料盘子、清凉糖等贴心小礼物,并且还会跟顾客进行一对一售后确认,"如果有没收到的,我会马上补发,甚至退钱"。她还会以微信语音的方式,给顾客发温馨小提示,例如,吃不完的放冰箱冷藏等,在聊天的过程中,已跟好多顾客成为了朋友,他们对她的产品很放心。

本案例由本书编委会成员整理

本章小结

单点销售方法是一种低成本、可持续的销售方法,是适合创业销售的销售方法。

单点销售的管理方式:以创业者为中心,以市场开拓人员和送货结算人员为两翼的管理模式。创业者负责整体把控,市场开拓人员负责选择销售渠道,拓展销售终端,以签订产品销售代理协议为目标。创业者依据销售代理协议和电话记录等信息,制定《送货结算任务书》,送过结算人员依据《送货结算任务书》制定行走线路图,完成任务。

网站营销也称为网络营销,是以互联网络为基础,利用数字化的信息和网络媒体的交互性来辅助营销目标实现的一种新型的市场营销方式。从广义上讲,只要是企业利用网络技术开发市场营销工作都可以称为网络营销。传统的有实效的网络营销方式包括大型网站的热定广告、搜索引擎竞价广告、搜索引擎自然排名、免费信息发布、付费会员营销、论坛营销、博客营销、网上代销、网上零售、邮件群发广告、微博营销、聊天工具营销等。

网站营销有事件营销、视频营销、品牌营销、整合营销、搜索引擎排名等。

微信营销是网络经济时代企业营销模式的一种。是伴随着微信的产生而兴起的一种网络营销方式。微信不存在距离的限制,用户注册微信后,可与周围同样注册的"朋友"形成一种联系,订阅自己所需的信息,商家通过提供用户需要的信息,推广自己的产品,从而实现点对点的营销。

微信营销要从细处着手,与顾客产生共鸣,实现精准销售。

案例分析

营销总监的创业营销

王锋大学毕业后进入国家机关。四年后,进入X食品机械公司做销售代表,凭着勤奋努力,两年时间提升为销售主管。在三年的销售主管工作中,加深了对食品机械行业的认识,管理能力日渐提升,他的团队业绩在公司中保持领先地位。于是,被提升为销售部经理,在他的带领下业绩持续攀升,随着公司的规模和知名度日渐提升,王锋本人也在业内渐有名气。

职业生涯顺风顺水

两年后,王锋被业内一家排名靠后的Y食品机械公司挖走,薪水涨了50%,头衔变成了销售总监。Y食品机械公司是一家国企。基础不错,无论是资产规模、人员素质、工艺装备水平,还有生产设备、产品质量客户基础都很不错。不过在过去的体制下,人员积极性没有充分发挥出来,销售能力差。

王锋上任销售总监后,在老板的信任和支持下,凭借自己多年的销售管理经验、对市场的洞悉了解和勤奋努力,当年销售同比增长一倍以上。第二年业绩继续高速增长,不仅超过了X公司,而且跃居食品机械行业前三名。

王锋以业绩赢得了权威,在2004年底被晋升为公司的副总经理,主管市场销售,并提出走出国门的构想。在他的努力下,2004年低,产品出口日本和东南亚等国家,国内产品也呈现系列化、品牌化,出现了脱销局面。2005年初,Y公司已比2002年初王锋初来时,资产增加了5倍,销售增加了20倍。公司也发展成为集团性公司,王锋成为该公司的副总裁,在行业内的声誉远远超过了老板,企业内的人常常说,没有王总,就没有Y公司今天。

踌躇满志开创大业

王锋开始盘点自己和老板,总结了老板的八大"罪状"和自己的八大"委屈"。第一,老板太抠门,企业销售额三年多来增长了20倍,自己的收入才增长两倍,比起企业每年近亿元的利润,自己所得的实在是太少;第二,老板不兑现承诺,2004年就说过考虑经理人持股问题,到公司发展起来,还没有见到踪影;第三,老板贪心太大,企业发展到今天已经相当不错了,还嫌发展速度慢;第四,老板不能成大事,继续做下去,企业没有发展的前景。

想到此,王锋萌生退意。在朋友圈中一经传开,便有了志同道合者鼓动吹捧。几个朋友一鼓动,决定不给别人打工了,还是自己当老板做大事。

做何大事?几个朋友经过几轮磋商,决定做烧烤机。为什么会做出这样的决定呢?第一,资金总量问题,几个朋友把能投入的资金加起来也就300万元,若做Y公司同样的食品机械产品,没有三五千万不行。生产烧烤机300万元是能够转动的。第二,随着人们生活的提高和中韩经贸往来的增加,烧烤生意比较红火,烧烤机的需求量也比较大。第三,生产烧烤机虽与Y公司生产食品机械不相同,但是工艺流程大同小异。凭这三条,认定可干。

不同的是客户群体。Y公司的食品机械是食品加工生产企业,而他们将要生产的烧烤机,客户是烧烤店。即使客户渠道是不同的,但都是B2B的销售模式。一切设计好后,王锋于2006年9月份辞职走人,尽管老板一再挽留都无济于事。理由当然是冠冕堂皇的:自己多年征战太累,需要休息。

雄心勃勃按部就班

王锋马不停蹄地开始筹备烧烤机的生产,租了厂房,成立了公司,资金筹集到位,按原计划,要赶在元旦前产品上市。于是招兵买马,一切按照原计划向前推进。

事情并不像想象的那么简单,在后来的产品设计生产过程中,遇到了诸多难题。由于对餐饮行业机械产品管理规则不熟悉,走了许多弯路,耽误了许多时间。原计划申请环保专利产品,但专利产品申报非常麻烦,迟迟批不下来。虽然在春节前就把样机生产出来了,但环保专利产品批号下不来,年底资金回笼的愿望成为泡影。

事情如麻困难重重

王锋从没有创过业,一到真正地创业才体会到创业是如此艰难。如此多的麻烦和大大小小的琐事都等自己亲自处理,里里外外都得自己跑。尽管也聘了不少人,包括自己过去的一些旧部。但是事情太多太杂:工商、税务、劳保、卫生、环保、市容、街道、消防等一切部门都得应付,企业内部更是乱如麻:研发、设计、生产、管理、采购件件事情都顶到鼻子上要处理。市场推广、招商筹备、人员培训、厂房改建、仓库管理、工资管理、员工矛盾等交织在一起错综复杂。

自认为管理很有章法的王锋遇到了创业期的公司,变得焦头烂额,纵有三头六臂也难以应付,教科书上的那一套肯定不管用,按Y公司的那一套也根本行不通。

春节过后员工基本到位,开始投入工作已经3月初了,王锋等人加紧公关,跑专利、申请产品批号。等到这些都批下来了,已经到2006年7月。这期间,新招的部分员工陆续离开了公司,自认为能够理清亲情管理、人本管理的王锋,面对许多员工的辞职而深感伤心,就连过去自己的旧部也有人萌生退意。好在那些股东没有什么大的意见,因为他们都不参与企业的经营管理。

大小问题接踵而至

等到第一批产品300台生产出来,已经是2007年9月份了。王锋召开了隆重的新产品发布会,希望对内鼓舞士气,对外制造声势,利于市场推广。然而,效果非常有限,几乎没有媒体跟踪,许多朋友和媒体都只是来捧了个场。接下来的市场销售更是不顺。由于是新产品,许多客户根本不认。经销商也不敢轻易进货。原来对餐饮熟悉的那位投资人,很卖力地到处推荐,他的朋友们都委婉拒绝,只有几个答应可以留下来,但是只能免费试用。

由于销售不畅,销售人员情绪低落。于是,连续三次提高销售提成,公司留下的收入还不够产品的制造成本。产品终于卖出去12台,这是销售经理发现的客户,王峰亲自出面谈下来的。是一家新投资的烧烤店,因价格便宜,所以对方接受了。但对方也是刚创业,资金紧张,先支付了60%的款项,余下的答应开张后再支付。这家烧烤店开业当天,还请了销售经理和王峰总经理去捧场品尝。第二天,销售部经理就接到烧烤店老板的投诉,列举了烧烤机的四大问题,食客投诉比较多,影响了他们的生意。几经协调,反复道歉,烧烤店老板还是不依不饶。最终使余款不要了事。烧烤店的事情平息了,可库房里的那200多台是继续销还是不销,王峰犹豫不定,当然新产品的设计改进继续在进行。

遭遇了现金流紧张

新的产品设计很快出来了,样机也打出来了,然而新的问题却出现了。是资金问题!原来筹集的300万元,此时基本用尽,预留的30万元的预备金也用完了,第一批赊欠的原材料钢板的钱还没有还,刚才经销公司的销售老总是王峰的朋友,王峰本想向他求救能否再赊一批,但面临年底,这位老总却找上门来要款了。

王峰说了面临的处境,朋友说"你可要尽快还款,不然我的饭碗就不保了"。王峰本想谈赊货的事,也不好意思开口了,因为第一批货早已过了还款期。对于失信于朋友这件事情,王峰很难过,因为他最瞧不上说话不算话的人。

资金引发的系列问题

资金紧张接连引发了一系列问题。首先是员工的工资发不出来了,原来答应的销售人员外跑的通讯补助、交通补助不能兑现了,销售代表不仅领不到工资,自己还得贴交通费和通讯费用,甚至包括请客户吃饭的费用。有些机灵的销售人员开始请假不来上班了,销售经理作了不少工作也无济于事。问题是销售经理自己同样面临领不到工资、报不了费用的局面。

问题还远远不止这些,按照协议,2007年上半年的房租需要支付了,这是一笔不小的数目,大概得16万左右。还有水电费、各行政管理部门的费用等。临近年底,各行业主管部门的打点也需要费用。越是这时,企业内部的管理问题越多,所有的规章制度几乎都失效了,王峰如热锅上的蚂蚁,失眠是常事。

继续投资渡过年关

王峰把其他三个股东叫到一块商量对策,最后决定按比例再投入一笔资金,共计50万元。这次王峰几乎把家底子全给掏出来。50万元是杯水车薪,除了必须交的房租、日常水电及其他办公开支外,剩下不到30万元。

临近春节,王峰发了拖欠工资的60%,打发员工过春节,余下十五六万元。那位刚开公司的朋友听说王峰有钱了,立即上门要账,软磨硬泡就是不走,实在是没办法,给他开了张两万元的支票,其实这只是欠款20多万元的零头。王峰第一次尝到了被追账的滋味。当然,自己也知道他的这位朋友要不到钱肯定回去被批评。

剩下的10多万元,春节后不要说开展生产,就连维持公司日常运营,都支持不了一个月。春节期间又召集股东商量对策,两位股东明确表示不能再继续投资了,也投不起了,王峰清楚自己也投不起了,只有融资这条路了。于是大家商量了一个融资办法分头找资金。王峰过了一个有生以来最郁闷也是最穷酸的春节。

千方百计融资失败

春节过后,上班的员工不到一半,王峰也想动员员工出点资金,算股份也行,算借债还息也行,私下与几位核心骨干沟通,明确表示不行的就有好几位,说考虑考虑或者回家商量的也有几位。两个礼拜后,员工陆续不来的有好几位,销售人员尽管还有几位,但根本不卖产品,就是随便打打电话而已。

等到3月初,员工陆续都到新单位去了,只有财务两位人员、办公室的一位和两位看门的库管员还在上班,其他核心人员三天打鱼两天晒网,有时干脆打电话说,这两天家里有点事情,有事打手机。

尽量压缩开支,看门的人先发一点基本生活费。自己则整天四处融资。另外的三个股东,其中两个除接电话外,基本也不到公司来了。另外一名股东还张罗着介绍朋友融资。谈了很多,除了吃饭花了不少钱外,没有任何成效。眼看着手中的现金一天天在减少,干着急没有办法。

这期间王峰也尝试着能否销点自己熟悉的产品渡过难关,但余下的现金不足以支撑他做销售代理。他也曾想试着做销售代表卖些产品,但多年的老总经历又拉不下脸来,再想自己即使做销售代表,挣的提成费也根本支撑不了公司的日常开支。

变卖失败只得破产

在融资没希望的情况下,几位股东商量,干脆把公司卖掉算了。但在价钱问题上持不同意见,有的表示至少得卖500万,有的希望把投进去的钱收回就行,也有的主张收回一部分即可。王峰的意见是收回一部分,比如200万元,以便做点其他事情。比如做一名产品经销代理等。然而,等到真卖的时候就不那么容易了。

最初有人有意150万元全盘接收,不负担债务。但几位股东商量几个来回没有取得一致意见,等过一个星期,买主不买了。过了两个星期,几位股东都知道不是那么好卖的,而且面临着新债务的不断生成,干脆委托给王峰全权处理,卖多少都行。

然而,真正下决心处理的时候,反而找不到买家了。在朋友圈中卖,在网上卖,也有人咨询,但价码非常低,比如出20万,出10万的,真正一谈,又都变卦了。最后开了个散伙会,决定把公司破产,让王峰随便处理,大家也不分钱了,处理多少是多少。

最后,王峰把财务人员、办公室人员和两个库管人员召集在一起,让财务处理帐务,让其他人联系废品站处理办公用品和库房里的200多台烧烤机,最后处理了近2万元钱。清理完水电费和日常的办公事务费用,给最后几位员工发了点工钱,大家吃了顿散伙饭,开始回家过2008年的五一劳动节了。

本案例摘自《点规模渗透》

 分析

(1)王峰采取什么方式销售自己的产品?
(2)王峰为什么会失败?
(3)通过王峰的销售失败的案例给大学生创业者的启示是什么?

第十章　新创企业的管理

> **学习目标**
> 使学生了解企业与产品生命周期,创业营销的特殊性,互联网思维与移动互联网思维对创业营销的影响,掌握新企业营销管理的方法,新企业财务管理的技巧与方法,新企业客户管理的技巧与方法。

第一节　新创企业的营销管理

> **学习内容**
> 了解企业与产品生命周期内容,了解创业销售特殊性,掌握不同企业与产品生命时期应该采取的营销方法,学会使用互联网思维和移动互联网思维进行新企业营销。

1.1　企业与产品生命周期

企业生命周期。是企业的发展与成长的动态轨迹,包括初创期、成长期、成熟期、衰退期四个阶段。企业生命周期理论的研究目的就在于试图为处于不同生命周期阶段的企业找到能够与其特点相适应、并能不断促其发展延续的特定组织结构形式,使得企业可以从内部管理方面找到一个相对较优的模式来保持企业的发展能力,在每个生命周期阶段内充分发挥特色优势,进而延长企业的生命周期,帮助企业实现自身的可持续发展。

企业不同生命时期的特点。

1. 初创期

企业在创业期的主要目标是摸索和创建一个可行的、有竞争能力的产品——市场战略,并生存下来。在这个阶段,在创业者的领导,大家热情工作,具有活力、创造性和冒险精神。这时组织系统不完善,没有明确的职责分工,决策基本上是由创业者独立决定。不会有过多的会议要开,有事情大家只是很随意聚在一起商讨,没有会议室也没有正式的会议记录。创业者之间能够团结一致,凝聚力强。这时企业资本实力弱,盈利水平很低,但需要的现金却很多。产品/服务方面频出而且有重大的创新,但这种创新被淘汰不采用的也快。企业努力寻找市场空隙,并集中资源于所选择的少数几个产品与市场上。这时的企业形象尚未树立。

2. 成长期

企业的主要目标是发展壮大和实现差异化。企业盈利增长的很快,企业规模变大,就需要相关的制度,这时企业开始制定了一些规范的制度;经济增长使领导者们看到了希望,从而企业的组织活力、创造性和凝聚力不减;盈利增长使得领导者们开始有了新的想法。导致企业开始走上多元化道路,企业的产品线开始加宽,但是往往更侧重在某个细分市场上的产品的系列化,这时还没有跨行业的市场差异化;比较注重产品改进以适应市场的需求而非创造全新的产品;市场开始细分以更好地满足不同顾客群的需求,随着产品和市场的范围越来越宽,利基战略的使用程度变低;决策比较程序化,决策者不冒险也不保守。企业由于差异化可能会面临资金不足的问题,盈利虽然仍不多,但增长很快。企业开始设法树立其自身的形象。

3. 成熟期

企业的目标是巩固和提升已有的地位,延缓衰退期的到来。企业设立完整的组织部门,各种制度得以规范;创业者之间开始产生矛盾,组织系统凝聚力得到削弱;做决策也程序化,做决策的时间增长且规避风险;守成思想开始出现,企业创造力和冒险精神减退,组织活力显得不足,盈利水平达到高峰,增长速度很慢或是没有增长;资金足够,出现现金流的闲置,开始对外投资;企业注意力集中在增加利润,提高效率(注重成本控制,销售量的维持)。产品的范围比成长期阶段更宽一些,开始跨行业多元化发展;市场空隙的关注不再重要;开始注重企业联合。企业的形象得以树立。

4. 衰退期

企业主要目标是采用各种手段创新。企业的规章制度虽多但组织矛盾突出;部门之间责任的推诿,士气低落;走过场的会议过多;决策极端保守。企业资本虽多但资本负债率高;盈利下降甚至亏损。产品品种虽多但可能亏损严重;由于对市场需求反应迟钝而处于不利的境地。企业主要的工作是在应付、处理不断来临的危机,企业形象虽在但已成明日黄花。

产品的生命周期。是指产品的市场寿命。是指产品从进入市场开始,直到最终退出市场为止所经历的市场生命循环过程。产品只有经过研究开发、试销,然后进入市场,它的市场生命周期才算开始。产品退出市场,则标志着生命周期的结束。典型的产品生命周期一般可分为四个阶段,即导入期、成长期、成熟期和衰退期。

产品不同生命时期的特点。

1. 导入期

新产品投入市场,便进入导入期。此时,顾客对产品还不了解,只有少数追求新奇的顾客可能购买,销售量很低。为了扩展销路,需要大量的促销费用,对产品进行宣传。在这一阶段,由于技术方面的原因,产品不能大批量生产,因而成本高,销售额增长缓慢,企业不但得不到利润,反而可能亏损。产品也有待进一步完善。

2. 成长期

这时顾客对产品已经熟悉,大量的新顾客开始购买,市场逐步扩大。产品大批量生产,生产成本相对降低,企业的销售额迅速上升,利润也迅速增长。竞争者看到有利可图,将纷纷进入市场参与竞争,使同类产品供给量增加,价格随之下降,企业利润增长速度逐步减慢,最后达到生命周期利润的最高点。

3. 成熟期

市场需求趋向饱和,潜在的顾客已经很少,销售额增长缓慢直至转而下降,标志着产品进入了成熟期。在这一阶段,竞争逐渐加剧,产品售价降低,促销费用增加,企业利润下降。

4. 衰退期

随着科学技术的发展,新产品或新的代用品出现,将使顾客的消费习惯发生改变,转向其他产品,从而使原来产品的销售额和利润额迅速下降。于是,产品又进入了衰退期。

1.2 不同生命周期的营销与市场策略

企业不同生命时期的营销策略。企业在不同是生命时期表现出来的特点不同,经营企业要针对不同时期的特点制定营销策略。

1. 初创期

企业的初创期是企业的起步阶段,即企业创立到正式运作的时期。在这一段时期企业还是一个雏形,从企业创立规划、人员配置、设备配置、产品试生产和初步的投放、消费者接受程度等各环节都有可能出现变动。其正面因素主要表现在企业结构不复杂、便于管理,员工也是业务水平较高的精英便于沟通,工作效率得到有效保障;但是也不能忽视了其产品在市场上的认知度低、不能准确掌握产品在市场上的投放目标、生产成本与收益不能达到平衡等不确定因素。因此它是不成熟的,尽管工作效率高且灵活性强,但也具有稳定性弱且不确定因素多的特点,这还只是一个企业领导者和管理者在摸索生存道路的阶段。所以,针对初创期企业的特点,企业应该制定如下的市场营销战略。

(1)加大产品促销力度。企业创立初期,品牌和产品的认知度低,生产的产品在市场竞争中无法与知名品牌正面抗衡,在销售过程中处于被动地位。所以就要加大产品促销力度,引起消费者注意,同时增加广告投入,通过消费者的使用和广告效应达到推广产品和宣传品牌的目的,扩大产品的销售面和知名度。

(2)优化产品结构。改变单一的产品结构模式,在提升产品质量的前提下,提高生产技术,降低成本,合理定价,根据产品细分投放市场,最终达到促进产品销售的目的。

(3)集中针对目标市场。这是在企业初创时期制定市场营销战略时最关键的问题。在产品投入市场前一定要对市场做好充分的调研工作,全面掌握市场信息才能够帮助领导者做出最正确的发展战略。不要大面积"撒网",而应该是"针对一点打开一面",选定一个最适合产品初步发展的市场作为目标市场,将市场特点和产品特点相结合制定最准确的营销策划方案,集中火力投入到目标市场中,以此打开市场空间,稳步扩张。

2. 成长期

伴随初创期企业开展的各项营销举措,消费者逐渐对企业产品产生了认识并逐渐接受,企业的销售量与利润得到了快速增长,同时,企业转而进入了成长阶段。这个阶段的市场营销策略更需要关注营销团队与营销网络的快速发展,但是企业也必须认识到抢占市场的重要性,应该加强市场营销工作,建立强有力的竞争优势。这一阶段的市场营销战略主要应该注意以下几点。

(1)建立多元化市场战略。企业对市场渠道的多元化建立,可以避免由于单一市场问题所带来的风险因素,保证企业在市场发展中的安全性。这种营销战略要求企业营销人员进行全面的调研工作,对企业可以注入的市场做全方面地分析研究,在研究结束后制定合理的生产规划与供应渠道计划。

(2)深入品牌战略计划。当前社会中,消费者对品牌的认知程度非常高,很多时候只是依靠品牌认知而选择购买商品。处于成长阶段的企业应该格外重视塑造健康向上的产品品牌,并通过广告、媒体、创意等合理市场营销战略来向消费者进行推广,在消费者心目中建立独特、新颖、正面的品牌形象,最终获得消费者对品牌的忠诚度,保证企业可以更好更快地发展。企业市场营销人员在品牌建立时,可以着重建立一种品牌,亦可同时建立多种品牌,分配给企业中的多种产品,使每一种产品都有独具特色的影响力和市场份额,最终为企业创造更大的价值。例如,宝洁公司建立的海飞丝、潘婷、沙宣等多个品牌,每个品牌都有独特的定位和市场指向,对不同需求的消费者建立了不一样的品牌形象,进而占领洗发水市场中更大份额。

(3)渠道通路的扩张战略。渠道与通路是企业产品与消费者接触的唯一通道,随着企业生产规模的扩大,企业市场营销人员需要进一步思考渠道与通路的扩大方案,优化通路的结构,保证对渠道的有效控制,为产品提供更多的销售机会,进一步加大企业的分销系统。

3. 成熟期

经过成长期的不断探索与完善,企业便会进入相对稳定的成熟阶段,这个阶段的企业无论是企业管理或是市场经营都基本趋于成熟,企业的控制能力逐渐增强。其具有以下两个主要特点:第一,产品及技术水平保持稳定,缺乏创造性的研发意识;第二,企业基本战略计划基本实现,供销渠道基本建立,有很强的市场敏感性。成熟期是企业产品销售的黄金时期,不应满足于保持既得利益和地位,而要积极进取,采取进攻性的营销策略,争取稳定市场份额,延长产品市场寿命。这一阶段的市场营销战略主要从以下几点进行开展。

(1)占领全面市场的战略。占领全面市场是指成熟期的企业着眼于整个市场,通过不同产品对不同市场的有效占领来实现整体市场的全面扩张。这种占领市场的方式,会保证企业长时间地处于领先地位。企业发展至成熟阶段,已经奠定了良好经济基础与技术力量,由一个市场转向另一个市场的初期需要企业一定量的投入,建立价格优势或产品创新,对消费者引起有效关注,最终实现新市场的入侵和占领。例如,台湾顶新集团最初能够得到消费者认同的只有康师傅方便面这一种产品,后期伴随企业逐渐进入了成熟阶段,逐渐有策略地深入到饮料、快餐、饼干等市场中去,开发饮料初期投入较多资金建立"再来一瓶"的市场营销策划,最终成功地占领市场,打败同行业对手,为集团创造更大利益。

(2)体现价值创新优势。企业经历了初创期与成长期不断积累和投入,在成熟期逐渐体会市场带来的巨大回报。但是,不能放弃对产品价值继续积累,以保证企业的收益时间更加长久。价值创新体现在对新产品的开发和成熟产品的改革,进而满足市场需求的不断变化,建立消费者深厚的满意度与忠诚度。在产品的增值营销中,可以转变思维逆向考虑消费者心理,企业在提高产品质量、增加花色品种、改进包装、创出品牌基础上,也可适当提高价格。

4. 衰退期

衰退期的出现既有企业自身的原因也有外部市场的环境的原因。在一段时间内企业产品销售额在持续下降是企业进入衰退期的表现,在这一段时期内,市场对企业产品的需求量在下降,产品销售投入费用增多而销售收入却在持续减少,最后导致销售利润出现负增长,企业财政出现危机。而处于这个时期的企业,对外部风险的抵御能力已经大打折扣,市场容量不足、受到外部先进技术产品的冲击以及前三期发展中隐藏的问题集中暴露,无疑是雪上加霜,让企业在市场竞争、发展和寻求突破的过程中面临着更加严峻的考验。针对衰退期企业的特点,企业应该制定如下的市场营销战略。

(1)创新营销。重新对市场进行调研活动,寻找新的消费需求和消费市场,重新定位发展战略,制定新的企业发展目标。

(2)用短期收益缓解企业危机。企业产品的发展前景已经达不到预期的可观状态,所以应该适时调高售价、减少相应投入广告的成本,通过在短时间内获得高利润来缓解企业生产和财政危机,另辟蹊径渡过衰退期。

(3)消减产品。这一战略需要减少或撤除关系到产品的相应部门,同时根据实际情况缩减产品生产数量。在这一时期企业要归拢并总结自己的核心竞争力,放弃对企业发展无益的市场,充分认识到消费者的需求,利用这段时期钻研核心业务,提高核心业务水平,重新打造生产消费的产业链和市场。

产品不同生命时期的市场策略。典型的产品生命周期的四个阶段呈现出不同的市场特征,企业应该依据期特点制定和实施产品的市场策略。

1. 导入期

导入期的特征是产品销量少,促销费用高,制造成本高,销售利润很低甚至为负值。根据这一阶段的特点,企业应努力做到:投入市场的产品要有针对性;进入市场的时机要合适;设法把销售力量直接投向最有可能的购买者,使市场尽快接受该产品,以缩短导入期,更快地进入成长期。

在产品的导入期,一般可以由产品、分销、价格、促销四个基本要素组合成各种不同的市场营销策略。仅将价格高低与促销费用高低结合起来考虑,就有下面四种策略。

(1)快速撇脂策略。即以高价格、高促销费用推出新产品。实行高价策略可在每单位销售额中获取最大利润,尽快收回投资;高促销费用能够快速建立知名度,占领市场。实施这一策略须具备以下条件:产品有较大的需求潜力;目标顾客求新心理强,急于购买新产品;企业面临潜在竞争者的威胁,需要及早树立品牌形象。一般而言,在产品引入阶段,只要新产品比替代的产品有明显的优势,市场对其价格就不会那么计较。

(2)缓慢撇脂策略。以高价格、低促销费用推出新产品,目的是以尽可能低的费用开支求得更多的利润。实施这一策略的条件是:市场规模较小;产品已有一定的知名度;目标顾客愿意支付高价;潜在竞争的威胁不大。

(3)快速渗透策略。以低价格、高促销费用推出新产品。目的在于先发制人,以最快的速度打入市场,取得尽可能大的市场占有率。然后再随着销量和产量的扩大,使单位成本降低,取得规模效益。实施这一策略的条件是:该产品市场容量相当大;潜在消费者对产品不了解,且对价格十分敏感;潜在竞争较为激烈;产品的单位制造成本可随生产规模和销售量的扩大迅速降低。

(4)缓慢渗透策略。以低价格、低促销费用推出新产品。低价可扩大销售,低促销费用可降低营销成本,增加利润。这种策略的适用条件是:市场容量很大;市场上该产品的知名度较高;市场对价格十分敏感;存在某些潜在的竞争者,但威胁不大。

2. 成长期

新产品经过市场导入期以后,消费者对该产品已经熟悉,消费习惯也已形成,销售量迅速增长,这种新产品就进入了成长期。进入成长期以后,老顾客重复购买,并且带来了新的顾客,销售量激增,企业利润迅速增长,在这一阶段利润达到高峰。随着销售量的增大,企业生产规模也逐步扩大,产品成本逐步降低,新的竞争者会投入竞争。随着竞争的加剧,新的产品特性开始出现,产品市场开始细分,分销渠道增加。企业为维持市场的继续成长,需要保持或稍微增加促销费用,但由于销量增加,平均促销费用有所下降。针对成长期的特点,企业为维持其市场增长率,延长获取最大利润的时间,可以采取下面几种策略。

(1)改善产品品质。如增加新的功能,改变产品款式,发展新的型号,开发新的用途等。对产品进行改进,可以提高产品的竞争能力,满足顾客更广泛的需求,吸引更多的顾客。

(2)寻找新的细分市场。通过市场细分,找到新的尚未满足的细分市场,根据其需要组织生产,迅速进入这一新的市场。

(3)改变广告宣传的重点。把广告宣传的重心从介绍产品转到建立产品形象上来,树立产品名牌,维系老顾客,吸引新顾客。

(4)适时降价。在适当的时机,可以采取降价策略,以激发那些对价格比较敏感的消费者产生购买动机和采取购买行动。

3. 成熟期

进入成熟期以后,产品的销售量增长缓慢,逐步达到最高峰,然后缓慢下降;产品的销售利润也从成长期的最高点开始下降;市场竞争非常激烈,各种品牌、各种款式的同类产品不断出现。对成熟期的产品,宜采取主动出击的策略,使成熟期延长,或使产品生命周期出现再循环。为此,可以采取以下三种策略。

(1)市场调整。这种策略不是要调整产品本身,而是发现产品的新用途、寻求新的用户或改变推销方式等,以使产品销售量得以扩大。

(2)产品调整。这种策略是通过产品自身的调整来满足顾客的不同需要,吸引有不同需求的顾客。整体产品概念的任何一个层次的调整都可视为产品再推出。

(3)市场营销组合调整。即通过对产品、定价、渠道、促销四个市场营销组合因素加以综合调整,刺激销售量的回升。常用的方法包括降价、提高促销水平、扩展分销渠道和提高服务质量等。

4. 衰退期

衰退期的主要特点是:产品销售量急剧下降;企业从这种产品中获得的利润很低甚至为零;大量的竞争者退出市场;消费者的消费习惯已发生改变等。面对处于衰退期的产品,企业需要进行认真的研究分析,决定采取什么策略,在什么时间退出市场。通常有以下几种策略可供选择。

(1)继续策略。继续沿用过去的策略,仍按照原来的细分市场,使用相同的分销渠道、定价及促销方式,直到这种产品完全退出市场为止。

(2)集中策略。把企业能力和资源集中在最有利的细分市场和分销渠道上,从中获取利润。这样有利于缩短产品退出市场的时间,同时又能为企业创造更多的利润。

(3)收缩策略。抛弃无希望的顾客群体,大幅度降低促销水平,尽量减少促销费用,以增加利润。这样可能导致产品在市场上的衰退加速,但也能从忠实于这种产品的顾客中得到利润。

(4)放弃策略。对于衰退比较迅速的产品,应该当机立断,放弃经营。可以采取完全放弃的形式,如把产品完全转移出去或立即停止生产;也可采取逐步放弃的方式,使其所占用的资源逐步转向其他的产品。

1.3 创业销售特殊性

创业销售是指企业从无到有过程中的销售,即是从一个商业想法,到创业收入能够补偿耗费这一期间的销售。在这个时期内,有区别在不同企业生命周期的营销特性,具体表现为以下几个方面。

1. 产品不够成熟

创业者总是从一个商业想法开始创业实践的,在创业实践过程中,是创业者将收集来的信息经过个人对市场和消费者的理解,制造成产品投放到市场,提供给消费者的。产品是否能够得到消费者的认可,要待消费者使用产品后才能做出客观的评价。从产品的视角来分析,创业营销和企业营销差异性具体表现如下。

(1)创业产品没有品牌和知名度。品牌是以产品内在品质为基础,在一定时间中形成的知名度、认知度、美誉度、忠诚度。创业企业没有历史,就没品牌,就没有知名度等,是在用户不了解产品的情况下进行产品销售的。

(2)没有足够的产品系列。创业初期,由于资源缺乏,通常情况下都是先制造出来核心产品之后,再去进行产品延伸。而大企业为了创造企业形象,降低销售成本,在终端占有空间,运用价格策略都需要产品系列化。系列化是功能的强化和市场目标的分解,系列化也可以通过产品的重量、剂型的差别来形成。这是对产品自身的理解和对市场细分的实践过程。这是创业过程与企业管理过程的直接差别。

2. 销售队伍不够成熟

创业时期,没有销售队伍,没有销售管理经验,通常情况下是老板兼业务员,创业销售是在销售人员及其紧缺的情况下进行的。在销售人员组成上,创业营销和企业营销差异性具体表现如下。

(1)没有自己的销售队伍。创业之初,定位好了产品卖给谁,接下来,谁来卖产品就是主要问题。销售队伍是销售主体,队伍从产生到熟悉产品和市场要有个过程,这个过程也只能是在销售第一线的打拼中才能完成,队伍才能稳定和成熟。

(2)没有销售管理的经验。销售管理是销售的系统软件,包括部门与人员配置,薪酬设计,激励机制,业务流程等。一套简单而实用的管理体系,不是一挥而就的事情,同样要在销售实践中形成。

3. 产品市场不够成熟

创业者在创业之初,都有自己的市场销售渠道和市场预期,这是创业者结合经济发展规律和市场发展规律、相关调研和创业者自身的经验进行的判断,这种判断带有一定的主观性,在现实的市场销售过程中,创业营销和企业营销差异性具体表现如下。

(1)创业营销没有清晰的市场目标。创业之始,产品的消费目标是有的。但是,准确与否只能在市场销售的实践中,在对目标需求的深刻理解中才能够确定与完善。否则,很可能是一厢情愿。

(2)创业销售没有自己的销售渠道。销售渠道是在销售实践中逐渐摸索出来的。新企业在一个时期内不知道或不确定自己的产品走通哪条路更合适,当然也就没有自己的经销商、代理商和销售终端,甚至没有与他们打交道的经验。

4.销售辅助体系不够健全

产品要销售的好,不简单是产品本身要过硬,还要建立起来销售辅助体系,促进产品的销售,创业营销和企业营销差异性具体表现如下。

(1)创业销售中产品没有稳定的价格体系。价格体系包括零售价、经销商价、代理商价、区域价,还有产品组合价,与批发数量相联系的优惠价。适合市场状况的价格体系的形成不是靠创业者的主观判断,而是在真实的市场环境中,经过不断地调整而形成的。

(2)创业销售没有独特的产品概念。好的概念能体现产品品质和特色,突出与同类的差异,与消费者内心的需求相呼应。产品概念的提炼是艰苦的劳动,有了概念也要在实践中检验,需要在销售实践中反复琢磨,几次修正才能完成。

(3)创业销售没有很好的产品包装。好的包装能够在第一时间抓住消费者眼球,能够反映产品内在的品质。好的包装既不能过度包装,又要大气、精致、有特色、有正规感。这样的包装需要精心设计。

(4)创业销售没有足够的宣传资金。大企业把销售额的一个百分数固定用做广告费。新企业做不起。少量投放没用,大量投放没钱。对于内容的创意,媒体的选择,投放的数量与时间,新企业是没有经验的。

1.4 互联网与移动互联网思维

互联网思维。就是在(移动)互联网+、大数据、云计算等科技不断发展的背景下,对市场、用户、产品、企业价值链乃至对整个商业生态进行重新审视的思考方式。

互联网经历了三个发展时期。

(1)Web1.0,门户时代。典型特点是信息展示,基本上是一个单向的互动。从1997年中国互联网正式进入商业时代,到2002年这段时间,代表产品有新浪、搜狐、网易等门户网站。

(2)Web2.0,搜索/社交时代。典型特点是UGC(用户生产内容),实现了人与人之间双向的互动。方兴东创造了博客中国,开启了用户生成内容的时代,典型产品如新浪微博、人人网等。

(3)Web3.0,大互联时代。典型特点是多对多交互,不仅包括人与人,还包括人机交互以及多个终端的交互。由智能手机为代表的移动互联网开端,在真正的物联网时代将盛行。一开始仅仅是大互联时代的初期,真正的3.0时代一定是基于物联网、大数据和云计算的智能生活时代,实现了"每个个体、时刻联网、各取所需、实时互动"的状态,也是一个"以人为本"的互联网思维指引下的新商业文明时代。

互联网思维营销创始人葛闻华对互联网思维营销的定义是:互联网思维营销就是基于互联网思维基础上的颠覆性营销,集合品牌营销、网络营销、微营销的综合个性颠覆运用,达到营销的效果。

互联网思维的重要呈现形式。

(1)用户思维。是指在价值链各个环节中都要"以用户为中央"去考虑问题。作为厂商,必须从整个价值链的各个环节,创建起"以用户为中央"的企业文化,只有深度理解用户才能存活。没有认同,就没有合同。体验至上。好的用户体验应该从细节开始,并贯穿于每一个细节,能够让用户有所感知,而且这种感知要超出用户预期,给用户带来惊喜,贯穿品牌与消费者沟通的整个链条,说白了,就是让消费者一直感觉很舒服。

(2)极致思维。打造让用户尖叫的产品。用极限思维打造极致的产品。方法论有三条:第一,"需求要抓得准"(痛点、痒点或兴奋点);第二,"自己要逼得狠"(做到自己能力的极限);第三,"治理要盯得紧"(得产品经理得天下)。一切产业皆媒体,在这个社会化媒体时代,好产品自然会形成口碑传播。服务即营销,把每一个服务的环节做到极致。

(3)迭代思维。互联网产品开发速度惊人,要采取以人为焦点、迭代、循序渐进的开发方法,允许有所不足,不停试错,在连续迭代中完善产品。这里面有两个点:一个"微";一个"快"。"微",要从细微的用户需求入手,贴近用户心理,在用户到场和反馈中逐步改良。360安全卫士当年只是一个安全防护产品,后来也成了新兴的互联网巨头。"快",是快速地对消费者需求做出反映,产品才更容易贴近消费者。小米MIUI系统坚持每周迭代。

(4)流量思维。流量意味着体量,体量意味着分量。免费是为了更好地收费。互联网产品大多用免费计谋尽力争取用户、锁定用户。当年的360安全卫士,用免费杀毒入侵杀毒市场,一时间搅地天翻地覆,转头再看看,卡巴斯基、瑞星等杀毒软件,估量没有几台电脑还会装着了。坚持到质变的"临界点"。

任何一个互联网产品,只要用户活跃数量到达一定水平,就会开始形成质变,从而带来商机或价值。QQ有了当年的坚持,也才形成今天的腾讯帝国。

(5)大数据思维。是指对大数据的认识,对企业资产、关键竞争要素的理解。用户在网络上通常会形成信息、行为、关系三个层面的数据,这些数据的沉淀,有助于企业进行预测和决议。一切皆可被数据化,企业必须构建自己的大数据平台,小企业,也要有大数据。企业的用户是每个人,在互联网和大数据时代,企业的营销策略应该针对个性化用户做精准营销。

(6)平台思维。互联网的平台思维就是开放、共享、共赢的思维。平台模式最有可能成就产业巨头。全球最大的100家企业里,有60家企业的主要收入来自平台商业模式,包括苹果、谷歌等。平台模式的精髓,在于打造一个多主体共赢互利的生态圈。当企业不具备构建生态型平台实力的时间,那就要思考怎样利用现有的平台,让企业成为员工的平台。互联网巨头的组织变革,都是围绕着怎样打造内部平台型组织,包括阿里巴巴25个事业部的分拆、腾讯6大事业群的调整,都旨在发挥内部组织的平台化作用。海尔将8万多人分为2 000个自主经营体,让员工成为真正的创业者,让每个人成为自己的CEO。

移动互联网思维。是一种多维网络状的生态思维。这种生态思维,以节点彼此连接,形成大小不同的生态圈。不同生态圈之间也彼此连接形成更大的生态圈。更大生态圈再彼此连接,形成再大的生态圈或系统。以此类推,没有终极。移动互联网思维有两大要素:连接和圈子。

移动互联网思维两大特性。

(1)去中心化。是指所有的节点、在生态圈中都是平等的。没有上下、高低、左右、前后、轻重之分。当众多节点一起连接到某一个节点时,这个节点就成为节点簇,也是一个临时中心。当众多节点断开与这个节点的连接时,这个节点又成为普通节点。因此,去中心化不是不要中心。而是中心离开了节点就无法存在,而不是节点离开了中心无法存在。去中心化不仅仅体现在节点层面,也同样体现在圈子层面。

(2)伙伴经济。是指所有的节点、圈子在这个生态系统中都是伙伴,而不是敌人。是一种互亲、互爱、互惠、互利的关系,而不是竞争、斗争、战争的关系。自然界最稳定的森林植被群落中,各类生物之间的关系,就是一种典型的伙伴经济关系。

移动互联网思维中重点回答的5个问题。

如何让消费者在碎片时间主动选择你?

如何让消费者在一分钟内爱上你?

如何在一小段时间里与消费者建立起令她心动的对话?

如何在一个碎片的时间窗口提供令消费者尖叫的商品和服务?

如何通过全渠道覆盖消费者更多的碎片时间?

第二节 新创企业的财务管理

> **学习内容**
> 了解中小企业上市的内容,理解新创企业财务管理常见的问题,掌握创新企业财务风险与管理措施。

2.1 新创企业的财务管理的技巧与方法

新创企业财务管理的常见的问题。 新创企业举步维艰,失败率较高,企业平均寿命只有3—5年,一个极其重要的原因就在于财务管理工作跟不上企业发展的需要。新创企业财务管理存在以下常见的问题。

(1)企业初创过程中,因为业务量较少,大多数采取专业会计代帐+自己记账的方法,有时为了财税等方面的考虑,会计账目并不是与现实统一的,有个别创业者甚至只有粗放的帐目记录,为企业后期发展埋下诸多隐患。

(2)缺乏明确的发展方向,对项目投资缺乏科学论证。表现在片面追求"热门"产业,不顾客观条件和自身能力,无视国家宏观调控对企业发展的影响,做一些不切实际的项目投入;对项目的投资规模、资金结构、建设周期以及资金来源等缺乏科学的筹划与部署,对项目建设和经营过程中将要发生的现金流量缺乏可靠的预测,仓促上马。一旦国家加大宏观调控力度,收紧银行信贷,使得建设资金不能如期到位,企业就面临进退两难的境地,甚至造成巨大经济损失。

(3)资金短缺,融资困难。新创企业由于投资规模小,资本和技术构成偏低,在融资的过程中遇到许多的困难,为此制约新创企业的发展。融资困难的主要原因一方面来自于企业自身的素质,新创企业规模小,自有资金不足、信誉不高、信用等级普遍较低;另一方面,国有商业银行对固定资产投资贷款审批权限过于集中,加上目前不良贷款比重较高,收贷难度大,而国家在新创企业信用担保体系方面目前尚不健全,使得金融机构无法对不良经营行为进行有效防范,为降低贷款风险,金融机构不得不持谨慎的态度。大多数新创企业缺少民间融资渠道,在民间投资较多的地区大多数是采取民间集资的办法来解决资金问题,完全靠个人信用和高利息,融资成本很高,风险相对来说要大得多。由此造成新创企业的资金严重不足,投资能力相对较弱,阻碍了新创企业的发展。

(4)管理模式僵化,管理观念陈旧。一方面,新创企业典型的管理模式是所有权与经营权的高度统一,企业的投资者同时就是经营者,这种模式给企业的财务管理带来了负面影响。新创企业中相当一部分属于个体、私营性质,在这些企业中,企业领导者集权、家族化管理现象严重,并且对于财务管理的理论方法缺乏应有的认识和研究,致使其职责不分,越权行事,造成财务管理混乱,财务监控不严,会计信息失真等。企业没有或无法建立内部审计部门,即使有,也很难保证内部审计的独立性。另一方面,企业管理者的管理能力和管理素质差,管理思想落后。有些企业管理者基于其自身的原因,没有将财务管理纳入企业管理的有效机制中,缺乏现代财务管理观念,使财务管理失去了它在企业管理中应有的地位和作用。

(5)管理基础薄弱,内部控制不严格。由于新创企业管理模式集所有权与经营权于一身,这就使得企业在决策和经营管理方面带有很大的主观随意性,缺乏一套比较规范的具有可操作性的财务控制方法。一是对现金管理不严,造成资金闲置或不足。二是应收账款周转缓慢,造成资金回收困难。原因是没有建立严格的赊销政策,缺乏有力的催收措施,应收账款不能兑现或形成呆账。三是存货控制薄弱,造成资金呆滞。四是重钱不重物,资产流失浪费严重。不少新创企业的管理者,对原材料、半成品、固定资产等的管理不到位,财务管理职责不明,资产浪费严重。

(6)大多数情况下,新创企业财会人员素质偏低,高级财务管理人员缺乏,财务机构设置不合理。新创企业财会人员一般没有经过专门化、系统化的知识教育,无证上岗的现象极其严重。财务与会计不分,没有专职的财务管理人员,财务管理的职能由会计人员或企业主管人员兼职,导致内部管理混乱,责任不明确。

新创企业财务管理技巧。了解新创企业财务管理中存在的问题,就要采用科学的观念和合理的方法去应对,有如下技巧。

(1)树立风险理财观念。在现代市场经济中,由于市场机制的作用,任何一个市场主体的利益都具有不确定性,存在蒙受一定经济损失的可能,即不可避免地要承担一定的风险。而在知识经济时代,企业面临的风险将会更大。在财务管理中要树立风险观念,善于对环境变化带来的不确定因素进行科学预测,有预见地采取各种防范措施,使可能遭受的损失降到最低限度,提高抵御风险的能力。新创企业防范风险有两个重要途径:一是制定详实的财务计划,通过计划将不确定因素确定下来,使企业产生应对变化的机制,减少未来风险的影响;二是建立风险预测模型,有预见地、系统地辨认可能出现的风险,变被动为主动,防患于未然。

(2)提高资金的运营效率,形成合理的资金结构,确定合理的负债比例,使资金应用得到最佳的效果。在改善资金结构的同时要维持一定的付现能力,以保证日常资金运用的周转灵活,预防市场波动和贷款困难的制约,确定最佳的现金持有量。一般来说,流动性强的资产收益低,这就意味着企业应尽可能的减少闲置资金,即使不将其投资于本企业的资产也要将其投资于能产生收益的其他资产,避免资金闲置带来的损失。当企业实际的现金余额大于最佳的现金持有量时,可采用偿还债务、投资有价证券等策略来调节实际现金余额;反之当实际现金余额小于最佳现金持有量时,可以用短期筹资来调节实际现金余额。

(3)加强应收账款的管理。应收账款发生后,企业要采取各种措施,尽量的按期收回款项,否则会因拖欠时间过长而发生坏账,使企业蒙受损失。对应收账款进行账龄分析,编制账龄分析表,看有多少欠款在信用期内,有多少欠款超过了信用期。对不同时间的欠款,企业应采取不同的收账方法,制定出经济、可行的收账政策,对可能发生的坏账损失,则应提前提取坏账准备,充分估计这一因素对损益的影响。

(4)加强财产控制。建立健全财产物资管理的内部控制制度,在物资采购、领用及样品管理上建立规范的操作程序,堵住漏洞,维护安全。对财产的管理与记录必须分开,以期形成内部有力的牵制,决不能把资产管理、记录、检查核对等交由一个人来做。要定期检查盘点,以揭露问题和促进管理的改善及责任的加强。最后,要不定期的检查,督促管理人员和记录人员保持警戒而不至于疏忽。

2.2 新创企业财务风险与应对措施

<u>新创企业常见的财务风险</u>。创业者获得了一定的资金,开始运作创业项目,建立自己的企业,这时需要花钱的地方非常多,而进钱的地方非常少,在创业初期,创业者很容易因为资金问题而导致创业夭折。在创业过程中,常见的与财务相关的风险及控制风险的办法如下。

(1)固定资本投入过大,导致运营资金缺乏,现金流断裂。有些创业者在创业之初获得了一定数量的启动资金,开始建厂房,购买设备等固定资产,将一切准备就绪之后,发现现金流所剩无几,没有资金进行企业经营活动,导致创业举步维艰。

控制风险办法:在创业之初,尽量减少固定资本的投入,特别是建设产房、设备等固定资本的采购,如果确需要生产线,可以采取租赁或合作等方式,尽可能减少投入,如果确需要自己投入,要确保现金充分,场地尽量租用,设备可以购买旧的或者租用等。总之,创业之初,对于固定资产的投入要特别谨慎。

(2)创业之初,为了更好促进产品销售,投入大量广告费用进行产品宣传。宣传效果差,企业销售不理想。产品一旦制造出来,创业者总有一种自信,相信产品的销量会很好,很多创业计划中,都把广告投入作为创业投入的一项重大的开支,忽略了创业之初,产品的成熟度不够,知名度不够等因素,花费大量的资金在广告上,在创业初期很可能会产生两个结果:A其一是收入远远没有达到广告投入的预期,损失了大量的现金;其二是销售额基本达到了预期,但是产品的成熟度不够,售后服务跟不上,导致企业形象严重受损,最终都可能导致创业失败。

控制风险办法:创业之初销售,如果需要做广告,在广告之前,一定要确保产品的品质达到了做广告的标准,这个标准就是产品得到消费者的认可,确定方式只有一个,就是在一定范围内消费者使用过产品后,确保产品是好的,产品的供货渠道和售后服务要跟得上产品的销售,否则尽可能不花钱或者少花钱做广告。

(3)创业之初,碍于面子,花费大量的运营成本,导致创业入不敷出。很多创业者在创业一开始,办公场所选择在好的地段,办公室装修十分豪华,办公用品应有尽有,干事讲排场,花钱十分大方,大量的现金花费在无谓的日常消耗中。结果有两个:其一是大量现金花费结束,创业结束,因为这些花销不能给创业中产品和销售最终要的两件事产生直接影响;其二是公司业务状况还不错,由于花销太大,导致运营成本过高,创业面临失败的危险。

控制风险办法:创业之初,创业者大都是资金紧张,在新创企业运营过程中,要千方百计降低运营成本,减少企业的花销。坚持的原则是能免费的不消费,能用旧的不用新的,能暂时将就的不更换等。很多成功的创业者都是在居民楼或者车库中开始走上创业道路的。

(4)由于销售的急切心理,产生坏账。创业之初,由于创业者销售的急切心理,只要能销售产品,怎么销售都可以,只要是能够销售产品,谁来销售都可以,结果,一场销售乱仗打下来,可能赔了夫人又折兵,产品销售出去,货款没有收回来,产生了坏账,导致企业现金流断流,创业失败。

控制风险办法。创业之初的销售,尽可能要在最短时间内实现现金回流。解决办法:消费者现金付款可以适当降低价格;在没有掌握市场情况下,尽量减少在中间商铺货的数量;在局部范围内进行销售,便于催收货款等。

2.3　中小企业上市

上市是一种有效的融资渠道,在国内,伴随着新三板、创业板和中小企业版的发展,创业者需要了解中小企业上市的相关知识。

新三板。"新三板"市场原指中关村科技园区非上市股份有限公司进入代办股份系统进行转让试点,因挂牌企业均为高科技企业而不同于原转让系统内的退市企业及原STAQ、NET系统挂牌公司,故形象地称为"新三板"。目前,新三板不再局限于中关村科技园区非上市股份有限公司,也不局限于天津滨海、武汉东湖以及上海张江等试点地的非上市股份有限公司,而是全国性的非上市股份有限公司股权交易平台,主要针对的是中小微型企业。

《全国中小企业股份转让系统业务规则》中规定新三板上市标准要满足下列条件(供参考)。

(1)依法设立且存续满两年,有限责任公司按原账面净资产值折股整体变更为股份有限公司的,存续时间可以从有限责任公司成立之日起计算。

(2)业务明确,具有持续经营能力。

(3)公司治理机制健全,合法规范经营。

(4)股权明晰,股票发行和转让行为合法合规。

(5)主办券商推荐并持续督导。

(6)全国股份转让系统公司要求的其他条件。

新三板上市需要满足下列要求(供参考)。

(1)主体资格上市要求:新三板上市公司必须是非上市股份公司。

(2)经营年限要求:存续期必须满两年。

(3)新三板上市公司盈利要求:必须具有稳定的、持续经营的能力。

(4)资产要求:无限制。

(5)主营业务要求:主营的业务必须要突出。

(6)成长性及创新能力要求:中关村高新技术企业即将逐步扩大试点范围到其他国家级高新技术产业开发区内。

新三板上市的作用如下。

(1)新三板上市公司资金扶持:根据各区域园区及政府政策不一,企业可享受园区及政府补贴。

(2)新三板上市公司便利融资:公司挂牌后可实施定向增发股份,提高公司信用等级,帮助企业更快融资。

(3)新三板上市公司财富增值:企业及股东的股票可以在资本市场中以较高的价格进行流通,实现资产增值。

(4)新三板上市公司股份转让:股东股份可以合法转让,提高股权流动性。

(5)新三板上市公司转板上市:转板机制一旦确定,公司可优先享受"绿色通道"。

(6)新三板上市公司发展:有利于完善公司的资本结构,促进公司规范发展。

(7)新三板上市公司宣传效应:树立公司品牌,提高企业知名度。

创业板。又称二板市场(Second-board Market)即第二股票交易市场,是与主板市场(Main-Board Market)不同的一类证券市场,专为暂时无法在主板上市的创业型企业、中小企业和高科技产业企业等需要进行融资和发展的企业提供融资途径和成长空间的证券交易市场,是对主板市场的重要补充,在资本市场有着重要的位置。在中国的创业板的市场代码是300开头的。

创业板与主板市场相比,上市要求往往更加宽松,主要体现在成立时间,资本规模,中长期业绩等的要求上。创业板市场最大的特点就是低门槛进入,严要求运作,有助于有潜力的中小企业获得融资机会。

上市条件(供参考)。

1. 发行人申请首次公开发行股票应当符合下列条件

(1)发行人是依法设立且持续经营三年以上的股份有限公司。有限责任公司按原账面净资产值折股整体变更为股份有限公司的,持续经营时间可以从有限责任公司成立之日起计算。

(2)最近两年连续盈利,最近两年净利润累计不少于一千万元;或者最近一年盈利,最近一年净利润不少于五百万元,最近一年营业收入不少于五千万元,最近两年营业收入增长率均不低于百分之三十。净利润以扣除非经常性损益前后孰低者为计算依据。

(3)最近一期末净资产不少于两千万元,且不存在未弥补亏损。

(4)发行后股本总额不少于三千万元。

2. 发行人注册资本、经营业务

(1)发行人的注册资本已足额缴纳,发起人或者股东用作出资的资产的财产权转移手续已办理完毕。发行人的主要资产不存在重大权属纠纷。

(2)发行人应当主要经营一种业务,其生产经营活动符合法律、行政法规和公司章程的规定,符合国家产业政策及环境保护政策。

(3)发行人最近两年内主营业务和董事、高级管理人员均没有发生重大变化,实际控制人没有发生变更。

3. 发行人应当具有持续盈利能力,不存在下列情形

(1)发行人的经营模式、产品或服务的品种结构已经或者将发生重大变化,并对发行人

的持续盈利能力构成重大不利影响。

(2)发行人的行业地位或发行人所处行业的经营环境已经或者将发生重大变化,并对发行人的持续盈利能力构成重大不利影响。

(3)发行人在用的商标、专利、专有技术、特许经营权等重要资产或者技术的取得或者使用存在重大不利变化的风险。

(4)发行人最近一年的营业收入或净利润对关联方或者有重大不确定性的客户存在重大依赖。

(5)发行人最近一年的净利润主要来自合并财务报表范围以外的投资收益。

(6)其他可能对发行人持续盈利能力构成重大不利影响的情形。

4. 发行人纳税、股权、治理结构

(1)发行人依法纳税,享受的各项税收优惠符合相关法律法规的规定。发行人的经营成果对税收优惠不存在严重依赖。

(2)发行人不存在重大偿债风险,不存在影响持续经营的担保、诉讼以及仲裁等重大或有事项。

(3)发行人的股权清晰,控股股东和受控股股东、实际控制人支配的股东所持发行人的股份不存在重大权属纠纷。

(4)发行人资产完整,业务及人员、财务、机构独立,具有完整的业务体系和直接面向市场独立经营的能力。与控股股东、实际控制人及其控制的其他企业间不存在同业竞争,以及严重影响公司独立性或者显失公允的关联交易。

(5)发行人具有完善的公司治理结构,依法建立健全股东大会、董事会、监事会以及独立董事、董事会秘书、审计委员会制度,相关机构和人员能够依法履行职责。

(6)发行人会计基础工作规范,财务报表的编制符合企业会计准则和相关会计制度的规定,在所有重大方面公允地反映了发行人的财务状况、经营成果和现金流量,并由注册会计师出具无保留意见的审计报告。

(7)发行人内部控制制度健全且被有效执行,能够合理保证公司财务报告的可靠性、生产经营的合法性、营运的效率与效果,并由注册会计师出具无保留结论的内部控制鉴证报告。

(8)发行人具有严格的资金管理制度,不存在资金被控股股东、实际控制人及其控制的其他企业以借款、代偿债务、代垫款项或者其他方式占用的情形。

(9)发行人的公司章程已明确对外担保的审批权限和审议程序,不存在为控股股东、实际控制人及其控制的其他企业进行违规担保的情形。

(10)发行人的董事、监事和高级管理人员了解股票发行上市相关法律法规,知悉上市公司及其董事、监事和高级管理人员的法定义务和责任。

5. 发行人的董事、监事和高级管理人员应当忠实、勤勉,具备法律、行政法规和规章规定的资格,且不存在下列情形

(1)被中国证监会采取证券市场禁入措施尚在禁入期的。

(2)最近三年内受到中国证监会行政处罚,或者最近一年内受到证券交易所公开谴责的。

(3)因涉嫌犯罪被司法机关立案侦查或者涉嫌违法违规被中国证监会立案调查,尚未有

明确结论意见的。

（4）发行人及其控股股东、实际控制人最近三年内不存在损害投资者合法权益和社会公共利益的重大违法行为。

（5）发行人及其控股股东、实际控制人最近三年内不存在未经法定机关核准，擅自公开或者变相公开发行证券，或者有关违法行为虽然发生在三年前，但目前仍处于持续状态的情形。

（6）发行人募集资金应当用于主营业务，并有明确的用途。募集资金数额和投资项目应当与发行人现有生产经营规模、财务状况、技术水平和管理能力等相适应。发行人应当建立募集资金专项存储制度，募集资金应当存放于董事会决定的专项账户。

财务准备。国内外证券市场都要求准备上市的公司财务会计报告无虚假记载。会计报表需要经过有证券从业资格的注册会计师的审计。创业板上市前的十大财务准备如下。

（1）股份制改造过程中的会计制度的衔接问题。

（2）按收入确认准则进行收入及相应税赋的调整。

（3）检查、完善存货管理系统及其他内控制度。

（4）注意新的审计结果与以前税务等部门认可结果之间的衔接问题。

（5）将产权关系明晰并确定关联方，并从财务账目上将关联交易划分清楚。

（6）技术研究开发费用资本化问题的理顺。

（7）无形资产的评估入账。

（8）财务会计机构与财务总监工作流程与规范的建立与实施。

（9）选择境外上市时根据国际会计准则进行相关调整。

（10）改制前财务策略的实施与战略的衔接。

中小企业板。是深圳证券交易所为了鼓励自主创新，而专门设置的中小型公司聚集板块。板块内公司普遍具有收入增长快、盈利能力强、科技含量高的特点，而且股票流动性好，交易活跃，被视为中国未来的"纳斯达克"。

上市条件（供参考）。

中小企业板上市的基本条件与主板市场完全一致，中小企业板块是深交所主板市场的一个组成部分，按照"两个不变"和"四个独立"的要求，该板块在主板市场法律法规和发行上市标准的框架内，实行包括"运行独立、监察独立、代码独立、指数独立"的相对独立管理。中小企业板块主要安排主板市场拟发行上市企业中具有较好成长性和较高科技含量的、流通股本规模相对较小的公司，持续经营时间应当在3年以上，有限责任公司按原账面净资产值折股整体变更为股份有限公司的，持续经营时间可以从有限责任公司成立之日起计算。发行人最近3年内主营业务和董事、高级管理人员没有发生重大变化，实际控制人没有发生变更。

1. 独立性条件

发行人应当具有完整的业务体系和直接面对市场独立经营的能力，发行人的资产完整，人员独立，财务独立，机构独立，业务独立。发行人的业务应当独立于控股股东、实际控制人及其控制的其他企业，预控股股东、实际控制人及其控制的其他企业间不得有同业竞争或者显失公平的关联交易。

2. 规范运行条件

发行人已经依法建立健全股东大会、董事会、监理会、独立董事、董事会秘书制度，机关机构和人员能够依法履行职责。发行人的董事、监事和高级管理人员已经了解与股票发行上市有关的法律法规,知悉上市公司及其董事、监事和高级管理人员的法定义务和责任。发行人的董事、监事和高级管理人员符合法律、行政法规和规章的任职资格。

3.财务会计条件

发行人资产质量良好,资产负债结构合理,盈利能力较强,现金流量正常。具体各项财务指标应达到以下要求:最近3个会计年度净利润均达为正数且累计超过人民币3 000万元;最近3个会计年度经营活动产生的现金流量净额累计超过人民币5 000万元;或者最近3个会计年度营业收入累计超过人民币3亿元;发行前股本总额不少于人民币3 000万元;最近一期末无形资产(扣除土地使用权、水面养殖权和采矿权等后)占净资产的比例不高于20%;最近一期末不存在未弥补亏损;发行人依法纳税,各项税收优惠符合相关法律法规的规定,经营成果对税收优惠不存在严重依赖。

第三节 新创企业的客户管理

学习内容

了解客户管理的含义与内容,掌握客户管理的一般过程,掌握企业差异化经营的内容与方法,掌握提高顾客满意度的方法。

3.1 客户管理

客户关系管理的定义是企业为提高核心竞争力,利用相应的信息技术以及互联网技术来协调企业与顾客间在销售、营销和服务上的交互,从而提升其管理方式,向客户提供创新式的个性化的客户交互和服务的过程。其最终目标是吸引新客户、保留老客户以及将已有客户转为忠实客户,增加市场份额。

客户关系管理包含以下内容。

(1)客户概况分析(Profiling)包括客户的层次、风险、爱好、习惯等。

(2)客户忠诚度分析(Persistency)指客户对某个产品或商业机构的忠实程度、持久性、变动情况等。

(3)客户利润分析(Profitability)指不同客户所消费的产品的边缘利润、总利润额、净利润等。

(4)客户性能分析(Performance)指不同客户所消费的产品按种类、渠道、销售地点等指标划分的销售额。

(5)客户未来分析(Prospecting)包括客户数量、类别等情况的未来发展趋势、争取客户的手段等。

(6)客户产品分析(Product)包括产品设计、关联性、供应链等。

(7)客户促销分析(Promotion)包括广告、宣传等促销活动的管理。

客户关系管理的功能可以归纳为三个方面:市场营销中的客户关系管理、销售过程中的客户关系管理、客户服务过程中的客户关系管理。

市场营销中的客户关系管理。 客户关系管理系统在市场营销过程中,可有效帮助市场人员分析现有的目标客户群体,如主要客户群体集中在哪个行业、哪个职业、哪个年龄层次、哪个地域等等,从而帮助市场人员进行精确的市场投放。客户关系管理也可有效分析每一次市场活动的投入产出比,根据与市场活动相关联的回款记录及举行市场活动的报销单据做计算,就可以统计出所有市场活动的效果报表。

销售过程中的客户关系管理。 销售是客户关系管理系统中的主要组成部分,主要包括潜在客户、客户、联系人、业务机会、订单、回款单、报表统计图等模块。业务员通过记录沟通内容、建立日程安排、查询预约提醒、快速浏览客户数据有效缩短了工作时间,而大额业务提醒、销售漏斗分析、业绩指标统计、业务阶段划分等功能又可以有效帮助管理人员提高整个公司的成单率、缩短销售周期,从而实现最大效益的业务增长。

客户服务过程中的客户关系管理。 客户服务主要是用于快速及时的获得问题客户的信息及客户历史问题记录等,这样可以有针对性并且高效地为客户解决问题,提高客户满意度,提升企业形象。主要功能包括客户反馈、解决方案、满意度调查等功能。应用客户反馈中的自动升级功能,可让管理者第一时间得到超期未解决的客户请求,解决方案功能使全公司所有员工都可以立刻提交给客户最为满意的答案,而满意度调查功能又可以使最高层的管理者随时获知本公司客户服务的真实水平。有些客户关系管理软件还会集成呼叫中心系统,这样可以缩短客户服务人员的响应时间,对提高客户服务水平也起到了很好的作用。

3.2 企业的差异化经营

差异化经营以市场调查作为基础。市场调查能够为企业决策者提供顾客在物质需要和精神需要的差异,准确地把握"顾客需要什么",在此基础上,分析满足顾客差异需要的条件,根据企业现实和未来的内外状况,研究是否具有相应的实力,目的是明确"本企业能为顾客提供什么"这一主题。

差异化经营的特点。

(1)差异化经营以市场调查作为基础。市场调查能够为企业决策者提供顾客在物质需要和精神需要的差异,准确地把握"顾客需要什么",在此基础上,分析满足顾客差异需要的条件,根据企业现实和未来的内外状况,研究是否具有相应的实力,目的是明确"本企业能为顾客提供什么"这一主题。

(2)差异化经营是一个动态的过程。任何差异都不是一成不变的。首先,随着社会经济和科学技术的发展,顾客的需求会随之发生变化,满足顾客需求的企业营销活动也要随着变化;其次,竞争对手的策略也在变化。随着科学技术的进步,企业的模仿和跟进能力日益增强,尤其是一些技术含量不高的营销活动,很容易被那些实施跟进策略的企业模仿,任何差异都不会永久保持。要想使本企业的差异化战略成为特效药,出路只有不断创新,用创新去适应顾客需要的变化,用创新去战胜对手的"跟进"。

(3)差异化经营是一个系统工程。首先,差异化经营要在了解顾客消费需求差异和竞争对手营销策略的基础上,经营者实施相应的差异化策略。这就需要企业市场调研部门、产品研发部门、原材料采购部门、产品生产部门和营销等部门通力合作,任何一个环节的失误,都会使营销活动效果打折扣。其次,市场营销活动本身就是一个系统工程,差异化经营只是营销活动的一种策略，它的实施自然也是一个系统工程。

（4）实施差异化经营要加强营销全过程的管理和控制，最重要的是注意顾客的反馈。因为任何营销策略实施成功与否，最终进行裁决的是作为上帝的顾客，得不到顾客的认可，再完美的策略也只不过是纸上谈兵。只有通过顾客的反馈企业才能准确地判定是保持、强化还是改变自己实施的营销策略。

差异化经营的 5 种策略。

1. 产品差异化

包括三个层次，即核心产品差异化、形式产品差异化和延伸产品差异化。

（1）核心产品差异化。也就是企业要向消费者提供比竞争产品更多的效用和利益。企业要在和竞争对手产品功能比较的基础上，根据消费者对产品功能现实需求和潜在需求，向消费者提供更多的适合消费者需求的产品功能，建立对竞争产品的比较优势。比如空调产品，基本的功能为制冷，在此基础上，视竞争产品情况可逐步附加净化空气、杀菌消毒、节能、变频、加热、加湿等功能。

（2）形式产品差异化。也就是在产品的质量、特征、形态、品牌和包装方面与竞争产品差异化。

（3）延伸产品差异化。也就是在产品的附加服务和利益方面与竞争产品相区别。当核心产品和形式产品与竞争品区分不大时，企业就要在延伸产品上下功夫，主要体现在售前、售中和售后服务方面。售前要和消费者充分的信息沟通，使消费者对本企业产品有深刻地了解，建立良好的印象；售中要给消费者提供更多的购买便利，比如提供信贷、分期付款、免费送货、免费安装等；售后要给消费者提供充分而实在的服务，比如定期保养、检修、售后回访、建立消费者俱乐部定期进行联谊活动，使消费者得到认同感等。企业要不断升级服务档次，并且要落到实处，使消费者得到极大的心理满足，以获得口碑相传的效应。例如，海尔集团的家电产品总比同类产品价格高，但消费者仍然选择购买，究其原因，大多数消费者认为海尔产品售后服务好。

在产品差异化的三个层次中，核心产品差异化需要企业有较强的新产品开发能力，跟踪和引领消费者需求动向，工作难度最大；形式产品和延伸产品差异化易于被竞争者跟进模仿，失去差异化的优势；这就需要企业不断改革创新，形成企业的核心竞争力。

2. 价格差异化

价格是影响产品销售的一个因素，随着购买能力的提高，已非是主导因素，消费者有求廉的心理，也有"一分价钱一分货"的心理。企业应根据产品的市场定位、本企业的实力以及产品的生命周期，更重要考虑消费者对产品价格的心理，并结合竞争产品价格来确定合适的价格策略。20 世纪 80 年代中期，日本胶片市场被"富士"所垄断，"富士"压倒了"柯达"，柯达公司对此进行了细心的研究，发现日本人对商品普遍存在重质不重价的倾向，于是制定了高价政策打响牌子，保护名誉，进而实施与"富士"竞争的策略。他们在日本发展了贸易合资企业，专门以高出"富士"的价格推销"柯达"胶片。经过 5 年的努力和竞争，"柯达"终于被日本人接受，走进了日本市场，并成为与"富士"平起平坐的企业，销售率也直线上升。我国海尔冰箱在市场上始终以高价位出现，给人以物有所值的感觉，而长虹彩电多次打低价战也能得手。

3. 分销渠道的差异化

分销渠道指的是产品从生产领域转向消费领域所经过的路线和通道。产品分销渠道可以根据产品特点,结合市场因素、企业自身因素和竞争者因素采用长渠道或短渠道;宽渠道或窄渠道。分销渠道的差异化主要是在渠道的覆盖面、专业化、渠道宽度和长短的决策等方面实行差异化。例如,戴尔公司直接面向顾客的销售,给计算机行业带来了翻天覆地的变化,它创造了一种生产和销售个人电脑的全新渠道。分析戴尔成功的经验:为客户提供"量体裁衣"式服务;采用零库存;速度最快,应用最新的零件技术,快速组装;销售渠道最短,消费者通过免费电话直拨电话定制,网络销售80%的新客户都通过这一渠道。它意味着公司不用受制于零售商,也不用承担巨额的库存费用。实际上,它实现了最佳的效用循环,低成本高利润从而取得非凡的经营业绩。

4. 促销差异化

促销是指企业将其产品及其相关信息通过一定的方式告知目标顾客,刺激其购买欲望,说服其做出购买行为,从而使企业扩大产品销售的市场营销活动,促销方式有广告、人员推销、公关关系和营业推广。

5. 营业推广活动差异化

也就是企业在运用营业推广活动时与竞争对手的差异。营业推广方式有三类,针对消费者的营业推广、针对中间商的营业推广和针对推销人员的营业推广,大多数的营业推广活动集中于后两类。企业的营业推广活动要以针对消费者的营业推广为主,其他为辅,让利于消费者。对于企业的长期发展来说,起决定作用的毕竟是消费者。

3.3 顾客满意度

顾客满意是指顾客对其明示的、通常隐含的或必须履行的需求或期望已被满足的程度的感受。满意度是顾客满足情况的反馈,它是对产品或者服务性能,以及产品或者服务本身的评价;给出了(或者正在给出)一个与消费的满足感有关的快乐水平,包括低于或者超过满足感的水平,是一种心理体验。

顾客满意包括产品满意、服务满意和社会满意三个层次。

(1)产品满意是指企业产品带给顾客的满足状态,包括产品的内在质量、价格、设计、包装、时效等方面的满意。产品的质量满意是构成顾客满意的基础因素。

(2)服务满意是指产品售前、售中、售后以及产品生命周期的不同阶段采取的服务措施令顾客满意。这主要是在服务过程的每一个环节上都能设身处地地为顾客着想,做到有利于顾客、方便顾客。

(3)社会满意是指顾客在对企业产品和服务的消费过程中所体验到的对社会利益的维护,主要指整体社会满意,它要求企业的经营活动要有利于社会文明进步。

顾客满意度调查的方法如下。

(1)设立投诉与建议系统。以顾客为中心的企业应当能方便顾客传递他们的建议和投诉,设立投诉与建议系统可以收集到顾客的意见和建议。例如,很多餐厅和旅馆都为客人提供表格以反映他们的意见。医院在走道上设置建议箱,为住院病人提供意见卡,以及聘请一位病人专门搜集病人的意见。一些以顾客为中心的企业,像宝洁企业、松下企业、夏普企业等都建立了一种称为"顾客热线"的免费电话,从而最大程度地方便顾客咨询、建议或者投诉。这些信息流有助于企业更迅速地解决问题,并为这些企业提供了很多开发新产品的创意,如3M企业声称它的产品改进主意有2/3是来自顾客的意见。

(2)顾客满意度量表调查。一项在新加坡商场中所作的调查表明,当顾客对劣质服务不满意时,会有如下反应:70%的购物者将到别处购买;39%的人认为去投诉太麻烦;24%的人会告诉其他人不要到提供劣质服务的商店购物;17%的人将对劣质服务写信投诉;9%的会因为劣质服务责备销售人员。上述结果说明并不是所有不满意的顾客都会去投诉,因此,企业不能用投诉程度来衡量顾客满意程度,应该通过开展周期性的调查,获得有关顾客满意的直接衡量指标。企业可以通过电话或者信件等方式向购买者询问他们的满意度是多少。在这些询问顾客满意度的测试中,调查问卷或测试量表一般从以下两方面进行设计:一是列出所有可能影响顾客满意的因素,然后按照重要程度由最重要到最不重要排列,最后选出企业最关心的几个因素,让受访者帮助判断这些因素的重要程度;二是就所选所要评价的重要因素的满意度让受访者做出评价,一般以五项量表等级的居多,如高度满意,一般满意,无意见,有些不满意,极不满意。这是发现顾客满意与不满意的主要方法,企业将利用这些信息来改进它下一阶段的工作。

(3)伴装购物法。另一种了解顾客满意度的有效方法是,雇用一些人员装作潜在购买者,以报告他们在购买企业和竞争者产品的过程中所发现的优点和缺陷。这些伴装购物者甚至可以故意找些麻烦以考察企业的销售人员能否将事情处理好。企业不仅应该雇用伴装购物者,而且管理者本人也应该不时地离开办公室,微服出访,到企业和竞争者那儿从事购物活动,亲自体验一下被当作顾客的经历。对于管理者来说,还有一种不同寻常的方法是:以顾客的身份向自己的企业打电话提出各种问题和抱怨,看看对企业职员是如何处理这些问题的。如泰康保险企业就经常打电话给顾客,询问自己的职员有没有对顾客进行劝诱式销售,或代顾客签字。

(4)失去顾客分析。企业应当同停止购买或转向其他供应商的顾客进行接触,了解为什么会发生这种情况。IBM企业每当失去一个顾客时,就会竭尽全力探讨分析失败的原因:是价格太高,服务有缺陷,还是产品不可靠等。

上述顾客满意程度的调查方法说到底是搜集有关信息。新创企业要千方百计收集顾客的信息,有效分析信息背后隐藏的需求,提高顾客满意度。

本 章 小 结

企业生命周期是企业的发展与成长的动态轨迹,包括初创期、成长期、成熟期、衰退期四个阶段。

产品的生命周期是指产品的市场寿命,是指产品从进入市场开始,直到最终退出市场为止所经历的市场生命循环过程。典型的产品生命周期一般可分为四个阶段,即导入期、成长期、成熟期和衰退期。

创业销售是指企业从无到有过程中的销售。即是从一个商业想法,到创业收入能够补偿耗费这一期间的销售。在这个时期内,有区别在不同企业生命周期的营销特性,具体表现为产品不够成熟、销售队伍不够成熟、产品市场不够成熟、销售辅助体系不够健全。

新创企业在四个方面容易产生财务问题:一是固定资本投入过大,导致运营资金缺乏,现金流断裂;二是创业之初,为了更好促进产品销售,投入大量广告费用进行产品宣传;三是创业之初，碍于面子，花费大量的运营成本，导致创业入不敷出；四是由于销售的急切心理，产生坏账。

上市是一种有效的融资渠道，在国内，有新三板、创业板和中小企业版三种上市途径。

客户关系管理的定义是企业为提高核心竞争力，利用相应的信息技术以及互联网技术来协调企业与顾客间在销售、营销和服务上的交互，从而提升其管理方式，向客户提供创新式的个性化的客户交互和服务的过程。其最终目标是吸引新客户、保留老客户以及将已有客户转为忠实客户，增加市场份额。

顾客满意是指顾客对其明示的、通常隐含的或必须履行的需求或期望已被满足的程度的感受。满意度是顾客满足情况的反馈，它是对产品或者服务性能，以及产品或者服务本身的评价；给出了（或者正在给出）一个与消费的满足感有关的快乐水平，包括低于或者超过满足感的水平，是一种心理体验。

案例分析

淘淘谷估值40亿 海外"神奇"上市

一家很少被外界关注的公司，突然变身为"中国O2O概念第一股"。2012年11月27日，深圳市淘淘谷信息技术有限公司（TTG）在悉尼交易所上市。这家公司招股书披露的平均月营收不过10万元，估值却近40亿元，业界为此哗然。

淘淘谷不远千里进行海外融资，而出让股份不过区区0.3%。TTG创始人熊强告诉《创业家》："我们不是去融资，费用够（打平）就OK了。"

既然目的不是融资，为何公司成立不足两年即上市？熊强的解释是便于规范公司运作，"成为一个公众公司，更开放地接受管理。"银联内部一位不愿具名的人士评论称"不可全信"。而熊强并不认为公司市值被高估了，他甚至说，"我们所有的团队都将股票锁定了，未来TTG一定是超百亿美元的公司，现在不愿过多稀释股份。"

谈及自己的商业模式时，熊强说，"金融收单网络是一个封闭的网络，互联网是一个开放的网络，我们实际上是将封闭的网络和开放的网络接通。在全世界没有人把它当成商业模式去做。这完全是中国自己创新的一个互联网玩法和规则。"

很多优惠券公司的困扰之一是支付环节缺失，导致无法确切掌握消费数据、向商家收费成本较高，即"无法闭环"。TTG则称自己实现了闭环，其最关键因素在于直接将业务嫁接在银联的支付体系上。用户提前将优惠券和银行卡绑定，刷卡消费时直接享受折扣优惠。这一过程中，消费者和商家交易习惯都没有改变，后台系统自动完成商家、平台等参与方的清算、分账。

外界一度传言TTG与中国银联签署了排他性协议。事实上，TTG是与深圳市银联金融网络有限公司（下称深圳银联金融网络）签的独家协议，该公司是银联子公司的子公司。但无论如何，TTG这个小公司成功打入了金融巨头系统，它有何能耐？

优惠券的演变

熊强曾经创办众恒广告公司，从事移动互联网多媒体内容的开发、制作。2006年，做过手机通讯产品营销顾问的熊强创办播播网。他称播播网做到了年营收1.8亿元，是中国最大的手机零售垂直电商网站。后来，他发现很多手机用户看到手机实物才会买，为了让用户去线下看手机,便萌生做优惠券的想法。2009年,他注册TTG商标,意为"可信赖交易圈"(Trustable Trade Group),并在随后一年,把广告、短信、点击、反向团购等几乎所有的主流优惠券模式试了一遍。

传统的优惠券模式有个瓶颈:一旦优惠券合作商家数量达到一定规模,仅向商家收取佣金需要的人力就是一笔巨大开支。能不能把佣金收取与银行卡结算一体化处理?

商家刷卡与清算的系统都由收单机构铺设,而国内最大的收单机构是中国银联旗下子公司银联商务。在深圳,深圳银行金融网络是银联商务旗下从事深圳地区银行卡收单的专业化服务公司。毕业于江西财经大学货币银行学专业的熊强,找到了深圳银联金融网络。

双方于2011年10月敲定合作,共同开发"U联生活"商业模式:用户通过将商户电子优惠券与银联卡关联,在商家消费后直接刷银联卡自动打折,无需预付任何款项。而商户不用像传统团购网站或者电子优惠券网站一样为宣传广告或者优惠券的下载量预付广告费,刷卡交易的同时,佣金自动清算。"U联生活"前期平台建设过程中,TTG没有对深圳银联金融网络收费,相当于带资建设。这种情况下,当双方合作到一定程度时,第三方很难插手该平台的维护和运营。

熊强回忆,开发这套系统的最初想法只是为自己完成交易闭环,并没有把它当成一个商业模式去做,"2011年9月份,出现了一个问题,做完以后是TTG来做,还是变为一个开放平台向全社会来开放?"最终,双方商定将此作为基础设施向第三方开放。"苹果的IOS你知道吧?我们就想做一个类似的生态系统。"熊强说,"互联网网站、金融机构、运营商、广电体系、芯片厂商等,只要涉及O2O支付部分,都可以在U联生活平台上开发自己的应用。"

这类模式在国外并不新鲜。例如,全球最大的在线优惠券网站RetailMeNot 2012年即宣布与支付网络平台Cardspring合作,让用户把自己的信用卡信息和优惠券集成起来,不用打印任何东西,也不用展示虚拟优惠券,就可以在实体店使用。目前国外模式类似的公司还包括与信用卡组织万事达合作的Linkable network、刚获得1 500万美元融资的Edo等公司。不久前,PayPal总裁David Marcus预测2013年移动支付趋势时就认为,支付积分和优惠券会兴起。

我们只管修路

2012年5月,TTG为深圳银联金融网络开发的"U联生活"平台正式上线。TTG的主要收入来自与对方分享的商户佣金,熊强称,更准确的说法为服务费。以餐饮行业为例,店铺支付的服务费为实际支付金额的2%—5%。优惠券公司(交易促成方)拿走70%,剩下的30%,"U联生活"获得19%,TTG获得11%。"U联生活"上每实现100元交易,TTG将获得0.22—0.55元。另据熊强介绍,其他行业的佣金水平较高,美容美发行业8%—20%,摄像行业为10%—25%,家居建材行业为5%—15%,服装行业为8%—15%。

熊强表示,"U联生活"开放平台商家超过1 000户,集中在深圳市,2012年12月中旬创造的单日最高交易纪录为订单931笔,金额60多万元。参与的商户中,U联生活带去的订单交易笔数占到店面的10%,用户绑定优惠券后转化率为20%。熊强称,除深圳外,北京、杭州、厦门、东莞、惠州等5个城市正在或已经调试完毕系统。

一位业内人士分析,TTG这个模式核心要素包括:一、商户资源拓展;二、继优惠券之后其他功能的开发;三、与银联商务之间的关系;四、竞争对手没有快速模仿进入,移动支付没有快速形成规模。

未来几年,无论是银行、收单机构、银联都会开放自己的交易数据和POS终端,与优惠券公司、广告公司、互联网公司一起为消费者打造多种多样的优惠措施,优惠券、积分等模式会大范围出现,银联商务不是收单市场的垄断者,TTG模式完全可以被模仿。"央行发了100多张第三方支付牌照,其中很多公司都有线下POS收单资格。银联商务占有的市场份额最大,然后就是通联支付、汇付天下、杉德、快钱等。在TTG把商家和用户数量做成一个壁垒之前,如果大众点评联合其余的支付公司来和TTG抗衡,市场格局也会有一些变数。"

在商户资源方面,该人士称,团购模式能够提前锁定消费,对商家吸引力大;绑定优惠券模式是消费后打折,会让商家心理上难以接受,价值有待验证。"U联生活"最直接的合作方是优惠券公司,一位优惠券公司负责人说,TTG最初和其谈判时称需要更换POS机,但大面积更换难度非常大,"他们的产品本身对我们有好处,不用通过商家结算,直接通过银联或者一个单独的第三方。但是要我们帮他们推广,这个就比较难。所以我们持观望态度。"

已经与TTG签订合同的交易合作方据称有60多家,其中包括新浪微博、手机QQ(目前仅在深圳可用)、凯立德地图等;之前曾传言其和微信达成合作,不过,腾讯生活服务电商部总经理戴志康予以否认。记者注意到,其和新浪微博的合作参与用户仅300多人。"最关键的是,这种方式对商家的价值是什么?不像优惠券可以给商家带来很多客流量。他们这种打折方式,很多银行的信用卡中心已经在做,比如招商银行信用卡在很多商家消费直接就可以打折。信用卡有银行方面的投入来做推广,有的是银行购买礼物赠送给用户,或者直接买断商家的产品,这对商家而言是有利可图的,而他们就没有什么价值了。"前述人士补充说,"所以说他们这种方式迎合渠道,但不迎合商家。"

而熊强称,平台搭建好之后如何发展商家和用户并不是TTG要考虑的事情。他把TTG比作O2O的施工单位:"就像修高速公路,我们只管修路,什么样的车在上面跑是别人的事。"

著名天使投资人蔡文胜是TTG的投资人之一。2011年年底到2012年8月,TTG曾"闪融"三轮资金,投资方分别为来自新加坡、澳大利亚的投资机构和投资人,融资总额接近1 000万澳元(约合6 463万元人民币)。

2012年11月27日,TTG在悉尼交易所"神奇"上市,但其出让股份只有0.3%。为何选择悉尼上市?熊强称,在美国银联遭Visa打压严重;在澳大利亚则接受度很高。12月18号,TTG股价上涨了3.09%,交易量则为1 000股。一个月间,其股价从发行价0.6澳元涨到最高1.2澳元。

按照熊强规划,2013年会把网络铺设到所有省份,同时还会开一到两个海外城市,比如中国香港、新加坡、马来西亚。"我们未来的目标是银联卡走到哪里,我们的业务走到哪里。"熊强称TTG要做成一个收入规模过百亿美元的公司,这意味着其平台上的交易额需要数以万亿计,而中国银联2012年在全国的交易额预计也不过6万亿元。

TTG招股书显示,其2012年收入90%以上来自同一客户,即深圳银联金融网络旗下的"U联生活"。业内人士称,此种模式存在极大风险。一旦深圳银联金融网络内部出现变动,双方合作中止,TTG将遭受重大打击。

本案例摘自和讯网,网址:http://news.hexun.com/2013-01-23/150495481.html

💡 **分析**

(1)深圳市淘淘谷信息技术有限公司为什么能够上市?
(2)深圳市淘淘谷信息技术有限公司经营模式如何?
(3)深圳市淘淘谷信息技术有限公司存在哪些风险?

▶▶ 翻转课堂教学视频

《创业初期管理实训 1—6》

内容概要与学习收获

在本主题的 6 个教学片中,展示了几位大学生在创业初期的经营和管理过程中,在团队管理、店面管理、财务管理、营销推广、大客户销售和顾客接待方面遇到的实际问题。通过对这些问题的分析、思考和判断,结合专家的讲解和点评,可以帮助同学们系统了解在创业初期的经营和管理过程中必然会遇到的典型难题,以及相应的应对之策,切实提升同学们的企业经营管理意识和自身的企业管理水平,为将来自己创业打下良好的基础。

主要参考文献

[1] 李家华.创业基础.北京:北京师范大学出版社,2013.
[2] 赵延忱.民富论.北京:中央编译出版社,2013.
[3] 张玉利.创业管理.2版.北京:机械工业出版社,2011.
[4] 杰弗里·蒂蒙斯,小斯蒂芬·斯皮内利.创业学.6版.周伟民,吕长春,译.北京:人民邮电出版社,2005.
[5] 李肖鸣,朱建新.大学生创业基础.2版.北京:清华大学出版社,2013.
[6] 赵延忱.点规模渗透.北京:中国人民大学出版社,2008.
[7] 刘帆.大学生创业指导教程.北京:中国传媒大学出版社,2009.
[8] 雷家骕,王兆华.高技术创业管理.北京:清华大学出版社,2008.
[9] 唐纳德·F.库拉特科.新创企业管理:创业者的路线图.高嘉勇,译.北京:机械工业出版社,2009.
[10] 董青春,吴金秋.大学生创业教程.北京:北京航空航天大学出版社,2010.